교육과 자기계발

교육과 자기계발

Education and Self Improvement

이규은, 장상필, 이영선 공저

동문사

머리말

최근 들어 자기계발, 직업역량, 미래교육, 인공지능 등에 대한 키워드가 많은 이들로부터 관심을 받고 있다. 이러한 현상은 많은 사람들이 이러한 문제를 해결하기 위해 도움받기를 원한다는 것을 말해주는 것이다. 특히 사회진출을 눈앞에 둔 대학생들에게는 이러한 문제가 자신의 진로문제와 연계되어 있어서 관심을 갖지 않을 수가 없다. 자신이 어떤 분야에서 어떤 일을 할 것인지를 선택해야 하는 과제가 바로 눈앞에 있기 때문이다. “영원히 살 것처럼 자기 분야를 열심히 탐색하고, 연습하며, 훈련하는 사람은 자존감이 높은 사람이다”라는 말이 있다. 자신을 잘 알고 자기계발에 노력하는 사람은 자존감이 높다는 의미이다. 즉 자존감을 높이기 위해서는 자신의 역량을 잘 파악하고 역량계발을 위해 주력해야 한다는 것이다.

흔히 우리는 자신에 대해 가장 잘 아는 사람은 자신이라고 생각한다. 하지만 자신이 잘 할 수 있는 것과 하고 싶은 것에 대해 말해보라고 하면 불과 몇 가지를 말할 뿐, 곧 머뭇거리게 된다. 그러면서 대부분의 사람들은 “나는 재능이 없어요”라는 말을 가장 많이 한다. 뿐만 아니라 자신이 잘 할 수 있는 것이 없어서 장래에 어느 분야에서 어떤 일을 해야 할지 잘 모르겠다며 하소연하기도 한다. 그렇게 말하는 사람들을 만나 자세히 이야기를 들어보면 대부분의 사람들은 재능이 없는 것이 아니라 자신의 재능을 찾는 방법을 모르고, 계발하는 방법을 알지 못하는 경우가 대부분이다.

이 책은 이러한 문제를 해결하기 위한 방법을 찾고자 하는 의도에서 집필하게 되었다. 자신에게 내재되어 있는 재능이 무엇인지를 찾아내고 자신의 재능을 계발하여 직업세계와 연결 지을 수 있는 방법을 찾고자 하였다. 뿐만 아니라, 인공지능의 등장과 함께 변화하는 시대에 맞춰 앞으로 교육이 나아갈 방향이 무엇인지를 파악하기 위해 교육에 대한 기초적인 내용을 알 수 있도록 하였고, 시대변화에 따른 교육의 변화방향에 대한 이해력을 높이고자 하였다. 여기에 더하여 앞으로 사회에 나아가 직장에서 직업인으로서 성공적인 삶을 살아가기 위해 알아야 할 기본적인 직장인의 태도와 조직이해능력, 직장예절 등을 내용으로 담았다.

이 책의 구성은 3부로 이루어져 있다. 제1부의 내용은 교육의 이해와 자아탐색에 대한 내용으로 교육의 기본적인 개념과 자기인식, 교육의 흐름과 삶의 가치, 미래사회와 자아실현 등에 초점을 맞추었다. 제2부의 내용은 자기이해와 자기계발로 자기이해와 자아정체감, 직업흥미와 자아개념, 자기돌봄과 자기관리, 대인관계와 태도관리, 조직이해능력 계발과 직장예절, 차별화된 자기계발 등에 중점을 두어 기술하였다. 제3부의 내용은 미래사회와 직업으로 4차 산업혁명과 미래사회의 가치관, 직업과 직업의 선택, 직업가치관의 변화와 평생교육 등의 내용을 기술하였다.

이 책은 대학 강의를 진행하는 데 있어서 교육과 자신에 대한 이해를 돕고 자신의 역량을 기를 수 있는 자기계발을 중심으로 이해하기 쉽게 내용을 구성하였다. 아무쪼록 강의를 진행하는 교수님과 교육에 대한 이해를 높이고 자신의 진로탐색과 자기계발을 지향하는 학생들에게 작은 길라잡이가 되기를 희망해 본다.

끝으로 이 책이 출간될 수 있도록 마지막까지 지원을 아끼지 않으신 동문사 출판사 관계자들, 특히 이 책이 독자의 곁에 갈 수 있도록 도와준 동문사 이중수 사장님과 유재영 상무님께 깊은 감사의 인사를 드린다. 또한 책의 내용을 함께 검토해 주고 오탈자를 바로 잡아 준 동료 교수님들께도 감사의 인사를 드린다.

2023년 2월
저자 일동

차례

머리말 5

PART 01 교육의 이해와 자아탐색

• CHAPTER 01 • 교육의 이해와 자기인식 13

1. 교육의 의미와 자기인식의 이해 13
2. 교육의 가능성과 한계성 22
3. 교육의 기본 전제와 특성 27
4. 인간교육과 인격의 완성 33
5. 자기인식의 요소와 효과 39

• CHAPTER 02 • 교육의 흐름과 삶의 가치 49

1. 학교교육의 등장 49
2. 중세사회의 교육과 인문학 54
3. 지식기반 정보화 사회에서의 학교교육 58
4. 4차 산업혁명 시대의 학교교육 66
5. 시대정신과 함께 등장한 교육의 강조점 73
6. 삶의 가치와 행복 89

• CHAPTER 03 • 미래사회와 자아실현 101

1. 미래사회란? 101
2. 미래사회가 요구하는 인재 107
3. 미래교육의 방향성 112
4. 자아실현의 의미와 특성 118

PART 02 자기이해와 자기계발

• CHAPTER 04 • 자기이해와 자아정체감 129

1. 자기이해 129
2. 자아탐색 139
3. 자아정체감의 의미와 형성과정 145
4. 자아정체감의 범주 148

• CHAPTER 05 • 직업흥미와 자아개념 155

1. 적성의 의미 155
2. 직업흥미 159
3. 다중지능과 잠재능력 168
4. 자아개념 173

• CHAPTER 06 • 자기 돌봄과 자기관리 189

1. 비전과 목표관리 189
2. 자기 돌봄과 시간관리 198
3. 스트레스 관리 205
4. 가치관리 213
5. 성공한 사람들의 자기관리 216

• CHAPTER 07 • 대인관계와 태도관리 225

1. 대인관계의 의미와 중요성 226
2. 대인관계의 발달 단계 229
3. 갈등의 요인과 기능 233
4. 팀워크의 의미와 향상 방안 236
5. 자기관리를 위한 태도 240

• CHAPTER 08 • 조직이해능력 계발과 직장예절 257
1. 조직의 개념과 유형 258
2. 조직체제의 구성요소와 업무 266
3. 조직원리 270
4. 조직관리 이론 274
5. 직장 내 예절 279

• CHAPTER 09 • 차별화된 자기계발 291
1. 자기계발의 의미와 필요성 291
2. 자기계발의 특징과 어려움 294
3. 차별화된 자기계발 계획 299
4. 성공적인 자기계발을 위한 조언 309

PART 03 미래사회와 직업

• CHAPTER 10 • 4차 산업혁명과 미래사회의 가치관 323
1. 4차 산업혁명의 도래 323
2. 4차 산업혁명 시대의 분야별 변화모습 328
3. 미래사회의 가치관 333
4. 미래사회의 직업전망 339

• CHAPTER 11 • 직업과 직업의 선택 353
1. 일과 직업의 의미 353
2. 직업선택이 중요한 이유 360
3. 직업선택의 조건 364
4. 취업준비와 취업면접 372
5. 직업인으로서의 인간관계 381

• CHAPTER 12 • 직업가치관의 변화와 평생교육 389

1. 직업가치관의 의미와 분류 389
2. 직업가치관의 변화 393
3. 직업가치관의 유형 397
4. 한국인의 직업가치관과 장인 정신 399
5. 사회변화와 평생교육 405

참고문헌 417

PART
01

교육의 이해와 자아탐색

CHAPTER 01

교육의 이해와 자기인식

자기인식은 교육에 앞서 선행되어야 할 올바른 진단의 출발점이다. 또한, 자기인식은 그 사람의 행동이나 직무 선택의 기준이 된다. 하지만 오늘날 우리 사회에서 발생하는 많은 사건들을 보면 이러한 자기인식을 바르게 하지 못한 연유에서 발생하는 사례를 종종 볼 수 있다.

칸트는 "자기인식능력은 자연스럽게 발휘되는 것이 아니라 교육과 훈련을 통해 길러지는 것으로 다양한 시도, 연습, 수업이 필요하다"[1]라고 하였다. 올바른 자기인식을 위한 교육의 역할이 무엇이며, 자기인식의 진정한 의미가 무엇인지 살펴볼 필요가 있다. 교육을 통한 자기인식의 객관화를 위해서는 올바른 자기인식을 위한 교육기회의 확대와 함께 교육을 통해서 진실을 추구하는 이성적 역할이 원만하게 수행되도록 해야 한다.

1. 교육의 의미와 자기인식의 이해

교육이란 무엇인가? 교육에 대한 의미를 정의하는 것은 단순하지 않다. 그동안 많은 학자들에 의해 교육에 대한 정의가 다양하게 내려져 왔고, 앞으로도 다양한 의미로 정의될 것으로 예측된다. 이처럼 교육에 대한 의미가 다양하게 정의되는 것은 학자들에 따라 해석하는 방식이 다양하기 때문

1) 조성엽(2018). 칸트 역사철학에서 자연의 계획 개념 검토. 철학사상 69, pp. 169-197.

이기도 하지만 교육과 관련된 요인들이 다양하기 때문이다. 여기서는 교육에 대한 의미를 '교육'이라는 단어가 가지고 있는 어의를 중심으로 동서양에서의 교육에 대한 이해를 파악해 보고 그러한 의미를 바탕으로 교육의 필요성에 대해 살펴보고자 한다.

1) 교육의 의미

교육은 인간생활과 더불어 시작되었다. 인간의 삶에 있어서 어떤 형태로든 지금보다 보다 나은 생활을 영위하기 위한 인간의 욕구를 충족시키기 위한 활동에서 비롯된 것이 바로 교육이다. 인간의 삶에서 이루어지는 교육은 도야(陶冶)와 연마(練磨)를 통한 가능성의 계발과 관련된 활동으로 그 의미를 어원의 분석을 통해서 찾아보면 다음과 같이 정의할 수 있다(김창걸 외, 2010).

교육이라는 말을 어원적으로 분석해 보면 한자로 '敎育'은 '가르치다'와 '기르다'의 의미가 합해진 뜻을 포함하고 있다. 한자 '敎育'의 '가르치다'라는 의미는 '가르다'와 '치다'의 의미를 포함하는 뜻으로 '판단하다'와 '아름답게 하다'라는 의미를 지니고 있다. 즉, 한자로 본 교육의 의미는 옳고 그름을 선별하고 판단하며 성장과 연마를 갈고 닦는 것을 의미하는 말로 교육은 '가르치고 양육하여 사람답게 만드는 것'을 의미한다. 한문에서 설명하고 있는 교육은 맹자의 진심편(盡心篇)에 나오는 득천하영재이교육지 삼락야(得天下英才而敎育之 三樂也)에서 그 의미를 찾을 수 있다. 여기에 나오는 '교(敎)'는 '방향을 제시하고 그곳으로 이끈다'는 뜻이고, '육(育)'은 '올바르게 자라기를 바란다'는 의미를 지니고 있다. 따라서 '교육'이란 '피교육자의 타고난 잠재가능성을 바르고 순조롭게 자라도록 길러주는 것'이라고 해석할 수 있다.

동양 언어의 이런 의미와는 달리 서양 언어의 어원으로 교육이라는 의미는 영어의 'education', 불어의 'êducation', 독일어의 'erziehen' 등에서 그 의미를 찾을 수 있다. 이 단어들이 가지고 있는 공통적인 의미는 '내부에 지니고 있는 것을 밖으로 꺼낸다'는 뜻을 지니고 있다. 즉, '밖으로'에 해당하는 'e'와 끌어낸다는 의미의 'ducare'의 합성어인 'educare'에 어원을 두고 있다. 교육이나 교육학을 의미하는 용어로 '페다고지(pedagogy)'가 있는데, 이는 그리스어의 '파이다고고스(paidagogos)', 즉 '직업적 가정교사로 아동을 학교에 데리고 오가는 역할을 하는 교복(校僕)'에서 유래된 것으로 'paidos(어린이)'와 'agogos(이끌다)'의 합성어이다. 즉, '미성숙한 아동을 바람직한 방향으로 이끌어 기른다'는 뜻이다.

어원이 품고 있는 교육의 의미를 요약하면 동서양에서 모두가 교육은 인간이 무한한 가능성을 지닌 존재라는 것을 바탕으로 하고 있다. 이러한 인간의 내면에 잠재되어 있는 무한한 가능성을 계발하는 것이 곧 교육이라고 보고 있다는 점이다. 교육은 밖에서 안으로 주는 일이 아니고, 어린이 자신 속에 숨어 있는 내적 가능성을 안에서 밖으로 발전하는 힘을 도와 이끌어 내고, 이를 구체화, 현실화 시키는 일이 교육이라고 보았다. 즉, 교육은 채워주는 과정으로서 습관의 형성, 가치관의 형성, 이념의 형성을 꾀하는 것이며, 또한 이끌어 내는 과정으로서 피교육자의 선천적 재질과 흥미를 발견하여 창조적 생활양식을 수립하도록 도와주는 것이라고 보았다.

훔볼트(K. W. von Humboldt)는 인간이 살아가는 궁극적인 목적은 완전하고 일관된 전체를 향해서 자신의 역량을 최고도로 가장 균형 있게 계발하는 것이라고 보았다. 이러한 관점에서 교육을 바라본다면 교육이란 인간의 삶에 있어서 객관적으로 주어진 문화적 유산에 속하는 지식을 주입하거나 규범을 내면화하는 과정이 아니라, 인간이 태어날 때부터 잠재적으로 지니고 있는 능력과 성향의 계발이라고 볼 수 있다.

교육에 관한 이러한 정의는 주로 18세기 무렵의 서양에서 나타난 자연주의적 교육관에서 비롯되었다. 자연주의적 교육관은 인간의 본성을 선한 것으로 본다. 인간이 태어나면서부터 갖고 있는 선한 품성과 소질, 재능 등을 외부에서 주입되는 강압적인 교육을 통하여 억지로 키우는 것은 올바른 교육이 아니라고 보았다. 이러한 사상은 대개 루소(J. J. Rouseau)의 교육론이나 로크(J. Locke)와 코메니우스(J. A. Comenius)의 교육적 사상에서도 그 유래를 찾을 수 있다. 그들에 의하면, 교육은 밖에서부터 안으로 주입하는 것이 아니라 오히려 안에서부터 밖으로의 계발이라고 보고 있다. 교육적 가치의 원천은 학습자의 밖에 있는 것이 아니라 학습자의 내면에 있으며, 교육은 잠재적인 것의 실현 혹은 내면적인 것의 계발이라고 보는 것이다. 외부로부터 무엇인가를 주입하거나 부과하는 것은 그 성장 주체의 의지와 무관한 것일 수 있으므로 권위주의적인 원리이다. 이에 비하여, 아동중심적 사상은 성장 주체의 조건과 의지와 선택을 교육활동의 원점에 두고자 한 만큼 교육적 민주주의를 실현하는 기본적 원리라고 볼 수 있다. 아무리 교육 대상자가 어린아이라고 하더라도 이미 그들은 성장을 통하여 도달할 목표와 그 목표에 도달하기 위해서 필요한 힘을 잠재적인 형태로 소유하고 있다고 보았던 것이다. 그러므로 성장은 무엇인가의 변화를 상징하지만 모든 변화가 교육적인 것은 아니다. 개체의 자아에 본질로서 잠재되어 있는 가능성을 실현하는 과정이 바로 교육이라는 생각은 아리스토텔레스가 잠재성(potentiality)과 실제성(actuality)이라는 관계를 통해 잘 설명하고 있다. 인간의 유아도 실제성으로 볼 때는 연약하고 보잘것없는 생명체이지만 잠재성으로 볼 때는 고도의 세련된 사고를 하고 체계적으로 사물을 처리하는 힘을 지닌 이성적 존재이다. 아무리 어린아이라고 하더라도 "만물의 영장(靈長)"이라고 일컬어지며 그야말로 위대한 생명체로 성장하게 된다. 이러한 잠재된 힘이 성장하면서 실현되는 과정이 바로 흔히 교육적 용어로 사용되는 "자아실현(自我實現)"이다. 인간의 자아실현은 잠재적 가능성을 발현하고 개성을 신장시키며 계속적인 성장의 삶을 영위하는 것을 뜻한다. 많은 교육자들은 인간으로 하여금 자아실현에 의한 개성을 지니게 한다는 것은 바로 그가 지닌 잠재성을 계발하는 것이라고 말한다. '개성'이란 어떤 의미에서 한 인간을 다른 어느 인간으로부터도 구별되게 하는 특징을 의미하지만, 그것은 인위적으로 만들어져야 하는 것이 아니라 잠재되어 있는 요소의 계발을 통해서 실현되어야 한다. 그것이 가장 순수하게 계발될 수 있도록 하는 것은 자연 상태로 두는 것이다. 자연 상태가 아닌 인위적인 상태에 놓여 있을 때 많은 경우 잠재력은 왜곡되기 때문이다. 그렇다고 인간이 자연적인 환경에서만 태어난다는 의미는 아니다. 인간은 자연적 환경 속에만이 아니라 사회적 환경 속에서도 태어난다. 사회적 환경이란 단순한 대인관계나 인간집단이 형성하는 구체적이고 직접적인 생활의 조건이 아니라, 언어,

관습, 제도, 사상, 예술, 신앙, 기술 등의 문화적 환경을 의미한다. 인간의 문화는 유산으로 전승되고 유업으로 승계된다. 문화란 단순히 인간이 개발해 놓은 현실적인 삶의 방식, 규칙, 제도, 지식, 예술, 종교 등과 같은 평면적이고 직접적인 내용만이 아니다. 문화는 인간이 자연과 더불어 자연을 대상으로 하여, 그리고 스스로를 대상으로 하여 스스로의 삶 속에서 이루어 놓은 업적의 총체를 의미한다. 그것은 깊이와 넓이를 가진다. 깊이란 역사성을 말하고 넓이란 사회성을 말하는 것이다. 깊이와 넓이를 가진 문화는 잠재력을 지닌 인간이 태어나서 자신의 삶을 살아갈 장이다. 그러나 교육은 현실적으로 존재하는 문화체제, 어쩌면 부분적으로 병들어 있을지도 모르는 그 자체에 적응시키는 일이 아니다. 물론 그것을 개혁하면서 살아갈 가치가 있을 수도 있다. 교육을 계획하는 사람들은 그러한 병든 문화의 장은 그 자체가 성장을 촉진시키는 수단으로가 아니라면, 교육적 경험을 위하여 선택해서도 안 된다. 교육은 선택된 문화의 장을 제공하는 것이며 각자가 인간 활동의 수월성을 실현시킬 수 있는 장을 제공해야 한다(이돈희, 2022). 한 집단의 문화가 우연하게 만들어지는 것이 아닌 것처럼 교육도 단순하게 만들어지는 우연적 산물이 아니다. 교육적 결과는 관련 활동에 참가한 사람들의 업적이며 성장할 만한 가치를 표출해 내는 것이다. 따라서 교육은 곧 성장의 시도를 위해 행해지는 활동이다.

2) 교육의 필요성

인간에게 있어서 삶을 산다는 것은 단순히 의식주의 문제를 해결하는 것만을 의미하는 것은 아니다. 의식주보다도 더 큰 영역과 차원의 문제를 해결해 나가는 것을 포함한다. 그 가운데서도 사회·문화적 영역과 차원은 인간의 삶에서 중핵을 이루고 있다. 따라서 인간의 삶에 있어서는 의식주를 포함하여 사회·문화적 차원에서 발생하는 문제를 해결하는 과정이 중요하다. 인간의 삶에서 '잘 산다는 것'과 관련된 대부분의 문제는 바로 이 사회·문화적 영역에서의 문제해결과 밀접하게 관련되어 있다. 따라서 교육은 잘 사는 것에 관련된 사회·문화적 영역에서의 문제해결을 위한 활동이라고 할 수 있다(윤건호 · 김봉석, 2015).

인간에게 교육이 필요한 이유에 대해서는 개인적인 측면과 사회적인 측면으로 나누어 생각해 볼 수 있다. 개인적인 측면에서는 개인의 생존과 관련되어 있다. 개인의 생존을 위해서 교육이 필요할 뿐만 아니라 생명을 유지하기 위해서도 교육이 필요하다. 사회적인 관점에서는 사회적인 존재로서 인간적 생활을 영위하기 위해서는 교육이 이루어져야 한다는 점을 필요성으로 제시하고 있다. 인간에게 교육이 필요한 이유를 인간의 특성에 비추어 제시하면 다음과 같다(김창걸 외, 2010).

첫째, 인간은 미성숙하고 의존적인 존재이다. 인간은 미완성으로 미성숙하고 의존적인 존재로 태어난다. 출생으로부터 일정한 기간 동안 누군가의 도움이 없이는 생존이 불가능한 의존적인 존재이므로 교육을 통해 자발적이고 독립적인 존재로 성장해 나가야 한다.

둘째, 인간은 무한한 잠재가능성과 변화가능성을 지니고 있다. 인간과 동물의 차이점은 여러 가지로 들 수 있으나, 인간과 동물의 근본적인 차이는 동물은 커다란 현실성과 극히 적은 가능성을 가지고 태어나는 데 반하여, 인간은 커다란 가능성과 극히 적은 현실성을 가지고 태어난다는 점이다. 이와 같이 인간은 동물들에 비하여 성장 시기가 현저하게 길고 완성을 위해 오랜 시간을 필요로 하지만, 무한한 성장 가능성을 소유한 존재이고 변화가능성을 지닌 존재라는 점에서 인간에게 교육이 필요하다.

셋째, 인간은 가치 지향적이라는 점이다. 동물은 가치나 진리에 대한 감각이 없지만, 인간에게는 가치나 진리 추구에 대한 감각이 있고 이를 추구하는 욕구가 있으며, 경우에 따라서는 생리적 욕구보다 가치 추구에 대한 욕구가 더 강한 측면을 보이기도 한다. 동물은 가치에 대해 닫혀 있는 특성을 보이고 있으나 인간에게는 상황에 따른 다양한 가치를 추구하고 변화를 보이며 경우에 따라서는 가치나 진리를 위해 목숨까지도 제공하는 가치 추구에 대해 열린 특성을 보인다. 교육은 바로 이런 인간의 가치 추구와 실현을 보여주는 과정으로 인간에게 교육이 왜 필요한지를 알 수 있게 해준다.

넷째, 인간은 행동 양식과 문화 내용을 재획득하는 특성을 지니고 있다. 동물은 넓은 의미의 문화가 없으나 인간은 문화가 가장 귀한 생활 수단으로 존재한다. 그러나 인간에게 있어서의 문화는 태어날 때부터 소유하는 것이 아니라, 교육을 통해 획득하고, 자기 몸을 통해 재획득하는 것이다. 즉, 교육은 인간의 행동과 문화를 전달하는 사회적 문화유산 작용을 하는 것이므로 인간에게 교육이 필요하다.

다섯째, 인간에게는 경험을 전달하는 특성을 지니고 있다. 동물에게는 경험의 조직적 전달 작용이 없다. 그러나 인간에게는 동물과 달리 경험을 전달하고 전수하는 특성을 지니고 있고, 이 경험적 전달을 통해 역사를 이루어 나간다. 따라서 인간에게 있어서 선조들의 선험적 경험을 전달하고 이를 전수하기 위한 교육을 필요로 하는 것이다.

여섯째, 지속적인 생존을 위해서는 변화된 환경에 대한 적응과 문제해결 능력을 지녀야 한다. 인간의 생존에 영향을 미치는 환경의 변화는 지속적인 생존의 유지를 위해 반드시 해결해야 할 문제이다. 인간이 환경의 변화에 적응해 나가는 일종의 문제해결에 대한 능력을 기르기 위해서는 교육이 필요하다. 인간이 이러한 문제를 해결하고 난 후에 남게 되는 것이 바로 지식과 기술이다. 즉, 문제해결의 과정과 결과가 지식과 기술의 형태로 사회에 정립되게 된다.

일곱째, 인간은 도덕적 인격을 가진 존재이다. 인간은 동물과 달리 도덕적 인격을 지닌 존재이므로 인간에게 필요한 도덕적인 가치를 인식시키고 습득시켜 나가야 하는데, 이러한 과정에 있어서 교육이 필요하다.

3) 자기인식의 의미와 중요성

자기인식(self-awareness)이란 자신을 인식하고 이해하는 능력을 말한다. 즉, 자신의 생각, 감정, 행동, 신념 등을 인식하는 능력으로 '깨달음'이라는 의미를 포함하기도 한다. 이러한 자기인식은 단기적인 '깨달음'과 함께 전 생애에 걸쳐 일어나는 장기적인 자기 배움, 자기 성찰의 과정을 총괄하는 의미이다.

대부분 사람들의 관심은 자신의 내적인 것보다 외적인 것에 자아의 눈을 돌려 객관적으로 자신을 돌아보기가 쉽지 않다. 자기인식(self-awareness)이란 이러한 현실 속에서 자신이 존재한다는 사실을 아는 것만이 아니라, 자기 자신이 어떤 조건에 처해 있으며 어떤 가능성과 이상을 가지고 다른 사람들과 관계를 맺고 있는가에 대해 올바르게 아는 것을 말한다. 따라서 자기인식은 자신의 신념, 생각, 동기, 편견, 한계를 이해하고, 이러한 것들이 타인에게 어떻게 영향을 미치는지를 인식하는 과정이다. 자기인식을 유지하기 위해서는 자기평가를 해야 하는데, 이것은 불안을 야기할 수도 있고 불편할 수도 있다. 자기평가는 자신이 스스로에 대해 혼자 하거나 동료들과 함께할 수도 있다. 하지만 타인의 의견이 없는 자기평가는 자신에 대한 편견을 낳을 수 있다. 따라서 자기평가에는 객관적이고 현실적인 피드백을 줄 수 있고 믿을 수 있는 사람의 도움이 필요하다. 자기평가를 통해서 자신의 내면을 성찰하고, 자신의 개인적 신념과 태도, 동기 등을 명확하게 파악하는 것이 필요하다.

자신을 정확하게 이해하기 위해서는 우선 자신의 경험에 대해서 개방적이고 수용적이어야 한다. 자신에 대한 신체적, 심리적, 환경적, 철학적 요소가 무엇인지를 정확하게 파악하고 인식하는 것이 중요하다. 예를 들어, 신체적 요소를 보면 사람은 자기 신체의 감각과 신체적으로 자신이 가지고 있는 잠재력과 생리적인 면에 대한 지식을 갖추어야 한다. 그러나 인간이 그러한 자신의 신체에 대해 바르게 인식하고 있는 경우는 많지 않다. 평소에는 자신의 신체에 대하여 거의 느끼지 못하면서 살다가 몸의 어떤 부분을 다치거나 아프면 그때에서야 신체에 대한 중요성을 인식하는 것이 대부분의 사람들이다. 예를 들어, 오른쪽 손가락에 작은 가시가 박혀 있다고 하자. 그러면 그때에서야 우리는 평소에 소중하게 생각하지 않았던 손가락의 소중함을 깨닫게 되고, 작은 가시가 거슬릴 때마다 불편함을 느끼면서 건강한 신체의 중요성을 인식하게 된다. 이와 같이 신체적 감각에 대해 객관적으로 바르게 인식할 때만이 자신의 신체를 바르게 인지하게 된다. 이러한 예는 단순히 신체적 요소에만 연관되어 있는 것이 아니라 인간의 심리적, 환경적, 철학적 측면에서도 동일한 연관성을 지니고 있다. 우리가 평가에서 자기평가를 하는 이유는 바로 이러한 연관성 때문이다. 즉, 대부분의 사람들이 자기평가를 통해서 자기를 인식한다.

오늘날 사람들은 물질적 풍요와 생활의 안정 등 삶의 조건을 설명해 주는 객관적 지표에 대한 개선을 추구하는 생활 방식에서 벗어나, 점차 지적·심미적 만족 등 주관적 지표에도 관심을 갖기 시작했다. 자기인식이란 자신의 본성이나 운명에 순응하면서 적성이나 타고난 가능성을 최대한 실현시키는 것이다. 인간은 사회구성원으로서 자기의 적성과 능력에 따라 그 사회가 필요로 하는 역할을 분담하여 사회 발전을 위해 자신의 능력을 발휘할 때만이 진정한 삶의 의미와 보람을 찾을 수 있다. 따라서 올바른 자기인식을 통해 자신의 능력과 역할을 분명하게 인식하고, 자신에 대한 성찰과 반성, 인간과 사회, 자연, 문화, 종교 등에 대한 지식과의 관련성을 이해함으로써 명확하게 사회에 기여하는 일을 선택할 수 있다.

올바른 자기인식은 자신의 능력과 재능을 충분히 발휘할 수 있는 밑거름이 된다. 자기인식을 통해 자신의 잠재능력과 사회적 역할을 분명하게 인식하고 그에 적합한 실천적 삶을 영위하기 때문이다. 오늘날 사회는 자아실현을 목표로 삶의 질을 중시하는 경향으로 변화하고 있다.

인간의 삶의 방향은 그동안 '물질적 풍요와 생활의 안정'을 추구하던 방식에서 '삶의 질'을 추구하는 문제로 관심이 옮겨가고 있다. 자신이 얼마나 높은 수준의 삶을 즐기고 그 속에서 즐거움을 찾느냐 하는 정신적, 정서적, 심리적 지표에 관심을 갖는 것이 일반적이다. 즉, 주관적 지표에 관심을 갖는 형태로 삶의 지향점이 변화하고 있다. 이와 같은 변화는 인간의 욕구에도 영향을 주어 지적, 심미적인 만족을 중시하던 욕구 충족 형태에서 사랑과 존경의 욕구를 만족시키는 일에 치중하는 형태로 변화하고 있다. 따라서 자기인식에 대한 올바른 인지를 통해 자신의 능력에 대한 확신과 자신감을 회복하는 일이 중요하다. 또한 자신의 적성과 흥미, 인격적 특성 등을 객관적으로 파악하고, 이를 직업 현장에 연결시킴으로써 성공적인 직업능력을 수행할 수 있도록 하는 것도 중요한 과업이다. 다양한 욕구 중에서 자신이 진정으로 희망하고 바라는 욕구를 만족시키는 일과 만족에 대한 질적 충족감을 향상시킬 수 있는 방안에 대해 고민해야 할 때이다.

자기인식에 대한 개념에서 살펴보았듯이 자기인식이란 자신을 있는 그대로 객관적인 눈으로 바라보는 것이고 자신의 감정과 행동의 원인이 되는 동기를 아는 것이며, 자신의 좋은 점과 부족한 점을 모두 이해하고 받아들이는 것이다. 따라서 객관적이고 올바른 자기인식은 나 자신이 어떤 사람인지를 명확하게 알려준다. 의사가 환자를 치료할 때 명확한 환자의 질병 상태를 이해하여야 정확한 처방을 내릴 수 있듯이 올바른 자기인식은 자신의 발전과 변화를 위해 우선적으로 선행되어야 할 일이며, 이를 통해 보다 발전적이고 향상된 모습으로 자신의 변화를 이끌 수 있게 된다. 많은 사람들이 교육활동을 통해 바람직한 변화와 발전을 추구해 나가지만, 결과적으로는 교육활동 또한 올바른 자기인식을 추구해 나가는 과정이라고 볼 수 있다.

2. 교육의 가능성과 한계성

교육은 유전적인 요인과 함께 환경적인 요인에 의해 영향을 받는다. 두 요인 중에서 유전적인 요인만을 지나치게 강조하게 되면 교육의 힘은 환경적인 요인과는 무관하게 유전적 소질에 의해 발전가능성이 결정된다는 결과로 설명하게 된다. 이와는 반대로 환경적인 요인만을 지나치게 강조하게 되면 교육의 효과는 유전적인 소질과는 무관하게 환경적 요인에 의해 결정된다고 설명할 수밖에 없다. 이러한 관점에서 교육의 두 요인에 의한 교육적 효과에 대해 살펴볼 필요가 있다. 교육의 가능성과 한계성에 대한 논의 내용을 요약하면 다음과 같다.

1) 교육의 가능성

교육은 사람을 사람답게 만들기 위한 활동으로 사람은 오직 교육에 의해서 사람다운 사람이 될 수 있다. 일생을 통해 자신을 둘러싸고 있는 환경 속에서 교육을 받는 까닭도 그런 이유 때문이다. 그래서 교육을 '미성숙한 채 태어난 자연인을 독립적인 생활을 할 수 있는 인간으로 성숙시켜 주는 모든 조성작용'이라고 정의하기도 하는 것이다. 이 정의는 교육은 이미 성인으로 성장할 수 있다는 가능성을 전제로 한 말이다. 따라서 교육은 아동의 교육 가능성을 전제로 하고, 그러한 교육 가능성을 기초로 모든 교육활동이 전개된다고 할 수 있다(김운삼, 2015).

교육의 가능성은 잠재 가능성, 가소성, 발전성 등과 같은 뜻을 지니고 있다. 외부로부터 영향을 받아 변화될 수 있는 성질, 즉 교육에 의해 변화될 수 있는 성질을 교육가능성으로 보는 것이다. 그러므로 교육의 가능성이란 이미 결정된 어떤 교육 목적에까지 인간이 변용될 수 있는 가능성을 의미하게 된다. 따라서 이러한 교육 가능성은 여러 가지 입장에서 각각 달리 해석되고 있는데, 그 가운데 중요한 입장은 생리·심리학적, 사회·존재론적, 인격주의적 견지 등의 관점에서 다음과 같은 특성을 지니고 있다(권건일·송경애, 2011).

첫째, 생리·심리학적 관점에서는 근육운동의 유의적 통제의 가능성과 연습에 의한 숙달의 능력을 교육의 가능성이라고 본다. 예를 들면, 운동기능이나 목재 제작 기능, 타자기능, 조각을 만드는 기능이 반복 연습에 의해 점차 향상되어 가는 가능성을 도야성이라고 한다.

둘째, 사회·존재론적 관점에서는 인간을 사회적으로 형성된 하나의 사회적 존재로 보고, 집단을 위해 공헌할 수 있는 한 사람의 성원이 될 수 있는 성질이나 가능성을 발현시킨다는 입장이다.

셋째, 인격주의적 관점에서는 인격의 성질을 자유스러운 창조의 행위를 할 수 있는 것으로 보고 인간 스스로 인격의 특성을 자각하고 자유로운 창조적 활동의 주체가 되어 가는 가능성에서 교육적 가능성의 본질을 찾으려는 입장이다.

인간은 교육을 필요로 하는 존재임과 동시에 교육이 가능한 존재이다. 교육은 사람을 사람답게 하는 작용으로 피교육자의 교육 가능성을 전제로 하며 훌륭한 사람이 될 수 있다는 교육의 가능성을 기초로 하여 모든 활동이 전개된다. 교육의 가능성이란 외부로부터 영향을 받아 변화할 수 있는 성질, 즉 교육에 의해 변화할 수 있는 성질을 뜻한다. 인간은 교육에 의해서만 그 생명을 보존하고 가치를 발휘할 수 있는 존재라는 점은 교육의 필요성과 가능성을 동시에 강조한 것이다. 칸트는 "인간은 교육을 받아야 할 유일한 피조물이다"라고 했는데, 그만큼 인간에게 교육이 중요하고 가능하다는 점을 일깨워 준 말이다(권정숙 외, 2009).

인간은 태생적으로 미성숙한 존재로 태어난다. 불완전한 존재의 인간이기 때문에 성숙에 따른 무한한 가능성을 함께 갖게 되며 교육이 필연적인 까닭이 여기에 있다. 뿐만 아니라 인간은 사회화의 과정 안에서 적응하고 성숙해 나간다. 인간은 교육을 통해 사회화되고 사회적 존재로 성장한다. 이는 인간에게 교육이 얼마나 중요한가를 보여줌과 동시에 교육의 가능성을 대변해 준다 할 것이다.

2) 교육의 한계성

인간이 무한한 발전 가능성을 지니고 있다고는 하지만 그러한 가능성을 항상 실현하여 온전하게 성장하도록 한다는 보장은 없다. 인간의 성장은 유전과 환경에 의해 영향을 받으며 이 두 요인이 어떻게 작용하느냐에 따라 그 결과가 달라진다. 교육에 영향을 미치는 환경과 유전적 요인을 살펴보면 다음과 같다(김창걸 외, 2010).

첫째, 교육의 한계를 설명하는 하나의 요인으로 환경을 들 수 있다. 환경은 인간 유기체와 관련을 맺고 있는 자연적 환경, 인간적 환경, 문화적 환경, 물리적 환경으로 대별할 수 있으나 한 인간의 성장과 발달에는 그 모든 환경들이 상호작용을 한다. 환경이란 교육을 포함한 후천적 요인으로 자연적, 사회적, 경제적, 문화적 환경을 포괄하는 개념이다. 환경이란 인간과 기능적 관계를 맺고 그 사람의 행동을 규정하는 데 영향을 미치므로 환경은 독립적으로 존재하는 것이 아니라 인간과의 상호작용 속에서 존재하는 것이다.

인간은 출생과 동시에 다양한 가능성을 지닌 존재이다. 이와 같은 가능성은 교육을 통해 변화하고 발전한다. 따라서 인간 형성은 유전과 환경 그리고 교육의 세 요소들 간의 상호작용을 통해 이루어지고 가능성을 발전시켜 나가는 것이다. 이와 같은 가능성은 교육에 의해 발현되고 나타나게 되며 환경적 조건들에 의해 구체적인 결과로 나타나게 된다.

둘째, 교육의 한계와 관련된 또 다른 요인으로 유전을 들 수 있다. 유전론자들은 심리적인 특성의 형성에 있어서 환경적인 요인보다 유전적인 요인이 보다 강하게 작용한다고 주장한다. 그러나 환경론자들은 유전론자들의 유전적 요인은 인정하나 환경적인 요인이 유전적인 요인보다 더 강하게 작용한다고 주장한다. 또한 환경론자들은 인간의 지적 능력이 학습 경험에 의해 결정된다고 주장하는 데 반하여 유전론자들은 지능이란 환경에 의해서 직접적으로 영향을 받는 것이 아니라 유전적인 요인에 의해서 결정된다고 주장하고 있다.

유전적 요인과 환경적 요인에 따른 영향력은 선천적으로 타고난 유전은 환경 여하에 따라 그 개발과 성장이 제한되게 되고, 아울러 교육의 한계가 결정되며 환경적 조건이 동일한 영향력 하에서도 유전적 조건에 따라 교육의 한계가 결정된다는 점에서 인간의 성장 가능성은 어느 한쪽에 의해 좌우되는 것이 아니라 유전적 요인이나 환경적 요인과의 상호작용에 따라 좌우되는 한계성을 지니고 있다. 유전과 환경은 각각 독립적인 요소로서의 힘이 아니라 서로 상대적인 관계로서 존재한다. 유전적 영향력은 그 실현을 위해서 반드시 환경을 필요로 하고 환경 또한 유전적 요인을 전제로 한다. 가능성과 능력을 자극하고 이를 신장시켜 줄 수 있는 환경 없이는 유전적 영향력의 의미는 무의미하며, 환경 또한 유전적 요인을 떠나서 가능성과 능력의 변화와 발전을 기대하는 것은 무의미한 것이다.

우드워즈(R. S. Woodworth, 1869~1962)는 인간의 성장 가능성은 환경을 세로로, 유전을 가로로 해서 만들어진 직사각형 속의 면적과 같다고 보았으며, 유전과 환경과의 관계는 더하기의 관계가 아니라 유전과 환경과의 상호작용의 함수관계라고 보았다. 즉, $D = f(H \cdot E)$의 관계라고 보았으며, 이를 그림으로 나타내면 다음과 같다.

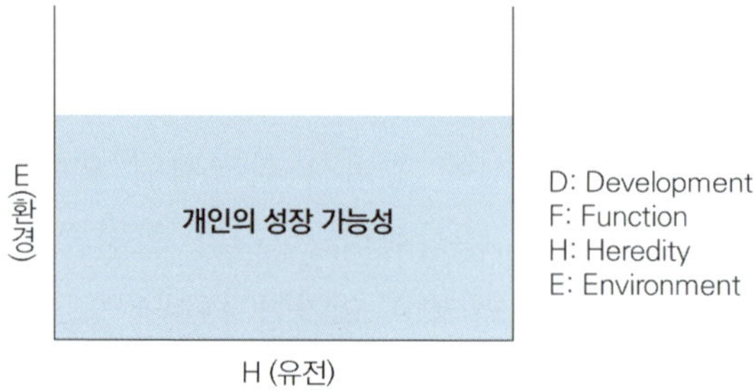

그림 1-1 유전과 환경과의 상호관계 (R. S. Woodworth)

고트샬트(K. Gottschaldt)도 유전과 환경과의 관계를 그림으로 나타냈는데, 유전과 환경의 상호관계는 E를 환경 극점으로 하고, H를 유전 극점으로 할 때, 한 인간의 성장 가능성은 E-H 선상에 위치한 X와 X_1이라고 보았으며, 이를 그림으로 나타내면 **그림 1-2**와 같다.

그림에서 X의 경우에는 환경의 힘이 유전보다 더 크게 작용하는 경우이고, X_1의 경우에는 유전의 힘이 환경의 힘보다 더 크게 작용하는 경우이다.

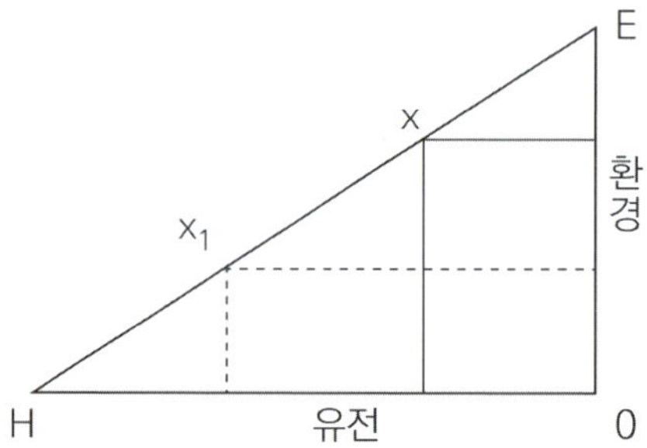

그림 1-2 유전과 환경과의 상호관계(K. Gottschaldt)

유전과 환경으로 연계된 교육의 가능성과 한계성에 대한 내용을 정리하면 다음과 같다(임광명, 2012).

유전은 인간에게 선천적으로 주어지기 때문에 이를 수용하지 않으면 안 된다. 그러나 환경은 이 유전에 의하여 주어진 것을 최대한으로 발전시키는 역할을 감당해야 하는 다른 요인이다. 이 둘은 별개의 대립되는 요인이 아니고 먼저와 나중의 역할자로서 작용하는 요인이라 할 수 있다. 사람에게 어떤 좋은 특성을 가진 유전자와 이 유전자와 잘 조화되어 이 유전자의 특성을 잘 키울 수 있는 어떤 좋은 환경이 있다면 이들은 서로 결합하여 그 인간의 성장 발달을 위하여 대단한 작업을 해낼 것이다. 그러나 아무리 좋은 유전자와 환경이 만나도 그 특성이 서로 조화를 이룰 수 없다면 좋은 작업의 결과를 가져오지 못할 것이다. 인간은 대단한 잠재가능성과 성장력을 조물주에 의하여 이어받았다. 그런데 이 잠재가능성과 성장력은 교육이라는 환경을 통하여 밖으로 드러나서 사용이 가능한 능력으로 탈바꿈하게 된다. 이와 같이 유전과 환경은 시간적으로 선후하여 나타나고, 서로 상호작용하여 인간의 능력을 결정하게 된다.

3. 교육의 기본 전제와 특성

에드워드 핼릿 카(Edward Hallett T. Carr)는 '역사란 과거와 현재의 끊임없는 대화'라고 정의하였다. 이러한 관점에서 교육을 바라본다면 '교육이란 자신과 현실과의 끊임없는 대화'이다. 자신 앞에 놓여 있는 현상의 부단한 탐색을 통해 바람직한 방향으로 변화를 추진하는 것이 곧 교육이다. 그래서 교육은 자신만을 변화시키는 것이 아니라, 자신이 위치해 있는 지역사회도 함께 변화시킨다. 교육은 사람과 지역을 변화시키는 가장 큰 힘이며 유일한 방법이다.

1) 교육의 기본 전제

인간은 누구나 한 사회의 구성원으로 태어나 그 사회에서 통용되는 언어와 생활양식을 배우고 사회의 공통적인 규범체제와 가치관을 수용하며 살아간다. 이처럼 한 개인이 자신이 속한 사회의 문화양식을 가정과 학교를 통해 배운다. 교육은 의도적이고 계획적인 추진에 의해 이루어지는데, 이러한 교육이 이루어지기 위해서는 다음과 같은 몇 가지 기본적인 전제가 충족될 때 가능하다(이형행 · 권영성, 2010).

첫째, 인간에 대한 신념이다. 교육에 대한 기본적인 전제로서 인간에 대한 신념이 최우선 조건이다. 인간에 대한 깊은 믿음은 여러 측면에서 생각할 수 있으나, 그중에서도 인간의 존엄성에 대한 신념, 인간의 주체성에 대한 신념, 인간의 성장 가능성에 대한 신념, 그리고 인간의 과학적 이해 가능성에 대한 신념은 교육을 성립시키는 대전제가 되는 신념들이다.

먼저, 사람은 누구나 침해당할 수 없는 천부적 인권을 가지고 있다. 그래서 인간의 존엄성은 인류 역사상 최선의 생활철학인 자유민주주의의 기본 신념이다. 이 신념이 전제되지 않는 한 자유민주주의 사회는 성립되지 않는다. 물론 경제 우선론자는 부(富)를 가장 가치로운 것으로 생각하고 그것을 위하여 노력하며, 정치 우선론자는 권력에 관련된 것에 가장 높은 가치를 부여하고 이를 위하여 전념할지도 모른다. 그러나 좀 더 깊이 생각해 보면 부나 권력도 인간을 위하여 필요한 것이며, 인간의 존엄성을 전제로 할 때 가치로운 것이다. 그러므로 인간사회에서 노력하는 그 어떤 대상도 어디까지나 인간을 목적으로 하여 있는 것에 지나지 않는다. 교육도 마찬가지이다. 예를 들어 과학기술 교육을 강화하는 목적은 과학기술의 발전을 통하여 보다 질 높은 인간의 삶을 영위하기 위함에 있다. 따라서 모든 사람들이 인간답게 잘 살기 위하여 과학기술을 가르친다면 인간의 존엄성을 전제한 교육이 되는 것이다. 그리고 인간의 존엄성에 대한 신념은 인간의 능력이나 지위에 초점을 두는 것이 아니고 모든 인간 그 자체가 존엄하다는 것이다. 뿐만 아니라 인간의 주체성에 대한 믿음이 전제되어야 한다. 인간의 주체성에 대한 믿음은 인간이 자연환경을 움직이고 개조할 수 있으며, 그것에 따라서 자신의 운명을 스스로 결정할 수 있다는 믿음이다. 인류의 역사는 인간이 결정할 수 있다는 신념을 포함하는 것이다. 만일 인간이 자연환경에 대하여 무력하다든지 인간의 운명은 어떤 초인적인 힘에 의해서 좌우된다고 믿는다면 교육의 필요성은 강조될 수 없을 것이며 결국 의도적인 교육은 성립할 수도 없다. 따라서 인간이 자연에 도전하여 자연을 극복할 수 있는 주체라는 전제가 성립될 때 교육이 가능하다. 인간이 자연환경에 적응해 나간다는 것은 자연에의 예속을 의미하는 것이 아니라 오히려 자연과의 조화를 이룬다는 뜻이며, 적극적으로는 자연을 극복하고 자연 위에 선 인간이라는 것을 의미한다. 교육은 '미래는 수동적인 자세로 인간을 기다린다'는 가정에서 성립된다. 교육의 존재가치는 미래를 개척하는 인간을 만드는 데 있다. 따라서 인간이 자연환경을 지배한다는 인간의 주체성에 대한 신념을 전제로 하여 교육은 성립되는 것이다. 마지막으로 인간에 대한 신념으로는 인간의 성장 가능성에 대한 믿음이다. 교육은 인간의 성장 가능성이 풍부하다는 전제하에 성립된다. 만일 인간의 성장 가능성이라는 전제를 부정한다면 교육은 그야말로 벽에 부딪히게 된다. 인간의 신장이나 지능 등은 유전적으로 결정되기도 하지만, 생후의 환경과 경험에 따라서 상당한 영향을 받으며, 의식이나 성격은 더 큰 영향을 받는다고 믿고 있다. 이와 같이 인간의 성장은 생후의 경험이나 환경에 따라서 변화한다는 가능성에 대한 인식은 인간의 잠재능력이 풍부함을 의미하는 것이다.

둘째, 변화에 대한 신념이다. 인간의 성장 가능성을 믿는다는 전제는 또 하나의 전제를 낳게 한다. 즉, 인간의 가능성을 현실성으로 옮겨가는 과정이 교육이라면 인간이 변화한다는 전제 또한 부인할 수 없다. 교육이 인간 행동 특성을 계획적으로 변화시키는 일이라면, 교육은 인간이 변화한다는 신념을 전제로 하고 성립될 수 있다. 인간을 변화시킬 수 없다면 교육은 성립될 수 없는 것이다. 인간을 변화시킬 수 있다는 전제하에서 성립되는 교육은 인간을 바람직하게 변화시킴으로써 이것이 원동력이 되어 사회·세계·자연도 변화시킬 수 있다는 신념과 연결된다. 즉, 사회개혁·국가발전·자연개발도 실현 가능하다는 전제가 성립되는데, 이 모두가 인간의 변화로 말미암아 가능한 것이다. 교육은 인간을 육성 개조하고 이를 통하여 사회·국가·세계를 계속적으로 개혁하려고 한다. 따라서 교육은 변화라는 신념에 바탕을 둘 수밖에 없다. 그러나 교육은 기본적으로 인간을 변화시킬 수 있고, 사회를 변화시킬 수 있다는 전제에서 한 걸음 더 나아가야 한다. 변화할 수 있다는 전제는 변화 자체가 발전적일 수도 있고 퇴보적일 수도 있다는 것을 예상해야 하고, 그렇기 때문에 변화라는 신념의 전제는 발전적이고 진보적인 변화만을 의미해야 한다는 뜻이다. 여기에 교육의 생명이 있는 것이다. 따라서 교육은 그 방향 여하에 따라 인간과 사회를 긍정적·

발전적·진보적으로 변화시킬 수 있다는 전제하에서만 성립할 수 있다.

셋째, 계획에 대한 신념이다. 교육이 인간의 존엄성·주체성·성장 가능성·과학적 이해 가능성에 대한 신념을 바탕으로 하고 변화를 전제로 하여 성립된다고 하더라도 이를 실천해 가는 데는 계획성이 필요하다. 어떻게 변화시킬 것이며, 어떤 방법으로 변화시킬 것인가를 의미하는 것이 계획성이다. 인간의 행동특성은 여러 가지 형태의 경험에 의해 변화된다. 가만히 있어도 시간의 흐름에 따라 저절로 변화가 일어나는 성숙이라는 현상도 있고, 길거리의 라디오에서 흘러나오는 노래를 흥얼거리다 배우는 교육내용이라는 것도 있다. 이 중 교육이 계획적이라는 말은 전자의 두 가지 경우, 즉 성숙에 의한 변화와 자연적·무의도적인 경험에 의한 학습은 교육의 범주에 넣을 수 없다는 관점을 시사한다. 계획적이라는 말이 뜻하는 의미는 여러 가지 관점에서 고찰해 볼 수 있다. 계획적이라는 개념 속에는 교사가 기르고자 하는 인간의 행동특성에 대한 명확한 목적의식을 갖고 있다는 것이 전제되어야 한다. 즉, 교사가 어떤 행동특성을 기르려고 하고 있으며, 그것이 구체적으로 무엇을 의미하는지, 그리고 그러한 행동특성을 기르려는 명확한 의식을 갖고 교육을 하고 있는지와 같은 목적의식이 선행되어야 함을 의미한다.

2) 교육의 특성

교육의 관심은 '인간행동의 변화'에 있고, 그것은 곧 성장을 의미한다. 따라서 교육의 가능성도 바로 인간이 얼마나 성장할 수 있느냐와 관련이 있다. 교육의 기본 전제에서 살펴본 바와 같이 인간의 교육적 활동은 교육이 지니고 있는 특성을 살려 운영될 때 효과성을 높일 수 있다. 일반적으로 교육의 특성으로는 다음과 같은 점을 들 수 있다(김창걸 외, 2010).

(1) 의도성

인간은 오랜 옛날부터 무엇인가를 그들의 자녀를 포함한 다음 세대에게 가르쳐서 전수해 왔다. 특히 가치로운 것, 집단의 규범, 기대, 기술 등을 어떠한 방법으로라도 의도적으로 가르쳐 왔다. 성년식 등은 분명한 의도가 있고, 구체적인 목표와 내용이 있는 행사였다. 인간의 행위에는 대부분 일정한 의도를 가지고 있고, 우리 인간은 의도적이며 유목적적 행위를 계속해서 이어오고 있다. 이것이 교육의 의도성인 것이며 교육은 유목적적인 행위를 도달시키고자 의도적으로 이루어지는 활동이다. 따라서 교육에는 누가 무엇 때문에 가르치고 배우는지와 관련된 의도된 것을 포함하게 된다. 즉, 가르치겠다는 의도와 배움을 통해 되어주기를 바라는 의도를 가지고 이루어지는 활동이 곧 교육이다. 그러기에 교육에는 일정한 목표가 있고, 무엇인가를 가르치려는 내용이 있는 것이다. 그래서 교육의 개념을 정립하는 데 있어서 가장 먼저 강조해야 하는 것이 교육의 의도성이다.

(2) 계획성

교육할 의도를 갖고 교육목적을 설정한 후에 의도에 따라 계획하고 준비하게 되는데 이를 계획성이라고 한다. 즉, 계획성은 무엇을 어떻게 교육할 것인가와 관련된 계획과 준비로 교육목적 및 내용과 그 실현을 위한 방법의 선택과 접근 전략의 수립에 이르기까지 교육과정 전체에 모두 관련된다. 피교육자의 발달 가능성을 최대한으로 신장시키려면 교육의 의도성과 계획성은 교육개념의 핵심적 요소가 된다. 교육이 수행되어 가는 과정에서 나타나는 변화에 따라 교육의 계획을 수정하고 보완해 나가는 것도 계획성의 중요한 내용이 되며, 이와 같은 계획성은 교육의 시작부터 끝까지 가급적 일관성 있게 효율적으로 추진해 나가는 것이 중요하다. 어떤 기능을 가르치는 경우 평가결과를 바탕으로 환류(feed-back) 지도가 중요하다고 말하는데, 이때 환류와 관련하여 수립되는 계획, 즉 어떤 내용으로 할 것인지, 누구를 대상으로 할 것인지, 언제 할 것인지, 얼마나 자주 할 것인지 등을 계획 세우는 것 또한 계획성에 해당된다.

(3) 가치지향성

교육은 피교육자에게 그 무엇을 가르쳐 주는데, 그 무엇이란 적어도 인간생활에 가치 있는 것이라야 한다. 이것이 교육의 가치지향성이다. 그러므로 교육은 의도적·계획적이며 그 속에서 가치 있는 것을 지향하고 선택하는 일이 포함되어야 한다. 피터스(R. S. Peters)는 "교육이란 교육받는 사람이 장차 거기에 헌신할 가치 있는 것을 전수해 주는 일"이며, 또한 "교육은 바람직한 정신 상태를 도덕적으로 온당한 방법으로 의도적으로 실현하는 일"이라고 정의하였다. 이러한 정의는 교육의 전수기능을 강조한 것이다. 교육을 "인간행동의 바람직한 변화"라고 하는데, 이는 교육의 의도성과 계획성을 강조한 말이다.

(4) 전인성

교육은 인간을 의도적으로 변화시키는 과정이라고 정의할 때 의도적이라는 말 속에는 계획성과 가치지향성의 의미가 포함되어 있으며, 교육은 인간 전체에 관한 전인적 변화에 관심을 기울이고 있다. 특히 오늘날처럼 빠르게 변화하고 다원화된 사회 속에서 인간 소외 현상으로 야기되는 교육의 비인간화를 없애기 위해서는 인간성 회복을 위한 교육의 실현이 중시되고 있다. 즉, 인지적·정의적·신체적인 모든 면에서 조화적으로 발달된 인간을 육성하며 자아실현을 도모하는 교육이 필요하다. 이를 위해 교육은 지(知)·덕(德)·체(體)·기(技)를 포함하는 인간의 전반적인 성향체제를 그 대상으로 조화된 교육을 실현하고자 하는데 이러한 전인적인 발달을 추구해 나가는 교육의 특성을 전인성이라고 한다. 따라서 전인성은 인간교육에 있어서 사람이 가지고 있는 모든 자질을 발굴하여 육성하려는 데 중점을 두어야 한다고 보는 관점이다. 즉, 인간의 신체적 성장, 지적 성장, 정서적 발달, 사회성 발달 등을 조화롭게 하여 넓은 교양과 건전한 인격을 갖춘 인간다운 인간을 육성하려는 데 초점을 맞춘 교육적 특성을 말한다.

4. 인간교육과 인격의 완성[2)]

인간의 인격과 가치관, 옳고 그름을 판단하는 것은 그 사람이 받은 교육이나 경험과 무관치 않다. 올바른 인격과 가치관은 태생적으로 타고 나거나 저절로 형성되지 않는다. 그 사람이 어떤 교육을 받고 어떤 경험을 했는가와 관련성이 있다. 인간의 올바른 인격 완성을 위해서는 교육과 경험에 많은 시간을 투자해야 한다. 거기에는 좋은 사람과의 만남이나 좋은 체험이 해당되지만 좋은 책을 읽는 것도 포함된다. 그래서 올바른 인격과 가치관을 형성하기 위해서는 다양한 교육적 투자가 필요하다.

1) 인간으로부터 배우는 교육

교육이란 인간이 인간을 가르쳐 키우는 일이다. 즉, 인간이 인간에게 배우면서 자라는 것이다. 이러한 성장의 과정은 가정은 물론이고 학교와 사회 등 인간의 삶이 이루어지는 곳이라면 어디에서나 가능한 것이 교육이다. 특히 아동기에는 부모로부터 관계성과 의미성을 배우게 되는데, 부모와의 사이가 좋은 경우에는 타인과의 신체적, 정서적 친밀감에 대해 좋은 생각으로 자연스럽게 인식하는 것을 배우고, 그렇지 못할 경우에는 이성과의 친밀감 형성에 부정적인 영향을 미치는 결과를 습득하게 된다. 따라서 부부끼리 싸우는 모습, 부부간의 상스러운 용어의 사용 등과 같은 언행을 통해서 자녀들은 이성과의 친밀감 형성에 부정적인 영향을 미치는 것을 배우게 된다. 이처럼 가정에서부터 인간은 인간을 통해 교육을 받는다. 인간으로부터 교육을 받는 것은 학교라고 예외일 수 없다. 학교생활을 통해서 다양한 사람들과의 접촉을 통해 다양한 교육을 받게 된다. 흔히 학교교육에서는 교과서를 통한 지식을 습득하고 배우는 것으로 인식하고 있는데, 반드시 그런 것만은 아니다. 즉, 학교에서 배우는 교육은 교과서에 담긴 내용만이 아니다. 학교에서 배우는 모든 것은 인간으로부터 나오며 인간의

2) 이규은(2019). pp. 42-44의 내용을 재구성함

삶과 관련된 내용들을 배운다. 친구들과의 관계 속에서 사람이 살아가는 데 필요한 원리를 배우고, 등하굣길의 길모퉁이에서도 아이들은 사람 사는 세상의 원리를 배운다. 다양한 것을 배우게 된다는 것은 가정과 학교에서의 교육이 다를 바가 없지만 교육을 평가하고 적용하는 원리적인 측면에서 보면 학교교육과 가정교육은 다른 점이 많다.

학교교육과 가정교육의 가장 큰 차이점은 사람을 평가하는 원리에서 근본적인 차이가 있다. 학교에서 사람을 평가하는 기준은 학업성적, 석차, 키, 지위 등의 객관적 순서나 기준으로 사람의 가치나 비중을 판단하지만, 가정에서는 그렇지 않다. 가정에서의 사람 존재의 의미는 가족구성원이라는 조건에 의해서 일차적으로 결정된다. 마치 손가락 다섯 개가 생김새와 크기가 다르다고 해도 그중 하나가 없으면 손 전체가 불구인 것처럼, 또 다섯 손가락 깨물어 안 아픈 손가락이 없듯이 가정이라는 문화 안에서는 어느 한 가족의 아픔이나 기쁨이 나머지 모든 가족들의 아픔이고 기쁨이 된다. 우리 사회가 경쟁만을 능사로 삼는 살벌하고 비인간적인 사회로 치닫지 않고, 사람들끼리 협동하고 집단들끼리 조화를 이루면서 공동체 전체의 역량이 자라는 화목하면서도 저력이 있는 사회로 성숙하려면, 현재 상태에서 가장 필요한 것이 가정의 문화적 재생운동일 것이다. 그러기 위해서는 먼저 가족들끼리 함께 나누는 시간의 양이 늘어나야 한다. 가족들이 함께 나누는 시간을 어떻게 보낼 것인지도 모르는 부모들이 많아진 오늘의 우리 형편에서는 먼저 하루 한 끼만이라도 가족들이 함께 모여 식사하는 습관부터 길러 보려는 노력이 필요하다(김인회, 2010).

인간으로부터 배우는 교육은 동일시와도 무관치 않다. 특히 유아기에는 가정에서 부모와의 동일시를 통해 성숙되어 간다. 즉, 남자아이는 아버지로부터, 여자아이는 어머니로부터 동일한 성별을 통해 동일화(identification)되는 성역할을 배운다. 따라서 이 시기에는 동성 부모의 역할이 매우 중요하다. 대부분의 성인들은 자신의 행동이 자녀에게 성역할을 가르치고 있다는 사실을 알지 못한다. 오히려 성인들은 아동이 보이는 여성과 남성 특유의 자연스러운 전개를 어떤 때는 만족의 눈으로, 어떤 때는 불안한 눈길로 보고 있을 수밖에 없다고 말한다. 이 시기의 남아는 아버지의 행동을 통해 개척자와 같은 남성적이고 자유분방한 생활방식을 배우고, 여아 또한 어머니와 주변의 여성들의 모습과 삶에서 같은 방식의 성역할을 습득해 나간다. 그러므로 이 시기에는 앞으로 다가올 청소년기를 대비하는 차원에서 가정과 학교에서의 양성평등적 성역할 교육이 이루어져야 한다.

학령기의 놀이를 보면 성적인 놀이가 많다. 성적인 놀이라고 해서 큰 문제가 되는 것은 아니지만 강제로 행해지는 놀이와 접촉에 대해서는 부모의 제재가 필요하다. 성적인 경험에 대해 부모가 지나치게 놀라는 반응을 보이거나 엄격하게 대하면 심리적인 측면에서 위해를 받을 수 있다는 점을 유념해야 한다.

청소년기 가정에서 이루어지는 교육은 청소년을 둘러싼 가정과 학교, 주변의 친구, 지역사회 등의 생태학적 환경에 따라 깊은 영향을 받는다. 뿐만 아니라 청소년 전기에 경험하는 부모의 양육태도도 청소년의 성격과 행동에 중요한 영향을 미친다. 바움린드(Baumrind, 1977)는 부모의 양육태도를 민주적(권위 있는) 부모, 독재적(권위주의적) 부모, 허용적 부모, 무시적(무관심한) 부모로 구분하였다. 민주적(권위 있는) 부모는 높은 수준의 애정과 높은 수준의 통제를 보이는 양육 형태를 말하는데, 이 유형에 해당하는 부모들은 자녀의 행동을 자세히 관찰하여 자녀의 요구에 민감하게 반응하며, 자녀의 행동에 옳고 그름이 확고한 기준을 가지고 있다. 따라서 이러한 부모는 자녀에게 지시적이거나 처벌적이기보다는 지지적인 행동을 보이는 것이 특징이다. 자녀와의 대화에 있어서도 "~~했으니까 ~~하는 것이 좋지 않을까?" 등과 같은 방법으로 구체적인 설명을 한다는 점이 특징이다. 이러한 민주적 양육 형태 가정에서 자라난 자녀들은 개인의 인격이나 개성을 존중할 줄 알며, 독립적이고 높은 자존감과 사회성이 뛰어나 동료들과의 관계에 인기가 많은 것이 특징이다. 민주적 양육 태도는 가장 이상적인 부모의 양육방식으로 부모가 일방적으로 자녀에게 지시하는 것이 아니라 매사에 초연한 자세로 일관성 있게 자녀를 대한다는 점이 장점이다.

독재적(권위주의적) 부모의 경우에는 높은 수준의 통제를 보이지만, 오히려 양육 형태에서의 애정은 약하고 낮은 수준을 보인다. 높은 수준의 통제를 보인다는 점에서 민주적 양육 형태와 유사한 점이 있지만 독재적 양육 형태는 민주적인 방식과 달리 처벌적이나 지시가 매우 강한 경향성이 있다는 점에서 차이가 난다. 독재적 부모의 경우에는 통제를 많이 하고 엄격하며 경직된 규칙에 자녀가 무조건적으로 따르도록 하는 특징이 있다. 설명이나 설득보다는 강압적이고 명령적인 방식으로 행동을 제한한다. 특히 독재적 부모의 경우에는 부모와 자녀의 관계에서 수직 관계를 강조하며, 자녀에게 많은 것을 요구는 하지만 왜 그렇게 해야 하는지에 대한 이유는 확실하게 설명하지 못하는 경우가 많다. 따라서 자녀에게 말하는 말투도 '~~해!' 등과 같은 명령조의 말투가 대부분이다. 이러한 독재적 양육 방식에서 성장한 자녀의 경우에는 타인에 대한 부정심이 강하고 자아존중감이 낮으며, 죄책감이나 열등감에 빠져 있는 경우가 많다.

허용적인 부모의 경우에는 자녀에게 온건하고 수용적이지만 너무 낮은 수준의 통제를 보이는 경우이다. 자녀를 애정적인 반응으로 대한다는 장점이 있지만, 통제가 거의 없고 지나치게 허용적인 경우이다. 이러한 유형의 부모들은 자녀를 애정적으로 대할 때와 꾸중할 때 양육방식에 있어서 일관성이 부족하다는 문제점이 있다. 부모는 자녀에게 훈육을 하기보다는 자녀의 행동을 수용적인 태도로 바라보고 인정하는 경우가 대부분이다. 따라서 자녀와의 대화에서도 '그럴 수도 있지 뭐, 괜찮아 ~~', '오냐오냐' 등과 같은 수용적인 말투가 대부분이다. 이러한 부모 밑에서 성장한 자녀의 경우에는 대부분 의존심이 강하며, 통제력과 끈기가 부족하고 방종적인 경우가 많다. 대부분 조부모의 양육 방식에서 흔히 나타나는 유형이다.

무시적 부모의 경우에는 부모가 아이를 거부하는 태도를 보이는 양육 방식이다. 이 유형의 부모들은 자녀에게 냉담하고 무관심한 태도를 보인다. 따라서 이 유형의 자녀들은 독립심이 없고 자기 통제력이 부족하다. 무시적 양육 형태는 곧 방임적 양육 형태로 부모의 책임을 실행하는 데 어려움을 겪는 경우가 많다. 따라서 자녀와의 대화에 사용하는 용어도 '네가 알아서 해', '나는 몰라' 등과 같은 방식의 말투를 주로 사용한다. 이러한 형태의 가정에서 자란 아이는 충동억제 조절이 어렵고, 타인에 대하여 적대감과 좌절감, 불신감 등을 지니게 된다(이규은 · 장상필, 2021).

청소년기는 도덕성이 발달하는 시기이다. 도덕적 인식의 확대를 통해 자신의 충동을 조절해 나가고 욕구나 행동을 자제하는 능력을 길러 나가는 시기로 가정과 사회로부터 배우게 되며 즐거움과 만족을 지연시키는 내적·외적 통제 능력을 배우는 시기이기도 하다. 형식적인 교육 안에서 배우는 것 이외에 교육과 관련지어 일상에서 만나게 되는 모든 활동은 결국 인간으로부터 나온 것이다. 따라서 인간을 위한 교육은 우연히 만들어진 것이 아니라 인간으로부터 배우는 것이며 인간이 학습하는 교육에 포함된다.

2) 인격의 의미와 완성

인격은 '인간으로서 갖추어야 할 표준과 자격'을 의미하며, 개인으로서 지니는 지적·정서적·의지적·신체적 특징을 포괄하는 개념이다. 인격(人格, Personality)은 연극에서 가면(假面)이나 역할, 등장인물 등을 뜻하는 라틴어의 '페르소나(persona)'에서 유래되었다. 인격이라는 의미를 한자의 어원적인 측면에서 분석해 보면 원래 한자의 '人'은 사람의 형상으로, 자기 부족에만 쓰이고 타 부족을 지칭하는 말로는 쓰이지 않았는데, 공자(孔子)에 의해 이 개념이 확대되어 모든 사람을 가리키는 의미로 쓰이게 되었다. 또 '格'은 '고정(固定) 또는 고정된 중심'을 뜻하는 말로, 자기 자신을 유일한 지속적(持續的) 자아라고 생각하는 개체로 설명된다.

인격은 자아의식의 의미를 지니고 있다. 토마스 아퀴나스(Thomas Aquinas)는 성령이나 신격(神格)과 함께 이성적 성질을 가진 불가분의 실체로서의 인격을 신학적으로 체계화하였다. 또한 인격이라는 특성을 구체적인 인격과 구별할 때는 '인격성' 또는 '인간성'이라는 말을 사용하며, 일반적으로 인격에 최고의 가치를 두는 입장을 철학에서는 인격주의라고 한다. 다만 신학상의 인격주의는 신격, 즉 신과의 주체적인 연결 위에 근원하는 실체를 인격주의로 다루지만, 철학에서는 인격을 억압하는 물질이나 사회체제, 전쟁 등에 대하여 이것으로부터 해방되려는 방향으로 인간성이 작용하는데, 이를 '휴머니즘(Humanism)'이라고 한다.

인격이란 인간의 양심에 따라 자유롭게 행동할 수 있는 바탕을 전제로 하며, 항상 양심에 따라 선을 행하기에 그 자체로 도덕적 가치를 지니고 있으며, 그 무엇과도 대치할 수 없다. 모든 인격은 유일하기에 서로 같지 않으며, 비교할 수 없고 객관적으로 설명될 수 없다. 다만 선행을 행동으로 실천하는 순간 이해되는 것이 인간의 인격이다. 인격은 성숙과정을 거치면서 결정화되지만 동시에 유동성도 지니고 있다. 따라서 결정화된 인격도 부단한 노력과 반복으로 재구성이 가능하다.

인간의 인격은 지성(知性), 감정(感情), 의지(意志)의 세 요소로 이루어진다. 지성은 현실에 대한 진실을 나타내는 것으로 언어로 표현된다. 대부분의 진실은 지성을 통해 '이것이 진실이다'라고 표현되고, 믿음을 갖게 하는 바탕이 된다. 따라서 지성은 사물을 개념에 의해서 사고하고 객관적으로 인식하여 단정하는 능력이다. 감정(emotion)은 움직임(motion)을 일으키는 에너지이다. 삶에서 체험하는 감정은 모두 인격과 유관하다. 의지는 어떤 일을 이루려는 적극적인 마음으로 특정한 목적을 달성하기 위한 인간의 의식적인 노력이다. 인간은 인격체로 의지가 지성과 감정을 이끈다. 지성이 지식이라면 감정은 지혜이다. 인격의 완성은 인격의 세 요소가 균형을 이룰 때 가능하다. 인격은 세 가지 요소가 각각의 꼭짓점으로 하는 삼각형과 같다. 세 가지 요소 중 부정적인 부분이 있다면 삼각형의 모양이 정삼각형을 이룰 수 없다.

모든 인간은 인격의 완성을 위해 부단히 노력한다. 그리하여 자기반성과 훈련을 통해 도덕적으로 여러 사람들의 존경을 받을 수 있는 품성을 갖추게 된 상태를 유지하기 위해 노력하며, 그러한 상태에 이르는 것을 인격의 완성이라고 한다. 인격의 완성을 이룬 진정한 인격자는 자기가 다소 손해를 보더라도 끝까지 정직하고 공평하며, 책임감 있게 말하고 행동하며, 다른 사람의 권리를 자기 권리처럼 존중하는 사람이다. 완성된 인격을 갖춘 사람에게 민주사회에서 요청하는 덕목으로는 인권 존중과 공정성, 준법정신과 책임감, 정직성 등이 있다. 미래사회에서 필요로 하는 바람직한 인격을 위해서 우리는 전통적인 덕목 중에서 유지하고 지켜야 할 것은 살리면서, 동시에 우리에게 부족한 서구 민주사회의 보편적인 덕목을 추가하며 동서양 양자 간의 조화를 모색해 나가야 할 것이다(이규은, 2019).

5. 자기인식의 요소와 효과[3)]

자기인식은 자신의 관심이 초점이 되는 심리상태로 자신의 특성, 행동 및 감정을 포함하여 자아의 다양한 측면을 인식하는 것을 말한다. 자기인식은 전두엽 영역에 위치한 대뇌피질에서 관장하는데, 레비스와 브룩스-건(Lewis and Brooks-Gunn)에 의하면 18개월부터 자기인식이 나타나기 시작하는 것으로 알려져 있다. 여기서는 자기인식과 관련된 요소로는 어떠한 것들이 있는지, 자기인식의 과정은 어떻게 이루어지고, 자기인식을 통해 얻을 수 있는 효과는 무엇인지에 대해 살펴보고자 한다.

1) 자기인식의 요소

자기인식에 대한 효과를 증대시키기 위해서는 자기인식에 대한 요소를 명확하게 인지할 필요가 있다. 자기인식에 있어서 긍정적인 효과를 얻을 수 있는 요소로 상담학자인 모리스 와그너(Maurice Wagner)는 다음과 같은 세 가지 기본요소를 제시하고 있다.

(1) 소속감

소속감이란 사회구성원으로서의 일원이 되는 것을 말하며, 누군가로부터 사랑받고 있다는 느낌과 나의 주변에 존재하는 정상적인 공동체가 나를 인정해 주고, 받아들이며, 중요한 구성원으로 수용하고 있다는 의미를 준다. 이 소속감이 없으면 그 사람은 사회로부터 격리되고 퇴출되는 방랑객이 되며 버림받는 느낌과 함께 자기에 대한 부정적 자기인식이 생길 수 있다. 특히 어렸을 때 가정이나 남들로부터 배척을 받아온 사람들은 성인이 된 후에도 정상적인 공동체에서 정상적인 역할을 감당하는 데 어려움을 겪게 되는데, 이는 어려서 경험하게 된 사회구성원으로서의 격리 현상이 자기인식

3) 이규은(2019). pp. 62-74의 내용을 재구성함

에 부정적 요소로 작용하기 때문이다. 따라서 사회구성원의 일원으로서의 역할과 책무를 부여하고, 이를 수행하도록 하는 소속감에 대한 경험은 자기인식에 긍정적인 요소로 작용한다.

(2) 가치감

가치감(價値感)이란 자신의 존재에 대한 긍정적 견해로, 자기 존재에 대한 감정적인 측면을 정의한 개념이다. 와그너가 말하는 가치감이란 '나는 중요하다', '나는 가치 있다', '나에게는 남들에게 줄 수 있는 무언가가 있다'와 같이 자신에 대해 지닌 긍정적 인식을 말한다. 따라서 가치감은 자신에 대한 존중감(尊重感)을 갖는 포괄적 개념이다. 나는 스스로 괜찮은 인격과 능력을 지녔으며, 나의 생명은 가치가 있고, 따라서 나는 다른 사람들에게 필요한 존재로서 그들에게 무엇인가를 해줄 수 있다는 내적 느낌을 갖는 것을 말한다.

자신의 잠재 능력과 가능성에 대해 항상 긍정적인 생각을 갖도록 다양한 측면에서 자신을 이해하고 인식하도록 하는 것이 바람직하다. 이러한 체험과 인식은 자신에 대해 긍정적인 생각을 갖도록 하여 바람직한 가치관을 갖도록 해준다. 만약 이러한 가치관이 긍정적인 자기 가치관이 아닌 부정적인 자기 가치관을 갖게 한다면 그 사람은 모든 일에 있어서 소극적이고 스스로 포기하는 행태를 보이며, 경우에 따라서는 스스로 자기 학대를 하면서 자신을 힘들게 하여 삶을 방치하는 결과를 가져오게 된다.

(3) 자신감

자신감이란 자신의 능력에 대해 신념과 확신을 갖는 것으로 '나는 무엇이든지 할 수 있어', '나는 나에게 필요한 모든 일들을 해낼 수 있어'라는 생각을 갖고 행동화하는 것이다. 다시 말해서 '나는 나의 인생을 헤쳐 나갈 능력이 있다'라고 믿는 것인데, 이러한 정상적인 자신감이 결여될 때 많은 부분에서 삶의 문제를 야기하게 된다. 낮은 자존감은 상대적 열등감에 빠지게 한다. 열등감은 사람마다 지닌 자신만의 비상한 잠재력과 능력이 전혀 개발되지 않거나 발휘되지 못한 채 안개처럼 사라질 수 있다. 또한 자신감의 결여는 우리의 꿈을 약화시키거나 우리의 이상을 실현하는 데 결정적 방해를 한다. 따라서 자신감이 결여된 사람은 '나는 그런 일을 할 만한 능력도 없고, 사람도 아니다'라는 생각을 하게 된다.

자신감이 결여된 사람은 건전한 대인관계에도 나쁜 영향을 미친다. 만약 누군가가 자기를 열등하게 여기고, 무가치하다고 생각한다면 스스로 고립되게 될 것이고, 사람 만나는 일을 두려워하거나 기피하게 만들 것이며, 자신도 모르는 사이에 소외된 방관자가 될 것이다. 그렇다고 해서 자신감은 클수록 좋은 것만은 아니다. 지나친 자신감은 그 사람에게 자만을 심어주어 사랑과 봉사의 생활을 방해할 수 있다.

2) 자기인식 과정

자기인식이란 자기 자신의 가치나 믿음으로 구성되는 핵심에 대해 알고 스스로의 행동이나 성향을 이해하는 것으로 자기 자신을 이해하는 데 매우 중요하다. 뿐만 아니라 자신의 믿음, 행동, 태도, 반응 등을 포함한 자기인식력을 높이는 데도 도움이 된다. 자신에 대해 올바른 인식을 위해서는 자기인식의 과정을 바르게 이해하는 것이 필요한데, 자기인식의 과정으로는 성찰, 동기 분석, 자기직면의 과정을 거친다.

(1) 성찰

성찰(Reflection)이란 신이 인간에게만 주신 내적 능력으로 정신 혹은 마음을 자기 자신에게로 향하게 함으로써 어떤 외적 행동에 대한 내적인 원인과 동기 등을 그대로 들여다보고 인식하는 일체의 과정을 말한다. 따라서 자기 자신의 상태를 의식한다는 점에서 성찰은 자아의식(Self-consciousness)과 동일하다. 인간은 성찰의 능력으로 자기 내면에서 일어나고 있는 사건들과 단순한 외부의 사건들을 구분한다. 그렇게 함으로써 외부의 영향을 받지 않고 자기의 내면을 있는 그대로 정직하게 들여다볼 수 있게 된다.

성찰은 집단적 관점에서 자신을 들여다보는 집단 속에서의 자기성찰을 할 수도 있지만, 자신에 대한 개별적, 개인적 관점에서 성찰 활동을 실시하는 개인적 성찰도 가능하다. 개인의 내부에서 일어나는 성찰로 자각(Self-awareness)이 있다. 자각은 성찰을 통해 자신의 생각과 감정의 상태를 수동적으로 깨닫고 인식하는 것을 말한다. 이러한 자각은 무의식이 의식화되는 과정으로써 이전에는 수용할 수 없었던 자신의 생각이나 가치관 그리고 감정들을 받아들일 수 있도록 도와주는 효과가 있다.

(2) 동기 분석

동기(Motivation)란 어떤 행위의 원인, 다시 말해서 인격의 내부에서 인격 밖의 행동을 자극하는 모든 것을 말한다. 즉, 인간의 마음속에서 일어나는 욕구와 관련된 행위로 심리적인 면과 충동적인 면의 동기가 모두 포함된다. 행동은 결과적이고 외적이며 가시적이고 감각적인 반면에, 동기는 촉발적(觸發的)이고 내적이며 눈에 보이지 않고 숨겨져 있는 것이 보통이다. 그러므로 동기는 행동보다 원초적이며 근본적이다. 따라서 동기는 인간 행동의 잠재적 원인이 된다. 인간에 대한 올바른 인지를 위해서는 그 행위나 행동에 대한 동기가 무엇인지를 분석하는 일이 중요하다. 동기 분석이란 인간의 모든 외적인 행동에 뿌리를 두고 있는 것으로 내면적인 동기에 직면해서 그 동기를 들여다보고 그 원인을 찾는 것이다.

분석을 통해 동기를 안다는 것은 그 동기에 뿌리를 두고 있는 문제 행동을 소멸시키는 효과가 있다. 그러나 동기를 분석하는 일에는 여러 가지 많은 저항이 따른다는 점이 문제점이다.

(3) 자기직면

자기직면(Self-confrontation)이란 자신에게 다가온 진실을 자아의 경계선 밖으로 반사해 버리지 않고 그것을 적극적으로 받아들여 자아의 내부로 내사시키는 의식적인 노력을 말한다. 인간은 이와 같은 자기직면을 통해서 변화와 성장을 경험하고 발전해 나간다.

자기직면은 자신의 문제를 인정하고 그것을 해결하기 위하여 자기 자신과 정직하게 맞서는 일로, 올바른 자기직면은 자신의 진실을 이해하는 데 큰 도움을 준다. 인간 대부분의 문제는 진실 앞에 정직하게 반응하지 않는 데서부터 시작된다. 이와 같은 현상은 진실이 말해질 때 인간의 내면 깊숙하게 자리 잡은 자아의 핵심에 부딪히는 자기직면이 이루어지게 되는데, 이러한 자기직면의 기회를 박탈당하는 순간 거짓중언이 나타나게 된다. 의식된 생각이나 감정을 언어나 행동을 통해서 자아 밖으로 표현해 내는 것을 자기표출(Self-expression)이라 한다. 자기표출을 통해 자신의 생각이나 감정은 자아를 빠져나가게 되고, 그 결과 자아의 행동에 영향을 끼칠 수 없게 되는 경우도 발생한다. 이와는 반대로 문제가 되었던 자신의 삶을 새로운 가치로써 인식하는 것을 의미(Meaning)라고 한다. 인간은 의미를 발견함으로써 삶의 위기를 극복하게 된다. 프랭클(Viktor Frankl)에 의하면 인간에게서 의미라고 하는 것은 참된 만남에서 비롯된다고 한다.

3) 자기인식의 효과

자기인식을 통해 자신의 능력과 적성을 파악할 수 있고 자신의 가치를 인정할 수 있다는 긍정적인 효과를 얻을 수 있다. 또한 자기인식을 통해 얻을 수 있는 효과로는 정신적 성장, 내적 성장, 관계적 성장 등과 같은 개인적 성장을 가져온다는 특성이 있다.

(1) 정신적 성장

인간은 영성(靈性, Spirituality)의 능력이 있기 때문에 성장을 계속한다. 정신적 성장이란 하나의 관계성으로 자기 자신 그리고 이웃 사람과의 친밀한 교제의 관계를 말한다. 정신적 성장은 영성과 관련된 세력으로 영성의 발전적 변화가 정신적 성장을 가져다준다. 그런데 영적인 발전적 변화를 방해하고 파괴하는 대표적인 요소가 있는데, 바로 게으름이다. 게으름은 영적인 발전을 파괴시켜 우리에게 좌절을 가져오는 대표적인 부정적 요소 중의 하나로, 마치 인간에게 태생적으로 누구에게나 존재하는 원죄와 같은 것이다. 따라서 영적 성장은 자신의 게으름과 맞서는 것이며 그것을 극복하는 일이 곧 영성의 성장을 이루는 것이며, 정신적 성장을 성취하는 것이다. 이러한 성취결과를 흔히 "철들었구나"라는 말로 표현하기도 한다.

(2) 내적 성장

내적 성장이란 마음의 활기를 띠게 하는 일로 자기 자신을 존중하고 돌보며, 자아의 내면적인 중심을 풍요롭게 하는 것이다. 클라인벨(Howard Clinebell)은 내적 성장의 이미지들에 대해 "내적 성장이란 자기 자신에 대한 수용성과 개방성의 증대, 타인에 대한 수용성과 개방성의 증대, 자기 존중감, 창조적인 인간관계, 지혜와 창조성의 증대, 감정의 풍요로움, 자발성의 증대, 자연에 대한 친근감, 변화에 대한 개방성, 초월적인 경험, 남·여에 대한 성의 조화, 생동감의 증대를 이루는 것이 곧 내적 성장"이라고 하였다. 즉, 내적 성장은 '자신에 대한 올바른 인식과 이해를 통해 긍정적으로 얻을 수 있는 효과로 나타나는 변화와 발달'이라고 정의할 수 있다. 이러한 내적 성장을 통한 변화와 발달의 결과는 타인에 대한 수용, 배려, 이해, 양보 등과 같은 행동으로 표출되어 나타난다.

(3) 관계적 성장

동양에서는 사물 간에 존재하는 상호의존성 또는 상보성을 강조해 왔다. 동양적 사고방식에 의하면 모든 사물은 서로 밀접히 관련되어 있기 때문에 하나하나의 사물 그 자체를 따로 분리해서 생각한다는 것은 무의미하다는 것이다. 인간이 이루고 사는 사회도 상호 의존성과 상보적 관계를 유지하고 있다. 따라서 많은 사람들은 사회생활에서 좋은 인간관계를 맺고 싶어 한다. 인간관계는 자신의 인격으로 표출되어 나타나며, 인격은 어린 시절의 중요한 인간관계들에 의해서 형성되고, 사랑은 조화된 인간관계의 성장 속에서 확인된다. 올바른 자기인식은 자신의 관계적 성장을 이루는 효과를 얻을 수 있다.

AI 시대 내 자녀를 위한 교육은 자생력

E-CLIP을 통하여 내 아이의 감성적 창의력 교육을 하자

인류 역사의 중심에는 인간이 있다. 항시 인간은 인류의 역사를 변화시키는 그 핵심에 있다. 자! 그러면 그 인간이 갖는 변화시키는 힘은 어디서 왔나? 그 힘을 만드는 원천적인 근원은 교육으로부터 온다. 교육은 인간을 만드는 근원적인 힘이다.

변화의 시대에 기존의 교육 방식을 고수한다면 도리어 자녀의 자생력을 죽이고 행복을 찾아가는 길을 방해할 수 있다. 자생력은 정답 중심에서 탈피해 문제를 찾아내고 창의적으로 문제를 풀 수 있는 길을 찾도록 도와준다. 이 자생력은 환경전략과 교육전략을 통해 누구나 내면화 할 수 있다. AI 시대에 교육의 본질은 바로 내 자녀의 자생력을 형성하는 일이다. 내 자녀를 위해서는 무엇보다도 '감성적 창의성 리더십 향상 프로그램'으로 불리는 E-CLIP(Emotional Creative Leadership Improvement Program)을 통한 자생력 교육이 필요하다.

1. 자생력의 내면화

중요한 것은 미래의 역량인 자생력을 어떻게 내면화하는가이다. 우리 연구팀은 8,000여 건의 연구 사례를 통해 자생력 프로그램을 완성할 수 있었다. 이 프로그램은 학습적 역량을 향상시키는 동기와 몰입, 인지 능력에 집중하는 한편, 감성적 역량(EQ)과 사회적 역량(SQ)을 높여준다. 인간의 전인적 요소를 모두 자극하는 프로그램이다. 그중에서도 우리 연구팀이 특히 집중한 것은 아이들의 학습적 역량인데, 학습으로 평가받는 학습자인 만큼 학습 성취에 따라 자존감과 대인관계에 큰 영향을 받기 때문이다. 또한 장차 사회의 주체가 될 아이들에게 학습적 기반을 다져 성숙한 인간으로 이끄는 것 역시 필요하다는 판단에서다. '감성적 창의성 리더십 향상 프로그램'이라고 하는 자생력 프로그램이 어떻게 개개인의 자생력을 향상시켰는지 확인할 수 있다.

2. 당신에게는 동기가 있는가?

한 작가가 글을 쓰고 있었다. 조용한 환경에서 집필하고 싶었지만 안타깝게도 그가 사는 집 앞에서는 아이들이 해맑게 소리치고 뛰노는 일이 많았다. 아이들이 노는 풍경은 으레 시끄럽기 마련이다. 쉴 새 없이 쏟아지는 고성에 작가는 노이로제에 걸릴 지경이었다. "얘들아, 다른 데 가서 놀겠니?" 하지만 아이들은 대답만 할 뿐 또다시 깔깔거리며 시끄럽게 뛰놀기 일쑤였다. 생각다 못해 작가는 당근을 빼 들었다. 집 앞에 모여 노는 아이들에게 천 원짜리 지폐를 쥐어주며 부탁했다.

"얘들아, 이왕 놀 거면 이 돈 받고 더 시끄럽게 놀아라." "와! 그거야 쉽죠." 더 시끄럽게 놀아달라는 당부와 함께 돈까지 받았으니 아이들은 신이 나서 놀았다. 며칠 동안 작가가 돈을 주면 아이들이 뛰노는 상황이 벌어졌다. 그리고 얼마 뒤 작가는 아이들 앞에 빈손으로 나섰다. "얘들아, 오늘부터는 돈을 줄 수 없단다. 아저씨가 돈이 없구나. 그래도 시끄럽게 놀아주지 않을래?" "네? 에이, 뭐야." 실망한 아이들은 돈을 받지 않으면 놀아줄 수 없다며 다른 곳으로 가버렸다.

이 이야기는 심리학에서 동기를 설명할 때 자주 인용되곤 하는데, 동기가 얼마나 사람에게 중요한 영향을 미치는지 극명하게 보여주는 사례다. 아이들에게 돈은 외부적으로 주어진 보상, 즉 동기였다. 외적 동기는 자신이 원하는 것을 더 이상 얻지 못하면 잘해야 하는 이유를 갖지 못한다. 만약 아이들이 보상이 아닌 작가의 집 앞에서 노는 일 자체에 의미를 두었다면 돈을 못 받는다 하더라도 꾸준히 놀러 왔을 것이다. 이렇듯 사람의 모든 행동에는 동기가 작용한다. 동기는 내적 동기와 외적 동기로 나뉘는데, 짐작했겠지만 내적 동기는 과업 그 자체에서 만족을 느끼는 것을 말한다. 예를 들어 호기심이나 성취감, 흥미 같은 내면적 욕구에 의해 어떤 행동을 유지하는 경우다. 반면 외적 동기는 외부적인 요인에 의해 만들어진다. 동료를 이겨보고 싶다는 경쟁심이나 과제를 수행할 때 주어지는 상이나 벌 등과 같은 것이다. 어느 쪽이든 행동을 유발하고 방향을 제시하여 유지하게 하는 내적 상태인 것은 동일하다. 하지만 내적인 것인지 외적인 것인지에 따라 지속성에 차이가 생긴다. 돈을 받고 시끄럽게 놀았던 아이들처럼 외적 동기에 의해 행동한다면 동기가 사라졌을 때 더 이상 그 행동을 지속하지 않게 된다. 이런 현상은 학습 동기에도 그대로 적용된다.

동기는 자생력 학습 프로그램에서 기본 중 기본인 만큼 매우 중요하다. 교육심리학 이론을 보면 학습 동기에 대한 간과할 수 없는 이론이 담겨 있다. 그 핵심을 간략히 말하면, 공부를 할 때 행동을 유발하고 방향을 제시하여 유지시켜 주는 내적 상태를 의미하는 동기가 있는지 없는지, 또 그 동기는 어떤 특성을 띠는가에 따라 학습의 결과가 천차만별로 달라진다는 내용이다. 자녀가 책상에 앉아 있어도 도통 공부 능률이 오르지 않는다면 아이의 학습 동기가 내적인지 외적인지 학습자의 상황에 따라 동기를 파악해 보자. 아이의 학습 동기를 정확하게 구별할 수 있다면 좋겠지만 사실 애매할 때가 더 많다. 그래서 검사가 필요한 것이다. 아이 스스로도 검사를 통해 자신이 어떤 동기에 의해 움직이고 있는지를 아는 것도 매우 중요하다.

3. 커서 무엇이 되고 싶은지 모르는 아이들

연구 센터를 찾은 ○○는 일견 평범해 보였다. 교육학자로서 오랜 세월을 살다 보니 아이들의 겉모습은 다들 비슷해 보여도 몇 마디 말을 나눠보면 금세 다른 점을 알 수 있는 감을 터득하게 되었다. 역시나 아이는 평온해 보이는 외견과는 달리 내면 가득 답답함을 품고 있었다.

"제가 뭘 하고 싶은지 모르겠어요." ○○는 얼마 전 수업 시간에 있었던 일을 전하며 얼굴을 붉혔다. 내용인즉슨 친구들과 미래에 하고 싶은 일을 이야기했는데 자신만 아무것도 말하지 못했다는 것이다. 친구들은 피아니스트가 되고 싶고, 컴퓨터 공학자가 되고 싶다며 당당히 말하는데, 자신은 뭘 좋아하는지 뭐가 되고 싶은지 몰라 머릿속이 하얘졌다는 것이다. 여기까지만 들으면 이게 심각한 일인가 의아해할 수 있다. 사람이 자기 자신에 대해 확실히 알고 진로를 정하는 일이 쉽지 않다는 것쯤은 누구나 경험하기 때문이다. 그러나 여기서 중요한 문제점은 아이가 자기 자신에 대해 전혀 알지 못한다는 것이다. 자신이 좋아하는 것이 무엇인지도 인식하지 못하고, 그것을 알아내려는 시도 역시 하지 않는 태도에 주목할 필요가 있었다.

자생력 지수가 낮은 학습자 중 상당수가 동기가 결여되어 있는 경우가 많다. 이때 겉으로 나타나는 문제는 이렇다.

'공부를 왜 하는지 모르겠다.', '좋아하는 게 뭔지 모르겠다.', '커서 되고 싶은 게 없다.', '이것도 좋고 저것도 좋다.'

이런 아이들은 평소 우유부단한 태도를 보인다거나 무기력하고 의지가 없어 보인다. 자신의 행동력을 추진할 동력이 내적으로 흘러나오지 않고 있기 때문이다. 스스로 동기가 없기 때문에 나타나는 현상이다. 이때는 동기를 유발할 자극이 필요하다. 사람이 좋은 성과를 내는 경우는 아주 간단하다. 자신이 아는 것보다 더 많은 것을 보고 느끼며 흥미 있는 것을 할 때다. 왜 그럴까? 이때는 다른 때보다 훨씬 더 집중할 수 있기 때문이다. 나이가 어리다고 생각할 기회를 미룰 수는 없다. 자신에 대해 알아보지 않는다면 꿈과 공부를 연관시킬 수 없고, 그러다 보면 공부는 어쩔 수 없이 해야 하는 지겨운 일이 되고 만다.

우리는 ○○와 동기에 대한 대화를 나누기 시작했다.

"다른 친구들은 어떻게 피아니스트나 컴퓨터 공학자라는 꿈을 갖게 되었을까?"

"그건 걔들이 피아노도 잘 치고, 게임도 잘하기 때문이에요."
"그럼 너도 잘하는 걸 찾아보면 되겠구나. 네가 뭘 잘하는 것 같니?"
"잘 모르겠어요…."

○○는 자신이 잘하는 것이 무엇인지는 몰라도, 자신이 잘하는 것을 찾고 싶다는 동기에는 관심을 보였다. 학습 동기 이론을 보면, 동기와 학습의 연관 관계에 대해 몇 가지 원리가 나오는데 여기서는 세 가지로 정리해 보겠다.

첫째, 학습은 학습자의 의식적·의도적 활동이 요구되는 능동적 과정이기에 동기와 밀접한 관계가 있다는 것. 둘째, 아무리 뛰어나고 재능 있는 학생이라도 주의집중과 노력이 필요하다는 것. 마지막으로 학생이 교육으로 최대의 성취를 얻으려면 동기화가 가장 중요하며 동기가 자신에게 의미 있는 것일 때 유발된다는 것.

친구들처럼 장래희망 발표를 잘했으면 좋겠다는 동기도 물론 좋지만, 자신이 잘하는 것을 알고 싶다는 동기도 의미 있는 진전이다. 자생력을 단단히 하는 첫 단추는 동기가 다양한 경로로 발현될 수 있다는 것을 아는 것에서 시작한다.

출처: 서울일보(2022.11.3., http://www.seoulilbo.com).

CHAPTER 02

교육의 흐름과 삶의 가치

교육은 사회를 변화시키고 국가를 번영의 토대 위에 올려놓는 강인한 추동력을 만들어 내는 요인이 된다. 그래서 많은 나라에서는 시대의 변화 속에서도 교육을 국가의 중요한 정치 영역으로 인식하고 교육발전을 위해 심혈을 기울여 나간다. 국가의 발전적인 향상과 변화를 위해서는 사회변화를 바르게 인식하고 사회의 변화를 이끌어 갈 수 있는 교육에 대한 새로운 관점의 정립이 필요하다.

교육의 흐름이 사회변화와 반드시 일정한 상관관계를 갖는다고 보기는 어렵지만, 사회가 변화해 감에 따라 이에 상응하는 교육의 변화양상이 뒷받침되어야 한다. 지금까지 보여 왔던 교육의 변화양상은 특정 시대를 지배했던 교육 사조나 교육의 흐름이 교육의 실제에 많은 영향을 끼쳤다. 교육의 흐름에 따른 변화의 양상은 배태(胚胎)한 교육사조의 성쇠(盛衰)와는 별도로 여러 가지 다양한 요인에 의해서 결정되어 왔다.

1. 학교교육의 등장

우리나라 교육에서도 역사적으로 보여준 시대정신과 그에 따른 교육의 양태가 나름대로 있어 왔다. 그러한 교육양태의 변화는 인간의 삶의 가치를 궁극적으로 어디에 두는가와 관련이 있다. 학교가 등장하고 학교교육이 실시되면서 실제 학교현장에서, 그리고 우리 사회에서 보여 왔던 교육의 가치가 과연 무엇이었는지, 학교교육이 왜 있어 왔는지, 학교교육에는 어떤 문제점이 있었는지에 대한 시각에서 학교의 의미를 생각해 볼 필요가 있다.

1) 학교란 무엇인가?

인류가 학교라는 제도를 만들어 운영한 지 오천 년이 넘는다. 중국의 경우 기원전 11세기에 성립된 주(周)나라에 이미 잘 정비된 학교가 있었다고 한다. 공자의 말대로 주(周)나라 시대의 제도가 상(商)나라 시대의 제도를 본받고, 또 상(商)나라 시대의 제도가 하(夏)나라 시대의 제도를 본받았다고 한다면, 중국의 학교제도는 기원전 20세기로 거슬러 올라간다. 또한 수메르 문명에서의 학교는 기원전 삼천 년까지 거슬러 올라간다. 인류가 학교라는 기관을 만들어 운영한 그 오랜 기간 동안의 대부분 학교는 경전과 그 해설서, 그리고 이를 위한 문자를 공부하는 곳이었다(정재걸, 2002).

동아시아에서는 서양의 문물이 도입된 후 19세기에 이르러 학교교육이 도입되었다. 나라의 미래를 위해서는 무엇보다도 교육에 힘써야 한다는 생각으로 학교교육을 활성화시키고자 하였다. 정부와 민간에서는 이러한 생각을 실행에 옮겨 교육제도를 개편하고 서양식 학교를 세워 학교교육을 실시하기 시작하였다. 우리나라에서는 1894년 갑오개혁을 계기로 근대 교육제도를 정비하고 교육입국조서를 발표하여 소학교와 중학교, 외국어 학교 등 각종 근대 교육기관을 설립하였다. 우리나라에 '학교교육'이라고 하는 공교육 시스템이 등장하기 시작한 것은 근대에 이르러서이다.

학교교육은 근대교육의 상징이며, 근대교육에서 말하는 공교육(公敎育)은 학교교육(schooling)을 말한다. 이처럼 학교교육을 근대교육의 상징처럼 여기는 것은 학교교육을 근대교육에서는 매우 중요하게 인식했다는 의미이기도 하다. 특히, 근대교육에서는 교육에 대한 질적 향상보다는 급속하게 증가하는 교육수요자의 양적 확대에 중점을 두었던 시기이다. 따라서 가정이나 사회에서 이루어졌던 비형식적 교육이 '학교'라고 하는 공교육 시스템으로 들어와 형식적인 교육체제에 의해 운영되기 시작했던 교육이 바로 학교교육이다.

그렇다면 학교란 무엇인가? '학교'라는 말의 기원을 어원에서 살펴보면 학교를 뜻하는 '스쿨(school)'은 그리스어 '스콜레(schole)'에서 나온 말이다. '스콜레(schole)'는 우리말로 '공부하고 연습하기 위한 자유 시간', 즉 '여가' 또는 '레저(leisure)'와 같은 의미를 지니고 있다. 이러한 의미는 그리스 시대의 학교는 '배우는 즐거움이 충만했던 곳'이라는 의미를 담고 있었기 때문에 생겨난 말이다. 그리스 시대의 학교는 '자유로운 시간'을 원천으로 하고 있다. 자유로운 활동을 통해 배움의 즐거움을 터득하고 경험했던 곳이 학교였던 것이다. 즉, 학교교육을 통해 스스로가 성장하고 변화하는 것을 경험하였으며, 이러한 경험은 즐거운 일이었다. 그래서 학교를 '배움의 즐거움'을 본질로 삼았던 곳으로 인식하게 되었던 것이다.

우리나라의 근대교육이라 함은 1883년 조선 말기에 함경남도 원산에 설립된 한국 최초의 중등학교 원산학사에서부터 출발한다. 19세기 후반 개항과 더불어 1894년 국가의 근대화를 추진하기 위한 갑오개혁이 단행되면서부터 시작된 근대교육은 1910년 국권 강탈로 이어지는 시기까지의 교육을 말한다. 우리나라의 근대교육은 국가의 근대화 과정과 궤를 같이한다. 특히 국가의 경제력이 빈약했던 당시에는 강한 국력은 교육의 혁신에 달려 있다는 인식으로 확산되었으며, 이에 발맞추어 근대식 학교 설립이 활발하게 이루어졌다. 근대학교의 설립은 우리나라에 들어온 외국인 선교사들이 주축이 되어 활발하게 이루어졌으며 국가에서 추진하는 미래사회를 이끌어 갈 인재양성과 직결되어 있어 정부로부터도 많은 지원을 받았다. 근대 초기에 설립된 학교는 대부분 학교급별로 구분되어 설립된 것이 아니라, 특정 목적을 달성하기 위해 세워진 학교가 대부분이었다. 이러한 현상은 근대 말기에 이르러 초등교육기관과 중등교육기관으로 구분되어 설립·운영되게 된다. 이처럼 근대 시기의 학교교육은 민족의 긍지와 국가에 대한 애국심과 자긍심을 심어주는 데 큰 역할을 하였으며, 이러한 정신은 항일운동으로 이어져 민족의식의 함양에 크게 기여하였다.

2) 학교에 없는 것과 있어야 하는 것

교육은 스스로 공부하도록 하는 것이고, 공부는 자신을 변화시켜 본래의 자기를 회복하도록 하는 것이다. 이것이 교육의 본질이다. 일반적으로 '교육'이라는 말을 하면 '학교'를 제일 먼저 떠올리는데, 그만큼 학교는 교육 문제의 출발점이자 중심축으로 간주되고 있다. 사람들은 우리 사회를 괴롭히는 고질적인 문제의 원인과 해법을 학교나 교육부문에서 찾을 때가 많다. 가정과 사회에서 해결하지 못한 문제를 학교교육으로 전가시키는 경향이 있는데, 그럴 때마다 학교는 희망과 절망을 동시에 대변하는 모순의 대명사가 된다.

사람들은 학교에 없는 게 많다고 말한다. 학교는 재미가 없고, 열정이 없고, 상상력이 없으며 창의성이 없다고 말한다. 뿐만 아니라, 공정과 정의, 배려가 없으며 인간다움이 없는 곳이라고 한다. 우리는 이 밖에도 학교에 없는 것의 목록에 다른 단어들을 더 많이 늘어놓을 수 있을 것이다. 하지만, 가만히 들여다보면 저 문장들 속에는 재미나 배려 같은 말처럼 틀림없이 사람들 대부분이 좋아하고 아끼는 소중한 가치를 품고 있는 단어가 있다는 것을 쉽게 발견하게 된다. 이와 같이 학교에 없는 요소들이 많으면 많을수록 학교는 우리에게 절망을 안겨준다.

그렇다면 학교 본연의 상태에 가까운 학교는 어떤 곳인가? 학교를 학교답게 하는 주요한 역할이 '자연적이라는 불평등한 질서를 지연시키기'에 있다고 그들은 말한다. 학교는 비생산적인 시간, 곧 누군가에게는 출신 성분과 사회적 지위로 인해 요구할 수 없었던 시간인 자유 시간을 평등하게 부여한다. 학교의 시간은 유예된 시간이다. 학생들 모두에게 평등한 자유 시간은 학교에 있는 책상 위에 항상 무언가가 올라와 있어야 한다는 생각에서 출발한다. 학교교육은 학교 밖의 요구에 부응하기 위해서 존재하는 것만은 아니다. 학교에서 배우는 실제의 지식, 기술, 목표가 아니라 수업시간에 책상 위에 올라와 있는 지식, 기술, 목표 그 자체를 위한 것이다. 이러한 관점은 학교가 사회 속으로 들어와 사회를 위해 존재해야 한다는 기능주의적 학교관에 익숙한 사람들에게는 매우 낯선 시각이다. 학교가 자유

시간을 아무런 권리가 없던 사람들에게 부여하여 지식과 경험의 원천이 되는 공공재(common goods)가 되고 말았다는 점을 잊어서는 안 된다. 마스켈라인과 시몬스[4]는 바로 이러한 점 때문에 고대 그리스의 귀족들로부터 끊임없이 학교가 공격을 받아 왔다고 주장한다(윤선인 역, 2020).

우리는 교육을 시행하는 다양한 학교 속에서 학교를 학교다운 진정한 학교로 만드는 일은 가능한 일인지에 대해 생각해 볼 필요가 있다. 학교가 지극히 교육적인 목표를 결정하여 언어가 아닌 실제의 삶과 행동으로 교육을 수행할 수 있는 곳이 된다면 그것은 진정으로 학교다운 학교가 될 수 있을 것이다. 또한 그런 것이야말로 학교에는 반드시 있어야 하는 것이다. 진정한 학교의 모습으로 변화한다면 지금까지 학교에서 볼 수 없었던 여러 가지 것들이 학교로 다시 돌아오게 될 것이다. 다시 말하면 학교에는 무엇보다도 재미가 있어야 하고, 학생들이 기뻐하고, 즐겁게 활동할 수 있는 거리가 있어야 한다. 뿐만 아니라 다양한 볼거리, 놀거리, 즐길 거리, 느낄 거리가 학교 곳곳에 산재되어 있어야 한다. 학교에는 다른 사람과 만남의 관계를 수시로 가질 수 있도록 항상 기회가 열려 있어야 한다. 선생님을 통해서 새로운 지식과의 만남의 기회를 갖고, 친구와 선후배와의 만남을 통해 인

4) 마스켈라인과 시몬스(Masschelein & Simons, 2013)는 '미래사회를 대비한 역량'이라는 측면에서 교육과 관련된 모든 행위는 미래사회에 필요한 수행능력의 대비에 국한시켜야 한다고 주장한다. 이때 교육평가는 해당 수행능력의 도달수준이나 여부를 확인하는 일에 규정된다. 그러나 이러한 사고는 바람직한 교육에 대한 근본적인 질문을 불가능하게 만들 것이라는 지적이다. 역량을 나타내는 수행에 방점을 찍는 교육활동은 수행을 해야만 하는 이유나 방법의 문제에 대한 근본적인 사고를 저해한다는 것이다. 수행의 이유에 대한 근본적 사고 없이 수행 자체만을 강조하는 것은 새로운 형태의 행동주의로 회귀를 초래하고, 지식의 실용성만을 강조하는 기능주의에 함몰될 우려가 있다는 진단이다. 문제해결중심의 교육에는 여러 장점이 있지만, 그럼에도 불구하고 교육에서는 누가 핵심역량을 선정하는지, 그 가치는 어떻게 부여된 것인지에 대해서 묻지 않을 수 없다. 학교에서 강조하는 역량이 대체로 기업과 국가가 요구하는 수행능력에 국한된 점을 지적한다. 구체적인 수행능력과 관련되는 역량은 직무역량, 시민역량과 같이 사회와 노동시장에서 강조되는 것이다. 때문에 역량을 강조하는 교육은 새로운 세대를 기존의 사회에 적응시키는 도구에 지나지 않을 것이라는 예측이다. 미래사회를 대비한다고 할 때 그 대비의 주체이자 미래사회를 구상한 주체는 기업이나 국민인 점을 상기할 필요가 있다. 이 과정에서 학습자는 미래세대를 구성하는 행위의 능동적 주체가 되지 못하며 이미 규정된 미래세대에 적응해야만 하는 수동적 존재로 전락하게 된다는 것이다. 학교의 공적 기능이란 새로운 세대에게 미래의 청사진을 제시하는 것이 아니라 기존의 지식, 문화를 재료 삼아 자기 나름의 미래를 그려나갈 수 있는 시간과 기회를 부여하는 것이어야 한다. 오늘날의 학교교육이 기업과 국가가 규정하는 역량을 강화하여 취업가능성을 높이는 데 경주한다면 더 이상 학교의 공적 기능은 제대로 기능할 수 없으며 그저 훈련기관만 존재하게 될 것이라고 경고한다.

성을 성숙시켜 나갈 수 있는 기회를 가지며, 다양한 경험과의 관계를 통해 보다 더 성숙해질 수 있는 기회를 가질 수 있어야 한다. 그런 과정에서 배움의 즐거움이 만들어지고 희망적인 삶의 기회가 주어지게 될 것이기 때문이다. 어디 이뿐이겠는가? 학교에는 건강과 안전이 보장되어 있어야 한다. 미래를 준비하는 학교에서 건강과 안전이 보장되지 않는다면 무슨 의미가 있겠는가? 지금의 건강과 안전은 말할 것도 없지만 미래의 건강과 안전도 보장되어야 한다. 또한, 학교에는 배려와 존중이 있어야 한다. 학교의 구성원 모두가 가정에 기반한 우리 사회 공동체라는 점에서 서로를 배려하고 존중해 주는 인격체로 상대방을 대해야 한다. 교사의 교권이 존중되고 학생의 학습권이 보장되는 것은 상대방을 존중과 배려로 인식하고 실천할 때 가능한 것이다. 더불어 학교에는 미래가 있어야 한다. 앞에서도 언급한 바와 같이 학교는 미래를 준비하는 곳인 만큼, 미래를 향한 꿈이 자라고, 내일을 위한 희망이 있는 곳이어야 한다.

학교에는 있어야 할 것들이 제자리에 놓여 있어 역할을 수행해 나갈 때 비로소 자신의 감정이나 의지를 꺾고 조용히 책상에 앉아 공부하는 경험 속에서도 각별한 재미를 느낄 수 있는 곳이 학교라는 것을 깨닫게 될 것이다.

2. 중세사회의 교육과 인문학

중세사회의 교육은 철저한 신(神) 중심 교육으로 현세는 내세(來世)를 위한 준비과정으로 보았다. 교육은 절대적 존재인 신에 대하여 순종하는 인간을 양성하는 것이 목적이었고, 일부 사람들은 신이 있는 하늘과 가깝게 살기 위해서 높은 곳으로 올라가 산에서 생활하는 사람들도 있었다. 신 중심사상에 입각한 대표적인 교육기관으로는 수도원 교육과 함께 스콜라 철학에 입각한 교육이 있었고, 봉건체제와 관련한 기사도 교육도 중세교육에서 볼 수 있었던 교육기관이다.

1) 중세사회 교육의 특징

중세사회의 교육은 초자연적이고 초현실적인 금욕주의를 바탕으로 영혼의 순수성을 강조한 교육으로 교회에 의해 통제되었다. 따라서 중세의 교육은 내세 중심적, 신(神) 중심적, 교회 중심적 성격을 지니고 있다. 특히 교회가 학교의 역할을 하였으며, 이성과 철학을 접합한 스콜라철학이 중세사상을 이론적으로 뒷받침해 왔다. 중세의 교육은 대부분 사원에서 이루어졌으며, 기독교적인 체계하의 교육이었다. 즉, 종래의 신체적 발달과 수사학적인 능력의 훈련 대신에 도덕적인 규율을 엄격히 훈련시키고 내세에 대한 기본개념과 자세를 확립시키는 데 중점을 두었다(권정숙, 2009). 중세사회의 교육이 종교의 영향 아래에 있었던 만큼 중세사회의 교육목적 또한 신의 말씀에 순종하는 신앙심의 고취에 있었다. 초등교육에서 이루어지는 교육은 대부분 성서를 소재로 하여 이루어졌고, 중등학교 또한 일반인을 위한 교육이 아닌 대부분의 학교가 교회의 성직자들을 양성하기 위한 교육기관이었다. 대표적인 중등학교로는 문답학교를 비롯한 사원학교, 수도원학교 등이 있었다.

중세사회의 대학교육은 기본적으로 7자유학과(Liberal Arts)를 중심으로 교육이 이루어졌다. 7자유학과는 문법, 수사학, 논리학으로 구성된 3학과 대수, 기하, 음악, 천문으로 구성된 4과를 총칭하여 이르는 말인데, 7자유학과의 교육은 인문학 중심의 교양교육을 먼저 실시한 후에 거기에 더하여 관련 전문교육으로 이어가도록 교육방식이 구성되어 있다. 즉, 대학에서의 자유학과 교육은 전문지식을 습득하기 전에 거쳐야 하는 사전교육 정도로 인식되었다. 오늘날 많은 학자들이 자유학과를 인문교과라고 칭하는 것도 이러한 교육적 위상에서 나온 것이다. 기독교 신앙에 기반을 둔 중세교육이 이루어졌던 주요 교육기관으로는 다음과 같은 것을 들 수 있다.

첫째, 교구학교이다. 교구학교는 교구교회에 세워 모든 사람들에게 차별을 두지 않고 읽기, 쓰기, 음악 등 초등교육을 제공했던 교육기관이다.

둘째, 문답학교이다. 문답학교는 교리문답을 통한 교육을 실시하는 곳인데, 이 학교는 남녀노소 구분하지 않고 누구나 입학할 수 있었다.

셋째, 문답교사학교이다. 문답교사학교는 문답학교와 교구학교의 교사를 양성하는 교육이 이루어졌던 교육기관이다. 이러한 문답교사학교에서 가르쳤던 내용은 신학을 비롯하여 철학, 수사학, 천문학, 문학 등이었다.

넷째, 성당학교이다. 성당학교는 교회 성직자를 양성하기 위한 교육기관으로 5세기에 세워졌는데, 최고의 고등교육기관이었다. 성경과 신학 이외에도 그리스의 문학과 철학, 수학 등을 가르쳤다. 성당학교는 스콜라 철학을 꽃피운 곳이기도 하다.

다섯째, 수도원학교이다. 수도원학교는 수도사를 양성하기 위해 수도원에서 경영하는 학교였다. 수도원은 공동체 생활을 통하여 참다운 기독교 신앙을 알고 그 신앙에 따라 실천하는 생활중심의 학교였다.

여섯째, 조합학교이다. 조합학교는 십자군원정 후 농업사회가 산업 및 상업사회로 변모하면서 신흥계급으로 등장한 사람들이 상류계급에 맞서 세력을 키우면서 새롭게 세운 학교이다. 조합학교에서는 실생활을 통해 직업교육을 하는 도제제도를 도입하여 가르쳤다.

2) 인문학의 등장

이 세상에 인간의 삶과 관련이 없는 학문은 존재하지 않는다. 모든 학문이 인간의 삶의 문제와 연결된다. 인문학 또한 인간의 삶에 관한 문제를 다루는 학문이다. '인문학'이라는 용어 자체가 '인간의 문제에 대한 학문'이라는 의미를 담고 있는 말이니만큼, 인문학은 인간의 삶의 문제와 뗄 수 없는 학문분야이다. 이와 같은 의미가 인문학이 아닌 다른 학문분야는 인간에 대한 문제가 아닌, 인간을 배제하는 학문이라는 뜻을 전하려는 것은 아니다. 다만, 많은 학자들이 인문학을 인간의 삶의 위기를 진단하고 극복하는 데 도움이 되는 학문으로 여겼다는 점을 강조하고 싶은 것이다. 심지어 일부 학자들은 인문학적 사고가 인생의 성공까지도 가져다준다고 믿었지만, 인문학의 등장은 인간의 삶에 대한 성공의 추구보다는 인문학을 통한 삶의 변화를 꿈꾸었다. 즉, 인문학을 통해 삶을 성찰하고 현실의 고통을 참아내며 어려움을 이겨내는 데 도움이 되는 학문으로 인식하였던 것이다.

인간을 대상으로 하는 교육은 엄밀히 말하면 인간의, 인간에 의한, 인간을 위한 교육활동이다. 따라서 인간의 삶에 복무하는 학문을 심각하게 고려하지 않으면 안 된다. 그것이 바로 다름 아닌 인문학(Humanities)이다. 그렇다면 과연 인문학이란 무엇인가? 인문학을 한 마디로 대답하기란 쉽지 않다. 다만 인문학은 인간을 대상으로 탐구하는 작업이라는 점과 인간성이나 인간다움과 연관된 포괄적인 의미의 인간에 대한 성찰이라는 점에는 이의가 없다. 따라서 인문학은 인간에 대한 반성과 이해가 부족한 사회에 교육적으로 긴요하게 등장한 학문분야라는 특성이 있다. 인간의 인문학적 속성은 도덕적·종교적·미학적·철학적 가치 추구 및 역사적 자기 성찰의 경험으로 드러난다. 이러한 경험은 문학과 예술, 종교적 믿음과 실천, 철학적 사유, 역사적·인류학적 특성을 담은 표현으로 기록된다. 따라서 인문학적 대상은 현재까지 존재하는 문학작품과 예술작품, 역사적·종교적·철학적·인류학적 저서들이다. 인문학은 이러한 창작물과 저술을 통해 인간성을 탐구하고 이해하려는 학문으로 정의될 수 있으며, 이러한 탐구와 이해는 인간의 반성적 성찰의 표현에 지나지 않는다. 한마디로 인문학은 자기의 정체성을 발견하기 위한 반성적인 지적활동이라고 정의할 수 있다(신창호, 2012).

인문학(人文學)은 인간의 삶과 사고(思考) 또는 인간다움 등 인간의 근원 문제에 관해 탐구하는 학문분야로 보편적인 법칙에서 특정한 법칙을 유도해 내는 사회과학이나 자연과학과는 달리 인간의 본질에 대해 사변적이고 비판적이며 분석적으로 접근한다. 흔히 인문학을 말할 때 '문사철(文史哲)'이라는 용어를 사용하여 그 범위를 대변하는데, 이는 문학, 역사, 철학의 앞글자를 따서 축약하여 만들어진 용어이다. 그 의미는 인문학에 해당하는 내용의 범위가 문학, 역사, 철학의 범위를 넘지 않는다는 뜻이기도 하다. 이러한 문사철의 학문은 본질적으로 인간이 인간답게 온전히 성숙할 수 있는 핵심적이고 절대적인 내용을 담고 있는 교육의 핵심이라고 볼 수 있다.

인문학은 시대 상황에 따라 표현은 달리했지만, 지배와 피지배의 역학관계를 유지해 온 것이 일반적이다. 즉, 지배계급의 학문으로 존재해 왔다. 서구사회에서는 귀족과 노예로 구분되고, 동양에서는 사농공상(士農工商)의

계급층으로 구분되었다. 하지만 인문학은 그와 같은 계급적 사회 구조 속에서도 인간의 수준을 끊임없이 다양하게 전개할 수 있는 가능성을 열어준 학문이다. 중세사회의 흐름 속에서 인문학은 시민들에게 근대 민주주의에 대한 의식을 깨우쳐 계몽적 역할을 수행하도록 하였고, 다양한 인간의 삶의 방식을 제시하여 인간다운 삶을 다차원적으로 접근할 수 있도록 한 것 또한 인문학이다. 따라서 인문학은 인간의 의식, 정신의 총체로서 교육을 통해 전수되고 확장되며 발전해 간다.

인문학을 통한 교육은 스스로 공부하도록 하는 것이고, 자신을 변화시켜 본래의 자기를 회복하도록 하는 것이다. 그런 측면에서 본다면 인문학은 교육의 본질일 수도 있다. 중세사회 인문학을 통해 보다 발전된 자아를 찾고, 본질적인 교육을 실천하고자 했던 노력은 온전한 인간다움으로 회복해 나가는 데 많은 도움을 주었으며, 인문학이 등장하게 된 까닭도 이와 같은 이유와 무관치 않다.

3. 지식기반 정보화 사회에서의 학교교육

일반적으로 학교교육과 사회는 밀접한 관계를 유지하고 있는 것으로 인식한다. 즉, 사회와 학교는 더불어 변화하고 발전하는 것으로 이해한다. 많은 이들은 상식적으로 교육이 사회변화에 맞춰 변화하게 마련이고 또한 변화하여야 한다고 생각한다(강태중, 2005). 그렇다면 지식기반 정보화 사회에서의 학교교육은 어떻게 변화하고 발전할 것인가? 산업사회에서 학교교육은 오늘날 우리가 보는 학교교육의 모습을 내내 유지하고 있었다는 점에서 정보화 사회에서의 학교교육의 발전 모습에 거는 기대가 크다.

1) 지식기반 정보화 사회의 특징

21세기 지식·정보화 사회의 등장은 삶과 교육의 시스템을 근원적으로 변화시켰다. 특히 지식기반사회의 등장은 그동안 테크놀로지의 측면이 강조된 정보화 사회와는 달리 지식의 가치를 더 중시하는 측면이 있어 변화의 양상에 차이가 있다. 정보화 사회는 제한된 자원의 효율적 이용과 생산성 향상을 위한 시스템적 해결책으로 컴퓨터와 컴퓨터 통신에 의한 정보화의 필요성, 물질적 풍요에 따른 사회적 자아실현, 욕구충족을 위한 다양한 정보의 필요성에 원인이 있다. 이러한 정보화 사회에서 볼 수 있는 특징을 사회적 측면, 인간관계적 측면, 기술적 측면으로 구분하여 제시하면 다음과 같다(신창호, 2012).

첫째, 사회적 측면에서는 정보가 핵심적인 사회·문화·경제적 자원으로 생산·소비·유통되는 사회이다. 따라서 정보와 관련된 기술과 기계가 사회의 보편적 가치인 민주화에 적극적으로 기여하는 사회이다.

둘째, 인간관계적 측면에서는 인간과 사회의 상호작용에서 시·공간적 제약이 약해지는 사회이다. 그러다 보니, 정보매체를 장악한 사람과 그렇지 못한 사람 사이의 간격이 확대되고, 정보에 대한 접근과 소유가 계층적·지리적으로 평준화되는 사회이다.

셋째, 기술적 측면에서는 쌍방향적 네트워크가 가능해지는 사회이다. 그것은 다양한 정보들의 생산과 전달에 종사하는 사람들의 지적 창조력이 정당하게 평가받고, 정보산업이 핵심이 되는 사회이다.

지식기반 정보화 사회에서는 무엇보다도 다양성을 추구한다. 획일화된 산업사회 속에서의 특성에서 벗어나 개인의 특성을 살린 다양한 표현방식을 수용한다. 학자마다 표현방식과 그 내용에 있어서 다소 차이가 있기는 하지만, 공통적으로 과학 기술의 발전이 혁명적으로 이루어짐에 따라 인간과 기술이 상호 결합됨으로써 인간의 가치와 사회체계의 모습이 지식기반 정보화라는 새로운 차원으로 파악되고 '정보'에 의해서 우리의 삶이 규정되는 사회로 새로운 직업이 늘어나게 된다. 또한 개성이 존중되는 시대로 변모되면서, 원격수업과 재택근무, 홈 스쿨(Home School) 등이 늘어나는 것도 지식기반 정보화 사회의 특성이다. 뿐만 아니라, 인간의 지적 기능을 정보나 컴퓨터가 대신해 줄 수 있어 우리의 경제행위도, 사회생활도, 윤리관도, 모두가 변모하게 되고, 그중에서도 가장 두드러진 변화는 지식보다는 지식

위에 군림하여 지식을 부릴 수 있는 능력, 지식을 사용하여 새로운 지식을 창출할 수 있는 능력이 더 중요하게 여겨진다는 점이다. 쉽게 말하자면 이런 능력을 통칭하여 정보화 능력이라고 하는데, 이 시점에서 학교교육도 사회변화에 부응해야 함은 재론의 여지가 없다. 즉, 학교교육에서도 인터넷과 멀티데스크를 활용한 교수·학습으로의 변화를 요구하게 된다. 따라서 지식기반 정보화 시대에 들어서 학교교육은 정보 활용능력이라는 의미를 단지 컴퓨터를 다룰 수 있는 조작능력을 가르치는 것만이 아니라, 정보처리, 발신능력, 정보에 관한 인식, 윤리관 등 대단히 폭넓은 개념으로 전환되게 된다. 다량의 정보를 수집하여 정확히 정리하고 기록할 수 있으며, 고속으로 필요한 정보를 선택하여 자유롭게 이해하기 쉽도록 가공하여 그것을 문제해결에 활용하는 능력이 학교교육을 통해서 길러져야 한다(오영환, 2016). 이처럼 지식기반 정보화 사회로의 전환은 학교교육의 체계를 변화시키는 계기가 되었을 뿐만 아니라, 정보와 지식이 사회발전의 중요한 요소로 등장하게 되었으며 정보를 창출하는 지식산업이 주축을 이루는 사회로의 전환을 맞이하게 되었다. 지식기반 정보화 사회에서는 그 무엇보다도 정보의 역할이 크고 가치관이 다양해지며, 정보량의 급속한 증가와 함께 유연한 사회로의 전환을 요구하는 사회이다.

2) 지식기반 정보화 사회에서 교사와 학생의 역할

지식기반 정보화 사회로의 전환은 기존의 경제에서 보여준 상품이나 서비스와는 다른 형태의 새로운 형태의 산출물이 등장하게 되었다는 의미이다. 즉, 새로운 정보의 출현으로 새로운 재료, 새로운 생명체, 새로운 상품의 출현이 많아지고 그 중요성 또한 강조되는 사회로 전환되었다는 것을 의미하는 것이다. 정보화 사회에 등장한 다양한 상황들은 지식을 기반으로 하는 새로운 사회에 대한 중요성을 부각시키게 된 것이다. 이러한 사회변화에 맞춰 학교교육도 전환을 요구한다. 학교교육을 통해서 우리들의 삶과 목적에 관련된 진정한 의미의 지식을 갖추도록 하는 것이 무엇보다 중요하다. 즉, 지식을 기반으로 한 정보의 의미를 바르게 이해하고 평가하여 내면화함은 물론이고 이를 응용하여 활용할 수 있도록 하는 전이능력을 향상시켜 나가는 교육이 실현되어야 한다. 그것이 곧 창의력을 기반으로 하는 교육을 가능케 한다. 지식기반 정보화 사회에서 학교교육을 통해 수행해야 할 교사와 학생의 역할을 요약하여 제시하면 다음과 같다(오영환, 2016).

첫째, 교사는 정보 공학에 대한 풍부한 도구적 소양을 지녀야 한다. 단순한 컴퓨터 조작 차원이 아니라 컴퓨터를 비롯한 다양한 매체들, 즉 컴퓨터, 인터넷, 캠코더, 디지털카메라, 스캐너, VTR, 스마트폰, 교육 관련 기관과의 자료 접속 및 활용능력 등을 자유자재로 사용할 수 있는 풍부한 교육정보공학에 대한 소양이 필요하다.

둘째, 교사는 정보화 시대 인간교육의 수호자가 되어야 한다. 사람들이 일상생활에서 컴퓨터에 몰두하다 보면 다른 사람들과의 인간관계가 멀어져 인간미가 적어지게 되고, 꼭 지켜야 할 정보 윤리를 망각하거나 가치관의 전도 현상이 나타날 가능성이 크다.

셋째, 미래 대비교육을 강화하는 체제로 전환되어야 한다. 지식기반 사회에서는 지식이 국가의 부의 척도가 되는 사회이다. 또한 현재의 지식은 미래의 삶을 살아가는 데 기반은 될지언정 과거와 같은 힘은 발휘하지 못한다. 그러므로 우리 교육은 미래를 대비하는 교육체제로 전환하여야 한다.

넷째, 학생들이 정보화, 세계화, 지식기반사회, 평생학습사회에서 요구되는 기본 소양을 갖추도록 하고 효과적인 미래 대비교육을 위한 지원체제를 구축해야 한다. 미래 대비교육을 위한 실천과제로는 미래사회에 요구되는 정보화 교육, 외국어교육, 국제화 교육, 토론문화 생활화 교육의 요소별 목표수준을 설정하여 운영하고, 각각의 기본소양 능력개발 프로그램을 개발해야 한다. 정보통신은 긍정적인 측면만 있는 것이 아니라 정보통신의 역기능 또한 그 피해가 상당한 만큼, 이에 대비하는 교육도 필요하다. 정보통신의 역기능으로부터 벗어날 수 있도록 학교, 교사, 학부모, 지역사회 인사 모두가 상호 협력하여 역기능을 최소화함은 물론 올바른 정보통신 공학을 정립할 수 있도록 하는 데도 역점을 두어야 한다.

지식기반 정보화 사회에서 지식을 장악하는 일은 근본적으로 교육에서 출발한다. 따라서 지식기반 정보화 사회에서는 전통적인 교육에서 중시해 왔던 인격도야, 자료나 정보수준의 지식습득을 주축으로 해왔던 교육에 대한 재검토가 필요하다. 현대사회에 적합한 교육적 시각으로 학교교육을 바라보아야 한다. 지식기반 정보화 사회에서 학교교육에서 실천해야 할 교육과제로 다음과 같은 점을 제시하고 있다(유현숙, 1999; 김진표, 2011).

첫째, 독창적 아이디어를 제공하는 새로운 지식인이 교육적 인간상으로 부각되어야 한다.

둘째, 사실적·방법적 지식이나 정보를 포함하되 지식기반 사회가 요구하는 새로운 유형의 지식이 강조되어야 한다.

셋째, 생산요소로서 지식·정보가 갖는 결정력에 대한 관심이 증대하고 실용적 지식과 정보를 창의적으로 활용하는 지식, 고부가가치를 창출하는 지식이 강조되도록 한다.

넷째, 끊임없는 정보의 범람과 지식의 폭증으로 학습과 직업교육, 평생교육의 필요성이 증대된다.

다섯째, 지식의 하부구조로 정보기술체제가 광범위하게 도입되는 동시에 네트워크로 구축된 교육정보망이 중시된다.

여섯째, 교육체제의 우연성과 경쟁력을 갖춘 교육의 재구조화가 진행되고 학교의 기능과 교사의 역할이 변화되어야 한다.

그렇다면 지식기반 정보화 사회에서 지식과 정보와 자료는 서로 어떤 관련성을 유지하고 있을까? 지식은 자료를 근거로 정보를 통해서 형성된다. 즉, 자료나 정보의 차원을 넘어선 것이 지식이다. 지식은 자신의 것으로 수용되고 체득된 것으로 흔히 '내면화' 또는 '자기화'라는 용어로 설명하기도 한다. 내면화된 지식은 내면화로 끝나는 것이 아니라 내면화를 통해 다른 차원의 지식이나 아이디어로 변환되는 데 밑거름이 된다. 따라서 진정한 지식이란 기존의 지식을 바탕으로 새로운 차원의 지식이나 아이디어를 창출해 내는 지식이 진정한 지식이라 할 것이다. 지식사회에서는 새로운 지식을 창출해 내는 과정을 통해 일반적 지식이 전문적 지식으로 전환되는 모습을 볼 수 있다. 즉, 자료에서 정보를 만들어 내고 정보에서 지식으로 발전되는 지적 내면화를 거치게 되며, 이는 새로운 지식을 출현해 내는 전이와 순환 과정을 거치게 된다. 이러한 과정을 그림으로 나타내면 다음과 같다.

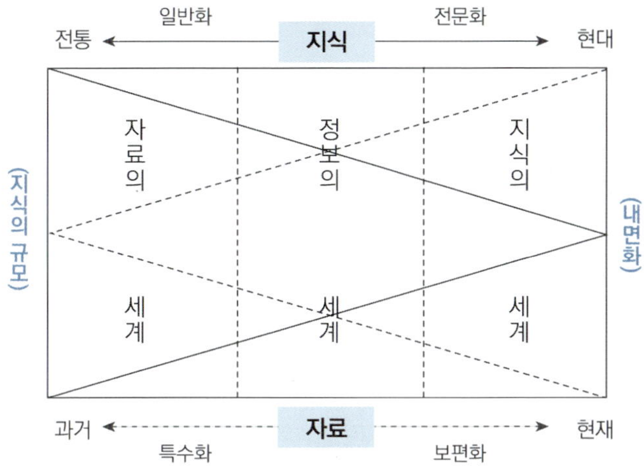

▌그림 2-1▐ 지식의 규모와 내면화 과정

지식기반 정보화 사회는 경제적 측면에서 자원의 효율적 이용 및 생산성 향상과 연관된다. 특히, 컴퓨터와 컴퓨터 통신에 의한 정보화의 필요성과 직접적 관계가 있다. 사회적 측면에서는 물질적 풍요에 따른 사회적 자아 실현을 위한 정보욕구가 다양하게 나타난다. 게다가 과학기술의 급속한 발달은 컴퓨터를 소형화·저렴화·지능화함으로써 그 보급을 가속화시키고 대중화하는 데 기여하게 된다. 동시에 정보처리기술과 통신기술이 보편화되면서 정보사회는 순식간에 이루어지고, 급속도로 변화하게 된다. 이런 사회변화는 인간의 생활양식과 사고를 바꾸게 되고, 교육의 방향에도 중대한 영향을 미치게 된다.

지식기반 정보화 사회에서는 과거처럼 단순히 읽고, 쓰고, 셈하기의 기초교육으로는 변화한 시대의 새 교육을 담당하기가 어렵다. 더욱 중시되는 것은 컴퓨터와 인터넷, 첨단과학기기 활용능력 등이다. 정보화가 진행될수록 인터넷 신조어가 쏟아져 나오므로 새로운 용어는 계속 학습해야 하고, 일상생활에 편리하게 적응하기 위해서는 각종 정보통신기기들의 활용법을 학습해야 한다. 이는 지식기반 정보사회의 교육이 학교교육만으로는 한계가 있다는 의미이다. 이제는 언제, 어디서나 배울 수 있는 평생학습교육시스템의 구축이 절대적으로 필요하다. 지식 중심의 사회에서는 새로운 지식을 창출하고 이 지식을 적합하게 응용하여 지식의 부가가치를 높이는 작업, 즉 지식의 생산성을 향상시키는 작업이 중요한 과제로 부각된다. 그러나 학교교육에서는 지식 주입의 양이 엄청나게 많음에도 불구하고, 그러한 지식들이 삶의 유용한 도구로 활용되지 못하고 있다(신창호, 2012). 이러한 점에 유념하여 지식기반 정보화 사회에서 적응력을 높여 나갈 수 있는 교육 방안이 마련되어야 할 것이다.

3) 지식기반 정보화 사회에서 학교교육의 특징

지식기반 정보화 사회를 살아가려면, 기본적으로 정보를 수집할 수 있는 능력과 정보의 가치를 판단하는 능력, 정보를 종합하는 능력, 정보를 저장하는 능력, 필요한 정보를 취사선택하여 정보 부가가치를 높일 수 있는 능력, 정보사회의 윤리 등 정보에 관한 종합적인 자질을 갖추어야 한다. 그것은 새로운 교육에 의해 가능하다. 그렇다면 지식기반 정보화 사회에서 보여주게 될 학교교육의 특징으로는 어떤 것들이 있을까? 학교교육에서 나타날 특징적인 내용을 요약하여 정리하면 다음과 같다(신기철, 2001).

첫째, 탈 집중화와 탈 독점화이다. 지식기반 정보화 사회에서는 정보혁명의 결과 사회 전반에 걸쳐 탈 집중화와 탈 독점화가 이루어진다. 정보혁명의 결과 네트워크화된 정보통신기술에 의해 지식을 다양한 곳에서 접근하고 전달하고 공유하는 것이 용이하다. 따라서 지식이 곧 힘이 되고 있는 현 시점에서 이러한 정보통신매체는 '위대한 평정자(the great equalizer)'로서 기능할 것이며, 나아가 중앙집권화된 권위에 의한 지배, 사회적 위계질서의 군림은 점차 퇴조하면서 탈 독점화, 탈 집중화가 이루어지고 수평적 관계가 유지될 것이다.

둘째, 탈경계화이다. 컴퓨터 네트워크와 인터넷의 등장으로, 이전 사회에서 존재해 왔던 생산자와 소비자, 주체와 객체 등과 같은 이원적 개념의 분리가 사라진다. 여러 정보를 연결하여 새로운 정보를 만들기도 하고, 그것을 상호 공유하는 것이 용이하게 된다. 그렇게 하다 보면 인터넷상에서는 정보소비자가 곧 생산자가 되고 생산자가 곧 정보소비자가 되어 생산자나 소비자라고 하는 고정된 경계의 틀이 무너지는 탈경계화가 이루어진다.

셋째, 개별화·특성화된 교육을 필요로 한다. 지식기반 정보화 사회에서는 지식을 많이 알고 있는 인간보다는 다양한 지식을 종합해서 응용하고 재창조하는 창의적 사고를 가진 인간이 주도하는 사회이다. 따라서 교육도 시대변화에 걸맞게 획일화된 교육에서 벗어나 멀티미디어 중심의 창의성 교육으로 틀을 바꾸어야 하고, 교사 1인에 의한 강의형태에서 벗어나 학생들이 서로 팀을 이뤄 연구하고 창조하는 방법의 교육으로 전환해야 한다. 산업사회에서는 우수한 인력을 대량으로 배출해 내는 것이 교육의 목표였지만, 지식기반 정보화 사회에서는 한 사람 한 사람이 가진 개성과 재능을 최고로 발휘할 수 있도록 해 주는 교육이 필요하다.

넷째, 네트워킹의 활성화이다. 네트워킹의 기능에 의해 기존에 우리가 지니고 있던 시간·공간적 개념에 대한 대대적인 변형을 경험하게 된다. 모든 공간, 모든 거리, 모든 시간은 키보드와 마우스, 스크린의 거리로 재조명되고, 마우스까지만 갈 수 있다면 아무 곳이나 원하는 때에 갈 수 있고, 원할 때 떠나올 수 있다. 네트워킹의 기능은 다양한 정보자원과 목소리에 대한 접근을 용이하게 하고 주어진 다양성 내에서의 선택을 해야 하는 문제로 인해, 수용자의 성찰적 사고의 발달을 요구하게 된다.

다섯째, 자율적 학습자로의 전환을 요구한다. 각종 첨단 기자재와 시스템의 활용으로 학습의 통제권이 학생에게 이양되고, 학생의 적극적인 참여에 의해 서로 다양한 내용, 깊이, 특성을 지닌 지식을 구성해 낸다. 학습 환경에서는 당연히 자신의 학습에 대하여 책임과 적극성, 관심을 가지고 자율적으로 학습을 진행해 나가는 학습자를 요구하게 된다.

여섯째, 촉진자로서의 교사역할이 필요하다. 네트워킹의 쌍방향학습 환경을 제공하는 정보기술은 한마디로 학습자 중심적 학습 환경 구현에 적합하다. 이것은 결국 지식 전달자로서의 교사 역할에 대한 변화를 의미한다. 교류가 용이해진 상황에서는 과거 교사의 역할은 약화되기 마련이다. 정보기술을 토대로 이루어지는 교육환경에서의 교사는 전문적 수업설계자이며 연구자로서 학습활동을 촉진시켜 주는 역할을 수행해야 한다.

일곱째, 열린 학교교육체제로의 전환이다. 지식기반 정보화 사회는 개방성을 특징으로 하는 학교교육체제가 되어야 한다. 학교교육체제의 개방성은 ① 교육기회의 개방성이고, ② 학교 시설의 개방성을 말하며, ③ 학교 운영의 개방성, ④ 교육프로그램의 개방성을 말한다. 학교교육과 관련된 교육내용과 운영체제 전반에 걸쳐 개방성을 추구하는 열린교육으로의 전환이 필요하다.

4. 4차 산업혁명 시대의 학교교육

4차 산업혁명은 우리 사회에 커다란 변화를 가져올 것으로 예상되고 있지만 교육 분야는 다른 영역에 비해 변화에 대한 대응이 빠르지 못하다. 이는 기존의 학교 체제에서 학습에 실패한 학생들에 대한 문제를 해결하지 못한 것도 하나의 요인으로 작용하고 있다. 4차 산업혁명 시대의 도래와 함께 학교교육에서도 이러한 문제의 해결은 물론이고, 사회 전반에 걸친 저출산에 따른 학령인구의 감소 문제, 고령화에 따른 평생교육의 활성화 방안, 교육격차의 심화에 따른 사회적 양극화 문제 등 다양한 교육문제 해결을 위한 전략적 접근이 필요하다.

1) 4차 산업혁명 시대 학교교육의 대응 방향

사물인터넷(IoT, Internet of Things), 인공지능(AI), 빅데이터, 로봇기술, 생명과학, 정보통신의 융합이 주도하는 4차 산업혁명으로 인해 인류는 과거보다 더욱 광범위한 분야에 걸쳐 빠른 속도로 변화를 겪고 있다(공의석, 2018). 이와 같은 변화에 적응하기 위해서는 시기에 적절한 내용의 교육이 뒤따라야 한다. 그렇다면 4차 산업혁명 시대의 교육은 어떠한 방향에 맞춰져야 할까? 4차 산업혁명에 대비한 학교교육의 기본방향과 전략을 제시하면 다음과 같다(정제영, 2017).

(1) 기본 방향 : 맞춤형 교육을 통한 완전학습 구현

많은 학자와 현장의 교사들은 학교에서 맞춤형 교육을 완성하기 위해 노력해 왔지만, 여러 가지 장애요인으로 인해 실제로 구현되지 못하였다. 특히, 학습자 특성을 고려하지 않은 획일적 교육의 문제점에 대한 비판으로 맞춤형 교육이 대두되어 왔으나 '학습자 진단-맞춤형 처방-평가'의 과정을 아우르는, 즉 맞춤형 교육의 구현에는 어려움이 많았다.

맞춤형 교육이란 개별 학습자의 학업성취 수준, 심리 특성, 가정환경 등을 종합적으로 고려하여 개별 학습자에게 가장 적합한 학습경험을 제공하는 다양한 방식의 교수지원을 의미한다. 로더럼과 윌링햄(Rotherham & Willingham, 2009)은 미래교육에서 맞춤형 교육이 중요성이 더욱 강조되어야 하며 지식과 역량을 상호 연결시킬 수 있는 방향으로 맞춤형 교수가 제공되어야 한다고 주장한다. 이때 지식은 학생들이 각 교과에서 학습하는 교과지식을 의미하며 역량은 논리적 사고 등과 같은 고차원적인 정서기능을 의미한다.

맞춤형 교육은 차별화(differentiated), 개인화(individualized), 개별화(personalized) 교육으로 구분할 수 있다. 차별화는 모든 학생의 교육목표와 내용은 동일하지만 교수방법에 있어서는 학습속도와 선행학습 정도를 반영하여 소규모 집단별 수업을 하는 것을 의미한다. 개인화는 모든 학생의 교육목표와 내용은 동일하지만 교수방법에 있어서는 학습속도와 선행학습 정도를 반영하여 개인별 지도를 해야 한다는 것이다. 개별화는 각 학생의 교육목표와 내용이 다르고 교수방법도 다르게 이루어지는 것을 의미하며, 학습자로서 성숙하고 자기주도적 학습이 가능한 수준에 이른 경우에는 개별화로 발전해 나가야 함을 의미한다. 지능 정보화로 지칭되는 미래 사회에서는 인성과 사회성을 갖춘 창의적 인재를 요구하고 있다. 미래 인재를 양성하기 위해서는 한 명의 학생도 놓치지 않고, 모든 학생이 학습에서 성공할 기회를 제공해야 한다. 교육의 목적을 달성하기 위한 기본적인 과제는 학생의 소질과 적성에 맞추어 꼭 필요한 학습이 이루어질 수 있도록 맞춤형 진단과 처방이 이루어지고, 이에 따라 학습에서 성공하는 경험을 이어갈 수 있는 학교 제도를 설계하는 것이다. 이를 국가적인 관점에서 보면 모든 학생이 필요로 하는 교육목표를 달성하여 완전학습이 이루어지는 학교를 의미한다고 할 수 있다.

(2) 전략 : 4차 산업혁명의 새로운 테크놀로지의 적용

4차 산업혁명에 대비하여 학교교육 시스템을 재설계하기 위한 기본 전략은 4차 산업혁명의 새로운 테크놀로지를 활용하여 맞춤형 학습을 지원하는 시스템을 구축하는 것이다. 4차 산업혁명의 핵심 테크놀로지는 인공지능, 사물인터넷, 클라우드, 빅데이터, 모바일 기기의 결합으로 정의할 수 있다(박종현 외, 2014).

현재 이루어지고 있는 테크놀로지 기반학습은 전자적 기술로 이루어진 학습과정을 의미한다. 테크놀로지 기반학습 적용 사례로는 모바일 또는 스마트 기기 활용, 웹 기반의 사회적 네트워킹 도구인 Facebook이나 Twitter 등이 활용되고 있는데, 결과적으로는 교사의 교수과정을 보조해 주는 것으로 활용되어 왔다.

4차 산업혁명에서 적용될 것으로 예상되는 것은 '테크놀로지 기반 맞춤형 학습'이라고 할 수 있다. 테크놀로지 기반 맞춤형 학습은 테크놀로지를 활용하여 학생 스스로 학습하고, 이 과정에서 스캐폴딩(scaffolding)[5)]을 제공하는 쌍방향 학습지원으로 볼 수 있다. 스캐폴딩이란 학습자들이 혼자서 스스로 성취하기 힘든 것을 성취 가능하도록 해주는 전문가의 도움을 의미하며, 교수자 또는 동료와의 상호작용을 통해 학습자에게 제공되는 모든 형태의 지원으로 의미가 확장될 수 있다.

4차 산업혁명의 테크놀로지는 맞춤형 학습을 가능하게 하는 중요한 수단이 될 수 있다. 즉, 학생의 흥미와 사전 경험, 태도 등을 고려해 학습속도와 방법을 조정해 주고, 그 결과를 절대평가 방식으로 점검하여 자기주도적

5) 러시아의 교육심리학자 레프 비고츠키(Lev Vygotsky)의 이론에서 등장하는 용어로 아동이 근접발달영역의 더 높은 수준에서 활동할 수 있도록 돕는 것을 스캐폴딩(scaffolding)이라고 한다. 스캐폴딩은 성인이 도움을 줄 때 아동의 요구에 맞추어 조절함으로써 아동의 노력을 지원하는 하나의 체계를 의미한다. 따라서 근접발달영역 내에서 아동의 학습이 효과적으로 발생하게 하는 것에 관심이 있는 사람은 스캐폴딩에 관심을 가져야 한다.

학습을 도와줄 수 있도록 활용되어야 한다. 4차 산업혁명과 함께 새로운 테크놀로지를 활용한 쌍방향 의사소통이 가능한 맞춤형 학습 지원 시스템의 개발이 이루어져 교육현장에 적용되어야 할 것이다.

2) 4차 산업혁명 시대 학교교육의 특징

정보화 사회에서는 인간의 창조적 능력에 앞서 정보기술이 사회변화의 주요한 추진력으로 파악되었다(신기철, 2001). 그러나 4차 산업혁명 시대의 사회에서는 정보기술과 과학기술의 융합을 통해 새로운 지식을 형성하는 사회, 즉 인간의 지력과 정보기술이 결합된 체계화된 창의력의 활용이 사회 전반을 이끌어 가게 된다.

이러한 사회 변화 속에서 4차 산업혁명 시대 학교교육의 특징을 요약하여 제시하면 다음과 같다(신기철, 2001).

첫째, 쌍방향 통신이 가능한 학교교육이 실시된다. 상호작용성을 지닌 쌍방향 통신은 텔레비전과 같은 대중매체와의 관계에서 요구되었던 수동적 입장과는 달리 사용자들의 능동적이고 적극적인 참여를 요구한다. 단지 주어진 것을 소비하고 사용하는 객체적 입장에서 탈피하여 생산하고 공유하는 주어진 입장을 경험하도록 한다. 자신이 발신자인 동시에 수용자의 역할을 하고, 상호 간의 피드백을 할 수 있는 통로가 확대된다. 즉, 수용자의 자율성을 신장시킨다.

둘째, 교육에서 가상공간이 적극적으로 활용된다. 가상공간인 사이버 스페이스는 전혀 다른 새로운 단계의 특별한 공간으로 기술적 미래를 상징하는 개념이다. 컴퓨터에 의해 전 지구적 범위로 네트워크 되고 컴퓨터에 의해 접근 가능하며, 컴퓨터가 만들어 내는 다차원적이며, 인공적이고, 가상적인 어떤 공간이 바로 가상공간이다. 가상공간이 제공하는 '익명성'을 통해 그리고 다양한 '정체성'을 통해 자신을 표현할 수 있음으로써 자유의 공간, 상상력의 공간, 이성의 공간으로 실제로 경험해 볼 수 있는 장소이다.

셋째, 하이퍼미디어 학습이 가능해진다. 지금까지의 학습은 선형적, 단계적으로 학습이 이루어졌다. 즉, 처음부터 끝까지 순서대로 학습이 이루어졌다. 그러나 하이퍼미디어라는 시스템의 등장으로 정보를 접하는 유형에 변화를 가져왔다. 하이퍼링크라는 기능에 의해 문서들이 상호 연결되어 있어서 학습자는 자신이 원하는 문서나 내용을 찾아 학습할 수 있다. 따라서 학습자의 관심과 수준에 따라 학습하는 내용, 방향, 깊이가 다르게 학습하는 것이 가능해진다.

넷째, 참여와 구성의 학습이 활성화된 학습이 전개된다. 하이퍼미디어의 등장과 함께 학습의 통제권이 학생들에게 이양된다. 학생들은 토론이나 논쟁, 조사활동에 직접 참여하면서 서로 협동하여 프로젝트를 진행하는 등 적극적인 참여에 의한 지식 구성이 가능해진다.

다섯째, 재미있는 학습의 전개가 학습활동의 주류를 차지하게 된다. 컴퓨터 게임의 중독성이 논의될 만큼 컴퓨터 게임은 끊임없이 문제와 마주치고 그것을 해결하고 다시 새로운 문제에 직면하게 되는 이러한 역동적 과정이 빠른 속도로 전개되기 때문에 게임자는 그것을 중단하기가 대단히 어려워진다. 마찬가지로 네트워킹되어 쌍방향 학습환경을 제공하는 정보기술은 컴퓨터 게임과 유사한 이유로 인해 학생들의 관심과 흥미를 유발하게 된다. 흥미를 유발하고 이를 내재적 동기로 활용하고 궁극적으로는 학습의 효과로 이어지게 하는 흥미를 중심으로 하는 학습활동은 학습전개의 주축을 이루게 된다.

여섯째, 개개인의 눈높이에 맞춘 작은 학교, 작은 교실이 주류를 이룬다. 4차 산업혁명 시대에는 학교의 유형도 다양하고 학교 하나하나가 독특한 개성을 가진 학교가 되어야 한다. 그리고 이들 간에는 교육 프로그램, 정보, 인적자원, 그리고 물적자원 등의 교류가 원활하게 이루어져야 한다. 학교 상호 간에 기능적 네트워킹(networking)이 잘 이루어져야 한다. 새로운 학교 체제는 '작은 학교' 그리고 '작은 교실'을 목표로 해야 한다. 큰 학교는 학생관리, 교직원 관리, 시설관리에 온갖 자원, 시간, 에너지를 빼앗기기 때문에 교육과정이나 교수·학습 방법, 혹은 교사들의 장학 등에 대한 관심이 줄어들 수밖에 없다.

일곱째, 창의성을 기르는 학교교육이 교육활동의 주류를 이룬다. 4차 산업혁명 시대의 학교교육에서 기초교육을 습득하고 활용하며 새로운 지식을 창출하는 능력을 기르는 것은 지금의 학교교육과 다를 바가 없다. 하지만 창의성을 기르는 교육에 보다 더 주력하고 새로운 기술을 창출하고 창의성을 기르는 교육이 학교교육의 중핵을 이루게 될 것이다. 4차 산업혁명 시대에는 지식과 기술의 생멸(生滅) 주기가 짧아지면서 지식과 기술을 융합하고 활용하는 학습이 지속적으로 유지되어야 한다. 그에 따라 교육기회는 평생에 걸쳐 이루어질 수 있도록 사회 전반에 걸쳐 산재되어야 한다. 4차 산업혁명 시대에는 이른바 평생교육과 평생학습이 실현되는 사회가 될 것이다.

여덟째, 유연한 학교제도의 운영이 도입된다. 4차 산업혁명 시대의 학교교육은 그 어느 때보다도 유연한 운영이 이루어질 것이다. 또한 현재의 경직된 행정구조도 변화가 예상된다. 전통적인 학교의 위기를 전반적으로 극복하고 패러다임의 전환이 이루어질 수 있도록 교육지원 시스템의 총체적 변화가 있을 것이다.

3) 4차 산업혁명 시대의 지능정보사회 대비교육

4차 산업혁명은 인류에게 엄청난 편의를 제공하는 한편, 그에 따른 다양한 사회적 문제로 대두될 것이다. 『제4차 산업혁명』의 저자 클라우스 슈밥(Klaus Schwab)은 미래사회는 인공지능의 활용과 디지털화가 우리 생활의 모든 것을 완전히 바꾸어 놓게 될 것이라고 하였다.

인공지능은 컴퓨터에서 지능적인 행동을 시뮬레이션하는 것으로 인간의 지능적인 행동을 모방하는 기계 능력의 일환으로 컴퓨터 시스템을 활용한 기술이다. 이러한 인공지능이 미래의 일상생활에 다양하게 활용될 것이라고 하니, 이러한 변화에 대비하는 교육이 필요하다. 그것이 바로 소프트웨어 교육이다. 기존의 컴퓨터 교육이 사용자 입장에서의 ICT 활용 및 도구적 사용법 중심의 교육이었다면, 미래사회에 대비한 소프트웨어 교육은 '컴퓨팅 사고력' 중심의 교육이 되어야 한다. 컴퓨팅 사고력이란 프로그래밍 실습 및 프로그래밍을 통한 문제해결 중심의 교육이다. 즉, 창의적 문제해결력과 정보과학적 시고 향상에 초점을 둔 정보적 사고능력을 기르는 교육이 되어야 한다. 4차 산업혁명에서 이루어져야 할 지능정보사회 대비교육의 방향으로는 다음과 같은 점을 들 수 있다.

첫째, 유연화된 교육이다. 학생들의 흥미와 적성을 최대한 발휘할 수 있는 교육이어야 한다.

둘째, 자율화가 부여된 교육이다. 학생들의 사고력과 문제해결력, 창의력을 기르는 교육이어야 한다.

셋째, 개별화된 교육이다. 개인의 학습능력을 고려한 맞춤형 교육이 이루어져야 한다.

넷째, 전문화된 교육이다. 지능정보기술 분야의 핵심인재를 기르는 전문화된 교육이어야 한다.

다섯째, 인간화된 교육이다. 사람을 중시하고 사회통합을 이루는 교육이어야 한다.

4) 4차 산업혁명 시대의 평생교육

우리나라의 평생교육은 1970년대부터 거론되기 시작하였다. 학교 밖에서 이루어져 왔던 사회교육 차원의 교육으로 1950년대의 문맹 퇴치교육과 농촌교육, 1960년대의 새마을교육에 이어 1970년대에 이르러 평생교육이라는 명칭으로 등장하였다. 이는 1980년 헌법에 평생교육 진흥이 명문화되면서 본격적으로 평생교육에 관심을 갖게 되었고, 1982년 '사회교육법'이 제정·공포되면서 다양한 형태의 평생교육이 나타나기 시작하였다. 1990년대에 이르러서는 다양한 형태의 평생학습 기회가 모든 국민에게 제공될 수 있도록 '사회교육법'을 '평생교육법'으로 개정하게 되는데, 1999년 8월 사회교육법의 내용이 전부 개정되면서 그 명칭도 '평생교육법'으로 변경되었다.

이와 같은 평생교육 실현을 위한 기반조성으로 누구나 지식기반사회에 대응해 나갈 수 있도록 '언제, 어디서나, 원하는 교육을, 원하는 시기에, 원하는 형태로' 학습할 수 있도록 하는 '열린교육 사회, 평생학습 사회' 건설을 위한 제도적 기반을 구축하게 된다. 평생교육이 이처럼 빠른 속도로 많은 이들로부터 지지를 받게 된 것은 시대변화에 따른 교육관의 변화를 말해 주는 것이라 할 수 있다. 학교중심의 학교교육에서 벗어나 학교 밖의 교육, 즉 가정교육과 사회교육을 포괄하는 총체적인 측면의 교육으로 평생교육을 도입하여 적용하는 교육관의 변화를 보여준 것이다.

1999년에 제정된 '평생교육법'은 각급 학교의 평생교육활동을 권장하고 있어서 성인들을 위한 교양교육은 더욱 발전될 것으로 전망된다. 뿐만 아니라, 평생교육법의 정립은 다수의 평생학습자들이 자신의 평생학습 욕구를 충족시킬 수 있도록 교육제공자의 규제를 위해 만들어진 법령이라 할 수 있다. 즉, 평생교육법은 원격교육 및 직장 내 교육 등을 통한 학습기회의 확대, 유급이나 학습 휴가제도의 도입, 학습자 중심의 공공 학습기회 제공 등 국민의 학습권과 학습자의 선택권을 최대한 보장하기 위한 제도의 관련 법령이다. 따라서 평생교육법은 직업교육 기관으로서의 기능을 강화하고 학점은행제와 연계한 교육적 기능과 역할의 증대를 통해 실질적인 평생교육기관으로 발전하는 데 많은 도움을 줄 것이다.

평생교육은 학교제도의 제도적 유연화라는 의미에서도 매우 중요한 의미를 가진다. 특히 정보기술의 발달에 힘입어 원격교육방식이 광범하게 활용됨에 따라 평생교육은 원격교육과 함께 새로운 전기를 맞이하게 될 것이다. 원격교육방식을 채용한 '사이버 교육'도 확산되고 있는 추세로, 이러한 변화는 기존의 학교교육과 학교 외 교육을 접목하여 새로운 평생교육체제의 구축에 한 걸음 다가가는 변화를 보이고 있어 앞으로 다가올 한국교육의 변화에 큰 역할을 수행할 것으로 보인다.

5. 시대정신과 함께 등장한 교육의 강조점

사회는 생물이 아니어서 스스로 진화하지 않는다. 다만, 시대의 흐름에 따라 사회는 변화를 요구받고 유능한 리더와의 만남을 통해 발전해 나간다. 교육도 마찬가지이다. 교육이라는 것 자체가 스스로 변모해 가는 것은 아니지만, 교육이 변화를 추구하는 인간과 공존해 있기 때문에 인간의 요구와 사회의 변화에 맞춰 발전해 나간다. 뿐만 아니라, 교육은 시대의 흐름에 따라 사회변화에 대한 새로운 교육의 담론과 변화 그리고 교육내용과 방법의 개발을 요구받게 된다.

그동안 우리나라는 산업화와 민주화를 이루면서 많은 사회적 요구를 교육을 통해 받아들였다. 교육에 대한 흐름 속에는 한 시대를 지배해 왔던 교육에 대한 사회적 동향이 있었는데 그것을 흔히 교육의 시대정신이라고 말한다. 시대적 사명을 교육의 흐름에 맞춰 받아들인 시대정신은 우리 사회의 변화방향과 맥을 같이해 왔으며, 시대정신에 따른 사고관은 우리 사회를 뛰어넘어 세계와 소통하는 변화를 이끌어 왔다. 돌이켜 보면 그러한 것들이 모두 한때 잠시 유행했던 교육현장의 바람처럼 생각되지만, 그러한 바람이 불기까지에는 나름대로 사회적 동향과 변화의 방향이 있었기 때문에 가능한 일이었다. 뿐만 아니라 이러한 시대정신은 학생들의 삶 문제와 연계되어 있고, 미래의 생존문제와 관련되어 있어서 의도적으로 노력하고 참여하여 혁신을 이루어 내고자 하였다. 여기서는 이처럼 한 시대를 지배해 왔던 몇 가지 교육의 강조점에 대해서 살펴보고자 한다. 강조점별로 교육활동에 도입하게 된 배경은 무엇이고, 강조하고자 했던 내용은 무엇이며, 어떤 발전적 과정을 거쳐 왔는지에 대해 개략적으로 살펴보고자 한다.

1) 양성평등교육

'양성평등'이란 성별에 따른 차별, 편견, 비하 및 폭력 없이 인권을 동등하게 보장받고 모든 영역에 동등하게 참여하고 대우받는 것[6]을 말하며, 양성평등교육은 초·중·고등학교에서 학생들의 양성평등 의식을 심어주기 위해 실시하는 교육을 말한다. 우리나라는 전통적으로 여성에 대한 편견이 있다. '암탉이 울면 집안이 망한다'든지, '여자 팔자는 뒤웅박 팔자', '여자가 울면 3년간 재수가 없다', '여자 셋이 모이면 접시가 깨진다'와 같은 말에서 예로부터 뿌리가 박힌 남녀차별이 오늘날까지 이어져 내려오고 있음을 짐

6) 양성평등기본법 제3조의 양성평등에 대한 정의이다.

작할 수 있다. 이러한 잘못된 국민들의 성차별에 대한 인식과 올바른 성역할의 정립을 위해 중점을 두고 실시해 온 교육이 양성평등교육이다.

근대 개화기 이후, 서구사상의 영향과 산업양식의 변화, 서구의 교육제도 유입, 전통적 가치관과 가족관의 와해로 인해 여성들의 삶의 양식도 바뀌기 시작하였다. 특히, 1945년 해방 이후 민주주의 양식의 도입과 더불어 교육기회의 균등, 남녀공학제 실시 등 여성교육 기회의 확대와 양적 팽창이 이루어졌다. 미 군정 시기에는 여성교육이 남녀평등의 원칙에 의하여 이루어졌다. 남녀공학의 실시는 교육의 기회균등의 원칙에 입각하여 남녀차별을 없애기 위해 주장된 것으로 남녀에게 평등한 역할을 갖게 하고 양성 간의 자연스러운 상호협력의 가치관을 갖도록 하는 데 그 목적이 있었으며 이러한 정책은 남녀교육의 격차를 줄이는 데 크게 기여하였다(신창호, 2012). 1980년대 이후에는 여성의 경제활동 참가율은 나이와 학력의 증가와 더불어 꾸준히 높아지고 고용형태 또한 상당한 변화를 이루었다. 이러한 변화 또한 여성의 고학력화와 그에 따른 남녀 간의 교육수준의 격차 감소, 자녀수의 감소, 기혼여성의 사회참여에 대한 긍정적인 인식의 전환에 기여하였다(박주현 · 최덕경, 2013).

우리나라의 양성평등교육은 해방 이후부터 학교교육을 통해 실시되었으나, 본격적인 교육의 강조점으로 등장하기 시작한 것은 1980년대에 이르러서이다. 여성의 경제활동 참가율이 높아지면서 여성의 지위와 권한이 상대적으로 낮은 우리 사회의 모습을 변화시키고자 도입된 것이다. 이후 1995년에는 '여성 정책의 헌법'이라고 불리는 「여성발전기본법」이 제정되어 양성평등교육의 확산에 기여하였다. 2003년에는 여성가족부 산하에 정부기관으로 '한국양성평등교육진흥원'을 설립하였으며, 2015년에는 남녀 모두의 평등을 목적으로 「양성평등기본법」을 제정하여 남성도 성별 분리나 성별 고정관념으로 인하여 불이익을 받을 수 있다는 인식에 바탕을 두고 새로운 법령을 제정하여 오늘에 이르고 있다. 「양성평등기본법」은 양성평등 이념을 실현하기 위한 국가와 지방자치단체의 책무 등에 관한 기본적인 사항을 규정하고 있다.

미래사회의 삶에서는 남녀 간의 불평등한 사회구조나 인식을 수용하기 어렵다. 성별 차이로 인한 그 어떠한 불평등도 존재할 수 없는 일이며, 국민들의 인식 또한 허락하지 않을 것이다. 그런 의미에서 양성평등의 실현을 위한 양성평등교육이 강화되어야 할 것이다. 양성평등교육이 필요한 이유로는 다음과 같은 점을 들 수 있다(신창호, 2012).

첫째, 사회정의의 차원이다. 양성평등의 문화와 교육의 실현 없이 사회정의를 이룰 수 없다. 사회정의는 인구의 절반을 이루는 여성에 대한 공평한 배려와 분배, 여성의 인권을 온전하게 존중할 때 가능하다. 단순히 남성에게 의지해서는 곤란하다. 그 반대의 경우도 마찬가지이다.

둘째, 여성의 인력활용 차원이다. 여성을 제대로 교육하지 않을 경우, 세계 경쟁의 대열에서 인구의 절반인 여성 인력을 충분히 개발하지 못할 수 있다. 그것은 국가적 손실인 동시에 개인능력의 낭비이다. 따라서 양성평등 교육에 의해 뒷받침된 여성의 사회참여를 통해 국민의 삶의 질 향상에 기여할 필요가 있다.

셋째, 사회발달 차원이다. 한 가족공동체의 일원으로서 남성과 여성의 협력은 불가피하다. 마찬가지로 사회에서도 여성들의 참여욕구에 대한 지원과 여성 참여에 대한 남녀 양성의 올바른 이해와 교육이 요구된다.

넷째, 시대적 차원이다. 21세기 지식기반사회에서는 획일적·권위적 틀에서 벗어나 창의적·감성적·민주적 측면의 다양한 사고가 요구된다. 즉, 여러 형태의 지식과 문화산업의 비중이 증대하는 상황에서 여성의 창의력과 감성은 중요한 자원으로 활용할 수 있다.

오늘날에 와서는 '양성평등기본법'에서 제시하고 있는 양성평등이라는 정책목표의 변화에 맞춰 '모성보호'에 집중됐던 시책도 '부성보호'까지 포함하는 쪽으로 확대되었으며, 남성의 육아휴직 등도 활성화되도록 법으로 규정하고 있다. 이러한 법령의 취지에 맞춰 매년 9월 1일부터 7일까지로 지정되었던 '여성주간'은 '양성평등주간'으로 명칭도 바뀌게 되었다. 양성평등교육의 실현을 통해 우리나라 전반에 걸친, 즉 정치·경제·사회·문화의 모든 영역에서 양성이 평등한 사회가 구현될 수 있도록 노력해야 할 것이다.

2) 열린교육

열린교육은 20세기 초에 영국과 미국을 중심으로 발전해 온 교육방식으로 진보주의의 부활과 함께 수준별 개별화 교육을 주장하며 등장하였다. 우리나라는 전통교육 방식인 서당교육에서 보는 바와 같이 개별화된 수준별 교육이 이루어졌기 때문에 열린교육에 대한 도입의 필요성을 느끼지 않았다. 하지만 1905년 을사보호조약(을사늑약)을 맺은 이후 일본식 교육제도가 도입되면서부터 우리나라 교육은 '주입식 교육', '일제식 수업'이라는 교육방식이 일반화되었고, 이를 개선하기 위한 방안의 일환으로 열린교육의 도입을 주장하게 되었다.

열린교육은 아동들의 흥미나 관심에 따라 스스로 활동하고 학습하도록 하는 자율성을 강조한 교육방식으로 그동안의 학습활동에서 볼 수 있는 교사의 엄격한 통제나 교사 설명중심의 획일적인 교수(教授)가 아닌, 아동의 관심에 따라 정비된 학습환경 속에서 제각각 다른 학습활동을 하도록 하는 개방된 교육방식이다. 열린교육에 대해 한국교육개발원(2001)은 "열린교육이란 학습자의 학습속도와 관심에 있어서 개인차를 존중하고 내재적 흥미에 의해 자율적으로 학습해 나가도록 하기 위해 교육과정, 즉 교재, 학습시간, 학습 공간, 학습 집단, 교사들 간의 관계 등을 유연하게 편성·운영하는 총체적인 자율적 교육이다."라고 정의하고 있고, 호르위츠(Horwitz, 1979)는 "열린교육이란 학습공간을 융통성 있게 활용하고 학습활동을 학생들 스스로 선택하게 하며, 학습 자료를 풍부하게 제공하고, 교육과정을 통합적으로 운영하며, 대집단보다는 소집단으로 수업을 운영하는 교수 양식이다." 라고 정의하고 있다.

열린교육이 우리나라에 소개된 것은 1970년대에 유치원 교육에 도입되면서부터 시작되었다. 그 후 열린교육은 공교육체제로까지 확대되었는데, 1986년 운현초등학교와 영훈초등학교에서 열린교육을 도입하여 시행하기 시작하였다. 열린교육은 우리나라 교육이 지니고 있는 문제점을 해결할 수 있는 대안으로 초기에는 현장중심으로 확산되었으나, 1996년부터는 관의 주도로 확산이 시도되었다. 그러나 2001년에 이르러서는 교육부의 모든 자료에서 열린교육이라는 용어는 사라지고 유일하게 남아 있는 곳은 열린교육시범학교라는 명칭에만 존재할 뿐(한면선, 2001), 그 명맥이 사라져 갔다. 열린교육이 우리나라에서 확산될 수 있었던 것은 열린교육이 지니고 있는 다음과 같은 특성 때문이었다.

첫째, 열린교육은 개별화를 지향한다. 열린교육은 학습내용, 학습방법, 학습속도, 학습평가에 있어서 학습자 개개인에게 맞추어 나가는 개별화를 지향한다.

둘째, 열린교육은 자율화를 추구한다. 열린교육에서는 교사와 학생에게 다양한 학습내용과 방법을 부여하고 학습자 자신이 기호와 관심에 따라 적합한 내용과 방법으로 선택하여 활동할 수 있도록 하고 있다. 이러한 학습방식이 학습자의 자율성을 길러주고 자기주도적 학습능력을 배양할 수 있다는 장점을 지니고 있다.

셋째, 열린교육은 학습상황에서 적극적인 상호작용을 강조한다. 열린교육에서는 교수·학습 과정에서 이뤄지는 학생과 교사 간의 상호작용을 중시하고, 적극 활용한다. 즉, 학생의 능동적인 참여와 수업운영에 있어서 교사와 학생 간의 적극적인 역할을 중시하고, 대집단과 소집단에서의 강의, 토론, 시범, 개별적 학습 및 소집단 학습의 감독, 학생활동의 점검과 개별지도 등을 강조한다.

넷째, 열린교육은 다양화를 추구한다. 열린교육은 그동안 학교현장에서 흔히 볼 수 있었던 일제식, 주입식 교육과 같은 획일화된 교육 방식을 지양하고, 다양화된 학습방식을 선호한다. 즉, 학습내용, 학습방법, 학습자료, 교실환경, 평가방법, 특별활동 등 학교활동에서 이루어지는 활동의 다양화를 추구한다.

다섯째, 열린교육은 현장 적용에 대한 융통성을 부여한다. 학교 현장에서 이루어지는 교육활동 속에서 교육과정의 구성, 수업운영, 공간구성 등에 있어서 교사의 융통성을 부여하여 획일적 교육방식에서 벗어나는 것을 선호한다.

이와 같은 교육적 특성을 살리기 위한 열린교육이었지만 학교 현장에 적용함에 있어서는 여러 가지 난제들에 부딪히게 되었다. 열린교육의 확산이 열린교육의 본래의 취지에서 벗어나 편의주의적 교육방식으로 왜곡되는 현상이 나타나기도 했고, 열린교육의 의미를 잘못 이해하여 다른 방향으로 전개되는 경우도 나타났다. 이러한 현상에 대해 비판과 함께 열린교육이라는 새로운 틀을 만들고 있거나 각자 나름대로 열린교육을 해석하여 합리화시키고 있다는 우려의 목소리가 교사들로부터 나오면서 교실붕괴 현상을 우려하게 되었으며, 일부 지역에서 나타나는 교실붕괴 현상의 원인을 열린교육 탓으로 매도하는 일이 생기기도 하였다(조선일보, 1999.11.11). 그러면서 학교현장에서 열린교육이 멀어지기 시작하였으며, 2000년대에 이르러서는 열린교육이 학교현장에서 완전히 사라져 열린교육은 우리나라에 도입된 지 30여 년 만에 역사의 뒤안길로 사라지고 말았다.

열린교육이 사라지게 된 이유에 대해 박승배(2000)는 크게 두 가지로 제시하고 있다. 첫째는 정치, 경제, 사회적 요인이고, 둘째는 교직문화적 요인이라고 설명하고 있다. 열린교육은 정치적으로는 보수적 성격의 정권보다는 진보적 성격의 정권하에서, 경제적으로는 가난할 때보다는 부유할 때 교육의 전면에 등장하게 되는데, 미국과 우리나라 모두에 있어서 열린교육은 자국의 국가 경쟁력이 외국에 뒤진다는 보고가 있을 때면 늘 수면 밑에 머물다가 국가의 경쟁력이 어느 정도 회복된 시점에서 강조되곤 하였다고 보고 있다. 그는 우리나라에서 열린교육이 일선 현장에서 뿌리를 내리지 못하는 또 다른 이유로 학년, 학급 편성이 우리나라와 같이 연령에 의한 편성은 기존 학교교육을 규정하고 있는 학교교육의 문법과 상충되기 때문이라고 말하고 있다.

비록 열린교육이 우리나라에 토착하는 데 있어서는 실패했지만 30여 년 동안 우리나라에서 보여준 열린교육의 수요자중심 사고는 교육에 대한 새로운 의식을 심어주는 데 충분했다. 뿐만 아니라 열린교육이 지닌 개별화, 수준별 교육방식, 즉 학생들의 학습하는 속도, 관심도, 관심의 대상 등의 차이를 전제하여 각자의 내재적 동기나 흥미에 의해 자율적으로 학습할 수 있게 하며 학습의 주제, 교재 등 교육활동의 과정 전반을 유연하게 편성하여 운영하여야 한다는 것은 새로운 교육활동의 형태로 받아들이기에 충분했다.

3) 다문화 교육

다문화 사회는 21세기에 나타난 다양한 사회의 모습을 표현한 것으로 정보화 사회, 지구촌 등으로 표현되기도 하며, 다문화 교육(Multicultural education)은 다양한 문화적 배경을 가진 학생들에게 공평한 교육적 기회를 제공하는 교육을 말한다. 오늘날 사회를 살아가는 민주시민은 또 다른 측면에서 바라보면 세계시민이기도 하다. 즉, 출생, 성별, 인종 등에 상관없이 모두가 차별받지 않고 세계시민으로 함께 살아가는 세상이라는 뜻이다. 따라서 다문화에 대한 이해나 인식개선이 아니라 문화의 다양성이라는 차원에서 다문화를 이해하고 수용할 필요가 있다. 하지만, 우리나라는 그동안 다문화보다는 단일민족과 혈통을 강조해 왔고, 이러한 측면에서 다문화 사회로의 변화에 대한 적응에는 어려움이 많았다. 그러한 어려움을 돕기 위해 등장한 교육이 바로 다문화 교육이다.

다문화라는 용어는 1970년대 미국에서 등장하였다. 다문화 교육의 정의에 대해서는 학자마다 차이는 있으나, 베넷(Bennett)은 "다문화 교육은 평등교육을 목표로 교육과정 개혁을 통하여 주류집단과 소수집단의 모든 사람이 다문화적 능력을 배양하여 사회정의의 실현에 참여할 수 있도록 하는 교육"이라 정의하였다. 이러한 정의를 바탕으로 미국에서는 "다문화 교육은 교육 철학이자, 교육 개혁운동으로 교육기관의 구조를 바꾸어 학생들에게 평등한 교육 기회를 제공하는 것이 중요한 목표다."라고 이해하고 학생들에게 문화적 차이에 따른 결핍이 발생하지 않도록 지원해야 한다는 방침으로 다문화 교육을 시작하게 되었다.

우리나라에서의 다문화는 1980년대 후반, 노동시장의 부족한 인력문제를 해소하기 위해 외국인 노동자들이 입국하기 시작하면서 등장하였고, 1990년대 후반 국제결혼이 증가하면서 결혼이주여성들이 늘어났고, 이에 따라 여러 가지 사회문제가 대두되기 시작했다. 다문화에 대한 정책이 제도화되기 시작한 것은 이들의 자녀가 학교교육 대상자가 되기 시작한 2000년대 중반에 이르러서이다.

우리나라에서 다문화라는 용어를 교육부가 최초로 사용하기 시작한 것은 2006년이다. 이어 2007년 1월 국회에서 '다문화가족 지원법'에 관한 공청회를 개최하고, 「재한외국인처우 기본법」을 통해 외국인 정책을 수립하면서부터 본격적으로 다문화 관련 정책을 추진하게 되었다. 다문화 교육은 우리와 다른 민족 또는 다른 문화적 배경을 가진 사람들이 포함된 가정의 자녀를 대상으로 하는 교육을 말하며, 공교육의 대상인 미성년자만 가리킨다. 다문화 교육은 단순히 다문화 가정의 자녀에게 학교에 입학하여 학업 활동에 참여할 수 있는 기회의 평등만을 요구하는 것은 아니다. 다문화 가정의 각각의 아동이 지닌 잠재능력을 발현할 수 있도록 학습과정에서 교육적 도움을 받을 수 있도록 하는 과정의 평등까지를 포함하는 것을 말한다. 이러한 관점에서 다문화 교육의 목적은 다음과 같은 내용으로 요약할 수 있다(모경환, 2016).

첫째, 개인들에게 다른 문화의 관점을 통해 자신의 문화를 바라보게 함으로써 자기이해를 증진시키는 일이다.

둘째, 학생들에게 문화적·민족적·언어적 대안과 선택을 가르치는 일이다. 지금까지 한국은 학교교육 과정에서 주류 집단인 한국인의 역사와 문화에 초점을 맞추어 왔다. 그러나 이제 이질적 문화를 가진 새로운 민족이 우리 사회의 일원이 되기 시작했다. 베트남, 캄보디아 등 우리와 다른 민족에게는 그들이 지닌 다양한 문화와 가치관이 있는데, 그것도 나름대로 존중되어야 한다.

셋째, 많은 사회구성원이 자문화, 주류문화, 그리고 타문화가 공존하는 다문화 사회에서 요구되는 지식과 기능, 태도를 습득하도록 하는 데 있다.

넷째, 소수민족 집단이 그들의 인종적·신체적·문화적 특성 때문에 겪는 고통과 차별을 감소시키는 데 있다.

다섯째, 시민들이 전 지구적이고 공통성을 지닌 테크놀로지의 세계에서 살아가는 데 필요한 읽기, 쓰기, 그리고 수리적 능력을 습득하도록 돕는 일이다.

여섯째, 시민들이 자신이 속한 문화공동체, 국가적 시민공동체, 지역문화, 그리고 전 지구적 공동체에서 제구실을 하는 데 필요한 지식, 태도, 기능을 다양한 인종, 문화, 언어, 종교집단의 사람들이 습득하도록 도와주는 일이다.

이주 노동자가 증가하고, 국제결혼이 늘어나면서 등장하게 된 다문화 교육은 문화적 차이로 인해 발생할 수 있는 오해와 갈등문제를 예방할 수 있는 좋은 기회로 활용될 수 있다. 특히, 인생의 가치관을 형성하는 학령기의 아동들에게는 올바른 다문화의 이해와 교육을 통해 글로벌 사회를 살아가는 역량을 길러줄 수 있다. 다문화 교육을 통해 다문화 사회 속에서 문화감수성을 높이고 더불어 살아갈 수 있는 방법을 모색해 나가야 할 것이다.

4) 인성교육

인성교육에 대한 정의를 관련 법령에서 찾아보면 「인성교육진흥법」에서 찾을 수 있다. 법령에서 정의하고 있는 인성교육은 "자신의 내면을 바르고 건전하게 가꾸고 타인·공동체·자연과 더불어 살아가는 데 필요한 인간다운 성품과 역량을 기르는 것을 목적으로 하는 교육"이라고 정의하고 있다. 인성의 의미를 사전적인 개념으로 살펴보면, '사람의 성품'으로 정의되는데, 여기에는 인간의 '성격'이라는 측면과 인간의 '품격'이라는 측면의 내용이 포괄되어 있다.

인성이라는 개념에는 인간의 성격과 관련된 개념으로 '인간의 본질이나 본성'이라는 개념과 인간의 품격과 관련된 개념으로 '각 개인이 가지는 사고와 태도 또는 행동특성'이라는 개념이 포괄되어 있다(이규은 · 장상필, 2020). 인성이 좋은 사람이라 함은 상황에 대한 대처능력이 뛰어나고 다른 사람과의 융합과 소통능력이 우수하며, 사회성과 도덕성을 고루 갖춘 사람으로 다른 사람에 대한 존중과 배려를 실천하는 사람이다. 그렇다면 우리 사회에서 인성교육의 중요성이 부각되어 인성교육의 필요성을 강조하고 나선 까닭은 무엇 때문일까? 그것은 바로 우리 사회의 변화와 무관치 않다. 사회변화와 관련하여 인성교육의 중요성이 부각된 이유에 대해 이규은·장상필(2020)은 다음과 같이 설명하고 있다.

오늘날 우리가 살아가고 있는 사회는 과거 그 어느 때보다도 배워야 하는 지식의 양과 기술이 폭발적으로 증가하여 이를 배우고 익히는 데 많은 정열을 쏟지 않으면 안 된다. 그러다 보니, 학습을 위한 대부분의 활동이 인간교육보다는 지식과 기술 중심의 교육에 할애하게 되고, 인간교육을 경시하게 되었다. 뿐만 아니라 제한된 산업구조 속에서 제한된 일자리로 인한 경쟁이 심해지고 경쟁에서 살아남기 위해서는 출세를 위한 불가피한 승리를 선택해야만 하는 상황이다. 이러한 경쟁 속에서 인간교육은 소홀해질 수밖에 없고, 그러한 인간교육의 경시가 다양한 사회문제로 표출되면서 인성교육의 필요성을 증대시켰다. 즉, 고도의 산업발달로 우리가 풍요로움을 느끼지만, 개인의 이익을 중시하는 데 따른 가치관의 혼란, 사회병리현상의 가속화, 전통적 가치의 상실, 이기주의, 황금만능주의, 공동체 의식 상실, 도덕성 결여 등이 심해져서 우리 사회를 병들게 하는 현상이 인성교육을 강화하도록 하는 원인이 되었다.

이처럼 인성교육의 필요성과 중요성이 부각되면서 학교현장에서 의무적으로 인성교육을 실시해야 한다는 목소리가 높아졌고, 이러한 요구에 맞춰 우리 사회에 관련 법령이 제정되게 되었는데, 그것이 바로 「인성교육진흥법」이며 「인성교육진흥법」은 인성교육을 의무화한 세계 최초의 법령으로 등장하였다. 즉, 「인성교육진흥법」은 인성교육을 의무로 규정한 최초의 법령이다. 「인성교육진흥법」은 건전하고 올바른 인성을 갖춘 시민을 육성하여 국가사회의 발전에 이바지함을 목적으로 2014년 12월 국회를 통과하여 2015년 7월부터 시행되고 있는 법령이다.

인성교육의 시대적 흐름을 살펴보면, 2009년 교육과학기술부에서는 글로벌 인재 양성을 위해서는 인성을 길러 기존의 가치교육이나 가치 전수가 아닌 창의성과 인성을 통합하는 교육을 내세워 인성교육을 장려하기 시작하였다. 이러한 인성교육에 대한 관심은 2014년 법령 개정으로 이어져 「인성교육진흥법」이 탄생하게 되었으며, 관련 법령은 2015년 7월부터 시행하게 되었다. 2015년에는 교육과정을 개정하면서 인성교육을 위해 자기관리, 지식·정보처리, 창의성·융합사고, 심미적 감성, 의사소통, 공동체의 6가지 역량을 제시하여 실천하도록 하였다. 특히 초등학교에서는 교육활동을 바른 인성교육에 중점을 두어 운영하도록 강조하였다.

인성교육이란 결국 자신의 내면을 가꾸고 타인이나 공동체와 더불어 살아가는 데 필요한 역량을 기르는 교육이다. 이러한 교육의 목적을 달성하기 위해 관련 법령이 제정되고, 국가와 지방자치단체가 관련 시책을 마련하여 지원하는 것이다. 따라서 교육을 실시하는 현장의 관련자들의 의지나 사명감 없이는 실현되기 어려운 것이다. 「인성교육진흥법」에서 마련한 시책에 따라 인성교육에 관한 장기적이고 체계적인 정책을 수립하고 이를 학생의 발달 단계와 학교 상황에 맞춰서 활성화할 수 있는 시책이 마련되어 추진되어야 할 것이다. 바른 심성을 기르는 교육, 타인과 더불어 살아가는 교육, 지식중심이 아닌 생활과 관련된 일상중심의 교육이 실현될 때 인성교육은 소기의 목적을 달성할 수 있을 것이다.

5) 환경교육

환경문제는 전 세계적인 문제로 등장한 지 오래다. 전 세계가 지구 온난화, 기후변화 등 다양한 환경문제로 어려움을 겪고 있고, 우리 생활에 직접적인 영향을 주면서 환경보호의 중요성이 부각되고 있다. 뿐만 아니라 환경교육의 중요성 또한 증대되고 있는 실정이다.

환경교육은 사람들이 환경문제를 예방하고 해결하는 데 필요한 인식, 지식, 태도, 기능 등을 갖추도록 하고 환경문제의 해결과정에 적극적으로 동참하도록 함으로써 지구촌의 일원으로서 환경보호를 위해 담당해야 할 역할을 수행해 나가도록 하는 데 그 목적이 있다. 뿐만 아니라, 환경문제의 심각성에 대한 인식을 제고하고, 환경문제에 대해 바람직한 의사결정과 그에 따른 실천적 활동을 이끌어 낼 수 있도록 하고자 하는 것이다. 이러한 환경교육은 그 중요성이 증대되는 만큼 미국을 비롯한 유럽의 많은 국가에서 오래전부터 실시해 오고 있다.

환경교육의 시대적인 흐름을 지구촌의 변화를 중심으로 세계적인 추세의 변화를 살펴보면, 1960년대까지의 환경교육은 자연학습으로 실시되었다. 자연 속에서 경험하고 체험하는 활동중심으로 환경교육이 이루어졌다. 1970년대에는 야외교육, 자원이용교육, 인구교육을 중심으로 한 환경교육이 이루어졌고, 1980년대에 이르러서는 세계화교육, 가치교육이 환경교육의 중점내용으로 도입되었다. 1990년대에는 환경문제를 해결하기 위한 시민참여가 확대되고 시민활동이 활성화되면서 시민교육을 중심으로 환경교육이 전개되었고, 2000년대에는 환경교육이 지속가능성에 중점을 두고 지속가능한 발전교육, 지속가능한 미래교육에 중점을 둔 환경교육이 전개되었다.

반면 우리나라에서 이루어진 환경교육의 흐름을 살펴보면 시발기(1980년대 이전), 성립기(1980~1991년대), 성장기(1992~현재까지)로 구분할 수 있는데, 1970년대 초반에 전개된 자연보호운동이 시발기의 주된 활동이었다. 1970년대 중반에 이르러서는 우리나라의 환경오염문제가 심각해지는 상황에 도달하게 되고, 이러한 문제를 해결하기 위해 정부에서는 '자연보호헌장'을 제정하고 일선 학교를 중심으로 환경교육에 대한 방안을 마련하여 실천하였다. 1980년대 이후 성립기에는 환경문제가 더욱 심각해져 환경교육을 강화하게 되는데, 이 시기에 환경교육과 관련된 각종 법률을 제정하기에 이른다. 이때 제4차, 제5차 교육과정 개정에서 환경교육내용이 교육과정에 도입되어 운영되게 된다. 1991년 1월에는 학교 환경교육의 활성화를 위한 이론과 실천연구를 전담하는 '환경교육연구부'가 설치되고, 환경처에서는 학교 환경교육의 활성화를 위해 1985년부터 1990년까지 24개교의 환경교육 시범학교를 운영하고, 이어서 1991년부터 2년간 초등학교와 중학교에 각각 4개교를 선정하여 시범학교로 지정하는 과정을 거친다. 1992년도 이후 성장기에는 제6차 교육과정의 도입과 함께 환경교육이 교육과정에서 독립된 영역으로 자리 잡고, 학교교육에서 학생들에게 환경교육을 본격적으로 실시하게 된다. 환경교육의 흐름을 구분함에 있어서 1992년 이후부터를 성장기로 구분하게 된 것은 1992년에 유엔환경개발회의(UNCED)가 '의제 21(Agenda 21)'에서 채택한 '환경적으로 건전하며 지속가능한 개발(ESSD: environmental sound and sustainable development)'의 개념을 받아들여 환경교육의 전환점을 이루었기에 이 시기 이후를 새로운 시대적 흐름의 기준으로 설정하게 된 것이다.

환경교육은 인간, 인간의 문화, 그리고 인간의 생물·물리적인 주변 환경 간의 상호관련성을 이해하고 올바르게 인식하는 데 필요한 기능과 태도들을 익힐 수 있는 교육활동이다. 따라서 환경교육의 활성화를 통해서 생명과 자연을 존중하고 소통하는 태도를 지니며 자연과 더불어 살아가는 민주 시민의 자질을 육성하는 데 전력을 기울여야 할 것이다.

6) 에듀테크

에듀테크란 교육(education)과 기술(technology)의 합성어로 '에듀테크(Edu Tech)' 또는 '에드테크(Ed Tech)'라고도 하는데, 빅데이터나 인공지능과 같은 정보기술을 교육 분야에 적용한 기술을 말한다. 즉, 최첨단의 정보통신 기술과 교육을 결합하여 교육활동에 투입하여 적용하는 것을 말한다. 에듀테크는 교육과정에서 취합한 각종 데이터를 분석한 결과를 바탕으로 개인 맞춤형 교육과정을 제공하기도 한다. 뿐만 아니라 에듀테크를 활용한 교육 생태계의 구축으로 학습자 간의 교육격차를 최소화하고 학생 맞춤형 수업지원이 가능하도록 한다는 점 또한 강점이다. 대표적인 에듀테크로는 이러닝(E-Learning)과 인공지능(AI)을 활용한 교육환경 제공 등이 있다. 에듀테크(Edu Tech) 기술은 인공지능(AI) 기술을 활용한 맞춤형 교육환경과 AR/VR 기술을 활용한 실감형 교육환경으로 구분할 수 있는데, 환경에 따른 교육내용은 다음과 같다.

첫째, 인공지능(AI) 기술을 활용한 맞춤형 교육환경은 교육활동에 인공지능(AI)을 활용하여 개별학습을 전개하는 경우인데, 이러한 인공지능 기술의 활용은 학교교육에서 보편화될 것으로 예측된다. 인공지능을 활용한 수업에서는 학생들의 학습과정을 빅데이터로 축적하고 이를 바탕으로 개별학습 코칭이 가능하도록 내용을 구성하여 적용하게 된다. 인공지능 학습서비스는 개인의 능력이나 수준에 적합한 내용으로 커리큘럼을 제공하고 동기를 부여하며, 개개인의 수준에 적합한 맞춤형 학습관리를 제시하게 된다. 미국은 공교육에서는 이미 AI를 도입한 학습활동이 교실현장에서 이미 적용되고 있다.

둘째, AR/VR 기술을 활용한 실감형 교육환경은 교육활동에 AR/VR 기술을 활용해 학생들에게 새로운 학습경험을 전달하는 경우이다. 여기서 AR(Augmented Reality)이라 함은 3차원의 입체적 정보를 현실세계에 적용하는 증강현실의 기술을 말하며, VR(virtual reality)이라 함은 현실세계와는 별개로 만들어진 가상의 공간에서, 가상공간을 이용한 기술로 실제와 같은 체험을 할 수 있게 하는 기술이다.

인공지능에 대한 역사는 크게 세 시대로 구분해 볼 수 있는데, 인공지능이라는 용어의 출현 이후 1974년까지의 시기를 '낙관의 시대'라고 부르는데, 이 시기는 '인공지능 1차 전성기'라고도 한다. 인공지능과 관련한 개념이나 용어는 1974년 이전에도 등장하여 과학자나 수학자, 철학자 등에 의해 유사한 개념으로 사용되었다. 뿐만 아니라 인공지능이 적용된 계산기를 만들기 위한 노력도 게을리하지 않았다. 구체적으로 인공지능이라는 용어를 사용하기 시작한 것은 존 매카시(John McCarthy)이다. 인공지능에 대한 연구가 활성화되기 시작한 것은 1956년 다트머스 대학(Dartmouth College)에서 개최된 컨퍼런스가 시발점이 되었다. 이때를 계기로 인공지능에 대한 의미를 탐색하기 시작하였고 이를 계기로 인공지능에 대한 폭발적인 연구가 이루어지게 되었다. '인공지능 1차 전성기'인 이 시기에는 주로 추론을 중심으로 인공지능에 대한 연구가 이루어졌다.

'인공지능 2차 전성기'는 1980년대에 이르러 전문가 시스템이 등장하면서 맞이하게 된다. 2차 전성기에는 지식기반 AI의 등장으로 전 세계의 많은 기업에서 관련 시스템을 활용한 인공지능의 기계화가 이루어지게 된다.

'인공지능 3차 전성기'는 1990년대에 이르러 맞이하게 된다. 3차 전성기에는 딥 러닝의 발달이 계기가 되어, 빅데이터와 기계학습이 실현되는 시기로, 1990년대 이후부터 오늘날까지를 3차 전성기로 보고 있다. 인공지능(AI) 기반을 활용한 교육활동의 내용은 다음과 같다.

표 2-1 인공지능(AI)을 활용한 미래의 교육환경

구분		요소	교육환경 변화 내용
다양화된 공교육	AI 기반 융합형 공교육	역량 중심 교육과정 운영	• AI 기반 역량 중심의 교육과정 다양화 • AI 기반 학교 교육과정 운영 • AI 기반 교육과정 운영의 선순환 체제 구축
		자기주도적 학습력 확대	• AI 기반 자기주도적 학습력 강화 • 자발적 · 개인별 · 능력별 학습기회 확대
		특성화 교육 확대	• AI 기반 진로교육의 내실화 • AI 기반 특성화 교육 실시 • AI 기반 다양성 교육 확대
		교육공동체 활동 강화	• AI 기반 학생과 교원의 성장지원 • AI 기반 학생, 교원, 학부모 연대교육 확대 • AI를 활용한 학부모의 학교교육 참여 확대 • AI 기반 공동체 협력활동 강화
맞춤형 교육	AI 기반 맞춤형 교육	AI 기반 융합교육 도입	• AI 기반 교육으로 학생 개별 맞춤형 성장 지원 • AI 윤리 및 AI 디지털 리터러시 교육 강화
		AI 기반 교육복지 확대	• AI 기반 시스템 활용 기초학력 보장 지원 • AI 활용 취약계층 맞춤형 교육복지 강화 • AI 튜터 활용 책임교육 강화
개별화 교육	AI 기반 개별화 교육환경 조성	AI 기반 융합교육 환경 구축	• AI-데이터 활용 기반 교육환경 혁신 • AI-데이터 기반 통합지원 플랫폼 및 시스템 구축
		AI 기반 학교안전 구축	• AI를 활용한 안전사고 예방 및 진단 • AI 안전진단 시스템 구축
		자동화 및 업무경감	• AI 기반 업무의 자동화 확대 • AI 활용을 통한 학교 업무경감
		AI 기반 공유 · 협력 및 교육문화 확산	• AI 데이터 활용 민 · 관 · 학 공공경영 시스템 구축 • AI 교육 확산으로 글로벌 공유문화 기여

6. 삶의 가치와 행복[7)]

사람은 누구나 행복을 꿈꾼다. 사람이 존재하는 이유가 어쩌면 행복을 얻기 위한 것이라고 해도 지나친 말이 아니다. 일찍이 아리스토텔레스는 사람이 세상을 살아가는 목적은 행복(幸福)에 있다고 하였다. 하지만 오늘날 세상을 살아가는 사람들은 자신의 삶에 대해 행복하다고 느끼며 사는 사람이 그리 많지 않다. 그렇다면 어떻게 하면 행복한 삶을 살 수 있을까? 행복을 만드는 가장 실용적이면서 효과적인 방법은 무엇이며, 행복의 조건은 무엇일까? 이러한 문제는 우리가 항상 고민을 하고 해결하고자 하는 것이면서도 쉽게 풀리지 않는 과제이다.

1) 행복의 의미와 조건

많은 사람들은 인간의 행복은 멀리 있는 것이 아니고 거창한 것에서 찾을 수 있는 것도 아니라고 한다. 인간의 행복은 지극히 사소하고 일상적인 조그마한 것에 있다고 한다. 아침 햇살이 빛나는 영롱한 이슬에도 행복은 깃들어 있고, 처마 밑에 활짝 핀 국화꽃 향기에서도 하루에 일용할 정신적인 양식을 얻을 수 있는 행복이 있다고 한다. 지극히 사소하고 일상적인 것에서 행복의 씨앗을 찾을 수 있다. 지나친 욕심보다 소박한 빈 마음으로 다가갈 때 행복을 느낄 수 있다.

(1) 행복의 의미

행복은 고대로부터 인간의 모든 삶의 주제였다. 철학과 사상, 사회와 윤리, 종교와 신앙, 더 나아가 과학과 의학까지도 행복이라는 주제에서 떠나본 일이 없다. 그만큼 인간은 행복한 생활을 갈구해 왔고, 행복한 삶을 인생의 궁극적 목표로 지향해 왔다. 그러나 인간의 삶에서 항상 행복만을 찾

7) 이규은(2019). pp. 17-36의 내용을 재구성함

을 수 있는 것은 아니다. 행복(幸福, Happiness)은 일반적으로 '욕구가 만족되어 부족함이나 불안감을 느끼지 않고 편안해하는 심리상태'라고 정의한다. 심리적으로 편안한 상태를 갖기 위해서는 인간의 무한한 욕구를 끊임없이 채워 줌으로써 만족할 수 있도록 하는 방법도 있겠지만, 그와 달리 인간의 욕구를 최소화하여 낮추는 방법도 하나의 방안이다. 그렇다면 인간의 행복은 자신의 지나친 욕심이나 욕망을 버림으로써 자신의 욕구를 낮추어 심리적으로 평온한 상태를 유지할 수 있고 이를 통해 행복을 찾을 수 있다.

행복이라는 단어는 우리들의 일상생활에서 매우 다양하고 폭넓은 의미로 자주 사용한다. 행복이란 말의 사전적 의미로는 '복된 운수, 마음에 차지 않거나 모자라는 것이 없어 기쁘고 넉넉하고 푸근함 또는 그런 상태'라고 정의한다. 그러나 사상가들은 그 낱말을 보다 한정된 의미로 사용하고 있다. 도덕철학에서의 행복은 인간의 궁극적 목표인 '최고선'을 의미한다. 아리스토텔레스를 비롯한 여러 사상가들은 우리가 일을 하는 궁극적 목표는 행복을 체험하기 위해서라고 강조하고, 행복은 어떤 특정한 순간에 느끼거나 경험할 수 없는 것이며, 삶 전체가 양질의 가치 있는 삶일 때 총체적으로 평가하여 내릴 수 있는 것이라고 말한다. 다시 말해 인간의 삶이란 끝나고 나서야 그것이 행복한 것인지 그렇지 않은지를 판단할 수 있다는 것이다. 이와 같은 견해에 의하면 인간은 행복한 상태에서는 자신의 행복을 느끼지 못하고 불행이 닥쳐온 뒤에서야 행복을 느끼게 된다는 것이다.

인간의 삶에서 주어지는 일시적인 만족이나 기쁨이 우리를 행복하게 해줄 수는 없으며, 걱정이나 근심 또는 고통이 없는 삶이라고 해서 반드시 행복하다고 말할 수는 없다. 더욱이 우연히 얻어진 행운의 당첨이나 다른 사람으로부터의 도움이나 지원으로 얻게 되는 만족이 있다고 해서 행복한 삶이라고 말할 수는 없다. 행복한 삶은 고난이 없는 편안하고 순탄한 곳에서 얻어지는 것이 아니며, 주어진 악조건 속에서도 이를 극복하고 이겨내어 본래적 가치를 추구하는 가치 창조 속에서 얻어지는 것이다.

우리들은 보통 기쁘고 즐거울 때면 행복하다고 말하고, 슬프고 괴로울 때면 불행하다고 말한다. 그렇다면 과연 행복의 진정한 의미는 무엇일까? 단순하게 생각하면 행복이란 바로 기쁘고 즐거운 마음 상태를 지켜나가는 것이 행복인 것처럼 보인다. 그러나 인간의 삶 속에서 항상 행복을 느낀다는 것은 주어진 환경이나 여건 속에서 지속적인 평온 상태를 유지하기란 어려운 일이다. 환경적 요인이나 배경은 수시로 발전하고 변화하기 때문이다. 이러한 변화 속에서도 변함없이 행복한 상태를 유지하기 위해서는 변화에 따른 적절한 마음가짐을 갖는 일이다. 이 세상에서 행복한 삶을 원하지 않는 사람은 없다. 그런데 왜 행복하다고 느끼는 사람은 별로 없는 것일까? 그것은 바로 사람의 마음가짐이 변화에 적합한 대응을 하지 못하기 때문이다. 내가 행복해지는 최선의 방법은 나의 행복을 위해 부단히 노력하는 것보다 오히려 다른 사람들의 행복을 위해서 내가 스스로 행복의 씨앗이 되어 주는 것이다. 내가 행복의 밑거름이 되어 우리 가족, 내 친구들 그리고 우리 사회에 행복의 씨앗을 뿌리면 그것이 다시 나에게 행복이 되어 돌아온다. 그것이 내가 행복해지고 우리가 행복해지는 가장 효과적이고 강력한 방법이다.

그러면 어떻게 사는 것이 행복일까? 독일의 관념철학자 칸트(Immanuel Kant)는 행복하기 위해서는 일, 사랑, 꿈이 있어야 한다고 주장했다. 또 폴란드의 시인 노르비트(Cyprian Kamil Norwid)는 행복하게 살기 위해서는 일이 있어야 하는데 그 일은 첫째, 재미가 있어야 하고 둘째, 의미가 있어야 하며 셋째, 먹고 사는 일이어야 한다고 강조하였다. 사람이 행복해지기 위해서는 일, 사랑, 꿈이 있어야 하되 그 세 가지가 의미와 가치를 지니고 있어야 한다고 보았다.

많은 사람들은 행복과 관련하여 행복은 돈에 있는 것처럼 말한다. 대부분의 사람들은 돈이 자신에게 행복을 가져오고, 또 자신의 행복을 지켜 줄 것이라고 생각한다. 이런 이유로 많은 사람들은 자신의 인생을 바쳐서 돈을 벌려고 하고, 경우에 따라서는 돈 때문에 인생을 포기하기도 한다. 하지만 돈만으로 행복을 얻는다는 것은 불가능한 일이다. 많은 사람들은 돈을 통해 행복이 함께 올 것이라고 생각하지만 실제로는 돈을 얻어도 행복은 함께 오지 않는 경우가 많다. 돈으로 소비 욕구를 충족시키고 자신의 허영심을 채울 수는 있지만, 그것이 꼭 행복을 보장해 주는 것은 아니다.

자신에게 질문을 해보자. 나의 행복은 어디에 있는가? 나는 그것을 어떻게 얻을 것인가? 혹시 여러분 중에 이 질문에 명쾌한 대답을 내릴 수 있는 사람이 있다면 그 사람은 어쩌면 이미 행복한 사람인지도 모른다. 행복이라는 것은 주어지는 것이 아니라, 찾아야 하는 것이라면 우리는 자신의 행복을 찾기 위해 적극적으로 나서야 한다.

(2) 행복의 조건

행복은 사람들이 갖는 마음가짐에서 시작된다. 변화하는 사회적 환경과 배경 속에서 자신이 실체를 인식하고 접하는 마음가짐이 무엇이냐에 따라 행복을 접할 수도 있고 불행을 접할 수도 있다. 일반적으로 행복을 잘 느끼는 사람들에게는 다섯 가지의 특성이 있다. 자존감, 자기 삶에 대한 주인의식, 낙천주의, 외향적인 성격, 절제와 만족감 등이 그것이다. 이러한 특성을 자기화 해 나갈 때 행복감은 증가한다.

① 자존감

자존감은 '자신을 존중하는 마음'으로 스스로 자기 자신을 소중한 존재라고 생각하는 마음가짐이다. 자존감이라는 말은 심리학에서 자주 쓰는 말로 자기 자신을 업신여기거나, 마음에 병이 있어 심리적 장애가 있는 사람들을 가리켜 흔히 자존감이 낮은 사람이라고 한다.

'내가 나를 사랑하지 않으면 그 누구도 나를 사랑해 주지 않는다'라는 말처럼 남이 나를 사랑하기에 앞서 내가 나 자신을 사랑하는 일이 더 중요하다. 자신이 스스로를 사랑할 때 우리는 '자존감이 높다'라고 말하며, 자존감을 높이기 위해서는 항상 자신에 대한 긍정적인 생각과 긍정적인 자기암시가 필요하고, 긍정적인 마음가짐을 갖기 위한 지속적인 노력이 필요하다. 이러한 자존감이 회복되고 높아질 때 행복은 우리에게 더욱더 가까이 다가오게 된다.

② 주인 의식

주인 의식은 자기 삶에 대한 주인 의식으로 일상생활에서 적극적이고 긍정적인 자세를 갖게 해주는 역할을 한다. 또한 주인 의식은 자신의 인생에 대한 책임 의식을 고취시켜 주며, 어떠한 문제가 삶의 과정에 다가오더라도 문제 해결을 다른 사람에게 미루거나 남의 탓으로 돌리지 않는다. 따라서 삶에 있어서도 자신의 삶에 대한 주인답게 주체적으로 접근하고 주도적으로 활동하며, 결과적으로는 행복을 느끼게 해주는 요인으로 작용하게 된다. 자신의 인생을 타인에 의해 결정하고 선택하기보다는 주체적으로 스스로가 하고 싶은 일을 자율적으로 선택하여 자신의 삶의 방식대로 살아가는 의지도 주인 의식의 일환이다.

③ 낙천주의

낙천주의(樂天主義)는 옵티미즘(Optimism)으로 염세관과는 반대로 명랑하고 즐기면서 살아가는 것이 좋다고 보는 세계관이다. 사람은 살아가면서 누구나 부정적인 생각을 많이 한다. 부정적인 생각은 자신의 삶에 나쁜 감정과 사고를 갖게 하고 비관적인 생활을 유발하게 된다. 따라서 행복한 삶을 위해서는 부정적이고 비관적인 사고에서 벗어나 긍정적인 감정과 생각을 갖는 것이 필요하다. 이를 통해 매사에 긍정적이고 명랑하며 즐거운 생활을 실천하는 삶의 태도가 행복과 관련이 깊다.

낙천주의에 대해 오랫동안 연구한 마틴 셀리그먼(Martin Seligman) 박사는 자신의 저서 『낙천주의를 배우자』에서 우리에게 두 가지 사실을 제시했는데, 첫째는 낙천주의가 비관주의보다 훨씬 효과적이라는 것이고, 둘째는 낙천주의는 마음만 먹으면 배울 수 있다는 것이다.

낙천주의의 실현을 위해서는 긍정적인 생각과 밝고 명랑한 생활의 실천이 필요하고, 매일 자신을 행복하게 만드는 경험을 갖는 것이 필요하며, 이러한 경험은 불행한 과거로부터의 영향력을 약화시킬 수 있다. 따라서 낙천적인 삶은 자신의 삶에 행복을 부르는 비결이 될 수 있다.

④ 외향적인 성격

외향적인 성격은 행복한 삶을 영위하는 데 많은 도움을 준다. 일반적으로 부끄러움을 많이 타고 수줍게 말을 하거나 사람들이 많은 곳을 좋아하지 않는 사람을 내향적 성격이라 칭하고, 사람을 잘 사귀고 사교적이며 매사에 적극적이고 활달한 사람을 외향적 성격의 소유자라고 한다.

융(C. G. Jung)은 심리학적 유형의 하나로 인간을 내향형과 외향형으로 구분하였는데, 그들은 주체(Subject)와 객체(Object)를 대하는 태도에 있어서 현저한 차이를 보인다고 보았다. 그는 어떤 사람의 행동과 판단을 결정하는 기준이 주로 객체에 의한 것일 때 그의 태도는 외향적이며, 반대로 객체보다도 주체에 의해 결정될 때 내향적이라고 보았다. 외향적인 성격은 삶에 있어서 사소하지만 마음에 좋게 와 닿는 일을 소중하게 여기고, 아름다운 마음을 기쁘게 하는 것을 무신경으로 지나치지 않음으로써 행복을 부르는 비결이 되고 있다.

⑤ 절제와 만족감

인간의 욕망은 끝이 없으며 때로는 욕망이 불행의 씨앗이 되기도 한다. 지나친 욕망은 스트레스, 불안감, 투쟁의 원인이 되어 예기치 못한 고통과 번민을 가져오는 원인이 되기도 한다. 따라서 인간은 욕망에 대한 적절한 통제, 즉 절제가 필요하다. 절제하는 생활을 통해 자신이나 자신의 행위에 대해 만족할 줄 아는 만족감을 지녀야 한다. 자신의 욕망을 흡족하게 100% 만족시키기보다는 적당한 선에서 타협하고 멈출 줄 아는 지혜가 필요하다. 그러한 지혜가 마음의 행복을 가져온다. 흔히 '저는 평범하게 사는 것이 목표입니다'라고 말하지만, 평범하게 산다는 것은 결코 쉬운 일이 아니다. 평범하게 산다는 것은 자신의 욕망을 조금 더 버릴 때 가능해진다. 무엇을 하더라도 스스로가 긍정적으로 수용하고 만족해하면서 즐거워할 때, 그것이 곧 행복이다.

아무리 많은 금은보화를 갖는다고 하더라도 심적으로 만족해할 줄 모르고 불만으로 가득 차 있다면 그 사람의 삶은 행복과 거리가 먼 삶이 될 수밖에 없다. 내 욕망을 채우기보다는 상대방을 먼저 생각해 주고 나에게 주어진 결과가 다소 부족하고 모자라더라도 만족해할 줄 아는 사람에게 행복은 찾아온다. 내 욕심을 채우기 위해 내 뜻대로 하기보다는 먼저 상대방의 뜻을 묻고 상대방을 존중해 주는 것이 행복의 시발점이다. 하고 싶은 자신의 욕망을 절제하면서 끊임없이 상대방에게 먼저 해주고 주어진 결과에 만족할 줄 아는 만족감이 행복의 조건이다.

프랑스의 철학자 샤르트르(Jean Paul Sartre)는 인간은 그 자체로 존재하는 것이 아닌, 반드시 누군가와 그리고 무엇과 관계를 맺는 존재라고 하였다. 이 말은 인간은 인간 자체로는 존재할 수 없고, 반드시 무엇과 관계하는 삶, 공동체적인 삶을 살고 있다는 것을 전제로 한 것이다. 인간은 사회적 동물이라고 하는 것처럼 인간은 공동체적인 삶을 살고 있고, 그렇기 때문에 자기가 속한 이 공동체 안에서 삶을 누리기 위해 반드시 그 공동체가 요구하는 어떠한 기준이나 윤리에 부합되어야 하고 다른 사람과 경쟁을 치러야 하며, 어떠한 일이나 사태에 적합한 보상을 치러야 한다. 이러한 요구에 부응하지 못할 때 우리는 불행을 맞게 된다. 불행은 주로 의도되지 않은 일로 나타나며, 자신의 의도와 무관한 형태로 닥치게 된다.

이와 같이 우리가 이 사회의 일원으로서 공동체 생활을 하다 보면 행복한 상황을 맞이하기도 하고, 때로는 불행한 상황을 맞이하기도 한다. 그러나 이러한 행복과 불행의 쌍곡선은 얼마든지 뒤바뀔 수 있다. 물론 자신이 어떤 행동으로 접근하는가에 따라 행복의 곡선이 오래 유지되기도 하고, 아니면 불행의 곡선이 지속되기도 한다. 하지만 그러한 행복이나 불행이 하나만으로 지속되도록 유지한다는 것은 어려운 일이다. 그래서 인생을 '새옹지마(塞翁之馬)'라 하지 않았을까?

이렇듯 행복과 불행이 실체적으로 반복해서 나타난다고 하더라도 그것이 꼭 상황적인 것에만 의존하는 것은 아니다. 행복과 불행은 자기 자신의 마음가짐에 따라 달라질 수 있다. 자신에게 주어지는 상황이 어떻게 전개되더라도 행복할 수 있는 마음을 가진다면 그 사람은 얼마든지 행복할 수 있으며, 아무리 좋은 상황이 전개된다 하더라도 자신이 불행하다 여기면 그 사람은 불행한 것이 될 수 있다. 따라서 상황적인 것에 의한 행복과 불행의 판단보다는 스스로의 마음가짐에 따라 행복할 수 있도록 하는 것이 가장 좋은 방법이다. 물론 마음가짐을 행복으로 가질 수 있도록 하는 방법에는 여러 가지가 있다. 종교를 이용한 방법도 하나의 방법이 될 수 있고, 문학을 이용하는 방법, 철학을 이용하는 방법, 예술을 이용하는 방법, 도덕적 가치를 이용하는 방법 등이 있을 수 있다.

행복에 대해 한평생 연구한 칙센트미하이(Csikszentimihalyi)는 "행복은 개개인이 개별적으로 준비하고 계발하여 지켜나가야 하는 것이다. 내적 경험을 통제하는 것을 배운 사람들은 자신의 삶의 질을 통제할 수 있으며, 이는 행복의 상태로 더욱 가까이 이끌어 줄 수 있다"라고 하였다.

2) 인간의 삶과 가치추구

(1) 인간다운 삶

인간은 가치를 추구하는 존재이다. 인간은 일상생활에서도 자신의 가치관에 따라 보다 가치 있는 삶을 살기 위해 노력하고 그 결과에 비추어 자신의 삶을 평가하기도 한다. 따라서 행동의 옳고 그름을 판단하는 일상의 생활에서도 자신이 어떤 가치관을 가지고 있느냐에 따라 서로 다른 결정을 보인다. 무엇이 가치 있는 일이고 무엇이 가치 없는 일인가에 따라 각자의 판단이 달리 나타나며, 인간은 자신이 가치 있다고 생각하는 것에 궁극적인 삶의 지향점을 둔다.

그렇다면 무엇이 가치 있는 삶인가? 가치 있는 삶과 관련하여 갖추어야 할 조건으로 다음의 몇 가지를 제시할 수 있다.

첫째, 타인이나 사회 전체에 부당한 손해를 끼치지 않는 것이어야 한다. 자기 자신에게 의미 있는 삶이라고 하더라도, 그것이 다른 사람이나 사회 전체에 피해를 주거나 고통을 준다면 가치 있는 삶이라 할 수 없다.

둘째, 자신에게 보람과 의미가 있는 것이어야 한다. 다른 사람이나 사회 전체에 아무런 피해나 고통을 주지 않는 일이라고 해서 무조건적으로 가치로운 것이라고 단언할 수 없다. 아무리 남에게 손해를 끼치지 않는다고 하더라도 자신에게 별다른 의미나 가치가 없다면 그러한 삶은 무의미한 삶이다.

셋째, 자신을 희생하더라도 다른 사람에게 이익을 주는 삶이어야 한다. 남에게 아무런 손해를 끼치지 않고 자신을 만족시키거나, 자신을 희생하면서 다른 사람에게 이익을 주는 삶은 가치 있는 삶이다.

넷째, 타인이나 민족을 위하여 봉사하고 헌신하는 삶이어야 한다. 자신의 만족을 위한 것이 아니라 다른 사람이나 민족을 위해 헌신하는 삶은 더욱 가치 있는 삶이며, 그 생명력 또한 길다. 도서 벽지에서 헌신적으로 학생들을 가르치시는 선생님이나 나라의 독립운동을 위해 일생을 바친 의사(義士)나 열사(烈士) 등과 같은 사람들이야말로 자신을 희생하면서 다른 사람에게 도움을 주는 가치 있는 삶을 실천한 사람들이다.

인간의 삶에 있어서 바람직한 가치를 추구하는 일이 가치 있는 삶이요, 도덕적인 일이라는 것을 알면서도 우리는 종종 주변에서 가치 없는 일로 신문지상이나 언론에서 언급되는 사례들을 접하게 된다. 이와 같은 일은 우리의 삶에 있어서 무엇이 가장 중요한 가치인지를 알지 못하거나 알면서도 외면하는 현상에서 나타난 결과로 이를 가치 전도라고 한다. 가치 전도란 가치의 서열이 뒤바뀌어 있는 상태를 말하는 것으로, 돈 때문에 사람을 함부로 해치거나 종교를 돈벌이 수단으로 악용한다거나 하는 일들이 이에 해당된다.

(2) 인간의 궁극적 가치

우리는 주변 사람들의 삶의 모습에서 두 가지 유형의 삶의 모습을 보게 된다. 하나는 아름답고 진실한 삶의 모습으로 자신을 헌신하며 다른 사람의 삶에 의미를 주는 참된 가치를 추구하는 것이고, 다른 하나는 부끄러운 삶의 모습으로 참된 가치를 추구하지 않고 헛된 욕심에 빠져 있는 삶의 모습이다. 본질적으로 우리가 가치 있다고 하는 것은 무엇인가를 소중하게 생각하여 얻고자 노력하는 대상으로 삼는 것이 일반적이다. 그러한 가치에는 도구적 가치와 본래적 가치가 있다.

도구적 가치는 어떤 목적이 되는 다른 가치를 성취하거나 획득하는 데 도움이 되는 수단으로서의 가치를 말한다. 따라서 이러한 도구적 가치는 다른 말로 수단적 가치라고도 한다. 학업을 통해 좋은 취업을 얻으려 한다거나, 자격증을 취득하려고 한다면 그것은 학업이라는 것을 통해 다른 가치를 이루고자 하는 수단으로 활용하고 있다고 볼 수 있으며, 이를 도구적 가치라고 한다.

본래적 가치란 다른 무엇을 얻기 위한 방편으로서 소중한 것이 아니라, 그 자체로서 귀중한 것이고, 그 자체가 목적으로서 추구되는 가치이다. 본래적 가치는 그것이 추구하고 있는 어떤 다른 것 때문에 가치를 가지는 것이 아니라, 그 자체가 스스로 가치를 지니고 있으며 이러한 본래적 가치는 도구적 가치의 근원이 된다. 이 밖에도 여러 가지 물질을 통해 유용한 가치를 느끼고 만족을 얻는 가치를 물질적 가치라 하고, 지적 가치나 도덕적 가치, 미적 가치, 종교적 가치 등과 같이 참된 것, 착한 것, 아름다운 것, 성스러움의 추구 등과 관련된 가치를 정신적 가치라고 한다.

가치는 우리가 추구하는 대상임과 동시에 우리가 좋아하는 것과 싫어하는 것의 기준이 된다. 이러한 가치의 기능은 우리가 행동함에 있어서 옳은 행동과 옳지 못한 행동의 준거가 되고 뜻있고 보람 있는 삶의 기준이 되며, 어떤 문제 상황에서 어떤 판단을 내리는 척도의 역할을 한다.

인간이 삶에 있어서 뜻있고 보람찬 삶을 살기 위해서 다른 어떤 가치보다 중요시하는 가치가 있는데, 이것을 가리켜 인간의 궁극적 가치라고 한다. 인간의 궁극적 가치로는 가치 자체에 목적을 두고 추구하는 본래적 가치와 진리, 도덕적인 삶, 아름다움, 신앙 등과 같은 정신적 가치가 있다. 사람들이 본래적 가치와 정신적 가치를 추구하면서 삶을 영위할 때 우리는 의미 있는 삶이라 말하는데, 그것은 인간이 추구하는 궁극적인 가치가 여기에 있기 때문이다. 더 중요한 것과 덜 중요한 것을 구분하여 제시하고, 본래적, 정신적 가치가 도구적, 물질적 가치보다 더 가치가 있다고 하는 것은 가치에도 우선순위가 있음을 말해주는 것이다.

'생의 한가운데' 일과 삶의 균형으로 행복한 삶을

한 인간이 삶을 살아가는 데 있어 가장 중요한 가치는 무엇이며 우리는 무엇을 추구하며 사는 것일까, 좋은 삶을 살기 위해서는 어떻게 살아야 하며, 삶의 수단인 일과 개인의 삶을 어떻게 조화롭게 만들어야 행복할 수 있을까. 절대 가난했던 시절에는 의식주 해결만이 삶의 궁극적인 목표였으리라. 당시 새마을운동을 성공할 수 있다는 자신감이 원동력이 되어 국민소득 3만 5천 불 시대 경제적 선진국이 되었다. 경제적으로 부유한 현재에는 좀 더 나은 삶, 행복한 삶을 위한 "일과 삶의 균형, 워라밸(Work and Life Balance)"이라는 신조어가 2000년대에 등장하였고, 우리는 일과 삶의 균형을 통하여 행복한 삶을 살고 싶은 것이다. 워라밸은 직장에서 퇴근시간을 잘 지켜 퇴근 후 개인의 삶의 발전을 위한 활동으로 행복을 추구하는 현대 직장인의 라이프 스타일이다. 우리 세대만 하더라도 주어진 직장에서 큰 이변이 없는 한 야근이며 주말 근무도 큰 불평 없이 해 왔으며, 결혼과 출산 육아를 병행하였고, 워라밸 개념 없이 오랜 세월 근무해 왔으며 나는 기나긴 직장을 6월 말에 정년하였다.

세상은 하루가 다르게 변하고 있다. 시대가 변하면서 소위 워라밸 세대(88년~94년생)는 어렵게 얻은 직장도 별 재미가 없거나 힘들다고 생각하면 크게 고민하지 않고 이직하는 경우가 종종 있다. 내 자녀들도 이 세대에 속해 있고, 한 번 잡은 직장에 크게 연연하지 않는다. 개인의 삶을 중시하는 일본의 일부 젊은이들이 직장에 구속되기 싫어 아르바이트로 돈을 벌고 돈이 모이면 여행을 하고 돈이 떨어지면 또 알바로 돈을 모아 여행을 떠나는, 오직 자신의 행복 추구와 생활의 즐거움을 찾는 자가 부쩍 늘고 있다 들었다. 프랑스 등 유럽에서도 이처럼 자신의 생활을 즐기는 사람이 많아지고, 결혼을 하지 않는 젊은이가 늘고 있으며, 결혼을 하더라도 생각이 잘 맞지 않으면 쉽게 정리해 버리는 자유로운 세대가 많아지고 있다고 한다.

하지만 아직도 우리 세대와 같은 직장인이 많은 것이 현실이고 직업 특성상 주말을 즐기지 못한 부모 세대들은 자신의 자녀에게라도 직장을 잡을 때 토요일과 일요일, 쉼이 있는 직장을 찾아야 한다고 당부하는 사람도 있다. 나는 정년 일 년여를 앞두고 퇴직 후 나와서 할 수 있는 일이 무엇일까, 어떤 취미로 그 많은 시간을 보낼까 고민하기도 했다. 그래도 글을 쓰는 취미가 있어 다행인가 생각하며, 직원들한테 은퇴 후 놀 거리를 미리미리 준비하라는 권유를 하였다. 자신이 관심 있는 취미활동을 한 가지씩 택하여 미리 배워두라는 간곡한 당부를 하였고, 그들은 1년 전에 평생교육원에서 퇴근 후 야간시간을 이용 관심 있는 과목을 선택하여 수강하고 있다. 교육원에서 1주일에 2시간만큼은 직장 업무를 잊어버리고 새로운 사람을 만나며 배움의 즐거움을 느껴 1주일 2시간의 투자가 오히려 한 주일의 직장생활을 유쾌히 보낼 수 있어 정말 좋다고 그들은 즐거워했다. 이왕이면 자신이 좋아하고 잘 할 수 있는 일을 직업으로 택하여 직장생활을 한다면 금상첨화이겠으나, 그러한 직장인이 얼마나 되겠는가?

서울대 심리학과 최인철 교수에 의하면, 일과 삶의 균형을 통한 행복감을 알아보기 위한 설문조사에서 균형 잡힌 좋은 삶은, 일과 삶 모두 중요하게 생각하는 사람의 삶이 어느 한 가지를 중요하게 생각하는 사람보다 행복감 조사에서 월등히 높게 나타났다고 한다. 물론 일과 삶(가족) 모두를 중요시하지 않는 자는 행복감도 매우 낮은 결과를 보였다. 그에 의하면 매일을 기계적으로 워라밸을 맞추고 정시 퇴근하는 것이 행복한 삶이 아니고, 직장에서 중요한 일(업무)이 주어졌을 때는 내 삶 내 가족을 망각할 정도로 그 일에 집중해야 하고, 개인의 삶을 또 즐겨 산다면, 즉 일정 기간 밸런스를 유지하여 전체적인 균형을 맞추어 가는 것이 좋은 삶을 사는 자세라는 것이다.

일은 결국 삶의 일부이다. 위에서도 말했지만, 자신이 좋아하는 일을 찾아 일한다면 그것이 워라밸이 되고 행복해질 수 있는 것이지만, 쉽지 않은 일이기에 업무에 전념할 때는 몰입하여 업무를 잘 처리하고 퇴근 후 여유 시간을 자신의 취미활동에 투자하여 직장과 삶의 균형을 이뤄간다면 그것이 행복한 삶이지 않겠는가? 물론 이렇게 당부하지 않아도 그 직장을 떠날 생각이 아니라면, 누구나 그렇게 성실히 직장 일을 처리할 수밖에 없다. 그동안 내가 일해 온 직장은 자원봉사자인 새마을 회원들의 봉사활동, 사회의 어려운 곳을 찾아 얼마간 자신의 돈과 시간을 내서 봉사하는 지도자를 관리 지원하는 행정적인 일이었다. 지금 와 생각해 보면 이타적 삶을 향한 가치 있는 일을 지향하는 업무였기에 워라밸을 굳이 따지지 않아도 긴 시간 근무하는 동력이 되었던 것은 아닐까 생각해 본다.

출처: 새전북신문(2022.10.26., http://www.sjbnews.com).

CHAPTER 03

미래사회와 자아실현

1. 미래사회란?

오늘날 우리 사회는 고도의 과학기술과 정보통신 기술의 발달로 초고속 통신망의 활용이 일상화되었으며, 이에 따라 사회가 보다 더 다원화되고 개방화되어 가고 있다. 이러한 상황에서 앞으로 우리에게 다가올 미래사회는 어떤 모습일까? 미래라고 하는 시간적 제약이 얼마만큼인가에 따라 차이는 있겠지만, 앞으로 우리에게 다가올 사회는 첨단과학의 진보에 따라 매우 높은 기술수준에 도달하게 될 것이며 그에 따라 미래에 전개될 사회 모습과 인간생활 양식도 다양화될 것으로 예측된다. 이러한 미래사회에 적응해 나가기 위한 미래사회의 학교교육의 모습은 어떻게 전개될 것인가? 미래사회에 예측되는 사회모습과 이에 적응하기 위한 학교교육의 대응전략과 적응방안에 대해 알아보고자 한다.

1) 미래사회의 의미와 문제점

미래사회는 우리가 앞으로 경험하게 될 사회모습으로 이를 한마디로 정의한다면 '앞으로 우리에게 도래할 사회'라고 정의할 수 있다. 미래라고 하는 시간적 제약이 어느 정도인가에 따라 차이는 있겠지만 미래사회의 모습은 급변하는 사회 환경과 발전적인 과학 및 정보기술의 일상화로 대변될 수 있다. 유명한 격언에 "삶에서 변화하지 않는 것은 변화뿐이다"라고 말한 것처럼 우리가 미래를 향해 살아가면서 우리에게 보이는 미래사회의 모습은 '변화'라고 하는 무한한 진리만이 우리 주변에서 우리와 함께 공존해 가게 될 것이다. 다니엘 벨(Daniel Bell, 1999)에 의하면 이러한 우리 사회의 급격한 변화의 근원은 다름 아닌 새롭게 나타나는 고도의 정보기술에 있다고 한다. 고도의 정보기술이 미래사회를 변화시키고 새로운 문화양식을 창출해 낸다는 것이다. 하지만 이러한 고도의 정보기술이 미래사회에 우리의 생활에 긍정적인 모습으로만 나타나지는 않을 것이다. 긍정적인 사회변화 못지않게 부정적인 다양한 문제들도 함께 표출해 낸다는 점에서 문제가 있다. 고도의 정보기술의 발전에 따라 나타나게 될 우리 사회의 문제점 몇 가지를 제시하면 다음과 같다.

첫째, 고도의 정보기술 속에서 자원배분의 효율을 극대화하기 위한 사회와 개인 간의 역할 구조에 갈등이 수반될 것이다. 미래사회에는 고도의 정보기술 속에서 이루어지는 삶을 경험하게 되는데 이 과정에서 자원분배의 불평등 문제가 제기될 것으로 보인다. 뿐만 아니라, 자기중심적 사고의 강화로 자기 민족과 문화에 대한 자긍심이 극대화될 것이며, 자기문화와 타문화에 대한 문화 충돌과 새로운 생활양식 간의 갈등문제가 사회문제화될 것이다.

둘째, 고도의 정보기술과 교통수단의 발달로 개방화, 정보화가 더 확산되어 다국적 사회의 특징을 보이게 될 것이며 동시에 하나의 밀접한 지구촌 공동체성을 지향해 나가게 될 것이다. 고도의 정보기술이 도입된 미래사회의 특성은 이미 우리 사회 안에 도래해 있으며, 이러한 변화는 다양한 형태로 나타나 문화의 다양성을 보이게 될 것이다. 또한, 고도화된 통신과 교통수단의 발달로 개방화, 정보화가 더 진전되면서 다국적 사회의 특징이 명확하게 드러날 것이며 지구촌의 공동체성을 추구해 나갈 것이다.

셋째, 비인간화 문제가 가장 큰 사회문제로 대두될 것이다. 산업사회에서 표출되었던 비인간화와 달리 미래사회에는 인간의 가치가 수단으로 변화하면서 나타나는 인간경시가 더욱 만연하게 될 것이다. 이러한 비인간화 현상은 단지 사회적인 변화만을 수반하는 것이 아니라 우리 일상의 생활 전반에 걸쳐서 변화를 주도해 나갈 것이며, 나아가 사회구성원들의 신념이나 가치 체계에서도 커다란 변화가 나타나게 될 것이다. 따라서 미래사회에서는 비인간화에 대비한 인간교육이 그 어느 때보다도 중요시되는 시기가 도래할 것으로 보인다.

넷째, 인간의 경쟁체계가 보다 더 심화될 것이다. 비인간화의 확대와 함께 오늘날 인간이 수행하고 있는 많은 부분의 역할을 자동화를 통해 해결해 나감으로써 인간으로서 수행해야 할 역할이 제한적으로 축소되는 경향을 보일 것이며, 그에 따른 인간의 경쟁체제는 더욱 심화될 것이다.

미래사회에 다가올 이러한 문제를 해결해 나가기 위해서는 무분별한 무한경쟁 관계의 지속이나 자기중심적 욕구를 자제하고 공동체적인 관점에서 지구촌 시민이라는 의식으로 인종, 종교, 민족, 국가, 지역을 뛰어넘는 지구공동체 의식을 기르는 것이 중요하다. 또한, 각각의 구성원 모두가 인간다운 삶을 누리는 사회를 지향할 수 있는 기본적인 삶의 유지와 국제관계, 쾌적하고 지속가능한 자연환경의 유지와 다양한 문화와 양식을 수용하고, 차이에 대한 이해를 바탕으로 서로 배려하고 존중하는 인간교육이 요구되는 사회가 될 것이다.

2) 미래사회, 학교는 사라질까?

세계경제포럼(World Economic Forum), 일명 다보스 포럼의 창립자이자 회장인 클라우스 슈밥(Klaus Schwab)은 미래전망 보고서인 '제4차 산업혁명(The Fourth Industrial Revolution)'에서는 자연과학과 기술 분야의 미래 혁신만을 다룬 것이 아니라, 정치, 경제, 문화, 교육, 도덕, 환경 등과 같은 거의 모든 인간 삶의 영역을 관통하는 영향을 기술하고 있다. 특히, 이 보고서는 교육에 대한 변화를 준비해야 한다는 점을 강조한 미래 보고서이다.

클라우스 슈밥은 현재의 기술혁신 속도를 고려할 때, 지금 초등학교에 입학하는 학생이 졸업하여 사회로 진출하게 될 시기에는 일자리의 70%가 현재 존재하지 않는 새로운 일자리가 될 것이라고 예측한다. 10년 이내에 길거리에 있는 자동차 10대 중 한 대가 무인자동차(자율주행 자동차)가 될 것이고, 인공지능(AI) 로봇이 환자 진찰 및 수술, 법률자문과 기업 감사일을 맡게 되며, 학생들을 가르치게 될 것이며, 3D 프린터로 건물을 짓고, 치아틀을 만들게 될 것이라고 한다. 지금까지 사람이 하던 단순 일부터, 사람만이 할 수 있는 것처럼 보였던 창의적이고 고차원적인 일들도 인공지능 로봇이 하게 될 것이라고 보고 있다.

이처럼 4차 산업혁명은 우리 사회의 많은 영역에 영향을 미칠 것으로 보이는데, 이 중에서 인류가 주목하고 있는 부분은 경제와 노동영역이다. 4차 산업혁명으로 산업계에 급격한 변화가 이루어질 것으로 보고 있기 때문이다. 생산 자동화와 로봇과 인공지능의 투입이 이루어질 것이며, 새로운 혁신적 제품들이 생산될 것이다. 이 같은 변화 속에서도 노동의 형태변화와 새로운 고용창출이 지속적으로 이루어질 것이라고 보는 주장과 인공지능과 로봇으로 인해 인간의 일자리가 많이 사라지게 될 것이라고 우려하는 주장이 대두되고 있다. 향후 4차 산업혁명의 여파로 인해 인간 삶의 많은 부분에 급격한 변화가 이루어질 것으로 보이는데 이 혁명을 주도하는 존재는 다름 아닌 인류 자신이다. 그러므로 현 시대의 전 인류는 향후 미래를 어떻게 펼칠 것인가 하는 구상을 우리 스스로 해야 한다. 이런 점에서 볼 때, 4차 산업혁명 시대에 우선적으로 필요한 것은 사회구성원의 교육이라고 할 수 있다. 인류사를 보면 각 시대마다 기술의 발전과 교육의 변화가 있었다. 교육과 사회변화는 서로에게 영향을 주고받는 양상으로 전개되어 왔다. 즉, 인류의 힘으로 과학기술의 변화와 산업혁명이 전개되고 이로 인하여 생산양식과 생산품이 변화해 왔으며, 이 같은 사회변화에 능동적으로 대응하기 위해 지속적으로 교육개선과 변화를 전개해 왔다. 시대의 변화는 무엇보다도 새로운 시대에 적응하고 사회활동과 생산활동에 참여하는 새로운 능력과 역량을 가진 인재를 요청해 왔다(장훈, 2020).

인공지능과 로봇을 비롯한 자동화 시설의 확대로 인하여 앞으로 인간의 일자리는 많이 사라지게 될 것이라는 우려가 있다. 많은 일자리가 인공지능과 로봇으로 대체될 가능성이 높기 때문이다. 하지만, 그러한 견해에 대해 반대의 입장을 취하는 사람들도 적지 않다. 인공지능이 인간을 지배할 것이라는 생각은 지나친 우려라고 보는 것이다. 인간의 뇌와 인지가 어떻게 작동하는가에 대해 충분한 연구가 이루어지지 않았는데 인간의 종합적 사고력을 능가하는 인공지능이 곧 나타날 것이라는 생각은 과학기술에 대한 지나친 우려라고 보는 것이다. 인간에게 꼭 필요한 일자리는 인공지능에 의해 사라지는 것이 아니라, 인간과 인공지능이 상호 협력하여 일하는 형태의 일자리는 변화하게 된다. 그렇다면, 지금까지 운영해 온 정형화된 학교 시스템은 과연 언제까지 존재가 가능할까? 인공지능과 로봇이 많은 일과 역할을 수행해 내는 미래사회에서도 학교는 필요할까?

미래학자들은 지금처럼 정형화된 학교 교육체계에 대해 부정적이다. 동일한 나이를 가진 집단을 대상으로 공장형 학교처럼 가르치는 학교교육은 소멸될 것이라고 본다. 그 대신 온라인 교육을 비롯한 다양한 방식의 교육이 지금의 학교교육을 대체하게 될 것이라고 본다. 미래학자들은 가상현실(VR), 증강현실(AR), 인공지능, 온라인 교육 플랫폼 등 디지털 기술이 기존의 오프라인 학교와 교사를 대체할 것이므로, 교사와 교실이 필요 없는 온라인 시대가 곧 다가올 것이라고 한다. 그들에 의하면 온라인 교육이 오프라인 교실 수업보다 비용도 싸고, 접근성과 효율성이 더 뛰어나기 때문에, 온라인 교육이 오프라인 교실 수업을 빠르게 대체할 것으로 예견하고 있다. 가상현실과 증강현실을 활용하면서 실제 현장을 생생하게 경험하며 학습할 수 있기 때문에 학교 교실은 없어질 것이라고 주장한다(박상준, 2022). 하지만, 미래학자들의 이런 주장에 대해 반론을 제기하는 이들도 많다. 그들은 학교교육이 지적 측면만의 교육으로 완성되는 것이 아니라는 점을 지적한다. 즉, 학생들은 학교에서 공부하는 것, 이 외에도 교사와 동료 학생들과 소통하고 상호작용하면서 사회적 관계를 형성하고 다양한 사회적 기능을 습득해 나간다고 본다. 특히 오늘날 우리 사회는 사회의 각 분야에서 수행해야 할 사회적 기능이 제대로 작동하지 않을 경우 모든 것을 학교교육이 대신 수행해 줄 것을 요구하고 있다. 학교 성교육이 그렇고, 안전교육이 그런 것처럼. 따라서 인공지능과 로봇 기술이 확산되면 될수록 학교교육에 대한 다양한 요구들은 점점 증대될 것으로 본다. 예를 들면, 돌봄, 안전, 성교육, 장애아 등을 대상으로 한 사회적 기능의 습득을 학교교육에 요구하게 될 것이다. 따라서 미래학자들의 예측과는 달리 미래에 학교가 사라지는 것이 아니라, 오히려 학교에서 수행해야 할 역할과 기능은 점점 더 확대될 것으로 보인다.

물론 지금의 학교와는 다른 형태의 학교 모습과 역할로 보이게 될 것이다.

3) 사람이 더 잘 할 수 있는 것

미래에 다가올 사회에서는 기존보다 훨씬 더 높은 연대와 협력을 요구하게 될 것이다. 그러한 체제를 활성화시키지 않고서는 발전을 위한 역할을 수행하기에 어려움이 따르기 때문이다.

먼저, 연대와 관련해서 살펴보면, 연대는 상대방에 대한 인정과 존중을 전제로 한다. 그래야 다른 집단, 공동체 등과 결속할 수 있다. 연대는 나뿐만이 아니라 공동체 모두가 함께 평화롭고 행복하게 살아가는 상생(相生)을 목표로 한다. 그러기 위해서는 서로 소통하고 공감하면서 문제를 해결하기 위해 상호 협력해 나가야 되며, 그것이 바로 연대이다. 협력은 미래사회를 살아가는 데 있어서 반드시 갖추어야 할 중요한 요소이다. 다가오는 미래에는 지구촌의 모든 나라가 서로 협력하지 않고서는 해결할 수 없는 공동의 문제가 수없이 제기될 것이다. 온라인 네트워크화된 미래사회는 지금까지의 사회보다 훨씬 많은 책임을 요구하게 될 것이고, 다른 사람, 다른 집단, 다른 국가와의 상호연대와 협력을 더욱 강하게 요구하게 될 것이다. 아무리 인간의 연대가 강화된다고 하더라도 다른 한편에서 생각해 보면 과연 인간의 그러한 집단적 사고능력이 인공지능이나 로봇과 같은 기계능력을 넘어설 수 있을까? 사람이 기계보다 더 잘할 수 있는 것은 과연 무엇일까? 라는 질문을 던지지 않을 수 없다.

기계와 인간을 비교해 본다면 기계는 무엇인가에 대한 목적으로 만들어지지만 인간은 그렇지 않다. 인간은 존재 자체가 목적이다. 인간은 결과를 위해 살아가는 수단적 존재가 아니다. 인간의 삶의 과정에서 살펴보면 종종 목적에 대한 착각에 빠지게 된다. 사람들이 공부하는 목적을 대학입학이라고 단정 짓거나, 연애하는 목적을 결혼이라고만 말할 수는 없다. 그것이 무엇이 되었든 간에 살아가면서 웃고, 울고, 즐기고, 부대끼고, 배우고, 학습하는 과정이 인생이고, 만나고, 좋아하고, 싸우고, 정들고, 때론 헤어지기도 하는 과정이 사랑이다. 인간의 삶은 매 순간이 다 의미가 있다. 기계는 결코 인간을 모방할 수 없는 것이 본질이고, 인간은 존재 자체로 존엄한 이유이다. 따라서 교육은 기능적인 삶이 아니라 인간적인 삶을 가르쳐야 한다. 전문적인 지식전달이 아니라 학습방법과 학습의 즐거움을 가르쳐주는 교육이 되어야 한다. 지식을 습득하고 데이터를 분석하는 것은 사람이 기계보다 못하지만, 사람은 기계가 갖지 못하는 지혜와 방대한 지식을 꿰뚫어 보는 통찰력을 가지고 있다. 없는 것을 상상하고 문제해결을 위해 창의성을 발휘하는 것도 인간이 잘 하는, 인간적인 능력이다. 기계가 학습을 통해 창의적 문제해결법을 제안할 수는 있겠지만, 때로는 할 일 없이 미래를 꿈꾸고 기발한 것을 상상할 수는 없다.

미래교육은 인간의 이러한 장점을 살려서 단순한 지식전달보다는 삶의 지혜와 통찰력을 길러주는 교육이 되어야 할 것이다. 뿐만 아니라 사회적 존재로서 사회적 관계를 유지하고 발전시키는 데 도움이 되는 교육이 되어야 할 것이다. 이러한 역량을 통해 인간만이 우주에서 가장 가치 있고 아름다운 존재가 될 수 있다는 사실을 깨달을 수 있게 하는 미래교육이 필요하다.

2. 미래사회가 요구하는 인재

시대의 흐름과 사회 환경의 변화에 따라 교육환경이 달라지고 사회와 기업이 요구하는 인재상도 달라지게 된다. 4차 산업혁명 이후 우리에게 다가올 미래사회에서는 어떤 인재상을 요구할까? 인재상은 그 시대의 기술변화나 사회변화에 따라 갖추어야 할 소양과 덕목이 달라지므로 인재상 또한 그런 변화에 맞춰 조정해 나가게 될 것이다.

1) '인재(人材)'의 의미

'인재'에 대한 사전적 의미를 살펴보면 두 가지로 구분된다. '인재(人材)'는 '어떤 일을 할 수 있는 학식이나 능력을 갖춘 사람'으로 정의할 수 있고, '인재(人才)'는 '재주가 뛰어난 사람'으로 정의된다. 즉, '인재(人材)'는 자질을 갖춘 사람으로서의 의미로 사용되지만, '인재(人才)'의 경우에는 우수한 두뇌를 지니거나 탁월한 천재적 자질을 보유한 사람으로 우리말의 '영재(英才)'나 '수재(秀才)'에 해당하는 사람을 의미한다. 따라서 인재의 개념은 두 가지의 의미를 모두 포함하여 정의할 수 있다.

인재는 모든 인간이 보편적으로 지닌 기본자질의 함양이라는 측면에서 일반적 성격의 평등성을 내포하고 있고, 사람과 사람 사이에 차이가 존재하고 다른 사람에 비해 특별한 측면에서 탁월함을 발휘할 때 비교 대상보다 어떤 영역에서 뛰어난 수월성을 담보한다. 그러므로 인재는 타고난 기본자질을 바탕으로 사회의 요구에 맞게 나름대로 길러야 할 인간의 자기능력으로 정의할 수 있다(신창호, 2012). 즉, 인재란 급변하는 시대 상황에서 닥쳐오는 수많은 과제들을 충분히 이행할 수 있는 능력을 말하며 그것이 개인의 성장이나 성숙, 공동체의 요구 등과 같은 인간의 요구를 해결할 수 있는 능력을 말하는 것이다. 인재는 어떤 분야에서 보이는 '특별한 재능'을 지닌 사람과 함께 '어떤 일을 할 수 있는 학식이나 능력을 갖춘 사람'으로서의 개념까지 포함하는 특별한 상황과 시대가 필요로 하는 인간의 자질을 포괄하는 개념이라 할 것이다. 그러므로 미래사회가 요구하는 인재라고 한다면 그것은 곧, 미래사회에 살아가기 위해서 인간으로서 갖추어야 할 자질을 바탕으로 평가한 결과라 할 수 있다.

2) 미래사회 인재의 요소

미래사회는 인공지능이 인간이 하는 일을 상당 부분을 대체하게 될 것이며 그에 따라 인간과 인공지능의 기계가 공존하는 사회가 될 것이다. 인공지능 기계는 인간이 감당하기 어렵고 힘든 일, 복잡한 계산, 데이터 분석, 방대한 정보지식의 정리 등의 일을 사람을 대신하여 하게 될 것이다. 그러면 인간의 노동시간은 줄어들고 여가시간은 늘어난다. 그렇게 되면 인간은 더 많아진 여유시간을 어떻게 보내며 삶을 즐길지에 관심을 가지게 된다. 인공지능 발전과 자동화로 사라지는 일자리도 있지만, 늘어나는 일자리도 있다. 새롭게 생기는 일자리 중에는 인공지능으로 인해 여가시간이 늘어난 사람들이 놀고 즐기는 것과 관련된 서비스 업종이 많아질 것이다. 그래서 문화에 대한 관심이 커질 수밖에 없다. 미래사회의 인간은 기계가 할 수 없는 일, 인간의 고유한 능력과 관련된 일을 해야 한다(장훈, 2020). 즉, 인공지능이 갖추지 못한 심미적 감성역량과 창의적 사고역량을 통해 변화에 대한 적응력과 미래예측능력이 뛰어난 사람이 인재로 인정받게 될 것이다. 인공지능과 구별되는 인간의 감성역량은 미래교육에서 더 중요하게 다루어질 것이다.

미래사회를 살아갈 인재로서 갖추어야 할 요소로는 크게 기술적 특성, 인간적 특성, 교육적 특성으로 구분할 수 있다. 기술적 특성은 인간으로서 살아가는 데 필요한 기초능력과 전문적 기술인으로서의 전문적 능력으로 구분된다. 즉, 인간으로서의 소양적 기본역량과 전문가로서의 전문역량을 갖추는 일이 필요하다. 인간적 특성은 보편적 인성과 함께 독창적 개성을 지닌 인재로 육성하는 것을 말한다. 사회구성원으로서의 역량과 잠재능력의 개발이라는 차원에서의 역량을 지니도록 하는 것이 인간적 측면의 특성이다. 교육적 특성으로는 평등성의 지향과 수월성의 추구이다. 모든 사람이 차별받지 않고 평등하게 받을 수 있는 교육과 함께 자신의 잠재능력과 개성을 추구하는 교육이 필요하다. 미래사회에 인재로서 지녀야 할 특성을 표로 제시하면 다음과 같다.

표 3-1 인재의 구성요소와 특성

구성요소	자질, 기질, 재주, 재능, 잠재능력	
기술적 특성	기초능력의 함양	전문 능력의 확보
인간적 특성	보편적 인성	독창적 개성
교육적 특성	평등성 지향	수월성 추구

출처: 신창호(2012). p. 246.

그렇다면 미래사회를 살아가기 위한 인재로서 갖추어야 할 능력으로는 어떤 것이 있을까? 2016년 다보스 경제 포럼에서 클라우스 슈밥(Klaus Martin Schwab)은 처음으로 '4차 산업혁명'이라는 단어를 언급하면서 급변하는 사회현상을 지적하였다. 불과 몇 년 전의 일인데, 이미 4차 산업혁명은 우리가 살고 있는 사회로 깊숙이 들어섰으며, 이젠 더 이상 4차 산업혁명은 미래사회가 아니다. 인공지능, 사물인터넷, 로봇공학 등 첨단 정보통신기술의 융합으로 이루어진 사물은 우리 생활 속에서 활용되고 있다. 그렇다면 미래사회에 필요한 핵심적인 요소로 우리가 지녀야 할 역량에는 어떤 것이 있을까? 2016년 세계경제포럼의 보고서에 의하면, 미래사회 인재에게 요구되는 역량으로 '직무역량 안정성(Skills Stability)'과 변화에 따라 유연하게 문제를 해결할 수 있는 기술능력이나 전문지식을 활용할 수 있는 '복합문제해결능력', '인지능력', '컴퓨터/IT 및 STEM(Science, Technology, Engineering, Mathematics) 활용 능력'과 관련된 분야의 지식이 필요할 것으로 예상하고 있다. 다가올 미래사회에 인재가 갖추어야 할 덕목으로 최연구(2017)는 다음과 같은 10가지 업무능력을 제시하고 있다.

표 3-2 미래사회에 중요한 10가지 업무능력

업무능력	내용
맥락 파악 (Sensemaking)	이미 존재하거나 드러난 사실을 토대로 보다 깊이 있고 새로운 의미와 신호를 읽어내는 능력
사회적 지능(Social Intelligence)	다른 사람들과 직접적이고 깊게 교감하고 교류하는 능력
참신하고 적응할 수 있는 사고 (Novel and Adaptive Thinking)	기계적이고 틀에 박힌 방식이 아닌 새로운 방식으로 문제를 해결하는 능력
다문화 역량 (Cross-cultural Competency)	문화적 차이를 가진 타인을 이해하고 유연하게 받아들일 수 있는 능력
컴퓨터적 사고력 (Computational Thinking)	정답이 없어도 데이터에 근거해 판단하고 데이터에 숨어 있는 추상적 의미를 찾아내는 능력
뉴미디어 리터러시 (New Media Literacy)	뉴미디어를 활용해 새로운 콘텐츠를 만들고, 주체적으로 정보를 받아들이는 능력
초학문적 능력 (Transdisciplinary)	학문의 경계를 뛰어넘는 다양한 시각으로 현상을 이해하는 능력
디자인 마인드 셋 (Design Mindset)	요구하는 결과를 얻기 위해 적절한 업무 프로세스를 개발하고 표현하는 능력
인지적 부하 관리 (Cognitive Load Management)	중요도에 따라 정보를 판별하고 걸러내는 능력
가상협력 (Virtual Collaboration)	가상 팀의 멤버로 존재감을 드러내며 참여를 끌어내 생산성을 높이는 능력

출처: 최연구(2017). 4차 산업혁명 시대의 미래교육 예측과 전망. Future Horizon, 33, 과학기술정책연구원. p. 34.

3) 미래사회 인재의 지향

미래사회에는 인간이 인공지능이나 기계와 함께 공존해야 한다는 것은 분명한 사실이다. 인간의 업무 중 상당한 부분을 인공지능이나 자동화 기계가 대체해 나갈 것이기 때문이다. 이러한 사회 환경 속에서는 문화·예술적 감성, 창의성을 갖추고 변화에 대한 적응력과 미래예측능력이 뛰어난 사람이 유능한 인재로 인정받게 된다. 미래사회에는 문화에 대한 관심이 커질 수밖에 없다. 미래의 인간은 기계가 수행하기 힘든 일, 기계보다 더 잘할 수 있는 일, 인간의 고유한 속성과 관련된 일을 해야 한다. 이는 문화·예술적인 감성이나 인문학적 상상력 등을 필요로 하는 일이다. 미래교육은 응당 이런 능력을 키우는 데 집중하게 될 것이다(최연구, 2017).

지성적 측면에서는 기계가 앞서겠지만, 감성영역은 언제까지고 인간의 영역으로 남을 것이다. 어려운 학습과 힘든 노동에서 오히려 즐거움을 맛보고, 불의를 보면 분노하고, 아름다움을 보면 심취하는 감성은 인간의 고유한 속성이다. 아프고 병들고 고통받는 이웃들을 위해 봉사하고 헌신하는 것, 위험에 처한 타인을 위해 자신의 목숨까지도 기꺼이 던질 수 있는 희생정신, 함께 사는 세상을 만들고자 하는 연대의식, 아름답고 인간적인 것에 대한 공감 등도 우주에서 유일한 사회적 동물인 인간의 전유물이다. 미래교육은 지식을 전달하고 암기하는 방식의 교육이 아니라 삶의 지혜와 지식을 관통하는 통찰력을 길러주고, 또한 사회적 존재로서의 협동심, 소통, 공감능력을 길러주는 교육이 되어야 한다(최연구, 2017). 미래사회에서는 이러한 점에 중점을 두어 인재양성을 위한 교육에 집중해야 할 것이다. 미래사회의 교육과 관련하여 지향해 나가야 할 가치, 인간상, 교육의 지향점을 요약하여 제시하면 다음과 같다.

표 3-3 미래사회 교육의 지향 : 추구할 가치, 인간상, 교육의 방향

구분	내용
(1) 가치	- 개방성, 다양성, 소통/관계형성 - 개성/개인차 존중, 자기주도성, 자율성/자발성 - 인성/인간존중, 공동체 의식/공존, 공정성, 관용, 배려/협력 - 민주시민성, 비판의식, 도덕성, 준법성, 청렴 - 창의성, 혁신성 - 수월성과 형평성(모두를 위한 교육/불평등 해소)
(2) 인간상	- 고령화 사회 대비 심신이 건강한 사람, 다문화/다원화 사회에 필요한 공감력, 공동체 의식, 관용, 배려하는 인간 - 정보, 디지털 소양을 갖춘 인재, 기계화가 가속할수록 감성과 창의성을 갖춘 인재 - 사회갈등을 조정할 수 있는 인재, 평등의식을 갖춘 인재, 문제해결력과 적응유연성을 갖춘 인재 - 상생하고 협력하는 사람, 일과 여가의 균형을 추구하는 사람, 나를 포함하여 다양한 가치를 수용하고 향유할 수 있는 사람
(3) 교육 방향	- 고령화 사회 대비 평생교육 확대, 모든 학생의 성공을 위한 교육, 맞춤형 교육, 다문화 사회에 걸맞은 문화다양성 교육 - 과학적 소양을 갖춘 인재를 기르는 교육, 인성/인문 소양을 갖춘 인재를 기르는 교육, 전통적 지식전수 교육보다는 창의적 문제해결력을 길러주는 교육, 과학기술과 소통하고 활용할 수 있는 인재를 기르는 교육 - 경제구조 변화 고려 시 교육과 직업을 연계하는 교육, 획일성에서 벗어나 다양성을 추구하는 맞춤형 교육, 모두를 위한 교육, 교육 양극화/격차를 완화시키고 교육복지를 증대하는 교육, 자기관리능력을 제고하는 교육 - 환경보호 및 생활방식의 변화 고려 시 함께 상생하고 협력할 수 있는 공동체 의식을 길러주는 교육, 자연과 환경을 존중하는 교육, 전 생애 발달적 관점에서 일/가정/여가의 균형 잡힌 삶을 추구하게 하는 교육, 건강과 행복을 추구하는 웰빙 교육

출처: 이화진(2017). pp. 9-10.

3. 미래교육의 방향성

교육은 개개인이 자신의 미래에 다가올 삶을 만들어 가는 과정에서 필요한 것을 능동적으로 배울 수 있도록 하는 활동이다. 자기주도적 배움 속에서 학생들이 자신이 미래의 삶을 탐색하고 스스로 자신에게 맞는 목표나 진로를 선택하고 이를 실현하기 위해 노력해 가는 과정이 필수적으로 포함될 수밖에 없다.

미래교육은 학생의 흥미와 적성을 최대한 발휘하여 문제해결력과 창의력을 향상시키고, 개인 맞춤형 학습 등 개인의 잠재력 실현에 최대한 기여하면서 그것이 사회통합이나 공동체 웰빙 등과 같이 바람직한 미래사회를 만들어 가는 데 기여할 수 있도록 수행되어야 한다. 뿐만 아니라 단순히 미래에 대한 이상이나 전망을 제시하는 것이 아니라, 그를 통해서 현재 우리나라 교육의 문제점을 혁신하고자 하는 관점에서 접근되어야 한다. 미래교육의 방향성에 대해 박희경(2021)[1]과 이경아(2018)[2]가 제시한 내용을 중심으로 요약하여 정리하면 다음과 같다.

1) 인간다운 삶의 조건 갖추기 : 역량

미래교육은 역량을 중심으로 구현되어 나갈 것으로 예측한다. 교육을 통해 함양되어야 할 지식, 기능, 태도 등 총체적인 역량을 제시하고 이러한 역량을 중심으로 교육이 이뤄질 것이다. 물론 역량 중심의 교육에 대해 교육을 도구화한다고 비판하는 사람들도 있다. 하지만 역량은 미래사회 개인과 사회의 웰빙을 구현하기 위해 갖추어야 하는 지식, 기술, 태도와 가치라는 관점으로 접근하면서 인간다운 삶을 살아가기 위해서는 반드시 갖추어야 할 요소로 인식하고 있다.

마사 누스바움(Martha Nussbaum, 2011)은 모든 인간은 법적, 제도적으로 동등하게 존중받을 가치가 있으며, 이러한 인간다운 삶을 위한 것이 역량이라고 보았다. 즉, 주체성을 지닌 사람은 모두 동등한 인간존엄성을 갖는데 이러한 인간존엄성을 뒷받침해 주는 삶의 조건이 역량이라는 것이다. 이러한 역량의 의미는 우리나라 헌법 제10조 '모든 국민은 인간으로서의 가치를 가지며, 행복을 추구할 권리를 가진다.'는 인간존엄성 및 행복추구권 보장으로 귀결될 수 있다. 즉, 모든 인간의 존엄성과 행복에 있어서 요구되는 것이 역량이며, 이러한 역량을 계발하고 강화하는 것이 교육의 역할이라고

---

1) 박희경(2021). 미래교육 담론 및 시사점. 울산: 울산광역시교육연구정보원. pp. 29-33.
2) 이경아(2018). 사람혁명: 사람중심의 4차 산업혁명을 위한 미래교육의 방향. 서울: 민주연구원. pp. 47-64.

본다. 이러한 역량은 미래교육에서 강화하는 방향으로 나아갈 것이며, 인간다운 삶의 기초가 되는 교육복지에 대한 요구가 내포되어 더욱 중시되는 사회가 될 것이다.

2) 교육적 가치의 존중 : 교육의 본질

미래교육의 방향 설정에 대한 배경은 제4차 산업혁명 등 과학기술 발전에 따른 대응과 우리나라 교육에 대한 반성과 성찰을 통한 교육의 본질 회복이라는 두 관점으로 제시되고 있다. 이는 인간다움의 구현이 궁극적으로 미래교육의 방향이자 목적이 되어야 함을 의미하는 것이다. 인간의 본성과 감성을 최대한 발현시키고 창의성과 다양성을 개발하는 것은 융합기술이 주도하는 산업사회의 성공적 인재가 되기 위한 것이다. 인공지능이 계발되면서 기계와의 경쟁에서 살아남기 위한 것이다. 즉, 이러한 관점에서 인간다움을 구현하고자 하는 교육은 학습자의 미래를 위한 것이다. 그러나 교육은 미래지향적이기도 하지만 늘 현재와 직결된 과정이다. 인간다움을 구현하는 교육은 학습자의 미래를 위한 것이기도 하지만 현재 그 자체임을 의미한다. 즉, 교육받는 현재 시점에서 모든 학습자는 인간다움이 존중되고 발현되어야 한다. 그리고 이는 교육의 본질이다. 이제까지 우리나라 경제발전의 산업인력을 양성하기 위한 교육의 도구화로 인해 교육의 본질이 훼손되었음을 반성하고 성찰하는 관점에서 미래교육에서 인간다움의 교육적 가치를 교육의 본질로서의 의미로 확장하여 강조할 필요가 있다.

3) 생태적 시민성의 강조 : 생태 중심적 사고

미래교육은 생태적 시민성을 강조하게 될 것이다. 생태적 시민성은 정의와 배려라는 덕성을 동기로 하고 시공간의 경계를 넘어 다른 존재에 대해 책임 있는 공적·사적 활동을 하려는 자질을 의미하는 것으로 세계 시민성, 디지털 시민성 그리고 생태 시민성으로 방향을 설정할 수 있다.

세계 시민성은 미래사회의 세계화 흐름에 따라 세계를 하나의 단위로 인식하고 국가를 넘어서 전 지구적 문제해결을 위해 전 지구적 수준의 연대와 협력을 강조하는 개념이다. 즉, 국가라는 물리적 공간의 경계를 넘어 발휘되는 시민성이다. 이를 함양하기 위한 세계시민교육은 세계인이 하나의 공동체 시각을 갖고 세계체제를 이해하고 국제 이슈를 해결하고 참여하는 역량을 키우는 교육이며, 다양한 문화 및 사람들과의 상호의존성을 이해하는 보편적 인류 공영을 추구하는 가치 지향적 교육이자 사회적 실천을 도모하는 교육이다. 이는 UNESCO가 제시한 지속가능발전교육과 밀접하게 연관된다(World Economic Forum, 2020). 또한, 미래교육은 경제에서 빠르게 성장하고 부각되고 디지털 기술의 영향에 따라 디지털 시민성 함양을 위한 디지털 시민교육이 필요하다. 디지털 시민성은 효과적으로 정보를 검색, 접근, 사용, 생성할 수 있는 역량, 비판적이고 민감하며 윤리적인 방식으로 타인이나 콘텐츠에 참여하는 역량, 온라인과 ICT 환경을 안전하고 책임감 있게 탐색하는 역량, 자신의 권리를 인식하는 역량 등을 의미한다. 즉, 디지털 기술의 발달로 물리적 공간을 넘어 가상공간에서도 사회가 형성됨에 따라 그 속에서도 시민성이 요구된다. 이에 디지털 시민교육은 온·오프라인에서 개인적으로 책임감 있고, 적극적으로 참여하며, 정의 지향적인 시민이 되는 방법을 이해할 수 있도록 돕는다.

미래 환경 변화에 따라 기후위기나 자원고갈과 같은 환경 위협 등에 대응하기 위해서는 생태 시민성이 요구된다. 생태시민은 인간과 자연이 서로 연결된 존재라는 인식을 내면화하여 생태계의 상호연관성에 대한 지식에서 연민, 동정, 공감하는 차원으로 나아가고, 이에 자신이 무엇을 해야 할지 아는 시민이다. 이는 세계시민과 그 의미가 중첩되기는 하나 생태시민은 생태 중심적이고 시공간적 맥락 속에서의 환경에 초점을 두고 있다는 점에서 차이가 있다. 즉, 이는 시민성이 인간관계를 넘어 자연과의 관계에서도 발휘되어야 함을 부각한 개념이다. 또한 현재 일어나는 모든 일들이 시간의 경계를 넘어 현재에 머무르지 않고 미래에 영향을 미친다는 점을 강조하고 있어 UNESCO의 지속가능발전과 맥을 같이한다. 따라서 인간중심적 사고에 의해 초래된 기후위기나 자원고갈과 같은 환경의 위협을 해결하기 위해 생태 중심적 사고로의 전환이 필요하다. 그리고 이는 생태시민성을 함양하기 위한 미래교육과 상통할 것이다.

4) 행위의 주체성 : 참여 확대

시민교육과 관련하여 미래교육은 행위주체성에 주목할 필요가 있다. 교육의 목표로 제시된 행위주체성(agency)은 자신의 삶과 자신을 둘러싼 세상에 긍정적으로 영향을 미치는 능력이자 의지로 사람, 사건 그리고 환경이 더 좋아지도록 하는 것을 목표로 학생들이 사회에 참여함으로써 형성되는 책임감이라는 의미가 내포되어 있다.

우리나라 교육도 기본적으로 민주시민을 양성하기 위해 공동체에 적합한 자질을 갖추고 공동체 발전을 위해 능동적으로 참여하는 자세를 길러주고자 한다. 그러나 학생들이 의사결정에 있어서 결정에 직접 참여하거나 비판적 주체로서 공공문제 해결에 참여하는 교육이 활성화되지 못하고 있다. 미래교육은 학생에게 시민으로서의 참여 시도와 실패, 이를 기반으로 한 성찰의 공간과 기회를 마련해 주는 것이 필요하다. 즉, 학습자를 미완의 미래시민이 아닌 자신의 세계를 지닌 시민으로 보고 학생에 대한 신뢰를 기반으로 능동적 사회실천의 주체로서의 기회를 제공할 필요가 있다. 학습자 주도성은 사회적 존재인 인간이 자신의 개별성과 독특성을 유지하면서 서로 함께 존재할 수 있도록 비강제적으로 자신의 욕망을 공적인 것으로 전환하는 과정을 개념화한 것이다. 이는 세계변화를 주도할 수 있는 잠재적 가능성이며, 학습자 주도성이 발현되는 과정은 학습자 고유성이 시공간의 맥락과 관계의 그물망 안에서 이루어지는 다양한 상호작용과 교육적 개입에 의해서 이루어진다고 본 것이다. 학습자 주도성은 하나의 현상으로 드러나는 것이 아니라, 일종의 스펙트럼처럼 연속적으로 발전해 가는 과정적 현상이다. 의사결정과정에 있어서 학생 참여를 지속적으로 확대해 나가야 한다.

5) 지역의 삶 중심 교육 : 교육 자치와 분권

미래교육은 학습자의 삶과 연계된 교육을 강조하면서 자치와 분권을 지향한다. 우리나라 국가교육회의에서 드러난 미래교육의 비전을 보면, 학습자 한 사람 한 사람의 자기 주체성을 형성하는 일 자체를 교육으로 보았고, 이는 자신과 가까운 사람과 함께, 자신이 가까운 곳에서 더 효과적으로 이뤄낼 수 있으므로 내가 살고 있는 지역이 미래교육의 배움터라고 지적하고 있다. 즉, 미래교육은 나를 알고 나를 만들어 가는 일, 나와 함께 살아가는 사람들을 이해하고 그들과 힘을 모아가는 일, 내가 살고 있는 지역을 발견하고 새롭게 만들어 가는 일의 주체자로서 지역을 창조하는 것이라고 하였다. 그러므로 미래교육은 학습자가 살고 있는 지역에 기반을 둔 삶 중심의 교육으로 교육 자치와 분권을 구현하는 방향으로 이루어져야 한다. 따라서 지역의 삶을 활성화할 수 있는 미래교육의 방향을 설정함에 있어서, 가장 먼저 학습자의 삶의 공간인 지역의 맥락을 고려한 지역교육 주체들의 심도 깊은 논의와 공유가 이뤄져야 할 것이다.

6) 유연한 교육체제 : 맞춤형 교육과 평생교육

미래사회에서는 사회적 기술이나 배려, 참을성, 실패 회복력 등과 같은 인간지능이 인공지능보다 더 잘할 수 있는 영역에 우선하여 능력을 신장시킬 필요가 있다. 그러기 위해서는 인성교육이나 가치교육 그리고 융합적 사고를 기를 수 있는 교육내용이 강조될 것이며, 교육방법에 있어서도 학습자의 다양한 특성에 부합하는 학습자 맞춤형 교수학습 방법이 도입될 것이다. 즉, 학습자의 특성이나 학습목적에 맞게 학습내용, 진도, 학습방법 등을 학습자가 선택할 수 있도록 제도적 기반이 마련될 것이다. 이러한 체제를 맞춤형 교육이라고 하는데 맞춤형 교육은 오늘날 학교교육과 같은 교육과정 운영체제하에서는 운영에 한계가 있다. 다양한 방법을 도입하여 교육활동이 진행된다고 하더라도 결국 대입평가라고 하는 장애물에 의해 교육내용과 방법이 제한될 수밖에 없기 때문이다.

맞춤형 교육의 실현을 위해서는 학교 밖 지역사회의 다양한 교육자원을 적극적으로 활용하고 학습경험으로 인정함으로써 학습의 장을 공식적으로 넓혀 나갈 필요가 있다. 미래학교에서는 전통적 학교에서 보였던 일괄적인 수업진행 방식에서 벗어나, 전문성을 갖춘 교사로서 전문적이고 복잡한 역할수행을 요구하게 될 것이다. 따라서 미래의 학생들은 자신의 적성, 학습 속도 등에 따라 수업을 선택하고 교사는 그에 맞는 교과지도, 코칭, 프로젝트 수업 등의 관리 역할을 담당하는 것과 같이 보다 유연한 학교운영이 이루어질 것이다. 미래사회에서의 교사는 학습자의 변화에 대응하는 역량을 갖추어야 할 뿐만 아니라, 변화를 선도하는 역량을 함양하여 능력과 기호가 천차만별인 개인 학습자를 위해 체계적으로 교육과정을 설계하는 지적 전문가로 활동해야 할 것이다.

미래사회에는 평생교육의 활성화가 요구되는 사회가 될 것이다. 급격하게 변화하는 지적 역량을 수시로 수용하고 변화·발전하기 위해서는 정규과정이 아닌 일생에 걸쳐 필요한 때, 편리한 곳에서, 효율적인 방법으로 교육을 받는 평생교육의 필요성이 강조될 수밖에 없다. 미래사회는 4차 산업혁명과 함께 경제, 사회 시스템의 변화는 물론 인간이 살아가는 방식에서부터 사고하는 방식에 이르기까지 삶의 전반에 걸쳐 획기적인 변화가 도래할 것이기 때문이다. 미래사회에는 지금의 개방형 평생교육체계에서 더 나아가 학점인정과 학위취득을 위한 범위를 더욱더 확대하고 다양한 학습 프로그램이나 자원을 개방하여 접근성을 높이는 교육으로 활성화될 것이며, 결국에는 학점이나 학위취득이 무형식학습의 영역으로 확대될 것이다. 이와 같은 평생교육의 활성화는 성인 학습자가 지속적으로 자기계발을 위해 평생교육에 참여할 수 있도록 하는 유인체로서의 역할을 하게 될 것이다.

4. 자아실현의 의미와 특성[3)]

자아실현(self-actualization)은 인간교육을 통해 궁극적으로 실현하고자 하는 지향점이며, 윤리의 핵심적인 요소이다. 아리스토텔레스(Aristoteles)는 자아실현을 인간의 본질을 최대한으로 발휘함으로써 인간이 추구하는 행복에 이를 수 있는 것이라고 보았고, 매슬로우(Maslow, Abraham H.)는 자아실현을 성

3) 이규은(2019). pp. 37-42의 내용을 재구성함

장 동기가 계속적으로 충족되는 것이라고 보았으며, 브라멜드(Brameld, T.)는 문화에 의해 성립된 사회 속에서 자신의 가능성과 잠재력이 발휘되는 것이라고 보았다. 자아실현은 사람의 전체 잠재력을 깨우기 위한 동기로써 자아의 본질을 실현하는 것이다.

1) 자아실현의 의미

인간에게는 무한한 가능성과 능력이 있다. 인간은 성장과 발달을 통해 자신의 가능성을 찾아 계발하고 이를 수행함으로써 가능성을 극대화하며 자신의 욕구를 충족시켜 나간다. 인간에게서 이러한 하나의 가능성으로 잠재되어 있던 자아의 본질을 찾아 이를 완전하게 실현하는 일을 자아실현(自己實現, Self-realization)이라 한다.

전통적 의미에 있어서 자아실현이란 본래 주어진 인간성을 회복하는 일로, 자신의 본성이나 주어진 운명에 순응하면서 타고난 가능성을 최대한 실현하는 것을 자아실현으로 보았다. 식물의 씨가 자라서 꽃을 피우고 열매를 맺는 것은 씨눈 속에 이미 그러한 가능성이 들어 있기 때문인 것처럼, 인간에게도 개개인의 타고난 소질을 찾아 능력을 발휘할 수 있도록 가능성이 현실화되도록 하는 것을 자아실현이라고 본 것이다.

현대사회의 관점에서 자아실현은 전통적 의미에서처럼 자아실현을 숙명적인 것으로 받아들이지는 않는다. 인간이란 주어진 조건에 의하여 숙명적으로 결정되어 있는 존재가 아니라, 계속적으로 변화하고 발전하며 자신을 스스로 만들어 나가는 존재로 본다. 따라서 현대사회의 관점에서 바라보는 자아실현은 자신의 미래를 설계하고 창조적인 노력을 통해 성취하고자 하는 것이 인간의 삶이며, 이를 통해 무한한 가능성의 문을 열어 가능성을 실현하는 것을 자아실현으로 보고, 실현 과정을 중요하게 여긴다는 점이 전통적 의미의 자아실현과 차이가 있다.

자아실현이란 인간의 욕구를 충족시키기 위한 인간의 본능적 충동에서 발생된 것으로 정의할 수 있다. 인간은 잠재적 가능성을 생득적으로 타고나며, 그것을 현실화하고 실현하려는 본래적 욕구를 가지고 있다. 인간의 본성을 회복하는 일도 결국은 인간의 욕구 충족을 위한 것이다. 인간에게 주어진 무한한 가능성을 욕구 충족이라는 현실적 필요와 잠재적 가능성을 연계함으로써 본질적 회복을 이루려 한 것이 곧 자아실현이다. 그렇기 때문에 윤리와 교육의 궁극적인 목적은 인간 각자가 자아실현을 할 수 있도록 도와주는 데 있다.

2) 자아실현에 필요한 개인적 조건

자아실현은 개체의 목적과 본질을 중시하는 사상에서 시작된 개념이다. 궁극적으로는 자아실현을 통해 인간의 본질적 측면을 외향적으로 표출하고 실현하고자 했던 것이다. 그렇다면 이러한 자아실현을 표출해 내는 데 있어서 갖추어야 할 조건은 무엇이며, 이러한 조건을 갖추어 나감으로써 우리가 추구하는 욕구를 충족시키고 다양한 개체의 가능성을 표출해 낼 수 있는 방법은 무엇인지에 대해 생각해 볼 필요가 있다.

자아실현에 필요한 조건으로는 개인적인 측면과 사회적인 측면으로 구분하여 생각할 수 있다. 개인의 노력이나 인내를 통해 자아를 실현할 수 있다고 보는 요인이 개인적 측면의 조건이며, 구체적인 내용은 다음과 같다.

(1) 심신(心身)의 건강

건강은 육체적, 정신적 활동의 기본 조건이다. 건강한 신체에서 건강한 정신이 나온다는 말처럼 규칙적인 생활과 적당한 운동으로 건강을 유지하는 일은 자아실현에서 가장 기본적이면서도 중요한 조건이다.

(2) 절제(節制)하는 생활

인간의 욕구에 대한 절제(節制)하는 생활이다. 절제란 인간에게 주어진 본능과 욕망을 좀 더 큰 목적을 위해 인내하면서 합리적으로 조절해 나가는 것을 의미한다. 인간의 욕망은 무한하며 끝이 없다. “사람이 아니면 참지 않고, 참지 않으면 사람이 아니다(非人不忍, 不忍非人)”라는 말처럼 인간의 감정을 억제하고 인내하지 않으면 자아실현은 불가능한 일이다.

(3) 창의적인 사고와 일의 생활화

창의적인 사고와 창의적인 방식을 찾는 일을 생활화하여야 한다. 자아실현이란 제한적이고 부분적인 주어진 가능성만 실현하는 것이 아니라, 새로운 가능성을 찾아 다양하게 실현하는 것이다. 따라서 어떠한 문제 사태를 접한다 하더라도 창의적인 사고로 다양한 해결 방식을 찾아 이를 실현할 수 있는 창의적인 사고를 구현하는 일이 필요하다.

3) 자아실현에 필요한 사회적 조건

자아실현에 필요한 조건으로 사회적인 관계나 집단 속에서의 상황적 변인의 해결을 통해 자아를 실현할 수 있다고 보는 요인이 사회적 측면의 조건이다. 자아실현에 필요한 사회적 측면의 조건은 다음과 같다.

(1) 조화로운 인간관계의 형성

세상의 모든 일은 사람에 의해 이루어진다. 삶의 진정한 의미와 보람은 기계적인 역할 관계를 초월하여 정다운 인간관계를 통하여 이루어진다. 사회적 관계 속에서 다른 사람들과의 조화로운 인간관계를 유지할 수 있어야 자아실현이 가능하다.

(2) 평화롭고 안정적인 사회질서 유지

무질서와 통제가 범람하는 사회 속에서 자아실현이란 불가능하다. 사회가 질서 있고 평화로워야 사람들이 자신의 능력을 최대한 발휘하여 이상을 실현할 수 있고, 이러한 환경적 조건 속에서만이 자아실현은 가능하다.

(3) 정의로운 사회의 구현

불법과 탈법이 난무하는 사회에서 자신의 역량을 발휘하기란 쉽지 않다. 자율과 정의가 보장된 사회 환경에서 창작과 창의의 발현이 가능한 것이다. 따라서 정의로운 사회가 구현되어 사회적 불의가 개인을 구속하는 일이 없을 때 자아실현은 가능해진다.

4) 자아실현의 행동 특성

누구에게나 자아실현을 이루고자 하는 욕망이 있다. 다만 그 욕망을 충족하기 위해 갖추어야 할 여건이나 과정을 인내하지 못해 실현의 꿈을 성취하지 못할 뿐이다. 자아실현을 이룬 사람들은 자신의 욕망을 충족하면서 자신의 삶의 방식대로 삶에 만족하면서 꿈을 실현한다. 일반적으로 자아실현에 성공한 사람들은 인내와 인고의 과정을 통해 성취한 결과에 만족해하면서 다음과 같은 행동 특성을 보인다.

첫째, 현실을 효율적으로 지각하고 불확실성을 인내한다. 자아실현의 과정에서 경험한 다양한 체험을 바탕으로 현실을 바라봄으로써 현실을 비교적 정확하게 인식하고 미래에 대한 불확실한 결과를 현실화하기 위해 참아내는 일을 성실히 수행한다.

둘째, 자신과 타인을 있는 그대로 수용한다. 자신이나 다른 사람들과 관련된 정보를 받아들이는 데 있어서 오해하거나 왜곡하는 일 없이 있는 그대로를 긍정적으로 받아들이는 경향이 있다.

셋째, 사고와 행동이 자발적이다. 일상 사태 속에서 발생하는 여러 가지 문제에 대해 타율적이고 소극적이기보다는 자발적이고 적극적으로 참여하고 행동한다.

넷째, 자기중심적이 아니라 문제중심적이다. 일상 사태를 접하는 데 있어서 이기적이고 자기중심적인 사고로 접근하는 것이 아니라 객관적이고 문제 해결중심으로 접근함으로써 객관적인 시각에서 사태를 보게 된다.

다섯째, 창의적이며 유머 감각이 있다. 매사에 다양한 측면에서 사태를 바라보고 창의적인 사고로 문제를 해결하려 한다. 또한 일상생활 속에서 매사에 긍정적인 태도로 접근하면서 밝은 모습에 유머를 더해 주변 사람들의 호감을 사는 행동을 한다.

여섯째, 문화에 의한 길들이기에 저항적이다. 생활의 모습이 고의적이거나 비습관적인 것은 아니지만, 어떤 형식이나 체면에 의해 행동하는 것을 싫어하고 그 사회의 문화에 길들어 행동하는 것을 싫어한다.

일곱째, 인류의 복지에 관심이 많고 객관적인 관점에서 인생을 바라본다. 인류사회의 복지 구현이라고 하는 넓은 측면에서 사회를 바라보고 자신만을 생각하는 이기적인 생각보다는, 사회집단 전체의 복지를 중요시하는 행동으로 기부나 봉사에 실천적이고 적극적이다.

여덟째, 삶에서 접하는 기본적 경험에 깊이 감사할 줄 안다. 삶에 대한 인식 자체가 부정적이기보다는 긍정적인 인식으로 접근하기 때문에 모든 사소한 일에 대해서도 감사하는 마음으로 대한다.

아홉째, 소수의 몇몇 사람들과 깊고 만족스러운 인간관계를 형성한다. 사회관계를 비교적 좁게 형성하나 사회관계를 형성한 사람들과는 깊은 인간관계를 맺는 특성이 있다.

이상에서 살펴본 바와 같이 자아실현에 성공한 사람들은 그들 나름의 생활 방식이나 사고의 특성에서 서로 다른 차이를 보인다. 그러나 이들이 서로 다른 행동 특성이 있다고 하더라도 그 특성이 불변의 진리이거나 불변의 행동으로 존재하는 것은 아니다. 자아실현과 삶의 목적에 대한 관점도 시대의 변화에 따라 변화하는 경향을 보이고 있다. 과거에는 물질적 풍요나 생활의 안정이 자아실현의 궁극적인 목표라고 한다면, 오늘날은 삶의 질을 중시하고 지적으로나 심미적으로 만족을 느끼며, 사랑과 존경의 욕구를 충족시켰을 때 자아실현이 이루어졌다고 한다. 이와 같은 변화 경향은 과거의 자아실현이 객관적 지표에 초점을 둔 것이라고 한다면, 오늘날의 자아실현은 주관적 지표에 중점을 둔 관점으로 변화되어 나타난 결과라고 할 수 있다.

ETRI, 24개 언어 인식하는 음성인식 기술 개발

글로벌 업체와 대등한 국내 최다 언어, 최고 성능 음성인식
30개어 연내 확보, 희소언어 확장에 걸림돌 해결할 것

국내 연구진이 한국어와 영어, 중국어, 일본어뿐만 아니라 독일어, 프랑스어, 스페인어, 러시아어 등 세계 주요 24개 언어를 인식할 수 있는 음성인식 기술을 개발했다. 디지털 전환의 시대, 음성인식을 바탕으로 인공지능(AI) 비서, AI 튜터 등 다양한 AI 서비스 확산에 큰 도움이 될 전망이다. 한국전자통신연구원(ETRI)은 세계 주요 24개 언어를 음성으로 인식, 문자로 변환할 수 있는 '대화형 인공지능(Conversational AI) 기술'을 개발했다고 밝혔다. ETRI가 개발한 음성인식 기술의 성능은 구글(Google) 등 글로벌 업체와 비교해 한국어에서는 우위, 타 언어에서는 대등한 수준이다.

기존 음성인식 기술을 개발하기 위해서는 대규모 학습데이터가 필요해 다국어 확장과 음성인식 성능 확보가 쉽지 않았다. 연구진은 자기 지도학습, 의사 레이블 적용, 대용량 다국어 사전 학습 모델, 음성 데이터의 오디오 데이터 생성(TTS) 증강 기술 등을 통해 언어 확장의 어려움을 해결했다. 또한 연구진은 기존에 흔히 활용되던 종단형(End-to-End) 음성인식 기술의 단점을 개선해 활용성을 높였다. 느린 응답속도의 문제는 스트리밍 추론 기술을 개발, 실시간 처리가 가능하도록 개선했다. 아울러 의료와 법률, 과학기술 등 특정한 도메인에 대한 음성인식 특화가 쉽도록 하이브리드 종단형 인식 기술도 개발해 적용했다.

ETRI는 지난 2020년 종단형 음성인식 기술을 개발한 후 30여 개의 국내·외 기업에 음성인식 기술을 이전했다. 이를 통해 기업들은 회의록 작성, 자막 통역, 키오스크, 의료·교육, AI 컨택센터 등 다양한 AI 서비스에 ETRI의 음성인식 기술을 활용 중이다. 연구진은 이번 다국어 확대와 응답속도 지연 해결 등 신기술 적용을 통해 음성인식 기술 활용 범위를 확대, 사업화를 추진할 예정이다. 특히, 올해 안으로 지원 언어를 30여 개로 확대하고 국내·외 전시 참여와 기업체 설명회를 통해 동남아와 남미, 아랍권 등을 대상으로 사업화를 적극 추진할 예정이다.

ETRI 복합지능연구실 김상훈 책임연구원은 "국내기술로 글로벌 선도업체와 대등한 수준의 음성인식 기술을 개발했다는 데 의의가 있다"며 "이 기술이 우리나라 인공지능 분야의 글로벌 경쟁력을 높이고 기술자주권을 확보하는 데 큰 도움이 되길 바란다"고 말했다. 연구진은 이 기술이 지난 20여 년간 음성인식 기술 개발에 매진해 온 결과라고 설명했다. 연구진은 그동안 2018 평창 동계 올림픽 공식 자동통역 서비스에 핵심 기술을 제공한 바 있다.

현재 ETRI에서는 공공인공지능 오픈 API·DATA 서비스 포털을 통해 11개 언어의 음성인식 서비스를 제공하고 있다. 또한 이번 연구 성과를 기반으로 24개

언어로 음성인식 서비스를 확대해 중소·벤처기업, 학교, 개인 개발자 등 다양한 사용자들에게 다국어 음성인식 관련 사업 기회를 제공할 예정이다. 연구진은 지난 사업 기간 동안 국내·외 논문 17편, 특허 43건, 기술이전 20건과 19억 원의 기술료 수입을 거뒀다.

출처: 서울경제(2022.11.3., https://www.sedaily.com).

PART
02

자기이해와 자기계발

CHAPTER 04

자기이해와 자아정체감[1]

자기 자신에 대한 지식 또는 가치관, 사고방식, 태도, 성격 등 자신에 관한 부분에 대해 가지고 있는 개념을 자아개념이라고 한다. 자아개념은 스스로가 자신의 특성에 대해 인정하고 받아들이는 준거가 되는데, 일정한 자신의 준거에 따라 받아들이는 것이 자기수용이다. 자기수용은 자신과 타인의 관점에 차이가 있다는 것을 알게 하고 타인의 입장을 추론하며 지각하는 능력을 갖게 하는 출발점이 된다. 따라서 올바른 자기이해는 자신뿐만 아니라 타인을 이해하는 데도 도움이 된다. 올바른 자기이해는 자신이 추구하는 목표나 가치를 성취하는 데 있어서도 밑거름이 되므로 자신에 대해 정확하게 이해하고 인식하려는 태도가 필요하다.

1. 자기이해

우리는 흔히 '적재적소(適材適所)'라는 말을 사용한다. 이는 알맞은 인재를 알맞은 자리에 쓴다는 의미이다. 알맞은 인재를 알맞은 자리에 쓰기 위해서는 그 사람이 지니고 있는 능력과 재능을 정확하게 파악하는 것을 전제로 한다. 하지만 현실적으로 우리가 자신을 돌이켜 보면 자신의 능력과 재능을 정확히 아는 일은 쉬운 일이 아니다.

1) 이규은(2019). pp. 52-96의 내용을 재구성하였음

그렇다면 과연 '나에게 알맞은 역할과 자리는 무엇일까?'라고 스스로에 대해 자문해 보자. 이 질문에 대해 정확하게 대답할 수 있는가? 결코 그렇지 않을 것이다. 이것은 자신조차도 스스로에 대해 바르고 정확하게 이해하지 못하고 있다는 증거이다. 자신이 스스로를 바르게 이해하고 자신에게 적합한 역할과 임무를 부여받아 자신의 능력을 최대한 발휘할 기회를 갖는 것은 자신에게는 행복을 가져다주는 일이며, 더 나아가서는 사회와 국가의 발전에 이바지하는 일이 될 것이다.

1) 나와 나의 관계

'나'라고 하는 자신에 대해 생각해 보자. 이 세상에 '나'는 몇 명이 있을까? 물론 개개인에게 붙여진 이름으로서의 '나'는 여러 명이 있을 수 있겠지만, 하나의 인간 개체로서의 '나'는 이 세상에 단 한 명밖에 없다. '나'와 동일한 사람이 어디에 또 있겠는가? 비록 같아 보이는 쌍둥이조차도 우리는 동일한 한 사람으로 보지 않는다. 그러나 엄밀히 따져 보면 '나'라고 하는 사람에 대한 인식 유형은 크게 세 유형으로 구분할 수 있다. 현존하는 실체로서의 '나', 즉 '실존의 나'가 있는가 하면, 나 스스로에 대해 나를 인지하고 이해하는 '인식하는 나'가 있고, 또 다른 의미로 나를 어떤 사람이라고 말하고, 나를 설명하는 '표현되는 나'로서의 '나'가 있다. 이 세 유형은 모두 '나'라고 하는 한 사람을 포함하는 말이다. 즉, '나'를 '내가 보는 나'와 다른 사람들이 보고 '평가하거나 평가받는 나', 실체로서 '존재하는 나'를 의미하지만 모두 한 사람에 대한 말이다. 이들은 '나'를 중심으로 삼위일체를 이루며 개체로서의 '나'를 의미한다. 따라서 '실존하는 나', '인식하는 나', '표현되는 나'는 삼위일체로 좋은 관계를 유지하여야 한다. 자신이 자신을 바라보는 평가도 좋아야 하지만, 다른 사람들이 나를 보고 내리는 평가도 좋아야 함은 물론 개체로서의 나도 온전해야 한다. 왜곡된 거울은 자기의 모습을 올바르게 볼 수 없다. 세 유형에 있어서 중요한 것은 자신의 모습을 왜곡시키지 않고 있는 그대로 올바르게 자신을 바라볼 수 있는 거울을 가져야 하는 것이다. 나와 나의 관계에 있어서 왜곡되지 않은 자신의 모습으로 정확하게 볼 수 있어야 한다. 그러기 위해서 무엇보다도 나와 나의 관계에서 정직(Integrity)하게 살펴야 한다. 정직한 관찰을 통해 내가 지금 원하는 것(소망)이 무엇이고, 내가 지금 할 수 있는 것(능력)이 무엇이며, 내가 지금 해야만 하는 것(의무)이 무엇인지를 정확하게 바라볼 수 있다. 그런 정확한 판단이 밑거름 될 때 자신에 대한 변화와 발전이 성취될 수 있다.

사람의 행동 중에 95%를 좌우하는 것이 '무의식적인 사고'라고 한다. 우리가 무의식 중에 습관화되고 길들여진 소극적인 사고나 고정관념은 우리의 변화와 발전에 장애요인이다. 삼위일체가 되는 '나와 나'의 바람직한 관계를 통해 소극적인 사고방식에서 과감히 벗어나고 고정관념을 깰 때 나에게도 새로운 삶을 향한 변화와 발전은 시작된다.

2) 흥미와 관심

누구에게나 무엇인가는 좋아하는 것이 있고, 하고 싶어 하는 것이 있다. 이런 경향을 지닌 것을 우리는 흔히 흥미나 적성과 연계하여 말한다.

흥미란 어떤 종류의 활동에 대한 개인의 선호도로서 능력에 관계없이 자신이 즐기고 좋아하는 것으로 어떤 일이나 활동을 특별히 좋아하는 심리적 성향이다. 흥미는 어떤 특정 대상에 마음이 끌린다는 감정을 수반하는 일종의 관심 분야이다. 흥미로운 일에 참여하여 활동을 하면 흥을 느끼고 재미를 알게 된다. 그래서 흥미를 느낄 수 있도록 다양한 방법과 동기부여 방식이 우리 생활에 도입되어 활용된다. 직업선택에 있어서도 자신의 흥미 분야와 일치하는 내용이 선택된다면 그만큼 흥과 재미를 느낌으로써 일상생활에 있어서도 행복해질 수 있다. 따라서 흥미와 관련된 직업 유형을 바르게 이해하고, 자신의 흥미와 연계할 수 있는 방안에 대한 노력이 필요하다. 흥미의 유형과 그 유형에 따른 관련 직업을 표로 제시하면 다음과 같다.

표 4-1 흥미의 유형과 관련 직업

유형	특성	관련 직업 분야
문화적 흥미	자기의 느낌이나 생각을 표현하는 일에 흥미 있음	소설가, 기자, 방송인
사회과학적 흥미	집단적, 정치적 활동에 흥미 있음	국회의원, 판사, 변호사, 외교관, 언론인
자연과학적 흥미	새로운 원리의 발견과 탐구에 흥미 있음	의사, 과학자, 연구원
기술적 흥미	각종 기계의 제작 및 수리에 흥미 있음	건축가, 기술자, 엔지니어링
전자적 흥미	전자공학 기술 분야에 흥미 있음	전자 기술자, 컴퓨터 관련 분야
상업적 흥미	기업의 경영과 운영에 흥미 있음	경영자, 금융인, 기업가
봉사적 흥미	사회복지사업, 교육, 종교 등에 흥미와 관심 있음	교사, 종교인, 사회사업가
사무적 흥미	사무적인 일이나 경리, 문서 관리 등에 흥미 있음	사무원, 은행원, 공무원
체육적 흥미	운동이나 체육활동에 흥미 있음	운동선수, 경호원, 안전요원, 경기 심판
예술적 흥미	음악, 미술이나 예술활동에 흥미 있음	작곡가, 성악가, 화가, 평론가

흥미나 관심은 직업선택에 있어서 적성만큼 직접적인 영향을 미치는 요인이라고는 할 수는 없다. 그러나 자신의 흥미나 관심이 자신의 적성에 직접적인 영향을 미치게 된다는 점에서 직업을 준비하고 선택하는 데 있어서 고려되고 검토되어야 하는 중요한 요인이 된다.

3) 성격 특성

성격(性格, Personality)은 대인관계나 상황에 대한 개인의 비교적 일관성 있는 개성적인 행동 양식이나 반응 양식을 이르는 말이다. 이러한 양식은 그 사람의 말과 행동을 통해 표출되는 개인의 특유한 성질이다. 성격은 선천적으로 부모의 유전적 요인을 닮아 가기도 하고, 후천적으로 교육과 환경, 생활습관 등의 영향을 받아 형성되기도 한다. 성격은 그 사람의 기분, 태도, 의견 등을 포괄하며, 다른 사람들과의 상호작용에서 가장 뚜렷이 드러나는 그 사람의 특성이다.

사람들의 성격적 특성을 유형에 따라 분류한다는 것은 서로가 공통적으로 공유하고 있는 행동적 특성을 바탕으로 한다. 공통적인 행동적 특성이 무엇이냐에 따라 유형을 활동형, 사려형, 사회형, 안정형, 지배형, 예술형으로 구분한다. 성격과 관련하여 성격의 유형에 따른 관련 직업은 다음과 같다.

표 4-2 성격의 유형과 관련 직업

유형	특성	관련 직업 분야
활동형	신체적 활동에 대한 선호, 공격적, 운동신경 발달, 언어적 인간관계 기술 부족, 추상적인 것보다 구체적인 것을 좋아함, 비사교적임	노동, 기계 조작, 비행사, 농부, 트럭 운전사 등
사려형	과업지향적, 문제를 깊이 생각함. 조직이나 구조를 이해하려 함. 추상적인 것을 선호함.	물리학자, 인류학자, 화학자, 수학자, 생물학자 등
사회형	남을 가르치거나 치료하는 것을 좋아함. 안정된 것을 좋아함. 언어적 인간관계 기술 풍부, 사회적 지향성	임상 심리학자, 상담자, 외교관, 교사, 목사 등
안정형	체계적인 언어적, 수리적 업무와 책임감이 부여된 업무를 정확하게 수행	출납원, 통계학자, 회계사, 행정 보조원, 우체국 서기 등
지배형	남을 지배하거나, 물건을 팔거나, 이끌기 위한 언어적 기술 탁월	자동차 판매원, 경매인, 정치가, 사회자 등
예술형	간접적인 인간관계를 좋아함. 예술 매체를 통해서 자기 표현을 함으로써 세계의 문제를 다루는 것을 좋아함.	시인, 소설가, 음악가, 조각가, 극작가, 작곡가, 연출가 등

출처: 임두순(2000). 진로상담과 진로교육. 서울: 원미사. p. 31.

4) 지능

일반적으로 지능은 추상적인 사고력, 새로운 문제에 적응할 수 있는 능력, 어떤 문제를 해결할 수 있는 능력으로, '유목적적으로 행동하고, 합리적으로 사고하고, 환경을 효과적으로 다루는 개인의 종합적 능력'이라고 정의한다.

지능은 그 사람의 지능검사에서 드러나는 '구성적 요소'뿐만 아니라, '경험적 요소'와 '상황적 요소'가 추가된다.

'구성적 요소'는 정보를 얼마나 효율적으로 처리하고 분석하는가 하는 것이다. 이것은 지능의 '비판적' 측면인데 어떻게 문제에 접근하며, 그것을 어떻게 해결하며, 결과를 어떻게 평가하는가를 말해준다. 이 분야에서 강한 사람들은 지능검사 점수가 높으며, 논쟁을 잘한다.

'경험적 요소'는 새로운 정보를 이미 알고 있는 정보와 비교하거나 사실들을 새로운 방법으로 결합시키는 통찰력을 말한다. 경험적 요소가 발달되면 새로운 단어의 해독과 같은 익숙하지 않은 과업에 몰두할 수 있도록 하는 정신이 자유로운 사람이다.

'상황적 요소'는 환경에 어떻게 대처하는가 하는 실제적이고 현실 세계적인 측면이다. 성인이 될수록 상황을 판단하고 무엇을 할 것인지 결정하는 상황적 요소가 중요하다.

이상의 정의에 의하면 적절한 검사에 의한 지능지수가 직업의 선택에서 갖는 비중은 크다고 할 수 있다. 왜냐하면 직무를 수행하기 위해서는 그에 필요한 능력이 요구되는데, 이러한 능력을 잘 반영해 주는 것이 지능지수이다. 각종 직업에서의 지능검사 결과와 실무 성적과의 상관관계를 살펴보면 사무직, 기록 사무관, 전문직 등에서는 매우 높은 관련성을 가지고 있다. 그렇다고 해서 지능이 높은 사람이 모든 직종에 꼭 적합한 것은 아니다(김기태, 2006: 67). 지능이 높은 사람이 단순하고 반복되는 일에 종사할 때에는 쉽게 그 일에 싫증을 느끼고 오래 견디지 못한다. 특히 창의적인 일에 관심이 많은 사람들의 경우에는 단조로운 일에서의 적응이 쉽지 않은 것으로 알려져 있다.

5) 능력

직업적 관점에서 자아를 탐색하여 자신의 능력을 올바르게 인식하는 일은 자신이 어떤 분야에서 일을 하면 직업적 능력에 부합되는 일을 선택하게 되는가와 관련된다. 이를 위해 여기서는 자신의 특성을 스왓(SWOT) 분석 기법에 의해 분석해 봄으로써, 자신의 직업적 특성을 알아보고자 한다.

SWOT 분석은 1970년대 미국 스탠퍼드대학의 앨버트 험프리(Albert Humphrey)에 의해 고안된 전략으로 경영학에서 '기업을 어떻게 효율적으로 운영할 것인가'와 관련한 현실적인 문제를 해결하기 위해 마케팅 전략의 일환으로 도입된 경영전략 분석 도구로, 영어의 강점(Strength), 약점(Weakness), 기회(Opportunity), 위협(Threat)이라고 하는 단어의 머리글자를 모아 만든 말이다. 일반적으로 내적인 면을 분석하는 강점/약점 분석과 외적 환경을 분석하는 기회/위협 분석으로 나누기도 하고, 긍정적인 면을 보는 강점과 기회 그리고 그 반대로 위험을 불러오는 약점과 위협을 점검해 보는 도구이다. 이러한 분석을 통해 경영자는 회사가 처한 시장 상황에 대한 인식을 바르게 할 수 있고, 앞으로의 전략을 수립하기 위한 중요한 자료로 삼을 수 있다는 점에서 도입되었다. SWOT 분석은 분석된 자료를 바탕으로 강점은 부각시키고, 약점은 약화시키며, 기회를 활용하고, 위협을 억제함으로써 효율적인 전략 방안을 도출해 내는 데 그 목적이 있다.

내부와 외부, 긍정과 부정으로 구성되는 SWOT 분석은 다음의 네 가지 유형의 전략이 형성된다.

첫째, S－O 전략으로 공격 전략이다. 이것은 강점－기회 전략으로 자신의 강점을 가지고 기회를 살리는 전략이다. 이는 전략상 비교적 자신에게 유리한 전략에 해당된다. 자신이 가진 장점을 이용하여 외부 환경으로 주어지는 기회를 잘 활용할 수 있는 방안을 찾는 것이 이 전략의 강점이다.

둘째, S－T 전략으로 손실 대비 전략이다. 이것은 강점－위협 전략으로 강점을 가지고 위협을 회피하거나 최소화하는 전략이다. 자신이 가지고 있는 장점을 잘 이용하는 것도 중요하지만, 외부 환경이 불리한 상태에 놓여 있으므로 위협을 회피하는 방안으로 자신의 장점을 잘 이용할 필요가 있다.

셋째, W－O 전략으로 약점－기회 전략이다. 이것은 공격 전략과 동시에 포기 전략으로 약점을 보완하면서 기회를 살리는 전략이다. 자신이 가지고 있는 단점이 많지만 전체적인 환경이 좋은 상태에서는 약점을 보완하거나 자신의 단점을 포기하거나 함으로써 기회를 살리는 전략이다. 즉, 자신의 약점을 보완하는 것도 중요하지만, 자신의 약점을 보완하는 데 지나치게 시간이 오래 걸리거나, 보완한다고 하더라도 한계가 있을 경우에는 약점 보완을 포기할 수도 있어야 한다.

넷째, W－T 전략으로 약점－위협 전략이다. 이것은 방어 전략으로 약점을 보완하면서 동시에 위협을 회피하거나 최소화하는 전략이다. 따라서 약점을 대비하기 위해 최대한으로 강점을 살려서 위협을 회피하는 전략을 사용하여 위협을 최소화하는 전략이다.

이러한 SWOT 분석에 따른 전략 구조를 그림으로 나타내면 다음과 같다.

구분	강점	약점
기회	S-O 전략 (공격 전략)	W-O 전략 (약점 기회 전략)
위협	S-T 전략 (손실 대비 전략)	W-T 전략 (약점 위협 전략)

그림 4-1 SWOT 분석 결과 전략 구조

SWOT 분석 기법은 자기이해를 위한 분석 방법으로도 활용할 수 있다. Strength(강점)는 자신의 장점으로, Weakness(약점)는 자신의 단점으로, Opportunity(기회)는 다양한 환경에서 자신에게 유리한 기회 요인으로, Threat(위협)은 다양한 환경에서 자신에게 불리한 위협 요인으로 보고 적용할 수 있으며, 구체적인 예를 들면 다음과 같다.

표 4-3 자기이해를 위한 자료로 적용한 SWOT 기법 사례

구분	구체적인 예시
S	책을 많이 읽는다. 사고의 폭이 깊고 독창적이다.
W	주의가 산만하다. 친구가 많지 않다.
O	인맥이 넓다. 다양한 활동 경험이 있다.
T	종종 우울감에 빠진다. 동명이인(同名異人) 중 나쁜 이미지 소유자가 있다.

자기이해를 위한 분석 방법에서도 SWOT 분석 전략을 도입하여 활용할 수 있다. 예를 들면, S－O 전략은 새로운 기회에 도전하기 위해 자신의 강점을 이용하는 전략으로, S－T 전략은 앞으로의 위협을 피하기 위해 강점을 이용하는 전략으로, W－O 전략은 자신의 단점을 극복하고 새롭게 오는 기회를 붙잡는 전략으로, W－T 전략은 위협을 피하며 단점을 극복해 나가는 전략으로 활용이 가능하다.

6) 신체적 조건

건강한 신체적 조건은 직장 생활에서 정상적인 업무 수행에 대한 가능성 여부를 말한다. 아무리 명석한 두뇌와 뛰어난 능력, 탁월한 기능을 가지고 있다 하더라도 건강하지 못하거나 신체적 조건이 부적합할 경우에는 그 업무를 수행할 수 없기 때문에 직업을 지속적으로 유지할 수가 없다.

일반적으로 직무 수행에 있어서의 신체적 조건이라 함은 체격, 체질, 체능, 건강이다. 신체적 발달에는 개인차가 있고, 개인의 발달적 특성에 차이가 있으므로 개인적 조건에 따라 그에 알맞은 직무 능력을 찾아야 한다. 특히 자신이 신체적 결함이 있다고 판단되는 자에게는 자신의 신체적 결함이 직무 수행에 지장을 초래해서는 안 된다는 점에 유의해야 한다. 직무 수행에 지장을 준다는 것은 단순히 자신의 업무 능력 부족으로 판단되는 준거로서의 문제가 아니라, 다른 사람들의 생명까지도 앗아갈 수 있는 중대한 문제를 야기할 수 있다는 점에 유의해야 한다. 예를 들어, 항공 운항 업무를 수행하는 자는 신체적 조건으로 원거리 시력이 나안시력으로 0.4 이상, 교정시력으로 1.0 이상이어야 한다. 만약에 이러한 신체적 조건을 갖추지 못한 사람이 항공 운항이라는 직업을 선택했다면 최악의 경우에는 항공기 사고로 귀중한 생명을 잃게 되는 결과를 가져올 수도 있다. 또한 색맹인 사람이 염색공으로 일을 하게 된다면 염색되는 물체의 색을 명확하게 구분하지 못하여 공정과정에서 혼란을 야기하는 요인이 될 수 있다. 따라서 어떠한 직업을 선택하고자 할 때에는 자신이 선택하고자 하는 직업에 맞는 신체적 조건을 가졌는지를 스스로 판단해야 한다. 직업적 특성에 자신의 신체적 조건이 문제가 없다고 판단될 때에만 관련 직업을 선택해야 한다. 부적당한 신체적 조건을 지니고 있음에도 불구하고 관련 직업을 선택할 경우에는 자신은 물론 기업의 경영에도 효율성을 떨어뜨리고 여러 가지 문제를 야기하는 원인이 된다.

신체적 조건에 장애가 있는 사람들에게 부적합한 직업을 신체적 장애 유형에 따라 구분하여 제시하면 다음과 같다.

표 4-4 신체 조건과 진로

신체적 장애	부적당한 직업의 성질	부적당한 직업의 예
신체적 쇠약	강건한 체력을 요하는 직업	선박, 갑판원, 군인, 철물 압연공, 주조공, 단야공, 광부, 토공, 농업 종사자, 운반 인부, 토목, 건축, 경찰, 기자
근시	충분한 시력을 요하는 직업	정밀 기계공, 교통 종사원, 활판·문선·식자공, 인쇄공, 인쇄 조각공, 금 세공사, 사진 기술자 등
색맹	색채를 상세히 구별해야 하는 직업	화가, 장식 도안가, 의사, 교통 종업원, 염색공, 다색판 제판 인쇄공, 자수공, 미술 서예가, 약제사, 해양 관계, 사관학교 등
난청	재해의 위험이 많은 작업이나 귀를 사용할 일이 많은 직업	음악가, 악기 조율사, 시계 수선공, 통신사, 안내계, 전화 교환수, 판매계, 교사, 간호사, 의사 등
발음장애	유창한 연설을 요하는 직업	아나운서, 교사, 전화 교환수, 요리사, 영양사, 성악가, 판매원 및 서비스업 종사자
취각장애	약품, 화장품, 요리 등에 관계가 있는 직업	약제사, 요리사, 화장품공, 식료계, 향료상, 향기에 관계있는 상품을 취급하는 판매계 등
폐질환	먼지를 마시게 되는 직업, 산이나 수증기 등을 고온 또는 저온 중에 취급하는 직업 및 식품 기호품을 제조하는 직업, 이와 같은 직업 분야에서 타인의 신체에 접촉하여 조력을 해주는 직업	연마공, 도금공, 부식판공, 방적공, 식료품 판매계, 요리사, 간호사, 교사, 의사 등
악취	몸에서 고약한 냄새, 악취 등이 풍기는 사람	대인관계가 많은 분야, 판매직, 의사, 간호사, 외교관, 교사, 요리사, 이용사 등
신경성 질환이 있는 사람	대인관계에 원만한 능력을 갖추어야 하는 직업	대인관계를 갖는 직업, 경찰, 의사, 기자, 판매원
위장 장애의 체질이 있는 사람	침착하고 건강하며 정서적 안정이 필요한 직업	사무직 등 종일 책상에 앉아 일해야 되는 직업 분야

신체적 장애	부적당한 직업의 성질	부적당한 직업의 예
심장 질환이 있거나 심장이 약한 사람	담력이 강하고 모험을 요하는 직업, 위험 재해 많은 직업	야외에서 일하는 직업, 간호사, 의사, 소방관, 주물공, 석공, 군인, 목수, 미장이, 파일럿, 선원, 운전기사, 토목기사, 배달부 등
피부병	산과 기타 부식품에 접촉하여 기호품의 제조 또는 타인에 접촉하는 작업, 그 손으로 타인의 피부에 접촉하는 작업	화학공, 염색공, 피혁공 등
자한증(自汗症)	가구나 음식물 취급의 직업, 땀이나 기름에 손상하기 쉬운 기계나 재료를 취급하는 직업	자수공, 재봉공, 직물상, 도안가 등
서투른 솜씨	수선의 기교를 요하는 작업 또는 양수를 요하는 작업	정밀 기계공, 금 세공, 인쇄공, 시계 수리공, 편물사 등
각질(편평족 및 하지 혈관 경련을 포함)	직립을 요하는 작업이나 장도를 보행해야 할 직업	수금원, 사환, 매점원, 택배 배달원, 각종 배달부, 이용사, 기차 운전사, 식자공, 주조공 등
신체의 동작 불민첩	위험 장애가 많은 직업(연습의 결과 동작이 점차로 빨라지는 경우는 제외)	목수, 육상직, 소방관, 자동차 운전수, 경마 기수 등
간질	계단의 승강, 중량의 취급, 기계의 사용 또는 첨예한 것, 산화력 등을 취급하는 직업, 즉 대부분의 금속 기계 공업, 중량품 취급 작업	기계 운전공, 연통 소재부, 육상직, 전선공 등
류마티스성 체질	육상 작업이나 물에 젖거나 또는 온도의 변화가 많은 직업	피혁공, 어부, 포목공, 선원, 세탁부, 염색공, 전철 운전수, 도금산세공, 해초 채취부, 잠수부
탈장	중량물을 들거나 장벽을 긴장 또는 과중시키는 작업	운반공, 석공, 단조공, 목수 등

출처: 김충기(2004). 직업교육과 진로교육. 경기: 한국학술정보(주). pp. 66-68.

2. 자아탐색[2)]

인간은 모두 다른 특성과 가치관을 가지고 있다. 인간은 자신을 바로 알고 정확하게 인식하기 위해 평생에 걸쳐 지속적인 탐색과정을 거치는데,

2) 이규은(2019). pp. 89-96의 내용을 재구성함

이는 자신의 삶에 대한 주체성을 확보하기 위한 것이기도 하다.

인간의 자아는 고정된 것이 아니라 변화무쌍한 것이다. 따라서 자유의지에 따라 살아가면서도 자신에 대해서는 잘 알고 있다는 오만에 빠지기도 하고, 종종 자신도 몰랐던 낯선 행동에 대해 스스로 놀라는 무지의 존재적 의미를 보여주기도 한다.

자신이 어떤 사람인지 자아를 찾아가는 것은 분명 의미 있는 일이다. 자신에게 질문하고 답변하면서 진정으로 원하는 자신의 모습을 찾는 것이 필요하다. 인생의 방향은 누구도 정해 줄 수 있는 것이 아니고, 자아탐색을 통해 스스로 답을 찾아가야 하는 것이다.

1) 가치관

가치관은 자신의 삶을 지배하는 원칙으로, 사람이 자기를 포함한 세계나 그 속의 사상(事象)에 대하여 갖는 평가의 근본적인 태도를 말한다. 가치관은 사람들에게 어떤 방식으로 행동을 하거나 사고를 하게 하는 원리로 작용을 하고, 다양한 상황 속에서 판단하거나 행동하는 결정을 이끌어 내는 신념으로 작용한다. 이러한 가치관은 사람이 성장하는 과정에서 경험이나 학습에 의해 형성된다.

일반적으로 가치관의 유형으로는 내재적 가치관과 외재적 가치관으로 구분한다. 내재적 가치관이란 어떤 행동이나 일을 하면서 얻게 되는 정신적인 즐거움이나 보람, 만족 등을 말하는 것으로 본질적인 목적이 이에 해당된다. 외재적 가치관은 본질적이라기보다는 목적적인 측면이 강한 것으로 돈이라든지 사회적 명예, 권력, 지위 등과 같이 밖으로 드러나는 실질적인 목적이 이에 해당된다. 그렇다면 삶에 있어서 내재적 가치와 외재적 가치 중에 어느 것이 더 중요한가? 이에 대한 대답은 사람마다 다르다. 어느 것에 더 가치를 부여하느냐에 따라 우리 삶의 모습은 다양해진다. 예를 들어, 음식을 먹는 것도 어떤 사람은 배가 고파서 신체에 영양분을 공급하기 위해 식사를 하는 사람이 있는가 하면, 음식의 맛과 향 그리고 모양과 품위를 갖추어 시각과 미각, 후각을 통한 맛을 음미하면서 식사를 하는 사람도 있다. 이 경우 전자는 외재적 가치를 추구하는 사람이고, 후자는 내재적 가치를 추구하는 사람이다.

오늘날과 같이 급격하게 변화하는 사회에서는 명확한 가치관을 갖는 것이 중요하다. 빠른 변화 속에서 자신의 분명한 가치관을 갖지 못할 때 가치관 혼란 사태를 경험하게 된다. 가치관 혼란 사태가 반복되면 일상적으로 중요하게 생각하는 전통적인 가치관이 무력화되고 도덕적 가치 규준의 발달에 실패하게 되며, 이는 곧 타율적 인간으로 성장하는 근본적인 원인이 된다.

가치관과 관련하여 가치관의 유형과 그 유형에 따른 관련 직업을 표로 나타내면 다음과 같다.3)

표 4-5 가치관의 유형과 관련 직업

유형	특성	관련 직업 분야
이론형	학문 연구나 진리 탐구를 위해 노력하는 형	교사, 평론가, 연구원, 학자나 교수
권력형	권력이나 정치에 의한 지배에 흥미를 가진 형	정치가, 군인
심미형	음악, 미술 등 예술에 심취하고 흥미를 가진 형	예술가, 화가, 미술가
경제형	돈 버는 것을 최고의 가치로 여기고 관심이 많은 형	사업가, 경영인, 상인
사회사업형	남을 사랑하고 봉사하는 일에 관심이 많은 형	교사, 종교인, 사회사업가
종교형	종교적 가치를 추구하는 형	목사, 승려, 신부

2) 직업관

직업관이란 개인이나 사회의 구성원들이 직업에 대해 가지고 있는 태도나 가치관을 말한다. 직업관은 개인마다 서로 다른 특성을 보이며 어떤 직업관을 갖느냐에 따라 개인의 진로 결정 및 직업 수행의 내용이 달라진다. 직업관이란 자기의 생각이나 가치관에 따라 변화되고 달라진다. 모든 직업은 각각 고유의 장점과 단점을 가지고 있다. 따라서 그것을 어떻게 이용하느냐에 따라서 그 사람의 미래와 그 직업을 통해서 직업세계를 바꿀 수 있다.

직업의 변화 속에서 사는 우리는 직업에 대한 직업관도 변화시켜야 한

3) 이 가치관 유형은 김충기(1995: 199)가 제시한 것을 재구성한 것임.

다. 이제는 대학교육과 직업에 대한 우리의 생각도 혁신적으로 바꿔야 한다. 무조건 대학을 가고 보자는 생각을 이젠 깨야 한다. 자신의 적성이나 재능이 무엇인지에 대한 분명한 인식으로 자신의 진로 문제를 우선적으로 생각해 보아야 한다. 자신의 특기나 흥미와 무관하게 무조건 대학에 가고 보자는 식의 대학 진학은 우리 사회에 고학력화라는 새로운 문제를 야기하고, 고용의 불균형을 가속화시킬 수 있다. 모든 사람이 대학을 간다고 가정할 때 그로 인한 사회적·경제적 손실이 얼마나 크겠는가? 사회의 모든 직장이 대졸자만 필요한 것은 아니다. 더 중요한 것은 대학의 전공이 자신이 미래사회에 선택할 직업적 특성과 일치하는가 하는 문제이다. 직업적 특성과의 불일치는 사회적 낭비뿐만 아니라 자신에게도 동기와 자신감을 잃게 하는 원인이 된다.

직업관의 혁신적인 변화는 여러 경제 주체의 노력에 달려 있다. 우선 개인은 시대의 변화상을 간파해서 자신의 진로·경력 개발 전략을 수정해야 한다. 자신의 미래사회에 도전할 직업적 특성과 무관한 전공이라면 과감하게 자신의 직업관에 따라 수정할 필요가 있다. 이러한 현실과 미래사회의 불일치가 사람들을 구직난에 빠뜨리고 있다. 또한 정부도 기업들이 고졸 구직자 채용을 늘릴 수 있도록 대졸 위주의 고용정책에 변화를 줘야 한다.

역사적으로 직업의 변화를 보면 산업혁명 이후 상업의 번영과 함께 직업의 분화가 빠르게 이루어졌고, 이에 따라 계급 분화도 함께 진행되었다. 그 이후 우리 사회에는 직업의 유형과 종류가 빠른 속도로 확대 생산되었다. 이러한 직업의 증가와 함께 국제사회에서도 이에 대처하기 위한 일들이 일어났다. 1949년 스위스에서 개최된 국제노동통계 전문가회의에서는 확장되는 직업의 변화에 맞추어 '국제표준직업분류법(ISCO)'을 채택하였다. 이를 토대로 미국을 비롯한 일본과 선진국에서는 국제 조사 시 자국에 적절한 직업분류법을 만들어 활용하고 있다. 우리나라에서는 재정경제원 통계청에서 '국제직업분류법'에 입각하여 '한국표준직업분류(KSCO)'를 채택하여 활용하고 있다. 우리나라 직업의 종류는 2019년 한국직업사전에 12,823종으로 등재되어 있는데, 유사한 이름까지를 직업에 포함하면 16,891종의 직업이 있는 것으로 나타났다. 이 조사에서는 생활형태가 변하면서 저작권관리원, 나무의사, 수의디자이너 등과 같은 특수 직업이 새롭게 생겨나고, 제도사, 타자수, 버스안내양과 같은 직업은 사라진 것으로 나타났다.

3) 의사결정

인생은 의사결정의 연속선상에 있다. 개인의 삶에도 의사결정은 중요한 역할을 하지만 집단생활에서도 의사결정은 매우 중요하다. 집단 내에서의 선도적인 의사결정은 리더의 몫이지만 개인의 삶에서는 모두가 개인의 몫이다. 최선의 의사결정은 성공적인 삶과 성공적인 결과로 돌아오지만 잘못된 의사결정은 후회와 고통으로 되돌아온다. 따라서 각 상황에 따라서 가장 이상적이고 합리적인 방식으로 의사결정을 해야 한다. 목표를 세우고 목표 달성을 위한 여러 가지 대안을 작성하여 가장 합리적인 방안을 선택하는 과정으로 이루어져야 한다.

의사결정을 하는 데는 정확한 정보가 필요하다. 그렇다고 해서 정보가 의사결정을 하는 것은 물론 아니다. 정보 수집 활동 없이 중요한 결정을 내린다는 것은 무모한 일이다. 하지만 아무리 노력을 기울이고 시간을 보낸다고 해도 확실한 결정을 내릴 수 있는 모든 정보를 확보하는 일은 불가능하다. 현재 가지고 있는 정보를 활용해서 최선의 결정을 하는 것이 중요하다. 의사결정에는 시간적 노력도 중요하다. 신중을 기하다가 의사결정 시점을 놓쳐 이득보다 손해를 보게 되는 경우가 많다. 잘못된 의사결정을 하지 않으려고 지나치게 신경을 쓰다가 오히려 모든 기회를 놓치는 경우도 있다. 따라서 의사결정 단계에 맞는 합리적인 절차를 통해 적기에 적절한 의사결정을 내리는 방법을 선택해야 한다.

진로에 대한 의사결정 유형에는 의사결정에 필요한 정보를 어떠한 시각에서 바라보고, 어떠한 방법으로 활용하는가에 따라 합리적 유형, 직관적 유형, 의존적 유형으로 구분한다. 진로 의사결정 유형별 특성에 대해 채유경(2006)은 다음과 같이 제시하고 있다.

(1) 합리적 유형

의사결정을 전체적이고 종합적인 시각에서 바라본다. 자신과 상황에 대한 정확한 정보를 수집하고 논리적으로 결정을 내리고 그 결정에 대해서는 책임을 진다. 진로와 관련한 합리적 의사결정은 첫째, 의사결정이 신중하고 합리적이며, 둘째, 심리적 독립과 성장에 도움을 주며, 셋째, 잘못되거나 실패할 확률이 낮으며, 넷째, 의사결정에 시간이 걸린다는 특징이 있다.

(2) 직관적 유형

미래를 별로 고려하지 않고 감정적 자기인식으로 현재의 감정에 주의를 기울인다. 정보 탐색이나 대안 평가 없이 정서적 자각에 기초하여 결정을 내리지만 그 결정에 대해서는 책임을 진다. 진로와 관련한 직관적 의사결정은 첫째, 의사결정이 즉흥적이고 감정적이며, 둘째, 스스로의 선택에 책임을 지며, 셋째, 잘못되거나 실패할 확률이 높고, 넷째, 의사결정이 신속하다는 특성이 있다.

(3) 의존적 유형

사회적 인정에 대한 욕구가 강하고 의사결정 상황이 여러 가지로 제한받는다고 지각한다. 의사결정 과정에서 타인에 의한 영향을 많이 받고 결정에 대한 책임을 부정한다. 진로와 관련한 의존적 의사결정은 첫째, 의사결정이 수동적이고 순종적이며, 둘째, 개인적 독립이나 성숙을 방해하며, 셋째, 실패를 했을 때 남의 탓을 하게 되고, 넷째, 결정을 내릴 때 정서적으로 불안을 느낀다는 특성이 있다.

3. 자아정체감의 의미와 형성과정

자아정체감이란 말 그대로 '자신의 정체에 대한 생각', '나는 누구인가?'에 대한 해답이다. 자아정체감이 형성되었다는 것은 자기의 성격, 취향, 가치관, 능력, 관심, 인간관, 세계관, 미래관 등에 대해 비교적 명료한 이해를 하고 있으며, 그런 이해가 지속성과 통합성을 가지고 있는 상태라는 의미이다. 이것은 개인의 이상과 행동 및 사회적 역할을 통합하는 자아의 기능에 의해서 이루어진 결과이다.

1) 자아정체감의 의미

사람들은 살아가면서 자신의 경험과 욕구와 재능을 통해 자신의 정체성을 명확히 하고 싶어 한다. 자아정체감은 이러한 자신만의 독특하고 특별한 것으로 상당 부분 자아 개념과 겹쳐지는 부분이 있지만, 엄밀히 말해서 두 개념 간에는 차이가 있다. 자아정체감은 자아 개념이 보다 구조화되어서 자신의 독특성에 대해 자각한 상태를 말한다. 자아에 대한 감각은 출생에서부터 시작된다. 유아기의 특정한 반응이나 거울에 비친 자신의 모습에 대한 인식 등에서 관찰될 수 있는 신체에 대한 지각, 유아기에 나타나는 '나'라는 대명사 사용과 도전적 태도 및 특정한 역할 수행 등에서 자아 출현은 시작된다. 따라서 유아기의 아이들도 다른 사람에 의한 평가의 결과로써 또는 자신이 다른 사람들의 반응을 유도함으로써 스스로에 대한 자아 감각을 형성한다. 이러한 자아 감각으로 형성된 개념이 긍정적인 극단과 부정적인 극단 사이에 그어진 일직선상 위의 한 점으로 표시될 수 있는 '양적인 것'으로서의 개념이 자아 개념이다. 그러나 자아정체감은 비교가 불가능한 '질적인 것'으로서의 개념이다. 자아 개념이 보다 긍정적이거나 부정적이라고 한다면 자아정체감은 '있거나 없는 것'이다. 예를 들어, 자아정체감은 '자기의 고유성을 깨닫고 이러한 고유성을 유지해 가려는 노력'이라고 할 수 있다. 자아 발달의 최종 단계를 에릭슨(Erikson)은 자아정체감으로 표현하였다. 에릭슨은 1950년부터 10여 년간 청소년기에 대한 임상시험을 중심으로 자아정체감을 발전시켰는데, 자아정체감이란 성취와 같이 완성되는 것이 아니며 고정적이거나 불변의 것도 아니라고 보았다. 결국 사회적 현실 속에서 자아정체감은 끊임없이 변화되는 자신에 대한 현실감이라고 보았다. 또한 에릭슨은 12~18세의 청소년들은 급격한 생리적·신체적·지적 변화를 경험하고, 이로 인해 수많은 충동과 무한한 동경심과 호기심을 갖게 되지만, 경험 미숙으로 수많은 좌절과 회의, 불신을 경험하게 된다는 것이다. 그래서 이 시기의 중심 문제는 자아정체감을 확립하는 일이라고 보았다. 청소년들은 자신이 누구이며, 가정과 사회에서의 역할이 무엇인지에 대해 알고자 하며, 타인의 눈에 비친 자기는 누구인가에 심각한 관심을 보인다. 따라서 자아정체감의 결여는 역할 혼란을 초래하고 이 위기를 극복하지 못하면 준비되지 않은 상태에서 성인의 역할을 수행해야만 하는 불행을 경험하게 된다.

자아정체감의 의미와 관련하여 정옥분(1998)은 확고한 자아정체감을 지닌 사람은 개별성, 총체성, 계속성을 경험하고 있다고 하였다. 여기서 개별성은 가치나 동기 또는 관심을 얼마쯤 타인과 공유했다 하더라도 자신은 타인과 다르다는 인식, 즉 자신은 독특하고 특별하다는 인식이다. 총체성은 자신의 욕구, 태도, 동기, 행동 양식 등이 전체적으로 통합되어 있다는 느낌이다. 그리고 계속성은 시간이 경과하여도 자신은 동일한 사람이라는 인식, 즉 어제와 오늘의 나는 같은 사람이라는 인식이다(인제대학교, 2005). 에릭슨의 자아정체감에 대한 정의를 요약하면 다음과 같다.

첫째, 자아정체감은 '~로서의 나' 간의 동질감을 의미한다.

둘째, 자아정체감은 과거의 나와 현재의 나 그리고 미래의 나와의 연속감 또는 일관성을 의미한다.

셋째, 자아정체감은 주체적 자아와 객관적 자아 간의 조화로움을 의미한다.

넷째, 자아정체감은 '나는 나다'라는 실존 의식을 의미한다.

2) 자아정체감의 형성 과정

자아정체감은 어떻게 형성되는가? 자아정체감의 정의에서도 언급한 바와 같이 자아정체감이란 출생에서부터 시작되는 자아 감각을 통해서 형성된다. 아이가 처음 태어났을 때 아이는 세상과 미분화된 상태이다. 그러나 유아기의 특정한 반응이나 거울에 비친 자신의 모습에 대한 인식 등을 통해서 자아 감각을 형성해 가고, 자기를 깨닫지 못하던 아이가 자라면서 외부 세계와 분리된 자기에 대한 느낌을 갖게 되고, 이를 통해 자아 감각이 형성된다. 일반적으로 인간의 발달 측면에서 보면 자기의 존재에 대한 자각은 6세경이면 완성된다. 그러나 이때 나타나는 자기는 아주 추상적인 자기이며, 마치 그릇은 만들어졌지만 아직 아무것도 담겨 있지 않은 것과 같다. 이 그릇을 채워 나가는 과정이 바로 동일시의 과정이다. 아이가 수많은 동일시 과정을 경험하면서 아이는 자기가 어떤 인간형을 선택해서 자기 것으로 만들 것인지를 결정하고, 남을 평가하는 눈을 자기 자신에게로 돌린다. 이렇게 함으로써 타인 의존적인 자아에서 벗어나 내면적인 자아를 형성하게 되고, 이렇게 형성한 자아의 독특성에 대한 인식이 자아정체감이다. 유아기에 형성되는 자아정체감의 중요한 요소는 신뢰감과 불신감이다. 따라서 유아기에 자아정체감이 생겼다는 것은 신뢰감 또는 불신감이 형성되어 이제 아이가 자기를 확인하기 위해 더 이상 부모나 다른 사람들에게 정신적으로 의존하지 않게 되었다는 것을 뜻한다.

자아정체감은 성장과 함께 발달되어 간다. 특히 청년기의 자아정체감은 올바른 자아를 인식하는 데 있어서 매우 중요한 시기이다. 청년기에는 자기 존재의 동일성과 독특성을 지속하고 고양시켜 나아가는 자아의 자질이 형성되는 시기로, 특히 청년기의 자아정체감이 가장 중요시된다. 청소년들은 내적으로는 급격한 발달과업의 성취를 이루는 데 반하여, 외적으로는 사회와 역사의 변화에 대한 적응 때문에 자아정체감의 발달 과정에 동요가 생김으로써 여러 가지 문제가 표출되는 결과를 가져올 수도 있다.

청년기의 자아정체감 형성이 중요시되는 이유는 청년기가 가지는 발달적 특징, 사회적 변화를 개인이 어떻게 수용, 극복하느냐에 따라서 자아정체감이 다르게 형성되고, 이때 형성된 것은 비교적 변화가 어렵다. 청년기의 자아정체감은 모든 발달이 양극성을 가지듯이 자아정체감 대 정체감 혼미가 형성되어 선택의 위기에 처하게 된다. 에릭슨은 청년기 자아정체성 확립을 위한 일곱 가지 주요 과제를 설정하여 긍정적 정체성 확립을 위해서는 이러한 주요 과제의 목표를 획득하면 된다고 주장하고 있다. 한편 마르시아(Marcia)는 정체성 발달에 대하여 정체성 위기를 경험하고, 주어진 과업에 관여를 했는가에 따라 정체성 혼미, 정체성 유실, 정체성 유예, 정체성 성취의 네 가지로 분류하여 개인의 정체성 형성 과정과 정체성 형성의 개인차를 함께 진단하고자 하였다.

디그난(Dignan, 1965)은 자아정체감은 사회적 상호작용에 의해 발달되는 것이며 자기를 묘사해 주는 자기 창조적 이미지들의 복합이라 정의하고, 그 구성 요인을 자기의 감각, 독자성, 자기수용, 역할 기대, 안정성, 목표지향성, 대인관계로 규정하고 있다. 또한 에릭슨(Erikson, 1960)은 자아정체감의 형성은 청소년기에 와서 특히 강조되고 있으며, 이때 개체 내에서의 갈등과 변화, 외부의 심리사회적인 요구들에 의해서 직면하게 된다는 점을 지적하고 있다.

4. 자아정체감의 범주

자신의 자아정체감을 규정짓기 어려운 이유 중 하나는 사람은 누구나 환경과 더불어 끊임없이 변화하기 때문이다. 우리는 자신과 주위의 변화로 끊임없이 내면의 내용을 새롭게 바꿔 간다. 이러한 변화의 효율성을 높이기 위해서는 삶, 경험, 발달 단계에 있는 동안에 내부의 목소리에 귀를 기울여야 한다. 자아정체감을 규정짓는 과정은 자신을 이해하는 것에서 시작된다. 먼저 인간 발달의 일반적인 과정을 이해하는 것으로, 발달과정의 이해는 언제, 어디에 존재하든, 어디에 가든 간에 자신을 이해하는 데 도움이 된다. 삶에서 중요한 방향 전환을 가져오는 많은 사건과 변화가 생애 주기 속에 있다. 이것들은 자신과 세계에 대한 기본 가정을 변화시키도록 만드는 일련의 사건들이다. 일상생활 속에서 생각하고 느끼고 행동하는 방식에 일치하는 방향으로 자신에 대한 인식 내용을 변화시킨다. 또한 다른 사람들과의 관계에서 발달과정에 대한 이해는 변화하는 힘이 되기도 한다. 결국 발달적 변화와 사건들은 우리가 누구인지의 개념을 변화시킨다(황매향, 2008: 19). 자아정체감 역시 반드시 한 방향에서 최고 성숙 단계까지 직선적인 발달 양상을 보이지는 않는다. 자아정체감의 변화 양상에 따른 요소로 마르시아(Marcia)는 에릭슨의 정체감 형성 이론에서 위기와 수행의 두 가지 차원을 제시하였다. 여기서 위기란 자신의 가치관에 대해 재평가하는 기간을 의미하고, 수행이란 계획, 가치, 신념 등에 대해 능동적인 의사결정을 내린 상태를 의미한다. 위기(Crisis)와 수행(Commitment)을 중요한 구성 요소로 보고, 이 두 차원의 조합에 의해 자아정체감은 네 가지 범주로 나누어진다.

		위기: 예	위기: 아니오
수행	예	성취(Achievement) (위기 해결)	폐쇄(Foreclosure) (위기 해결)
	아니오	유예(Moratorium) (위기 현재 진행 중)	혼미(Diffusion) (위기 경험 없음)

▌그림 4-2▐ 마르시아(Marcia)의 자아정체감 네 가지의 범주

1) 자아정체감 성취

자아정체감 성취는 자아정체감 위기를 성공적으로 극복하여 성취해 낸 경우이다. '나'에 대한 심각한 고민을 거친 결과 자신이 누구와도 다르다는 것을 깨닫고, 자기에게 합당한 진로와 삶의 철학을 발견한 상태이다. 따라서 자신의 신념, 직업, 정치적 견해 등에 대해 자기 스스로 의사결정을 할 수 있는 상태를 말한다. 이들은 안정되어 있고 의욕적이며 목표 의식이 뚜렷하다.

마르시아(Marcia)는 정체감 성취나 정체감 폐쇄의 경우에만 의사결정을 할 수 있기 때문에 정체감 성취와 정체감 폐쇄의 경우에만 위기를 해결한 것으로 볼 수 있다고 주장하였다.

2) 자아정체감 혼미

자아에 대해 안정되고 통합적인 견해를 갖는 데 실패한 상태로 자아정체감을 찾지도 못하고 찾으려고 하지도 않는 상태이다. 위기를 경험하지 않았으며 직업이나 이념 선택에 대한 의사결정을 하지 않았을 뿐만 아니라 이러한 일에 관심도 없다. 따라서 자아정체감 혼미는 '나'에 대한 뚜렷한 모습을 그리지 못하고 있는 상태이다. 이들은 삶의 방향에 대해 무관심하고 뚜렷한 목표도 없으며, 충동적이고 동요도 심하다.

부모의 가치관이나 사회적 가치관과 정반대되는 자아 개념이 형성될 경우 부정적 정체감을 형성하게 된다. 비행 청소년들은 대부분 부정적 정체감을 형성한다. 이 부정적 정체감은 개인적인 성공에 대한 부모나 사회로부터의 강화나 지원이 없는 경우에 생기기 쉽다. 따라서 비행 청소년들은 대부분 이런 상태에 있다. 뚜렷한 자아정체감이 있는 상태라면 비행을 저지를 경우 자기혐오를 느끼게 될 것이고, 그런 경험이 자아상에 손상을 가져오기 때문이다. 그러나 자아정체감이 혼미 상태에 있을 경우에는 아직 그들은 아무리 비도덕적이고 비윤리적인 행동이라 하더라도 그들에게는 아무것도 아닌 것으로 받아들여지기 때문에 무슨 짓이든 할 수 있다는 가능성을 가지고 있다.

3) 자아정체감 유예

현재 정체감 위기 상태에 있으면서 자아정체감 형성을 위해 다양한 역할, 신념, 행동 등을 실험하고 있으나, 아직 의사결정은 하지 못한 상태를 말한다. 아직 뚜렷한 자아정체감을 찾지는 못했지만 자아정체감 혼미와는 달리 자아정체감을 찾기 위해 끊임없이 노력하고 있고, 자기를 찾기 위한 내적인 투쟁을 벌이고 있는 것이다.

에릭슨(Erikson)에 의하면 대학생은 인위적으로 청소년기가 연장된 상태에 있기 때문에 심각한 자아정체감 위기를 경험하게 된다고 한다. 문로와 애덤스(Munro & Adams, 1977)의 연구에 의하면 같은 나이의 대학생과 직업 청소년을 비교 연구한 결과 직업선택에 대한 의사결정을 마친 대학생이 거의 없는 것으로 나타났다. 연구자들은 이 연구 결과에 대해 대학이라는 환경과 분위기가 청소년들로 하여금 유예, 정체감 혼미 상태에 머물게 하여 분명한 의사결정을 하지 못하도록 유도한다고 해석하였다(인제대학교, 2005). 이 시기에는 아직 자아정체감이 형성되어 있지 않아서 불안하고 긴장되어 있기는 하지만, 진지하게 삶을 바라보게 된다는 것이다.

4) 자아정체감 폐쇄

자아정체감 폐쇄는 남의 정체감을 빌려 쓰면서 자신의 정체감을 형성할 가능성을 폐쇄하고 있는 유형이다. 이들은 자신의 신념, 직업선택 등의 중요한 의사결정에 앞서 수많은 대안에 대해 생각해 보지 않고, 부모나 다른 역할 모델의 가치, 기대 등을 그대로 수용하여 그들과 비슷한 선택을 하는 경우이다. 이 경우에는 자기의 정체에 대해 심각하게 고민해 본 적이 없고, 고민하려고 하지도 않는다. 그것은 성인들이 요구하는 인간상을 전폭적으로 수용해 버렸기 때문이다.

위기를 경험하지 않고 쉽게 의사결정을 하는 사람들이 이 범주에 속한다. 이들은 대부분 목표 의식이 뚜렷하고 안정되어 있지만, 그 목표는 자기가 심사숙고하여 설정한 것이 아니라 다른 사람의 목표를 차용해 온 것이기 때문에 의사결정에 융통성이 없다. 따라서 목표 달성이 좌절될 경우 자기 존재 자체를 송두리째 무가치한 것으로 여길 수 있다. 극단적인 경우에 '자살'이라는 형태로 표출해 내는데, 이른바 '모범생'들이라고 하는 경우에 해당되는 사람들이 이런 유형의 자아정체감을 형성하기 쉽다.

쉬어가기

나이를 거꾸로 먹은 듯 유치한 행동 일삼는 아이들

퇴행적 행동을 하는 아이들이 있다. 유치한 행동을 하면서 누군가의 눈에 들고 싶고 관심을 끌고 싶은 아동이다. 그래서 평범하게 행동하지 않고 조금 특이하게 행동한다.

퇴행적인 행동을 하는 아동은 자신을 관심을 갖고 보아 도와달라는 것이다. 발달 과정에서 문제를 보이는 행동이기에 서둘러 개선해야 한다. 퇴행적 행동을 하는 아동은 유치한 행동을 하는 아동, 어렸던 때로 돌아가는 아동, 주변의 관심을 끌려는 아동이라는 특징을 갖고 있다. 퇴행적 행동을 하는 아동은 다음 특징을 갖고 있다.

1. 낮은 자아감의 결과

퇴행적 행동을 하는 아동은 낮은 자아감이 문제이다. 아동은 나이에 따른 적절한 자아감을 가지면서 성장해야 하기 때문이다. 발달심리학에서 아동기는 자아감이 형성되는 시기로 간주된다. 아동기에는 자아가 이루어져 어느 정도 자율성이 확보된다는 점에서다. 이와 달리 퇴행적인 행동을 하는 아동은 아동기에도 성장 문제를 노출한다. 생각이 건전하지 못하든, 행동에 일관성이 없이 왔다 갔다 하는 문제를 노출하는 것이다. 그런가 하면 일찍이 "반드시 그래야 한다" 등의 규칙이나 질서에 훈련되지 않아서 환경이 그들에게 타율성이 발휘되는 것이다. 물론 자기 마음대로 하는 행동에서는 상당히 특정한 만큼의 자율성을 구사할 수 있다. 이들은 대개 후기 아동기를 지나면서 주도적 행동, 자율성 표현, 그리고 독립적인 자기상의 형성이 주요 발달과제로 부각된다. 다만 부모의 과잉통제 아래에서 자라난 아동은 전술한 과정들이 경색되고 만다. 그리하여 이들은 독립적으로 생각하는 능력을 획득하는 데 실패하고, 관습적이며 보통의 성인이 지니는 보수적인 사고방식을 따르도록 강요받는다. 이들의 발달 과업은 성인기를 향해 억지로 가속화되고, 적절하고 예의 바른 태도를 지키도록 강요받는 것이다. 이 시기 부모의 과잉통제는 아동이 자신의 정체감을 건강하게 형성할 기회를 박탈하는 것이다.

2. 자아가 부정적인 상태

퇴행적인 행동을 하는 아동은 부정적인 자아개념을 갖고 있다고 보아야 한다. 부정적인 자아 개념은 자신이 더 나은 존재로 인정받고자 하는 보상적 행동을 유발하게 만들기 때문이다. 그것이 퇴행적 행동 즉 유치한 행동인데, 이는 관심을 끌려는 마음이라고 해야 한다. 이런 마음을 가진 아동이라면 누군가로부터 소외되어 있다는 심리적 상태를 나타내는 것이다. 자신에게 관심을 끌려면 유치한 행동을 해야 한다. 다만 이들의 행동은 매우 의도적이지는 않기에 자신도 모르게 그렇게 유치한 행동을 하는 것이다.

관심을 끌려는 아동은 대개 형제들이 여럿인 경우에도 많지만 종종 혼자인 경우에도 있다. 일찍부터 자신의 모습을 인정받고 싶은데 아직은 그 방법을 모르기에 갈등하는 모습일 수도 있기 때문이다. 이 부정적 자아개념은 그 반대 측면인 긍정적 자아개념을 비교하면 이해가 쉽다. 긍정적 자아개념을 가진 아동은 자신이 지각한 자신의 특성에 긍정적인 가치를 주며, 자신의 성공과 실패에 대하여 스스로 책임 질 줄 알고, 자신의 부모나 타인과도 적극적 관계를 맺기 때문이다. 뿐만 아니라 긍정적 자아개념을 가진 아동은 매일 생활이 기쁘고 행복하며 원만한 대인관계를 맺지만, 부정적 자아개념을 가진 아동은 불안하고 생활에 잘 적응하지 못하며, 자신이 나쁘다고 다른 사람이 싫어할 만하고 무가치하고 무능력하다고 판단하게 된다는 점에서다. 이는 아동의 성장경험과 부모의 양육태도가 관련성이 있는 이유이다.

3. 존재 인정을 받지 못한 결과

자녀가 부모에게 존재의 인정을 받지 못한 결과이다. 부모로부터 존재 인정을 받게 되면, 정상적인 심리발달이 가능하기 때문이다. 반면에 존재 인정을 받지 못하게 되면, 자녀는 불신감을 형성하게 된다. 여기에 적의와 무시가 작용하기에, 거부를 직접적으로 표명하게 된다. 자녀의 출생에 대해 적절히 받아들이지 못한, 원하지 않는 임신으로 인하여 태어난 아이(unwanted baby)인 경우일 때, 심리적 부담을 느껴 애정을 갖기가 힘들어 결국 거부적 양육태도를 취하게 된다. 존재 인정과 수용을 못 하는 부모는 질책, 엄벌, 무시, 욕설, 학대, 방임 등의 특징을 보이고, 이러한 자녀는 결과적으로 공격성향, 도벽, 거짓말, 비행행동 등을 초래하게 된다. 이로 인해 편애하는 모습을 보이게 되는데, 이런 경우 아동은 더욱 에너지가 결핍되는 결과를 초래하게 되어 퇴행적인 행동을 하게 된다.

부모의 편애적 태도는 애정적 태도의 절충형과 거부로 드러나는데, 편애하는 부모의 자녀들이 형제간에 질투나 경쟁심을 증대하는 것은 일어날 수 있는 일이라 할 수 있다. 이런 감정은 부모나 형제에 대한 공격심이나 적의를 유발하고 불안정감, 절망감의 원인이 되기도 한다. 이에 따라 결국 유아기의 자녀 편애는 신경성 증상을 보일 수 있어 심인성 변비, 말더듬, 손가락 빨기, 손톱 깨물기 등으로 드러내기도 하다 사춘기에 반항적 태도로 표출되며, 비행의 직접 원인이 되는 경우도 있다.

4. 정리

퇴행적 행동을 하는 아동을 둔 부모라면, 전술한 심리적 원인을 참고하여 스스로 반성할 필요가 있다. 부모가 올바르게 양육을 한다 해도 원인이 될 만한 조건이 얽혀 있기 때문이다. 부모가 자신을 냉정하게 분석해야 개선 가능성이 보인다.

출처: 김충렬(2022). 크리스천투데이(2022.2.2., https://www.christiantoday.co.kr).

CHAPTER 05

직업흥미와 자아개념[1)]

자신의 진로나 직업선택을 고민할 때 많은 사람들은 적성과 흥미를 생각한다. 적성과 직업흥미가 직업적 성공과 무관치 않기 때문이다. 롤프 메르클레(Rolf Merkle)는 “천재는 노력하는 사람을 이길 수 없고, 노력하는 사람은 즐기는 사람을 이길 수 없다.”라고 말하였다. 이는 자신이 좋아하거나 즐기는 일이 곧 ‘잘하는 일’이 될 가능성이 크다는 것을 의미한다. 그렇기 때문에 직업을 선택한다는 것은 쉬운 일이 아니다. 직업은 단순한 생계수단으로 그치는 것이 아니라, 자아실현과도 연계되어 있으므로 자신의 적성과 흥미를 고려하여 신중하게 선택하여야 한다. 직업선택의 출발점은 자신의 타고난 능력과 적성에서부터 정확히 파악해야 한다.

1. 적성의 의미

어떤 일을 하는 데 있어서 그 일에 알맞은 성질이나 적응 능력 또는 그와 같은 소질이나 성격을 적성이라고 한다. 적성은 어떤 일을 하는 데 있어서 쉽게 해낼 수 있는 소질을 지니고 있어서 우리가 ‘적성에 맞는다’라는 말은 쉽게 해낼 수 있는 능력이 있느냐, 아니면 없느냐와 관련된다. 뿐만 아니라 적성이란 그 분야에 대해 장래의 성공 가능성이 있느냐, 아니면 없

1) 이규은(2019). pp. 76-120의 내용을 재구성함

느냐 하는 잠재능력을 표현해 주는 말이기도 하다. 즉, 적성이라는 말에는 현재 얼마나 잘할 수 있느냐와 관련성을 갖고 있을 뿐만 아니라 앞으로 얼마나 잘 해 나갈 수 있느냐와도 관련성을 갖고 있다. 일반적으로 적성에 맞는 일이라고 하면 남들과 똑같은 노력을 했을 때 남들보다 더 잘할 수 있는 것으로 남들보다 빠르게, 더 효과적으로 할 수 있는 특성을 지니고 있다. 즉, 높은 효율성을 보이는 특성을 지닌다.

1) 적성이란?

적성은 흥미를 포함한 포괄적인 종합개념이다. 따라서 적성을 해석할 때에는 직접적이고 단순하게 부분적으로 해석해서는 안 된다. 전체적이고 일반적인 경향을 기초로 하여 각 하위 영역별로 전체에 비추어서 해석해야 한다. 인간의 능력은 스피어만(Spearman)의 지능이론에 의하면 일반적인 능력과 특수적인 능력으로 구분한다. 여기서 일반적인 능력(G 요인)을 지능이라 하고, 특수적인 능력(S 요인)을 적성이라고 한다. 적성은 표준화된 적성검사에 의해서 알아낼 수 있는데 검사결과를 해석함에 있어서는 높은 점수를 얻은 분야라고 해서 그 직업을 선택해야 한다는 것보다는 성공의 가능성이 높은 것이라고 해석해야 한다(임두순, 2000: 29). 아무리 표준화된 적성검사라고 하더라도 한정된 방법과 도구로 한 인간의 종합적인 능력과 특성을 파악한다는 것은 무리이며 불가능에 가깝다. 그러므로 적성검사를 통해서 자신의 어떤 대체적인 경향성을 파악하여 참고자료로 활용한다고 생각해야지, 그 결과를 완전히 믿고 직업선택의 결정 기준으로서의 준거로 삼는 것은 결코 바람직하지 않다.

적성이란 선천적인 요인으로 태어날 때부터 지니고 있는 것으로 이해되지만 그렇다고 해서 후천적인 영향을 완전히 배제할 수 있는 것은 아니다. 오히려 후천적인 경험이나 훈련을 통해서 어떤 특정한 인성이 개발되고 그것이 개인의 적성으로 정착될 수도 있다. 중요한 것은 선천적인 요인은 개인의 자의에 따라 쉽게 바뀔 수 없지만 후천적인 요인은 개인의 노력과 훈련을 통해 계발될 수 있다는 점이다. 따라서 각자 개인이 갖고 있는 선천적 요인의 인성을 최대한 살리고 보다 폭넓고 다용도적인 인성 개발을 통해 보다 많은 분야에 적응할 수 있는 적응력을 갖추는 것이 중요하다(정병식 · 이장희, 2004). 또한 자신에게 만족감을 주고 성취감을 줄 수 있는 영역이 무엇인지에 대한 깊은 관심과 탐색이 필요하다.

직업을 선택했을 때 적성에 맞지 않는 직업 분야에서 일하게 되면 우선 작업의 능률이 오르지 않을 뿐만 아니라 직업에 대한 불만족이 커지고 나아가 사회적인 불안 요소로 파생되기 쉽다. 잘못된 직업선택은 직업생활에 불행을 가져오고 불행한 생활을 영위하게 된다(김충기, 2004). 따라서 자신의 적성에 맞는 알맞은 직업선택이 이루어질 수 있도록 해야 한다. 직업을 선택하는 데 있어서 고려하여야 할 사항으로는 적성 이외에도 성격, 능력, 흥미, 가치관 등을 들 수 있다.

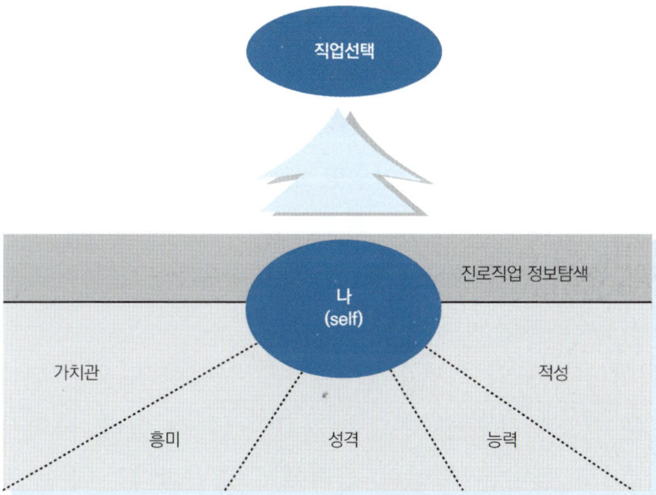

▌그림 5-1▐ 직업선택에 영향을 주는 요인

2) 적성과 직업의 관련성

직업선택에 있어서 무엇보다도 먼저 고려해야 할 점은 자신의 적성에 적합한가를 신중하게 생각해 보아야 한다. 앞에서도 언급한 바와 같이 적성에 맞는 일을 선택함으로써 일의 효율성을 증대시킬 수 있다는 장점이 있지만 스스로도 일에 대한 즐거움과 보람을 느낄 수 있기 때문이다. 그러기 위해서는 무엇보다도 먼저 자신의 적성을 정확하게 알아야 한다. 적성을 파악하기 위해 각종 표준화된 검사결과를 활용하기도 하지만, 단순히 검사결과만을 가지고 파악할 것이 아니라 정확한 판단을 위해 부모, 형제, 친구, 친척 등 다양한 분야의 주변 사람들로부터 의견을 듣고 참고하는 등 다면적 접근 방법을 활용하는 것이 바람직하다. 자신의 적성을 파악하는 데 참고가 될 만한 의견을 수렴할 수 있는 것으로는 다음과 같은 것을 들 수 있다(김기태, 2006).

첫째, 부모의 의견을 제일 존중해야 한다. 세상 그 누구보다도 부모는 자기 자식에 대해 잘 알고 있다. 갓난아기 때부터 성년에 이르기까지 가장 가까운 거리에서 가장 많이 관찰한 사람이 바로 부모이다. 현명한 부모는 자기 자녀의 소질과 능력을 파악하고 있다.

둘째, 한 지붕 아래서, 한 울타리 안에서 함께 오랫동안 살아온 형제자매들의 의견도 경청해야 한다. 특히 형이나 누나, 언니나 오빠는 자기 동생의 자질(資質)을 잘 파악할 수 있는 위치에 있는 사람들이다.

셋째, 학교교육을 정규적으로 이수한 사람들은 자신을 가르친 선생님이나 대학의 지도 교수의 의견을 경청할 필요가 있다. 부모, 형제가 미처 보지 못한 중요한 측면을 초·중·고등학교 선생님이나 대학의 지도교수는 또 다른 관점에서 바라볼 수 있기 때문이다.

넷째, 친척이나 친구의 의견을 듣는 것도 상당한 도움이 된다. 왜냐하면 이들은 새로운 각도에서 나를 판단할 자료를 줄 수 있다. 따라서 적성에 맞는 직업이란 바로 올바른 적성의 선택에서 출발한다는 점을 유념해야 할 것이다.

적성과 관련하여 적성검사에 사용되는 직업군(Occupational clusters)별로 중요한 일반적 적성요인은 다음의 열 가지로 요약할 수 있으며 적성의 유형과 그 유형에 따른 관련 직업분야를 열 개의 하위능력으로 분석하여 표로 제시하면 다음과 같다.

표 5-1 적성의 유형과 관련 직업

적성 / 요인	내용 직업 분야
언어능력	정확한 의사소통을 위해 정확한 단어를 선택하고, 어휘를 연상하고 문장의 뜻을 이해하고, 의사를 발표하는 능력을 말하며, 언어능력을 언어적 개념을 중요한 요인으로 하는 사회과학 분야에서 요구되는 적성이다.
공간지각	입체적 공간 관계를 이해하는 능력으로써 시각을 통하여 실체적 물체를 취급하고, 실체적 물체를 회전 또는 분해했을 때의 형태를 상상하는 능력이다. 이 능력은 제도, 설계, 건축, 미술, 가구 등 제도에서부터 재단에 이르기까지 입체 구성능력을 요구하는 직업 분야의 적성 요인이다.
계산력	정확하고 빠르게 계산하는 능력을 말하며, 대부분의 직업에서 필요한 기초적 능력이지만, 특히 사무 분야에서 중요한 적성이다.
추리력	원리를 추구하고 응용하는 능력이다. 자연과학, 사회과학 등의 분야에서 필요로 하는 적성이다.
기계 추리력	각종 기계 기구 및 물리학적 원리를 이해하고 추리하는 능력을 말하며, 이 능력은 토목, 기계 수리 기술자, 조립 기술자, 기타 각종 이공학 시설 분야 및 공장 등에서 요구되는 적성이다.
척도 해독력	척도, 그래프, 차트, 계기 등을 신속 정확하게 읽는 능력을 말하며, 이공학, 화학, 생물, 수학, 의학 등의 과학 분야와 실업 및 기술 분야에서 요구되는 적성이다.
수공능력	운동감각의 정확성과 신속히 반응하는 능력이다. 이 능력은 전자공, 전기공, 인쇄공, 세공 등의 직업 분야에서 중요한 적성이다.
기억력	복잡한 자료나 항목들의 분류 및 상징, 기호를 학습하고 암기하는 능력을 말하며, 사회과학, 실업, 사무 분야에서 중요한 적성이다.
사무지각	문자나 기호를 정확하고 신속하게 식별하는 능력을 말하며, 경리, 서기, 전화교환 등 사무 분야에서 필요한 적성이다.
형태지각	실물이나 도해를 정확하고 빠르게 비교, 변별하는 능력을 말하며, 통신, 타자 등의 사무 분야와 도안, 디자인 등의 응용미술 분야 그리고 기타 기능적 분야에서 필요한 적성이다.

출처: 임두순(2000). 진로상담과 진로교육. 서울: 원미사. p. 30.

2. 직업흥미

개인과 환경 간의 적합성을 바탕으로 사람의 직업흥미 검사를 개발한 학자는 홀랜드(John L. Holland)이다. 홀랜드는 미국의 심리학자로 미네소타대학교(University of Minnesota)에서 박사학위를 받고, 존스홉킨스대학(Johns Hopkins University)에서 오랫동안 심리학에 대한 연구를 해 온 사람이다. 그는 인간의 직업선택은 개인의 성격이 반영되며, 직업에 대한 일반인들의 고정관념에는 중요한 심리학적, 사회학적 의미가 내재되어 있다고 보았다. 뿐만 아니라 직업선택에 있어서 같은 직업을 가진 사람들은 성장 과정상의 유사성을 가지고 있으며, 이들은 유사한 성격을 지니고 있어 그들이 문제 상황에 대처해 나가는 방식 또한 유사하고, 그들 나름의 독특한 대인 환경을 구성한다고 보았다. 홀랜드는 사람들의 직업에 대한 만족, 안정성, 업적 등은 개인의 성격과 직업 환경과의 일치성 여부에 달려 있다고 보았다. 개인의 흥미 유형이 직업의 흥미 유형과 일치할 때 직업생활의 성과가 높아지고, 직업의 선택이 바로 성격으로 표현된다고 보았다. 따라서 어떤 특정한 직업에 대한 직업 구성원들의 특성은 공통적으로 내포되어 있다고 보았다.

1) 직업흥미의 유형

직업흥미의 유형을 구분하기 위한 홀랜드의 연구는 직업적 흥미에 대해 다음과 같은 가정을 전제로 하고 있다.

첫째, 환경적 유형으로는 여섯 가지가 있으며, 대부분 각 환경에는 그 성격에 일치하는 사람들이 머물고 있다.

둘째, 대부분의 사람들은 여섯 가지 유형 중의 하나로 분류할 수 있다.

셋째, 사람들은 자신의 능력과 기술을 발휘하고 태도와 가치를 표현하고 자신에게 맞는 역할을 수행할 수 있는 환경을 찾는다.

넷째, 개인의 행동은 성격과 환경의 상호작용에 의해 결정된다.

이러한 내용을 전제로 하여 얻어진 결과에 따르면 홀랜드의 직업흥미 유형은 현실형 또는 실재형(Realstic), 탐구형 또는 연구형(Investigative), 예술형(Artistic), 사회형(Social), 기업형 또는 진취형(Enterprising), 관습형 또는 사무형(Conventional) 등의 여섯 가지 유형으로 구분된다. 홀랜드의 직업흥미 유형과 유형별 특성을 표로 제시하면 다음과 같다.

표 5-2 홀랜드의 직업흥미 유형별 특성

유형	성격 특성	적성	전공	대표 직업
현실형 (R)	남성적, 솔직성, 성실 검소, 지구력, 소박 고집, 단순 말이 적음	기계적 운동적인 능력 있으나, 대인관계 능력 부족함	공과대학 농축산대 체육대 기술대	기술자, 운동선수 기계기사 항해사 환경기사
탐구형 (I)	탐구심 논리적 분석적 합리적, 호기심, 비판적 내성적, 신중	학구적 수학·과학적 능력 높으나 지도력이나 설득력 부족	자연대학 의과대학 공과대학 사회대학	과학자, 의사 발명가, 변리사 사회학자 심리학자 대학교수
예술형 (A)	상상력, 감수성 풍부 자유분방, 개방적 독창적	미술적·음악적 능력 있으나 사무적 기술 부족	순수예술 산업예술 공연예술 예술기획	예술가 무용가 연예인 디자이너
사회형 (S)	친절하고 어울리기 좋아하고, 감성적임 공감적 봉사적 친화력	사회적·교육적 지도력과 대인관계 능력 있으나 기계적·과학적 능력 부족	사회대학 사범대학 아동학 간호학	교사 상담사, 치료 전문가 사회복지사 간호사
기업형 (E)	지도적 설득력 경쟁력 외향적	적극적이고 지도력과 언어 능력 있으나 과학적 능력 부족	경상대학 법과대학 행정대학 사회대학	지도자, 기업인 법조인, 영업 사원 금융과 상업 분야 전문가
관습형 (C)	정확, 세밀함, 꼼꼼함 규칙 준수, 계획적 변화를 좋아하지 않음 책임감 강함	사무적 계산적인 능력 있으나 예술적 상상력 부족	상경대학 회계학과 무역계열 통계학과 도서관학과	금융, 회계 전문가 사무 행정 전문가 은행원, 비서

현실형의 사람은 대부분 솔직하며, 성실하고 검소한 생활을 하고, 어떤 일에 대한 지구력이 강하고 소박하며, 말이 적고 고집이 센 것을 특징으로 하는 성격 소유자이다. 연장이나 기계를 조작하고 결합하는 일에 재능이 있지만, 교육활동이나 치료활동, 대인관계 능력 등에서는 능력이 부족하다. 이러한 유형의 사람들은 기술자나 항공기 조종사, 정비사, 농부, 엔지니어 전기기사, 운동선수 등의 직업적 선택이 유리하다.

탐구형의 사람들은 지적 호기심이 강하고, 탐구적이고 논리적이며, 매사에 합리성과 분석적인 성향을 보이며, 일의 처리가 신중하고 정확하며, 내성적이고 수줍음을 잘 타는 성격적 특성을 지니고 있다. 물리나 생물학적 분야의 탐구활동, 수학이나 과학 분야의 활동에서는 재능이 있지만, 사회적·반복적 활동이나 다른 사람들을 가르치는 능력과 설득력 등이 부족하다. 이러한 유형의 사람들은 과학자나 생물학자, 물리학자, 화학자, 의료 기술자, 의사, 인류학자 등의 직업선택이 유리하다.

예술형의 사람들은 대부분 상상력이 풍부하고 감수성이 뛰어나며, 자유분방한 사고와 개방적인 사고 능력을 가진 사람들이다. 이들은 예술적 창조 능력과 표현력이 우수하고, 미술적·음악적 능력이 뛰어나다. 하지만 대부분 체계적이고 구조화된 활동을 좋아하지 않고 사무적이고 기술적이며 순서적인 능력이 부족한 것이 특징이다. 이러한 유형의 사람들은 예술가, 무대감독, 작가, 작곡가, 배우, 소설가, 무용가, 디자이너 등의 직업선택에 유리하다.

사회형의 사람들은 친절하고 봉사적이며 이해심이 많고 사람을 좋아하는 특성을 지니고 있다. 이들은 지도력이나 대인관계 능력에 있어서도 뒤지지 않고 남을 도와주고 치료하고 어울리기를 좋아하며, 감정적이고 이상주의적인 성격을 지니고 있다. 하지만 질서 정연하고 체계적인 활동을 싫어하고, 기계적이고 과학적인 능력이 부족한 것이 특징이다. 이러한 유형의 사람들은 사회복지사나 교육자, 간호사, 유치원 교사, 종교 지도자, 상담사, 임상 치료사, 언어치료사 등과 같은 직업적 선택에 유리하다.

기업형의 사람들은 말을 유창하게 잘하고, 지배적이며, 통솔력이 우수하다. 이 유형의 사람들은 사람에게 관심이 많지만 대부분 목표 달성을 위해 타인을 통제하고 지배하는 데 관심이 있다. 타인을 설득하고 그리하여 타인이 나와 같은 견해를 갖도록 만드는 일에 적합한 성격적 특성을 지니고 있다. 이 유형의 사람들은 회사의 이사나 홍보팀장, 영업사원 등의 직업선택에 유리하다.

관습형의 사람들은 매사에 정확하고 빈틈이 없으며, 세밀하고 계획적이다. 비교적 변화를 좋아하지 않으며, 보수적이고 완고하며 책임감 강한 성격적 특성을 지니고 있다. 자료를 기록하고 정리한다거나 조직하는 일을 잘하고, 사무적·계산적 능력을 발휘하는 일을 좋아한다. 하지만 이들은 창의적이고 자율적이며 모험적인 비체계 활동을 싫어하며, 예술적이거나 상상적인 능력에서는 다소 뒤떨어지는 능력을 보인다. 이 유형의 사람들은 공인회계사, 경제 분석가, 은행원, 세무사, 경리 직원, 감사원, 안전 관리사, 사서, 법무사 등의 직업선택에 유리하다.

홀랜드(Holland)의 육각형 모형을 그림으로 나타내면 다음과 같다.

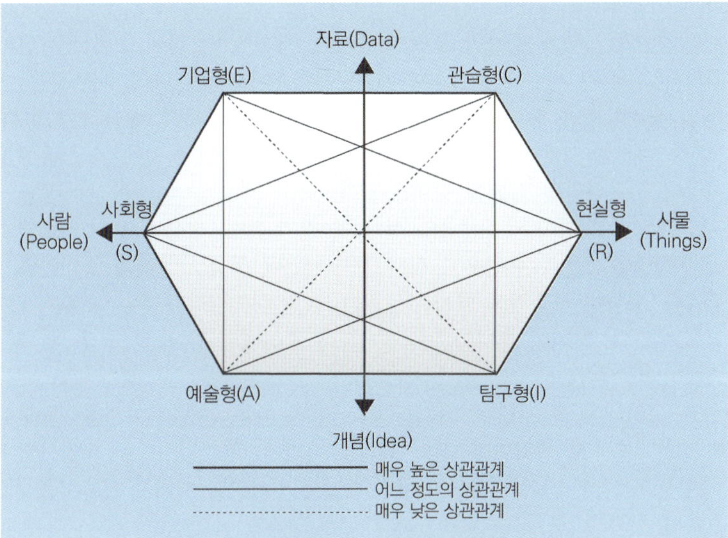

▌그림 5-2▐ 홀랜드(Holland)의 육각형 모형

일반적으로 직업선택에 영향을 주는 요인으로는 성격, 능력, 흥미, 적성, 가치관 등을 말하는데, 다음의 사례에서 그 내용을 확인할 수 있다.

성격과 흥미를 제대로 파악하자

직업을 선택하는 첫 번째 기준은 '성격'이다. 자신의 성격을 객관적으로 알고 있으면 '나는 이런 점에서 뛰어나'라는 자신감을 가질 수 있고, 그런 장점을 잘 살려 직업을 택할 수 있다. 단점 또한 잘 파악하고 있다면 꾸준히 자신을 점검하면서 좋은 결과를 얻을 수도 있다. 흔히들 활발한 사람은 '외향적', 비교적 조용한 사람은 '내향적'이라고 말한다. 하지만 성격이란 그렇게 간단하게 구분할 수 있는 것이 아니기 때문에 성격을 구체적으로 파악하는 것이 중요하다.

직업선택에 있어서 고려해야 할 사항은 능력이다. 물론 여기서 능력이란 지식과 기술을 포함하는 능력으로, 자신의 능력에 맞는 일에 대해 자신감과 성취감을 얻어 스스로 일에 대한 동기를 키워 나가기 때문이다.

'흥미'는 직업선택에 있어 중요한 고려 사항이다. 특히 어떤 일에 있어서 자신의 흥미 여부에 따라 결과에 큰 차이가 있기 때문에 자신의 흥미를 찾아 개발하는 일은 매우 중요하다. 직업 심리학자인 존 홀랜드는 직업흥미를 현실적, 탐구적, 예술적, 사회적, 진취적, 관습적 등 여섯 가지로 구분했다. 자신이 여섯 가지 중 어떤 것에 가장 흥미를 나타내는지 파악해 직업선택에 참고할 필요가 있다.

직업을 선택할 때 '적성이 맞아야 한다'는 말을 많이 한다. 적성에 맞지 않으면 대학을 다시 가거나 직업을 그만두는 경우가 적지 않기 때문에 적성도 성격과 흥미만큼 중요한 고려 사항이다. 적성이란 숨겨진 재능을 말한다. 적성검사 결과가 흥미와 맞지 않는다고 실망할 필요는 없다. 자신이 흥미와 적성을 둘 다 고려해 가장 적절한 직업을 결정하는 일이 중요하기 때문이다.

마지막으로 고려해야 할 사항은 '가치관'이다. 어떤 이는 인생의 가치를 '출세'로 생각하고 어떤 이는 '봉사'로 생각한다. 삶의 가치를 어디에 두고 있느냐는 직업선택에 있어서도 큰 영향을 미친다. 따라서 자신이 어떤 직업적 가치관을 지니고 있는지를 파악하는 일이 중요하다.

누구나 자신이 하고 싶은 일을 하면서 살지는 않는다. 하지만 자신이 하고 싶은 일이 무엇인지조차 모르고 사는 것은 삶을 더욱 낭비하는 일이다. 미리 성격과 흥미, 적성과 가치관 등을 고려해 자신이 지닌 이상적인 직업을 찾을 수 있도록 노력할 필요가 있다. 미래를 설계하는 과정 그 자체만으로도 자신의 생활에 긍정적인 변화를 가져다주기 때문이다.

출처: 세계일보(2012. 5. 6)의 자료를 중심으로 재구성함.

2) 홀랜드의 직업흥미 검사

홀랜드의 직업흥미 검사는 가치와 기술로 구분되어 있다. 직업선택에 있어서 자신이 중요하게 생각하는 가치가 무엇인지에 대한 검사와 자신이 잘

할 수 있는 능력과 관련된 기술로 된 문항으로 구분되어 있다. 두 분야에 대한 검사결과를 종합하여 여섯 개의 직업유형, 즉 현실형, 탐구형, 예술형, 사회형, 진취형, 관습형에 따라 유형별로 총점을 산출한 결과를 가지고 직업흥미를 판단한다. 구체적인 홀랜드 직업흥미 검사문항을 직업흥미 가치와 직업흥미 기술로 구분하여 제시하면 다음과 같다.

(1) 직업흥미 - 가치

홀랜드의 직업흥미 검사에서 직업흥미의 가치문제를 조사하기 위한 검사문항으로는 다음과 같은 것들이 있다.

※여기서는 자신이 일을 하는 데 있어서 중시하는 내용이거나 직업을 선택하는 데 있어서 중요하게 생각하는 가치가 있다면 해당란에 모두 ☑표 하시오.

유형 구분	문항	점수	소계
현실형(R)	몸을 움직이면서 하는 일을 중시한다.		
	일을 할 때 손을 사용하는 일이 좋다.		
	기준에 정확하게 맞추어 하는 일을 좋아한다.		
	직업의 결과를 보고 선택한다.		
	바깥에서 하는 일을 선택한다.		
탐구형(I)	내가 스스로 조직해서 하는 일을 좋아한다.		
	내가 가진 지식으로 인정받을 수 있는 일을 선택한다.		
	해당 분야에 새로운 지적 정보를 부여할 수 있는 일을 선택한다.		
	수준 높은 기술을 발휘할 수 있는 일을 선택한다.		
	복잡하고 어려운 직업에 임한다.		
예술형(A)	아이디어를 표현하고 글로 쓰는 일을 선택한다.		
	나의 독창성을 표현하는데 자유로운 일을 택한다.		
	학문 혹은 예술과 관련된 일을 선택한다.		
	새로운 아이디어나 프로그램 등을 창조해 낼 수 있는 일을 우선시한다.		
	내 삶과 라이프스타일에 개인적 자유를 지닐 수 있는 일을 선택한다.		
사회형(S)	타인을 직접적으로 돕는 일을 좋아한다.		
	세상의 복지에 기여할 수 있는 일을 선택한다.		
	내가 하는 일로 세상이 변화될 수 있는 일을 우선시한다.		
	자기계발의 기회가 있는 직업을 선택한다.		
	타인과 공동의 목표를 갖고 일할 수 있는 일을 택한다.		

유형 구분	문항	점수	소계
진취형(E)	누구보다도 나는 빠르게 앞서 나갈 수 있다.		
	결정을 주도하는 지위에 있을 수 있는 일을 중시하여 선택한다.		
	높은 수준의 삶을 살 수 있는 것에 중점을 두어 선택한다.		
	타인의 행동에 영향력을 미칠 수 있는 일을 선택한다.		
	타인에게 강한 인상을 주고, 존경받고, 지위가 있는 일을 선택한다.		
관습형(C)	책임을 지고 의무를 다할 수 있는 일을 중시한다.		
	세세한 주의가 필요한 일을 완수하는 일을 선택한다.		
	안정적인 직장에서 일할 수 있는 직업을 선택한다.		
	업무가 분명한 일을 선택한다.		
	규칙적으로 일하고, 일정량의 일할 수 있는 직업을 선택한다.		

(2) 직업흥미 - 기술

홀랜드의 직업흥미 검사에서 직업흥미의 기술문제를 조사하기 위한 검사문항으로는 다음과 같은 것들이 있다.

※여기서는 자신이 잘 할 수 있는 능력이 있는 것에 대해 기술한 단어나 문장이 있는 항목을 찾아 해당란에 모두 ☑표 하시오.

유형 구분	문항	점수	소계
현실형(R)	운동을 잘하고, 신체를 잘 조절하며, 민첩하다.		
	사물이나 구조를 만들고 배열하는 것을 잘한다.		
	숙련된 손재주가 있거나 기구를 다루는 데 능숙하다.		
	자동차나 기계, 전자 제품을 잘 다룬다.		
	기계나 장비를 잘 다루고 고치는 일을 잘한다.		
	자연 속에서 일하는 농림 수산업의 일을 잘한다.		
탐구형(I)	논리적이고, 분석적이고, 점검하고, 문제를 해결한다.		
	생각하고, 적용하고, 발전시키고, 가설을 세우고, 발견한다.		
	가치를 평가하고, 테스트하고, 진단하고, 검증한다.		
	관찰하고, 숙고하고, 공부하고 인지한다.		
	관련 문헌을 읽고, 연구하고, 조사한다.		
	종합하고, 통합하고, 아이디어를 생산한다.		

유형 구분	문항	점수	소계
예술형(A)	웃기고, 신나게 하고, 노래하고, 춤추고, 연기한다.		
	직관적으로 인지하고, 감각적으로 느끼고, 통찰력을 보여 준다.		
	사진을 찍고, 장식하고, 그림을 그리고, 조각하는 예술적 능력을 사용한다.		
	상상하고 아이디어를 창출해 내고, 설계하는 창의력을 사용한다.		
	노래하고, 작곡하고, 악기를 다루는 음악적 능력을 사용한다.		
	글을 쓰고, 편집하고, 번역하고, 통역하고, 비평한다.		
사회형(S)	타인을 돌보고, 치유하고, 봉사하며, 재활할 수 있게 한다.		
	타인을 상담해 주고, 코치해 주고, 안내해 주고, 이야기를 들어준다.		
	모임을 주최하고, 타인을 편안하게 해주고, 손님을 따뜻하게 대접한다.		
	사회적이고 오락적인 집단 이벤트를 계획한다.		
	문제를 해결하고 사람을 중재하고 연락을 취한다.		
	집단을 가르치고, 훈련시키고, 설명한다.		
진취형(E)	일에 있어서 목표와 우선순위를 정하고, 계획하고 결정한다.		
	충고하고, 상담해 주고, 조정하고, 영향력을 미친다.		
	일의 시작에 앞서고, 참가하고, 변화를 만든다.		
	사람들을 관리하고, 지시하고, 감독하고, 동기를 부여한다.		
	상대와 협상하고, 믿음을 주고, 촉진시키고, 설득한다.		
	대중 앞에서 연설하고, 토론하고, 지지하고, 설명한다.		
관습형(C)	숫자와 관련한 데이터를 계산하고, 예산을 짜고, 조직화한다.		
	세부 사항을 다루고, 복사하고, 점검하고, 고쳐 쓴다.		
	숫자를 계산하고, 어림잡고, 비교하고, 기록한다.		
	수리적인 정보를 예측하고 평가하고 견적을 낸다.		
	실행하고, 모니터링하고, 조정하고, 처리하고, 계획한다.		
	정보를 구성하고, 항목별로 정리하여 묶고, 업데이트하고 정돈한다.		

구분	현실형	탐구형	예술형	사회형	진취형	관습형
직업흥미 – 가치						
직업흥미 – 기술						
총점						

출처: 조성연 · 문미란 · 송선희(2012). 진로 솔루션 워크북. 서울: 학지사. pp. 108-111.

3. 다중지능과 잠재능력

인간의 지적 능력을 대표하는 심리적 구인인 지능은 보는 관점에 따라서, 또는 활용하는 측면에 따라서 다양하게 해석된다. 전통적인 지능 이론에서는 학교 학습에서 주로 요구되는 언어적 능력과 논리·수학적 능력은 선천적으로 타고난 고정된 특성으로 보고, 학교 학습에서 지능이 성공을 좌우하는 중요한 능력의 하나로 간주해 왔다. 그리고 이러한 능력은 종래의 지능검사에 의해 측정하고 검사결과 나타난 개인차에 근거하여 사람을 분류, 선발, 배치하는 데 활용해 왔다. 그러나 최근에는 지능을 일반적인 학습 능력 외에 사회적 지능, 개인 내 능력, 개인 간 능력, 예술적 능력 등과 같이 개인이 처한 상황 속에서 발휘되는 다원적인 것으로 개념화하고(Gardner 1983, 1991; Stemberg, 1985), 사회·문화적 환경에서 가치 있는 모든 행동들을 지능의 개념 안에 포함시키고 있다는 점에서 큰 차이를 보이고 있다.

1) 다중지능이란?

최근 들어 인간의 지능은 후천적으로 길러지는 역동적이고 변화 가능한 능력이라고 본다. 따라서 인간의 지능은 교육을 통해 향상시킬 수 있다고 보고 있으며, 이러한 관점을 취하고 있는 지능 이론이 바로 하버드 대학의 심리학 교수인 가드너가 제창한 다중지능 이론이다. 가드너(H. Gardner)는 지능을 사회 속에 직면해 있는 문제를 해결하는 지적 능력이며, 풍부한 환경과 상황에서 그 문화권이 가치를 두고 있는 산물을 창조하는 능력으로 정의한다. 가드너(H. Gardner)의 다중지능 이론은 지능이 단일하다는 전통적인 사고에서 벗어나 사회 속에 직면해 있는 문제를 해결하고 창조하는 다원적인 시각에서 접근하고 있다. 즉, 지능을 단일한 요인으로 보는 스피어만(Spearman)의 개념이나 지능검사를 실시하여 나타난 능력을 통해 지능을 측정하는 심리측정방법이 인간의 지적 행동에 결정적인 영향을 주는 정서나 사회적 측면을 고려하지 못하고 있다는 점에 비판하면서, 인간의 지능이란 다양한 측면으로 구성되어 있을 뿐 아니라 각 개인도 서로 다른 인지능력 및 인지 유형을 지니고 있다고 믿는다(박효정 외, 2006).

가드너(Howard Gardner)는 전통적인 지능 이론이 언어적 지능과 수학적 지능만을 평가한 후 그것을 개인의 일반적인 지능으로 인정하는 것에 대해 반박하고 있다. 그는 20세기의 교육혁신 중 최악의 것은 IQ 테스트라 보고 지능 테스트는 사람들이 가지고 있는 '모든' 능력을 테스트하는 것이 아니라, '한정된' 능력만을 테스트한다고 비판하였다. 또한 IQ 테스트는 사람의 지능지수가 태어나면서부터 고정된다는 그릇된 관념을 사람들에게 심어주었다고 보았다. IQ 테스트의 가장 큰 오류는 '논리성'과 '일반적 지능'을 혼동하는 것이라고 보았다. 즉, IQ 테스트는 언어능력과 일반적인 능력을 혼동하고 있다.

가드너(H. Gardner)는 모든 사람들은 적어도 일곱 가지의 다중지능을 가지고 있으며, 그 지능들은 명백히 구별되는 지능 영역으로 되어 있다고 보았다. 서로 독립적이기 때문에 한 영역의 지능이 높다고 해서 다른 영역의 지능이 높을 것으로 예언하기는 어려울 뿐만 아니라, 어느 특정 지능의 우수성을 논할 수 없다고 지적하였다. 가드너가 제시한 일곱 가지 지능은 두뇌의 일정 부분을 차지하고 있다. 즉, 두뇌의 지능은 언어 지능, 논리·수학 지능, 공간 지능(시각적 지능과 공간적 지능을 하나로 봄), 예술 지능, 신체·운동 지능, 대인관계 지능, 개인 이해 지능으로 이루어져 있다고 주장해 왔다. 최근에는 자연주의적 측면의 자연친화 지능과 실존 지능을 추가하여 아홉 가지 지능을 주장하기도 한다(유광찬, 2005).

다중지능 이론에 따르면 인간은 누구나 한 영역 이상의 지능에서 발달적 특성을 보인다. 따라서 내가 어떤 지능적 영역에서 남다르게 발달한 측면이 있는지를 분석하고 찾아보는 일은 매우 중요하다. 나에게 발달된 지능적 영역은 남달리 재능을 보이고 뛰어난 잠재적 소질을 보유하고 있기 때문이다. 그동안 다중지능에 대한 관심의 소홀로 많은 사람들이 자신이 타고난 재능 영역과 무관한 다른 분야를 개발하려 노력하고 시간적·경제적으로 많은 투자를 해 왔다. 자신의 잠재능력을 찾아 보다 효율적이고 합리적인 능력 계발을 위한 노력이 필요하다.

앞에서도 언급한 것처럼 최근에 와서는 가드너의 다중 이론에 자연친화 지능을 추가하여 여덟 가지의 지능 요소로 확대하여 설명한다. 일곱 가지 지능에 자연친화 지능과 실존 지능을 포함하여 아홉 가지의 지능을 주장하기도 하지만, 대체로 자연친화 지능을 포함한 여덟 가지의 지능을 학문적으로 수용하는 경향이다.

자연친화 지능은 자연현상에 대한 유형을 규정하고 분류하는 능력을 말한다. 원시사회에서는 어떤 식물이나 동물을 먹을 수 있는지를 그들의 자연친화 지능에 의존하여 알아냈다. 현대사회에서는 기후 형태의 변화에 대한 감수성과 같은 것이 자연친화 능력을 잘 나타내 주고 있다. 자연친화 지능이 높은 사람은 영화에 나오는 타잔처럼 자연친화적이고 동물이나 식물을 채집하기를 좋아하며 이를 구별하고 분류하는 능력이 뛰어나다. 산에 가더라도 나뭇잎의 모양이나 크기, 지형 등에 관심이 많고 이들을 종류대로 잘 분류하기도 한다(조성연 외, 2012). 이와 같은 다중지능 이론의 내용을 관련된 지능 영역과 연계하여 표로 나타내면 다음과 같다.

표 5-3 다중지능 이론에 의한 지능 영역

구분 / 영역	핵심 요소	상징체계	관련 직업 분야	신경 체계
언어 지능	단어와 언어의 음, 구조, 의미, 기능에 대한 민감성	음성언어 (예: 영어)	작가, 연설가	좌측두엽과 전두엽
논리·수학 지능	논리적 또는 수리적 패턴에 대한 민감성과 그 패턴들을 구별할 수 있는 능력, 길게 연결된 추론을 다룰 수 있는 능력	추리, 컴퓨터 언어	과학자, 수학자	두정엽의 좌측 우반구
공간 지능	시각적·공간적 세계를 정확하게 지각하고 자신의 처음 지각을 변형할 수 있는 능력	상(Image)과 그림, 표의 언어 (예 : 중국어)	미술가, 건축가	우반구의 후반구
신체·운동 지능	자신의 신체 동작을 통제하고 물건을 능숙하게 다룰 수 있는 능력	몸짓 언어	운동선수, 무용수, 조각가	소뇌, 기저핵, 운동 피질
예술 지능	리듬, 음정, 음색을 낼 수 있고 감지할 수 있는 능력, 음악적 표현 형식에 대한 감상, 상황과 사물을 이용한 창조능력	리듬과 멜로디 등 음악 표기 체계, 예술적 구성체계	작곡가, 연주가, 화가, 예술가	우측두엽

영역 \ 구분	핵심 요소	상징체계	관련 직업 분야	신경 체계
대인관계 지능	다른 사람의 기분, 기질, 동기, 바람을 구별하고 그것에 적절하게 반응할 수 있는 능력	사회적 단서 (몸짓, 표정)	카운슬러, 정치 지도자	전두엽과 측두엽, 변연변계
개인이해 지능	자신의 감정에 접근하고 자신의 정서를 구별할 수 있는 능력, 자신의 강점과 약점에 대한 지식	자아에 대한 상징(예 : 꿈과 예술작품에서)	심리치료사, 종교지도자	전두엽, 두정엽, 변연계
자연친화 지능	꽃, 나무, 반려동물 보호 능력, 자연과 환경에 관한 이해 능력, 산에 오르거나 자연현상이 있는 곳에 가 보고 그 경험을 기록하는 능력	자연현상 체계에 대한 이해	식물·동물·생물·천문·조류학자, 수의사, 조리사, 원예가, 농장 운영자	전두엽과 우측두엽

2) 다중지능의 패턴

최근 한국 MI연구소 소장인 정효경(2008)은 자신의 저서에서 우리로 하여금 어떤 직업을 결정하도록 유도하는 요소들이 '의사결정 유발 요소'라며 우리 안에는 다양한 의사결정 유발 요소가 숨어 있는데, 그중에서 특히 중요한 요소가 'MI 패턴', 즉 다중지능의 패턴이라고 주장하며, 다중지능에서 나타나는 스페셜리스트의 패턴을 주장하였다. MI는 'Multiple Intelligences'의 약자로 '다중지능'을 의미한다. 'MI 이론'은 앞서 설명한 바와 같이 미국 하버드대학 교수인 하워드 가드너(H. Gardner)가 주창한 지능 이론으로, 가드너(H. Gardner)는 인간의 지능은 모두 일곱 가지가 있으며, 계발 여하에 따라 크게 달라질 수 있다는 주장이다. 정효경(2008)은 이러한 가드너(H. Gardner) 이론을 발전시켜 아홉 가지 MI를 직업을 수행할 수 있는 핵심 능력으로 규정하고, 아홉 가지 MI로 논리 수리 지능, 언어 지능, 대인관계 지능, 공간 지능, 예술 지능, 신체 지능, 자연탐구 지능, 봉사 지능, 감각 지능 등을 제시하였다.[2] 정효경(2008)에 의하면 모든 사람은 이들 아홉 가지 지

2) 다중지능 요소를 논리 수리 지능, 언어 지능, 대인관계 지능, 공간 지능, 예술 지능, 신체 지능, 자연탐구 지능, 봉사 지능, 감각 지능 등으로 구분한 것은 정효경(2008)의 주장이다. 앞에서도 언급한 바와 같이 관련 학회를 비롯한 다중지능 연구기관에서는 일반적으로 가드너의 일곱 가지 지능에 자연친화 지능을 포함한 여덟 가지 지능을 수용하고 있다.

능을 갖고 있으며, 단지 어떤 지능이 강하거나 약한 '차이'가 있을 뿐이라고 주장하고, 자신이 강한 지능을 적극 계발, 활용하는 것이 직업선택의 왕도라고 말하고 있으며, 아홉 가지 MI에 따라 'MI 패턴'을 다섯 가지 유형으로 나누고 있다. 그는 '자신의 MI 패턴을 분석하는 것이 직업선택의 출발점'이라고 주장하면서, 'MI 패턴 분포도와 함께 자신의 MI 가운데 가장 강한 것과 약한 것이 무엇인지 반드시 알아두어야 한다'고 강조한다.

정효경에 의하면 사람마다 각기 다른 스페셜리스트의 패턴을 가지고 있다. 스페셜리스트의 패턴이란 아홉 가지 지능 간의 편차로 이루어지는 분포 형태에서 나오는 것인데, 아홉 가지 지능의 편차에서 한두 가지가 아주 높은 분포 형태를 보이고 기타 다른 지능들이 아주 낮으며, 대인관계 지능이 중간이거나 약간 낮은 경우의 분포를 보이는 등 각기 다른 특성을 보인다는 것이다. 이럴 경우에 여러 지능 중 높게 나타난 지능 한두 가지가 무엇이냐에 따라 이를 집중적으로 계발하면 그 지능이 나중에 상대적으로 상당히 높아질 수 있다는 것이다. 따라서 어떤 지능적 구조 양상을 보이느냐에 따라 정효경은 다음과 같이 다섯 가지 유형의 패턴으로 구분하고, 이를 계발하여 직업적 선택과 연결할 것을 주장하고 있다(정효경, 2008).

(1) 스타형 패턴

아홉 가지 MI 중에서 한 가지 지능이 아주 높고 아울러 대인관계 지능도 매우 높은 유형의 사람이다. 이 유형은 자신의 전문 분야에서 두각을 발휘할 수 있는 재능을 가지고 있을 뿐만 아니라 인간관계도 뛰어나 그 분야의 리더(leader)로 부상할 확률이 높다. 스타형 패턴을 가진 사람은 의사, 변호사 등 개인능력이 중시되는 전문직에서 시작하더라도 나중에는 종합병원 원장이나 대형 로펌 대표 등 조직의 리더로 성공을 거두는 경우가 많다.

(2) 스페셜리스트 패턴

논리 수리 지능이 매우 높거나 한 가지 전문적인 분야의 지능이 아주 뛰어난 데 비해, 대인관계 지능은 그다지 높지 않은 유형이다. 이 유형은 커리어를 선택할 때 강하게 타고난 지능을 핵심 능력으로 활용하는 게 유리하다. 예를 들어, 스페셜리스트 유형 중에서 논리 수리 지능이 아주 높은 사람은 의사, 법률가, 교수 같은 전문직에 종사하는 게 적합하고, 신체 지능이 뛰어난 사람은 운동선수나 무용가 등 자신의 몸을 활용할 수 있는 직업에 종사하는 게 좋다.

(3) 제너럴리스트 패턴

제너럴리스트 패턴의 유형은 MI 간의 편차가 적고 대부분의 지능이 중간 정도인 사람이다. 이들은 특별히 뛰어난 지능은 없지만 대인관계 지능만은 중간 이상으로 나타난다. 제너럴리스트 유형은 일반적으로 여러 지능이 골고루 필요한 업무에 적합하다. 교사, 기자, 방송사 PD와 같이 여러 가지 역량을 다양하게 사용하는 분야가 좋고, 기업 분야에 진출한다면 마케팅, 홍보, 인사, 총무, 기업 교육 같은 직종이 유리하다.

(4) 스타형 제너럴리스트 패턴

제너럴리스트 유형 중에서도 특히 대인관계 지능이 높은 사람을 가리킨다. 이들 중에서도 대인관계 지능과 봉사 지능, 신체 지능이 뛰어나 승부욕이 강한 경우에는 영업본부장 같은 임원급으로 성장할 확률이 높고, 나아가 영업 전문 최고 경영자(CEO)로 성공을 거둘 수 있다. 대인관계 지능이 우수하고 전반적으로 무난한 지능을 가진 사람은 영업이나 업무 지원 부서에서 일하는 게 좋다.

4. 자아개념

자아개념(自我概念)은 자기와 타인의 관계에서 자신에 대한 인식, 즉 자신의 성격이나 능력, 특징 등을 이해하는 것을 말한다. 자아개념은 사회적인 맥락 속에서 스스로가 자신에 대해 갖는 인식 개념이다. 자아개념은 스스로에 대해 '나는 누구인가?'를 이해하는 것이며, 자신에 대한 정체성을 확립해 나가는 것을 말한다.

1) 자아개념의 의미

인간은 자신이 가지고 있는 생각들을 하나로 조직화하여 스스로의 자아를 만들어 내는 특성을 지니고 있다. 이처럼 사람들이 자신에 대해서 모종의 이미지를 형성하여 만들어진 것을 자아개념이라고 한다. 따라서 자아개념(自我概念, Self-Concept)은 유아에서 성인에 이르기까지 발달 단계별로 자아개념의 발달시기에 맞춰 형성해 나가며, 사회적인 맥락 속에서 지니게 되는 능력, 태도, 느낌을 포함한 자신에 대한 모든 주관적인 인식 개념을 말한다. 일반적으로 자아개념은 긍정이나 부정과 같이 양극으로 연결된 연속성의 성질이다. 즉, 자아개념은 자아에 대한 객관적, 주관적 견해를 말하며 크게 긍정적인 개념과 부정적인 개념으로 구분한다(Burness E. Moore & Bernard D. Fine, 2006). 자아개념은 자신의 신체적 특징, 개인적 능력, 특성, 가치관, 역할, 흥미, 사회적 지위 등을 포함한 '나'는 누구인가에 대한 인식이라고 볼 수 있으며, 인간의 신체적, 정신적, 사회적 요소로 구성된 통합적 구조를 이루고 있다. 따라서 자아개념에는 자신의 신체적 용모, 성격특성, 가치관, 태도, 흥미 등에 관한 것은 물론이고, 능력, 직업에 관한 것 등도 모두 포함된다.

자아개념은 학문별, 학자별로 다양하게 정의되고 있으나 심리학에서는 인간행동을 움직이는 핵심적인 특성을 자아개념으로 보고 있다. 개인이 지닌 자아개념이 어떠한가에 따라 행동이 결정된다고 보는 것이다. 자아개념(self-concept)과 자아존중감(self-esteem)은 흔히 혼동되어 쓰는데, 이는 서로 다른 개념으로 구분된다. 자아개념은 자신에 대한 인지적인 견해인 데 반해 자아존중감은 스스로에 대한 정서적인 측면의 평가이다. 즉, 자아존중감은 자신의 가치에 대해 판단하고 그것으로 인해 스스로 느끼는 감정이다(김초록, 2017). 따라서 자아개념은 개인이 경험하는 것을 어떻게 지각하는가를 바탕으로 삶의 전반에 걸쳐 변화와 재구성을 반복하는 역동적인 특성을 보여주는 것이라 할 수 있다.

2) 자아개념 형성의 중요성

자아개념(self-concept)은 한 개인이 자신에 대하여 형성하고 있는 견해이다. 자아개념은 크게 긍정적인 자아개념과 부정적인 자아개념으로 나누어 볼 수 있는데, 자신의 능력, 성격, 신체적·외모적 특성, 행동경향 등을 종합적으로 포괄하며 이에 대한 스스로의 생각이 긍정적이냐, 아니면 부정적이냐에 따라 자아개념을 형성하게 된다. 내용에 따라서는 신체적 자아개념, 사회적 자아개념, 학업적 자아개념 등으로 나누기도 한다. 청소년기에는 자신의 성격, 가치관, 능력 등에 관심을 가지고 자아정체감을 확립해 나가면서 자아개념을 형성하게 된다. 이 시기에 형성된 자아개념은 학교 내에서의 다각적인 학업성취의 향상 정도와 관련이 있으며, 장기적으로는 졸업 후 사회구성원으로서 자신의 역량을 발휘하는 정도에도 영향을 미치게 된다. 이러한 이유로 자아개념은 교육 분야에서 학생의 학업성취에 미치는 중요한 변인으로 규정하고 지속적으로 연구되고 있다. 보통 사회적으로 타인과의 비교 경험이 부족하고 부모로부터 높은 지지를 받는 유년기에는 높은 자아존중감과 긍정적인 자아개념을 지닌다. 그러나 성장과정에서 다른 사람들의 상호작용과 또래와의 비교를 통해 자신의 수행을 비교적 정확하게 평가할 수 있게 되면서부터 보다 현실적인 자아개념을 갖게 된다. 즉, 자아개념은 실패의 경험으로 인해 시간이 지날수록 부정적으로 변하는 경향을 보인다.

자아개념이 부정적인 학습자의 경우 성공과 실패를 내면화하는 경향이 있지만, 자아개념이 긍정적인 학습자는 성공만 내면화하고 실패는 내면화하지 않는다고 한다(Fitch, 1970). 즉, 부정적인 자아개념을 지닌 사람은 위기상황에서 위축감과 무기력감을 쉽게 느끼는 반면, 긍정적인 자아개념을 지닌 사람은 성공에 대한 자신의 능력에 믿음이 있기 때문에 문제해결에 대한 높은 욕구를 지니고 있어 높은 학습동기를 유발하게 되며 결과적으로는 학업성취 향상에 도움을 준다는 것이다. 나아가 긍정적인 자아개념을 지닌 사람은 높은 자존감의 형성으로 개인이 일생 동안 경험하는 다양한 문제 상황에서 자신의 감정을 균형 있게 조절하고 보다 효과적으로 대처할 수 있다고 한다. 이와 같이 긍정적인 자아개념의 형성은 학생의 단기적인 학업성취 향상에 도움을 줄 뿐만 아니라, 졸업 후에도 사회 속에서 보다 능동적으로 문제를 해결하고 자신의 역량을 발휘하는 데에 큰 영향을 미친다는 점이 학교교육에서 중요하게 다루어야 하는 문제이다(김초록, 2017).

자아개념은 앞에서도 언급한 바와 같이 자신의 능력과 가치에 대한 생각, 감정 및 태도를 말하며, 일반적으로 긍정적 자아개념과 부정적 자아개념으로 구분한다. 긍정적 자아개념은 자신을 유능하고 가치 있다고 인식하며 자신을 신뢰할 수 있는 존재라고 인식하는 것을 말하지만, 부정적 자아개념은 자신을 무능하고 가치 없다고 인식하며 자신을 믿을 수 없는 존재라고 인식하는 것을 말한다. 어떤 일을 수행해 내는 데 있어서 자신의 역할이나 행동 수행에 대한 긍정적인 자아개념을 지니고 행동하는 것은 목표달성에 대한 성공여부에 커다란 영향을 미친다. 그만큼 자신의 역할수행과 관련하여 긍정적인 자아개념을 갖는 것이 매우 중요한 일이다.

3) 자아개념의 범주

자아개념은 다차원적일 뿐만 아니라 위계적이며 잠재성을 지니고 있다. 또한 자아개념은 유일무이한 특성을 지니고 있어 한 개인의 행동과 관련지어진다. 그러나 자아개념은 우리가 어떻게 행동하는지에 영향을 줄 수는 있으나, 우리의 행동을 지배하지는 않는다. 취르허(Zurcher, 1977)는 자아개념을 4개의 범주로 구분하여 범주의 특성을 다음과 같이 설명하고 있다(송인섭, 2000).

첫째, 신체적 자아개념이다. 신체적 자아개념은 신분증명서에서 발견되는 물질적 속성들과 기타 정보를 포함한 자아개념을 말한다. 예를 들면 “나는 남자다”, “나는 키가 175cm이다”와 같은 것이다. 자아개념에 대한 이와 같은 정보는 표준척도, 혹은 척도로 볼 수 있을 뿐, 사회적 상호작용과는 관련이 없다는 점이 특징이다.

둘째, 사회적 자아개념이다. 사회적 자아개념은 사회적으로 정의되고 사회적 관계가 포함된 자아개념을 말한다. 예를 들어 "나는 아버지이다", 혹은 "나는 등반가다"와 같이 사회적 맥락 속에서 수행에 의존하며, 행동에 대한 규준을 갖고 있는 것이 사회적 자아개념이다. 사회적 자아개념에는 사회적 행동에 대한 구체적인 내용을 포함한다는 점이 특징이다. 사회적 자아개념은 다른 사람이 자신을 어떻게 보느냐에 따라 자신을 평가하는 개념을 담고 있다.

셋째, 반성적 자아개념이다. 반성적 자아개념은 사회적 상황들을 초월하여 추상적인 개념들로 이루어진 자아개념이다. 예를 들면, "나는 행복한 사람이다", "나는 음악을 좋아한다"와 같이 개인에 따라 판단의 기준이 다를 수 있을 뿐만 아니라, 그 열정 또한 다양화되어 있는 결과에 의해 만들어진 자아개념이다. 즉, 반성적 자아개념은 각자의 판단 준거에 의한 행동양식들의 묘사라고 볼 수 있다.

넷째, 대양 자아개념이다. 대양 자아개념은 일반적이고 포괄적인 개념으로 광범위한 범위를 묘사하고 있다는 특성이 있다. 즉, 표현된 범위가 너무 포괄적이어서 사회적으로 의미 있는 차이가 없다는 점이다. 예를 들면 "나는 살아 있는 개체다", "나는 모든 사람이 가장 잘 되기를 원하는 사람이다"와 같이 표현된 것을 말한다.

4) 자아개념의 일반적 특성

자아개념이란 자신에 대한 총체적 지각으로 한 개인이 자신의 신체, 행동, 능력 등에 대해 지니고 있는 가치, 신념, 견해이며 상황에 대한 지각과 환경과의 상호작용을 통해 형성된다. 자아개념이 지니고 있는 일반적인 특성은 다음과 같다.

첫째, 자아개념은 비교적 안정적이다. 개인에게 형성된 자아개념은 비교적 안정적이고 지속적인 특성을 갖는다. 초마다 다른 속성을 보인다거나, 존재와 사라짐을 반복하는 것과 같은 불안정한 상태가 아니라, 항상 거기에 있는 것과 같은 경향을 보이고 거기에 존재하는 것이 합당한 것처럼 보이는 안정성을 지니고 있다.

둘째, 자아개념은 바뀔 수 있다. 자아개념은 시간상으로는 동일한 경향을 보이지만, 불변한 정적인 존재는 아니다. 사람들의 경험과 생각이 끊임없이 변화하는 것처럼 자아개념도 항상 동일하지 않다. 끊임없이 변화 가능한 것이다. 우리 사회가 변화할 때도 처음에는 낯설고 적응하기 어려운 것으로 간주되었던 것들이 시간이 지나면서 자연스럽게 여겨지는 것처럼 자아개념도 시간의 흐름에 따라 자연스럽게 변화 가능한 것이다.

셋째, 자아개념은 확산에 한계가 있다. 자아개념은 한 개인이 지니고 있는 특성으로 작동하는 인지 구조이지, 실험실에서 격리해 낼 수 있는 하나의 요소가 아니다. 즉, 자아개념은 개인의 정서적 특성이나 아이디어의 영향, 자신을 생각하는 방식에서 문화의 영향 등 다양한 요소에 의해 작동하는 것으로 환경적 영향에 있어서 한계성을 받는 것처럼 자아개념의 확산에도 한계가 있다.

넷째, 자아개념과 자존감에는 차이가 있다. 자아개념은 자부심과 동일하지 않다. 자아개념은 자신을 설명하는 데 주로 사용하지만, 자부심은 자신을 가치 있게 평가하는 것을 말한다. 즉, 자아개념이 자신을 바라보는 인지적 측면을 지칭한 것이라고 한다면, 자부심은 스스로가 자신을 판단하는 정서적 요소에 속하는 이유가 있음을 말하는 것이다. 하지만 자아개념과 자부심이 모두 주관적이고 사적인 것이라는 점에서는 공통적이다.

다섯째, 자아개념은 환경에 민감하다. 자아개념은 환경과 유일한 관계에 있다. 따라서 환경에 변화를 줌으로써 우리가 행동하고 행동하는 방식에 영향을 미칠 수 있다. 자아개념도 유전자와 환경 사이의 상호작용에 의해 발생하는 역동적인 관계를 유지하고 있어, 우리가 경험과 습관의 변화를 통해 변화시킬 수 있다.

5) 자아개념 형성에 영향을 미치는 요인

자아개념을 형성하는 데 있어서 영향을 미치는 요인으로는 선천적 요인,

가정환경 요인, 부모 요인, 교육적 요인 등을 들 수 있으며, 구체적인 내용은 다음과 같다.

(1) 선천적 요인

개인의 자아개념은 환경적 요인에 의해 영향을 받는다고 하지만, 온전히 환경적 요인에만 근거하지는 않는다. 즉, 태어날 때부터 선천적으로 지니고 있는 요인이 없지 않다. 즉, 개인이 선천적으로 타고난 성별, 종족, 기질 그리고 개인이 지닌 지적, 사회적, 정서적 발달의 잠재성 등이 자아개념의 형성에 생득적 요인으로 작용하여 영향을 미친다.

(2) 가정환경 요인

인간은 태어나서 성장해 오면서 가장 먼저 자신과 타인을 구별하는 기회를 갖게 되는 곳은 바로 가정이다. 가정에서 자신을 이해하고 타인과 관계를 맺게 되며, 다양한 사회적 관계를 수용하게 된다. 그러한 관계 속에서 자신이 따뜻하게 수용되는지, 아니면 거부되는지를 지각하게 되는데 이와 같은 수용과 거부의 관계가 자아개념을 형성해 나가는 데 영향을 미치게 된다. 따라서 어릴 때부터 가정환경의 요인이 자아개념을 형성해 나가는 데 영향을 미친다는 점에 유념하여 주변인들의 각별한 관심과 주의가 필요하다.

(3) 부모요인

자녀는 부모로부터 직접적이고 지속적인 영향력을 받으면서 성장한다. 따라서 부모의 영향력이 자녀에게 어떻게 미치느냐에 따라 서로 다른 자아개념으로 형성되게 된다. 부모의 자녀에 대한 인식과 행동은 자녀의 자아개념과 밀접한 관계를 지니고 있다. 특히, 부모는 자녀에게 일차적인 평가를 제공하는 평가제공자라는 점에서 자녀의 자아개념 형성에 지대한 영향을 미친다고 할 것이다. 부모의 긍정적인 피드백이나 긍정적인 평가는 자녀의 긍정적인 자아개념 형성에도 도움이 된다.

(4) 교육적 요인

부모가 자녀에게 표현하는 온정과 양육의 정도에 따라 자녀의 자아존중감 수준은 달라진다. 뿐만 아니라 자녀의 자신에 대한 자아개념도 부모의 양육방식이나 온정의 정도에 따라 영향을 받는다. 부모가 훈육에 있어서 자녀에게 보이는 명확성이나 일관성의 정도, 부모와 자녀 간의 의사소통의 양 등도 자녀의 자아개념에 영향을 준다. 뿐만 아니라 부모의 자신에 대한 높은 자아존중감이나 자아개념도 자녀의 자아존중감과 자아개념 형성에 영향을 미친다. 따라서 항상 자녀에 대한 긍정적이고 수용적인 태도로 자녀를 대하는 것은 자녀의 긍정적인 자아개념 형성에 도움을 줄 수 있다.

6) 긍정적인 자아개념 형성하기

긍정적인 자아개념의 형성이 자녀의 성장과 발달에 바람직한 영향을 미친다는 것에 대해서는 이의가 없을 것이다. 그렇다면 어떻게 하면 자녀에게 긍정적인 자아개념을 형성할 수 있는 환경을 제공해 줄 수 있을까? 자녀가 바람직한 자아개념을 형성한다는 것은 단기적이고 일시적인 환경이나 기회의 제공을 통해 이루어지는 것이 아니다. 자녀와의 생활 방식에 있어서 일상화, 습관화가 필요한 것이 대부분이다. 그런 의미에서 긍정적인 자아개념을 형성하기 위해 필요한 조건으로 다음과 같은 점을 제시하고자 한다.

(1) 긍정적인 자기대화하기

긍정적인 자아개념을 형성하기 위해서는 무엇보다도 먼저 긍정적인 자기대화(self-talk)가 중요하다. 자기대화란 자기 자신과 이루어지는 내면적 의사소통을 말하는데, 자기대화의 내용이 자아개념 형성에 영향을 미치기 때문이다. 항상 긍정적인 자기대화는 긍정적인 자아개념의 형성에 도움을 준다. 우리가 어려움이 닥칠 때마다 혼잣말(self-talk)로 "할 수 있다", "할 수 있어", "꼭 이룰 수 있어"라고 하는 것이 바로 자기와 나누는 긍정적인 대화에 해당된다.

(2) 시각화하기

목표달성을 추진해 나가는 과정에서 어려움을 겪거나 어려운 상황에 놓여 있을 때 성공한 후의 자기 모습을 머릿속에 그려보면서 새로운 동기를 얻는 것과 같은 원리이다. 즉, 시각화하기(visualization)란 원하는 것을 이루어 낸 순간이나 바람직한 행동을 했을 때 어떠한 결과를 가져올 것인지에 대한 것을 영상으로 그려보는 방법이다. 예를 들어 '우승한 후 시상대에 올랐을 때의 기분', '성공한 후 카퍼레이드를 펼치는 장면' 등을 그려보면서 머릿속에만 있던 꿈에 대한 성취를 시각화하는 것을 말한다. 이와 같은 시각화는 긍정적인 자아개념 형성에 도움을 주며 자아존중감의 향상에도 많은 도움이 된다. 자신의 머릿속에 시각화된 장면을 그려보는 것은 상상의 장면이 현실화되도록 노력하는 데도 도움이 된다.

(3) 비교하지 않기

흔히 행복을 방해하는 가장 큰 적은 바로 남과 비교하는 일이라고 한다. 행복은 내가 얼마나 많이 가지고 있느냐의 문제가 아니라, 내가 가지고 있는 것들에 얼마나 만족하느냐의 문제이기 때문이다. 자아개념도 같은 원리이다. 스스로가 얼마나 많이 가지고 있느냐의 문제가 아니라, 스스로가 얼마나 만족하고 있느냐와 깊은 관련성을 지니고 있는 것이 자아개념이다. 긍정적인 자아개념을 형성하기 위해서는 타인과 비교를 하는 것은 바람직하지 않다. 물론 남과 비교하여 좋은 결과만을 얻게 된다면 긍정적일 수도 있겠지만, 인간은 누구와 어느 것을 비교해도 항상 우수한 결과만 얻을 수 있는 사람은 지구상에 한 사람도 없다. 그렇기 때문에 다른 사람과 비교해서 내가 다른 사람보다 나은 것이 무엇인가를 찾기보다는 다른 사람과 다른 나만의 독특한 점이 무엇인지를 찾게 하는 것이 오히려 도움이 될 수 있다. 긍정적인 자아개념의 형성을 위해 비교보다는 자신만의 특성을 살리는 일이 중요하다. 건강하고 긍정적인 자아개념이란 타인의 평가나 판단에 달려 있는 것이 아니라 스스로를 인정하는 데서 출발한다. 그러므로 다른 사람과 자기를 비교하기보다는 자신의 어제와 오늘 그리고 오늘과 내일을 비교하도록 하자.

(4) 새로운 시각 찾기

'머피의 법칙(Murphy's law)'이라는 말이 있다. 하려는 일이 항상 원하는 대로 되지 않고 원하지 않는 방향으로만 진행되는 현상을 이르는 말이다. 하지만 시각을 달리하여 생각해 보면 '머피의 법칙(Murphy's law)'은 세상사는 모두 마음먹기에 달려 있다는 의미도 담고 있다. 누구나 때때로 하는 일에서 실패를 경험하곤 한다. 그러나 유별나게 운이 없으며 일이 풀리지 않고 갈수록 꼬여, 되는 일이 하나도 없는 경우를 만나기도 한다. 이럴 경우 자신의 처지를 한탄만 하기보다는 문제 상황을 다른 관점에서 바라보는 새로운 조망이 필요하다. 이러한 새로운 조망은 새로운 행동을 이끌어 낼 수 있으며, 긍정적인 자아개념을 형성하는 데 도움이 된다. 실패했다고 절망에 빠져 어떤 일에도 의욕을 상실한 삶보다는, 새로운 안목으로 그 상황을 다시 바라보면서 해결의 실마리를 찾는 것이 더 효율적일 수 있다. 긍정적인 자아개념을 형성하기 위해서는 문제의 상황에서도 새로운 시각으로 전환하는 인식의 전환이 필요하다. "무엇이든지 하는 일이 잘 풀린다"라는 의미의 샐리의 법칙(Sally's law)도 있다는 사실을 기억하자.

(5) 솔직하고 친밀한 대인관계 갖기

다른 사람을 회피하고 두려워하는 것처럼 보이는 사람도 마음속으로는 친밀한 인간관계를 갈망한다. 다만 그 사람이 다른 사람을 사귀는 일에 자신감이 부족하고 스트레스를 받으며, 어떻게 다가가야 할지 구체적인 방법을 알지 못할 뿐이다. 자신에게 옳고 그른 가치판단이나 비판적인 평가 없이 이야기를 들어주고, 어떤 말을 하더라도 자신의 말에 잘 따르고 자신의 솔직한 생각을 말해주는 친구나 동료가 있다면 그 사람은 외롭지 않을 것이다. 사회생활을 하면서 서로 간에 도움을 주고받을 수 있는 친구나 동료가 있다는 사실은 기분 좋은 일이다. 우리는 서로 주고받는 인간관계 속에서 무수히 많은 것을 얻는다. 현대인들은 빠른 시간 안에 낯선 사람과 쉽게 사귀고, 더 나아가 친구로도 만들 수 있는 능력이 요구된다. 즉, 사람을 사귀는 능력을 갖출 필요가 있다. 실패하고 배척받고 절망적인 여건에 처할지라도 새로운 용기와 희망과 자존감을 되찾기 위해서는 친밀한 대인관계를 지니고 있어야 한다(홍경자, 2015). 솔직하고 친밀한 대인관계를 통해 긍정적인 자아개념을 갖추어 나갈 수 있도록 해야 한다.

7) 긍정적 자아개념을 지닌 사람들의 행동특성

자아개념이란 스스로에 대하여 인식하고 있는 것으로 자신이 지니고 있는 포괄적 의미의 자아 인식을 말한다. 특히 자아개념 중에서 긍정적 자아개념은 인간의 행동과 관련하여 바람직한 결과로 이어지게 될 뿐만 아니라 잠재적으로도 성취에 영향을 미치게 되며, 개인이 자신에 대해 어떻게 느끼고 있는가를 파악하는 준거가 될 수 있다. 그런 의미에서 긍정적 자아개념은 자신의 성장과 발달에 중요한 요인이 될 수 있다. 철학자 라캉(Jacques Lacan)은 욕망이론에서 인간은 자신의 역량을 잘 알지 못하며, 탐욕 역시 인식하지 못하게 된다는 점을 지적하고 있다. 인간이 세상 밖으로 나와 인지능력을 갖추게 되면 그때부터 스스로가 본질적인 욕망의 주체가 되어야 함에도 불구하고 그렇게 하지 못하고, 타의에 종속된 채로 살아가게 된다는 점을 지적한 것이다. 그렇기 때문에 존재는 개인의 바깥에 있으며 통제할 수 없다고 보았다. 자아개념 또한 이러한 욕망의 이론과 무관하지 않다. 우리는 어디서부터 어디까지가 나의 본질이고 순수한 욕망인지, 어떤 부분이 타의에 의해서 형성된 욕망인지 알 수 없다. 하지만, 모든 이의 사고방식은 다른 사람의 욕망이나 사회구조에서 지시하는 바람직한 삶의 방식, 모습, 경로(path) 그리고 미디어에서 보여주는 화려하고 색정적이고 사치스럽고 우아하고 품격 있는 것들과 종속된다는 것을 알 수 있다. 그래서 인간의 자아개념이 긍정과 부정의 두 부분 중에서 어느 부분에 위치해 있는가는 매우 중요한 문제이다. 욕망의 지배방식과도 관련되어 있기 때문이다.

자아개념과 관련된 자신의 인식이 어떠한가의 문제는 그 사람의 행동과도 연계되어 나타난다. 일반적으로 자아개념 중에서 긍정적 자아개념을 지닌 사람들은 행동 특성에서 그들만의 독특한 특성을 보이는데, 그러한 특성의 공통점을 몇 가지 기술하면 다음과 같다.

첫째, 긍정적 자아개념을 가진 사람은 모든 활동에 있어서 적극적으로 참여하며, 행동의 표출에 있어서도 자신감에 차 있다. 긍정적 자아개념은 행동에 앞서 자신감을 갖도록 함으로써 자발적이고 능동적인 행동 양식을 갖도록 한다는 것이다.

둘째, 긍정적 자아개념을 지닌 사람은 친구나 동료들과 잘 어울리며 모든 일을 수행함에 있어서 신나고 재미있게 참여한다. 긍정적 자아개념을 지닌 사람은 일상의 생활에서도 항상 웃는 얼굴이며 성격이 밝고 명랑하다.

셋째, 자아개념을 긍정적으로 인식한 사람은 '나도 할 수 있어요', '감사합니다', '이길 수 있어요'와 같은 말을 자주 사용한다. 긍정적 자아개념을 지닌 사람은 매사에 대한 수용력과 포용력이 넓고 긍정적으로 바라보는 특성이 있다. 따라서 일상생활에서 주변의 친구들이 힘들어하면 '내가 도와줄게', '잘 할 수 있을 거야' 등과 같은 용기를 북돋워 주는 말을 자주 사용한다.

넷째, 긍정적 자아개념을 소유한 사람은 자신이 한 일에 대해 성취감을 느끼고 보람을 찾을 줄 안다. 대부분 사람들은 자신에게 주어진 일에 대해 처음부터 끝까지 스스로 해결하려는 의지를 보이며, 업무를 처리하는 과정에 있어서 어려운 상황이 닥쳐도 남의 도움 없이 해결할 줄 안다. 뿐만 아니라, 그러한 노력으로 만들어진 결과에 대해서 보람과 긍지를 갖는다.

다섯째, 긍정적 자아개념을 갖고 있는 사람은 자기표현을 확실하게 한다. 긍정적 자아개념을 지닌 사람들은 의사표현에 있어서 자신의 의사가 무엇인지를 분명하게 말할 줄 안다. 자신의 의사표현에 대해 자신감을 잃거나 우물쭈물 넘기지 않는다. 의사결정이 명확하고 명확한 결정과 관련된 업무의 설명에 있어서도 분명한 것이 이들의 특성이다.

여섯째, 긍정적 자아개념은 책임의식을 명확하게 인지시켜 책임감 있는 행동을 하게 한다. 긍정적 자아개념을 지닌 사람은 아무리 하찮은 일이라고 하더라도 자신의 일을 남에게 미루지 않으며 자기가 할 수 있는 일은 스스로 끝까지 처리해 나간다.

일곱째, 긍정적 자아개념을 지닌 사람은 업무를 처리하는 과정에서 실수를 하더라도 실수에 집착하기보다는 앞으로 더 잘할 수 있을 것이라는 믿음을 먼저 갖는다. 자아개념이 긍정적인 사람은 실수를 두려워하지 않는다. 혹시 실수를 하더라도 잘못한 행동에 집착하지 않고 발전적인 방안을 마련하는데 더 깊은 고민을 한다.

인지부조화, "내가 틀렸을 리 없어"

"너 자신을 알라" 고대 그리스 철학자 소크라테스(Socrates)가 한 말로 잘 알려진 이 명언은 고대 그리스 델포이의 아폴론 신전 현관 기둥에 새겨져 유명해진 말입니다. 나 자신을 제대로 알고 인식하는 일은 고대 그리스인들에게도 삶의 화두일 만큼 중요한 문제였나 봅니다. 사실 자기 자신을 알아 가는 것은 평생에 걸친 과업으로 타인에 대한 이해와 통찰보다 더 어려운 일일 수 있습니다. 자기인식과 이해에는 객관성이 필요한데, 스스로를 객관적으로 바라보는 일은 쉽지 않기 때문이죠. 여러분은 자신에 대해 얼마나 잘 알고 계신가요?

우리는 누구나 자기 존재에 대한 느낌이나 생각을 가지고 있습니다. 개인이 가지고 있는 자신에 대한 견해를 심리학에서는 '자아상' 혹은 '자아개념'이라고 합니다. 이 자아개념 속에 포함되는 요소는 자신의 능력, 성격, 태도, 느낌 등을 포괄합니다. 그리고 '자아정체감'이란, 자신에 관해서 어느 정도 통합된 관념을 가지고 있느냐에 대한 개념으로, 자아정체감이 잘 형성된 사람은 자신의 성격이나 취향, 가치관이나 욕구, 관심사와 세계관 등에 대해 비교적 명료하게 이해하며, 이러한 이해가 지속적이고 통합적인 편입니다.

자아 심리학과 정신분석학 이론 등에 크게 공헌한 에릭슨(Erikson)은 자아 발달의 최종 단계를 '자아정체감의 발견'이라고 생각했습니다. 에릭슨은 특히 생리적·지적으로 많은 변화를 경험하고 성장하는 청소년 시기에 자아정체감을 잘 확립하지 못하면 준비되지 않은 상태에서 성인기에 진입해 성인의 역할을 수행해야 하는 어려움을 겪게 될 수 있다고 보았습니다. 그런데 사실 개인의 성격이나 가치관, 능력 등도 상황이 달라지고 시간이 흐름에 변하기 마련이고, 자신에 대한 이해를 통합적으로 지속하기란 생각보다 쉽지 않습니다. 인생의 큰 시련은 물론, 사소한 갈등 상황에서조차 끊임없이 갈등하며 혼란스러워하는 것이 바로 인간이란 존재니까요.

많은 분들에게 잘 알려진 성격유형 검사인 MBTI는 서로 대응되는 두 개의 태도지표(E-I, T-F)와 두 개의 기능지표(S-N, J-P)로 구성되어 있습니다. 응답자들이 각각의 문항에 응답함으로써 개인의 선호도를 밝히면 16개 유형 중 자신이 어떤 성격 유형인지 결과가 나옵니다. 그런데 검사 결과 특정 유형에 속한다는 결과값이 나오면 대부분의 사람들은 정말 자기 성격이나 성향과 어쩜 이리 일치하느냐며 감탄하기 바쁩니다. 그러나 MBTI는 두 가지 성향 중 나는 어떤 선호도가 더 강한가를 보여주는 것이지, 그에 대응되는 다른 성향이 없음을 의미하는 게 아닙니다. 외향적인 측면이 강하지만 내향적인 면도 있고, 감각 추구 성향이 높지만 때로는 강한 직관력을 발휘하는 게 인간의 복잡한 내면인 것이죠. 인간은 상반되거나 대비되는 각각의 성향을 모두 가지고 있습니다.

그런데 우리는 타인에 대해서도 그렇지만 자신에 대해서도 좀 더 명확한 이미지를 갖거나 단순화하려는 경향이 있습니다. 사실 인간의 성격만큼 복잡한 것이 없는데도 말이죠. 심리학에서는 이러한 인지적 상태를 '인지 부조화'로 설명하고 있습니다. 인지 부조화란, 부조화나 양립 불가능한 것을 불편하게 여기는 인간의 본능으로, 뭔가 일치하지 않을 때 마음이 편치 않은 상태를 말합니다. 이로 인해 사람들은 자신의 행동이나 태도, 신념들 사이에서 모순된 점이 있다는 것을 알아챌 때 내적 갈등이 생겨납니다. 그리고 불편해진 심기를 해소하기 위해, 인지 부조화를 없애는 쪽으로 노력합니다. 예를 한번 들어보겠습니다. 평소 나하고 무척 친하고 많이 좋아하는 친구가 있습니다. 그런데 이 친구가 회사에서 일하다가 비리를 저질렀다는 사실을 알게 되었죠. 무척이나 좋아했던 친구이기에 그에게 비도덕적인 측면이 있다는 사실을 받아들이기 힘듭니다. 그 사실을 인정하는 순간 그동안 친구에 대해 가졌던 '좋은 사람'이라는 신념을 유지할 수 없게 됩니다. 그래서 친구의 비리 행위를 '비도덕적 행위'로 있는 그대로 받아들이기보다 '친구에게 피치 못할 사정이 있었을 것'이라며 합리화합니다.

이러한 인지 부조화는 자신을 인식할 때도 발동해서 스스로에 대한 좀 더 객관적이고 정확한 이해를 방해하기도 합니다. 평소 자신에 대해 내향적인 성향이라는 자기 인식을 가지고 있는 사람이 있습니다. 그는 친분이 별로 없는 많은 이들과 어울리는 것보다 소수의 친밀한 사람들과 교류하거나 혼자 있는 시간을 더 선호합니다. 그런데 막상 여러 사람들과 어울려야 할 자리나 함께 협력해 뭔가를 해내야 하는 경우가 생기면 그는 굉장히 적극적으로 참여하는 모습을 보입니다. 그러면 주변 사람들은 그 사람에 대해 '조용하고 얌전해 보이는데 의외'라는 평가를 내립니다. 이런 성향의 사람들은 스스로도 자신의 태도가 잘 납득되지 않거나 통합된 자기정체감을 형성하는 데 애를 먹기도 하죠.

그런데 사실 이 사람은 내향성이기는 하지만, 적극적인 사람이었던 겁니다. 흔히 우리는 외향성과 적극성, 내향성과 소극성을 비슷한 성질로 묶어서 생각하는 경향이 있기 때문에 외향적이지만 소극적인 사람, 내향적이지만 적극적인 사람이라는 다소 모순되어 보이는 성질이 함께 공존하는 것을 상상하기 어렵습니다.

그동안 나는 이런 사람이라고 생각했는데, 살다 보면 전혀 다르게 행동하는 경우도 있습니다. 스스로도 당혹스럽고 부정하고 싶어집니다. 어쩌면 자기에 대한 고정관념이나 과거의 모습에 머물러 있던 자기에 대한 인식이 시야를 가려 변화된 현실의 나를 흐릿하게 비추는지도 모릅니다. 그럴 때 우리는 도망치지 말고 자기모순과 대면해야 합니다. 그 모순적이고 양면적인 모습의 나를 마주할 수 있을 때 좀 더 객관적인 자기 이해에 한 발 더 다가설 수 있게 됩니다. 여러분도 내면의 양면성을 마주치게 되면 마음의 불편감을 없애려고 섣불리 시도하기보다 '내 안의 또 다른 나'를 발견할 수 있는 기회로 삼으시기 바랍니다.

출처: 김인수(2022). 인지부조화, "내가 틀렸을 리 없어". 정신의학신문(2022.11.10.).

CHAPTER 06

자기 돌봄과 자기관리[1)]

성공을 위해서는 자신을 잘 관리하고 돌보는 일이 매우 중요하다. 그럼에도 불구하고 많은 사람들이 자기관리를 한다는 것은 쉬운 일이 아니라고 한다. 그것은 단순히 자신의 의지가 약해서가 아니라, 자기 자신을 비우고 낮추는 일에 과감하지 못하기 때문이다. 자신을 즐겁고 편안하게 하거나, 욕망을 채우는 일에만 우선하기 때문에 생긴 결과이다. 자기관리도 넓은 의미에서 하나의 표현방식이다.

자기계발에 노력한다는 것은 세상을 바라보는 눈을 바꾸는 것이다. 어려움이 따르더라도 그동안 바라보던 관점에서 벗어나 또 다른 시각으로 세상을 바라볼 수 있도록 변화시켜야 한다. 세상에서 가장 중요한 일은 자신을 돌보는 일이라는 점을 잊어서는 안 된다.

1. 비전과 목표관리

삶은 연속적으로 변화한다. 자기관리는 자신의 위치를 발전시키기 위한 노력이 반영된 것이며 자기관리에 충실한 사람은 명확한 비전과 목표가 있다. 그래서 자기관리를 잘 하는 사람이 대부분 도전적인 삶을 살아간다.

사람들이 자기관리를 하는 까닭은 자신의 삶의 목표에 적합한 행동을 익

1) 이규은(2019). pp. 157-196의 내용을 재구성함

히고, 목표에 적합한 행동을 습관화하여 목표에 도달하기 위해서이다. 자신에게 적합한 자기관리 방법을 습관화하는 것이 성공으로 가는 가장 빠른 길이기 때문이다. 자기관리가 어렵다는 고정관념에서 벗어나 비전과 목표를 향한 다양한 시도를 해 보는 것도 새로운 도전이 될 수 있다.

1) '나의 삶'에 대한 비전

비전(Vision)이라는 말은 사전적인 의미로는 '내다보이는 미래의 상황이나 미래에 대한 구상'으로 정의되는 말로, '꿰뚫어 보는 힘'이라는 의미를 지니고 있다. 따라서 '나의 비전'이란 말은 '미래의 시간, 즉 5년 후 또는 10년 후 등과 같은 미래에 다가올 특정한 시점에 있어서 보이게 될 바람직한 자신의 모습'이라고 정의할 수 있다.

외국어인 '비전(Vision)'이란 단어는 엄밀히 말해서 우리말로 대치할 만한 적합한 용어가 없다. 그래서 흔히 '비전'이라는 원어를 그대로 사용하지만, 이는 우리말의 '미래상', '앞을 내다보는 능력', '미래를 보는 감각' 등의 내용으로, 흔히 '선견능력', '통찰력' 등으로 번역되어 사용된다. 굳이 우리말로 대치한다면 '꿈'이라는 단어에 가장 근접하다고 할 수 있고, '목표'나 '소명' 등과 비슷한 뜻으로 이해된다. 그러나 '비전'에는 동양적 시각으로 바라보는 '삶의 철학'이나 '사상', '가치관', '좌우명' 등과 같은 의미도 내포되어 있어서 하나의 단어로 표현하기에는 적합하지 않다.

인생을 살면서 자신의 삶에 대한 비전, 즉 '나의 삶'에 대한 비전을 갖는 일은 매우 중요하다. 꿈을 갖는 일이나 꿈을 실현하려는 힘은 누가 억지로 줄 수 있는 게 아니기 때문이다. 반드시 꿈이 아니라고 하더라도 사람은 어떤 일이든지 타인의 강요에 의한 것보다는 스스로 깨달으면서 지속적으로 이루어 나갈 때 바로 행동의 원동력을 얻을 수 있다. 자신이 스스로 꿈을 찾아 스스로 실천하려는 동기와 용기를 얻을 때 성취를 향한 동기를 키워 나갈 수 있다.

자신의 꿈을 성취하는 데 있어서는 특별한 사람에게 기대되는 특별한 비법이 필요한 것은 아니다. 꿈을 이루겠다는 용기는 만리장성을 한 번에 쌓을 수 있는 위대한 능력이 주어지는 것이 아니라, 벽돌 한 장, 한 장을 쌓는 작은 행동에서 시작된다. 인내심을 갖고 꿈을 향한 작은 일에서부터 하나씩 하나씩 집중하여 실천하다 보면 자신이 원하는 목표를 성취할 수 있게 된다. 일상에 쫓겨 꿈을 향한 도전을 갖지 못하거나 일찍 포기하는 것에 익숙한 젊은이가 되지 않도록 '나의 삶'에 대한 비전을 갖고 있어야 한다.

(1) 비전과 목표의 차이

목표란 어떤 목적을 이루려고 지향하는 실제적 대상으로 삼거나 삼는 그 대상을 말하는데, 흔히 목표(目標)라는 용어 대신 '목적(目的)'이라는 말을 쓰기도 한다. 엄밀히 말하면 목표와 목적은 의미의 장기성이나 상위적(上位的) 개념 여부에 따라 구분된다. 일반적으로 목표는 다음과 같은 기능을 수행한다(하동석, 2010).

첫째, 목표는 개인이나 조직이 나아갈 방향을 제시하는 기능을 한다. 즉, 조직의 구성원으로 하여금 장래에 원하는 상태를 이룰 수 있는 행동의 지침을 제공한다.

둘째, 목표는 그 조직의 주위 환경이나 사회적 배경으로부터 정당성(正當性)을 인정받을 수 있는 근거로서의 기능을 한다. 조직에는 반드시 목표가 있고, 목표는 조직과 하는 일종의 약속이다. 사회를 구성하는 많은 조직은 목표를 통해 조직과의 약속을 믿고 조직에게 정당성을 부여하게 된다.

셋째, 목표는 조직구성원들에게 일체감(一體感)을 갖도록 할 뿐만 아니라 동기부여의 기능을 수행한다.

넷째, 목표는 효과성을 평가하는 척도로서의 기능을 한다. 효과성(Effectiveness)이란 조직이 여러 과정을 통하여 자기가 내세운 목표를 달성하는 정도를 말한다.

목표와 달리 비전(Vision)은 자신이 누구이고 어디로 가고 있으며, 무엇이 그 여정을 동행하고 안내할 것인가를 아는 것이다. 조직관리와 리더십 분야의 권위자이며 매사추세츠대학(University of Massachusetts) 경영학과 교수인 켄 블랜차드(Ken Blanchard)는 그의 저서 『비전으로 가슴을 뛰게 하라』라는 책에서 비전과 목표의 차이에 대해 다음과 같이 설명하고 있다(조천제 역, 2006).

첫째, 목적은 단기적 달성을 전제로 하는 데 비해 비전은 목적을 달성해 가는 과정에서 끊임없이 지침을 제공하는 영속적인 것이다. 따라서 목표와 비전을 구분하는 한 가지 방법으로 '그다음에는?'이라는 질문을 해보면 알 수 있다. 질문에 대한 답이 주어진다면 그것은 비전인 경우가 대부분이다.

둘째, 목표는 달성하고 나면 종료되는 것이 일반적이다. 그러나 비전은 미래의 행동을 위한 뚜렷한 방향을 제시하고 새로운 목표를 설정하도록 도와준다. 많은 사람들이 목표만 있고 비전이 없는 경우가 많은데 그럴 경우 목표를 달성하고 나면 모든 것이 종료되는 것이 일반적이다.

셋째, 목표를 비전으로 착각하고 살아간다면 당신이 원하는 것을 성취한다고 해도 만족보다는 오히려 허무함을 느끼게 된다. 목표는 그것을 성취하고 나면 또다시 새로운 목표를 수립해서 도전하게 된다. 하지만 비전은 내 삶에서 영원한 생명력을 가지고 있는 것이기 때문에 허무감보다는 새로운 도전 의식을 키워 준다. 만일 당신이 '아름다운 몸매를 가지고 싶다', '넓고 큰 주택을 구입하고 싶다', '아름다운 별장을 갖고 싶다', '고급 승용차를 구입하겠다', '많은 돈을 모으고 싶다', '경영자가 되고 싶다'라고 생각한다면 그것은 비전이 아니라 목표를 말하는 것이다.

(2) 비전의 세 가지 핵심 요소

비전은 일반적으로 세 가지의 핵심 요소를 포함하고 있다. 이는 목적과 가치와 청사진의 문제로, 흔히 의미 있는 목적, 뚜렷한 가치, 미래의 청사진을 세 가지 핵심 요소라고 말한다.

비전의 첫 번째 요소는 의미 있는 목적이다. 일반적으로 목적은 존재의 이유가 된다. 흔히 말하는 목적은 단지 하고 있는 일을 설명하는 데 그치지 않고 '왜, 그 일을 해야 하는가?'라는 질문에 대한 답인 경우에 해당된다. 예를 들어, '나는 지금 벽돌을 쌓는 일을 하고 있다'라고 하는 것이나, '나는 지금 대성당을 짓는 일을 하고 있다'라는 것에 대한 답변이 그 예에 해당된다.

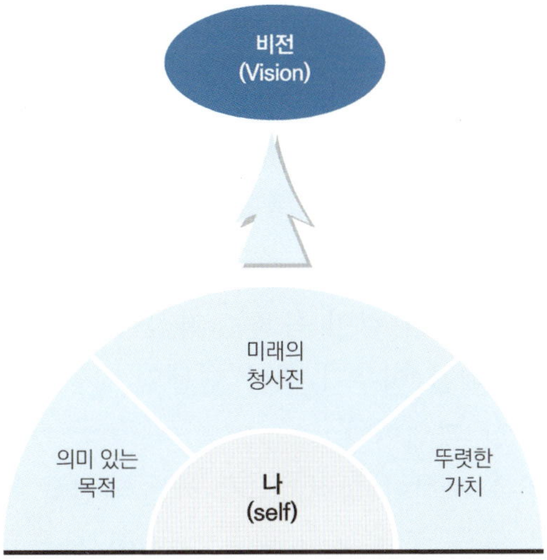

▌그림 6-1▌ 비전의 세 가지 핵심 요소

비전의 두 번째 요소는 뚜렷한 가치이다. 가치는 목적을 추구함에 있어서 '어떻게, 그 일을 진행해 나갈 것인가?'에 대한 폭넓은 지침을 제공한다. 일반적으로 가치는 '나는 무엇을 토대로 어떻게 살고자 하는가?'라는 질문에 대한 답에 해당된다. 가치는 무엇이 근본적으로 중요하고 올바른 것인지를 규정하는 지속적인 신념 또는 원칙을 말한다. 따라서 목적이 '왜'를 말해 주는 것이기 때문에 중요하다고 한다면, 가치는 '어떻게'를 말해 주기 때문에 중요하다고 할 수 있다. 가치는 목적을 추구함에 있어서 어떻게 진행해 나갈 것인가에 대한 폭넓은 지침을 제공한다는 점에서 그 의미가 크다.

비전의 세 번째 요소는 미래의 청사진이다. 청사진의 힘은 그것을 이루어 나가는 과정이 아니라 최종적인 결과에 초점을 맞출 때 발휘된다. 막연한 것이 아니라 실제로 만들어질 결과를 눈앞에 그려보는 것이다. 없애고 싶은 것이 아니라 만들어 내고 싶은 것에 초점을 두는 것으로, 지나온 일이 아니라 앞으로 다가올 일을 생각하며 행동해야 하는 것이 청사진이다. 따라서 청사진은 하나의 아이디어가 현실로 탈바꿈하기 전에 완성된 제품을 이미 뚜렷하게 마음속에 그릴 수 있어야 한다.

2) 삶의 목표 설정

(1) 목표를 세워야 하는 이유

준비 없는 성공은 없다. 즉, 성공을 위해서는 의도적이고 계획적인 준비가 필요하다. 그중에서도 가장 먼저 해야 할 준비가 바로 목표를 세우는 일이다. 앞에서도 언급한 바와 같이 목표는 자신이 나아갈 방향을 제시해 주고, 장래에 원하는 상태를 이루기 위한 행동의 지침을 제공한다는 점에서 반드시 선행되어야 할 과업이다.

목표를 세우는 일은 자신이 성취하고자 하는 과업을 통해 자신의 능력을 최대한 발휘하도록 하는 데 도움이 되고, 자신이 성취하고자 하는 분야에서 최고가 되기 위한 도전에 용기를 불어넣어 주는 역할을 한다. 즉, 자신이 할 수 있는 일에 최선을 다하는 행동으로 실행되도록 한다.

목표를 설정하지 않은 경우를 보면 흔히 목표 설정에 대한 중요성을 인식하지 못하거나, 어떻게 목표를 설정해야 하는지에 대한 구체적인 방법을 모르는 경우 또는 부정적 비판이나 실패에 대한 두려움 때문에 목표를 세우지 못하는 경우가 대부분이다. 이는 성공을 위한 도전에 장애 요인이 된다. 따라서 구체적이고 분명한 목표가 세워질 수 있도록 해야 한다. 목표 수립은 사람들에게 목적의식을 분명하게 해 주고, 성취 욕구를 높여 불타는 열정이 만들어지게 하며, 이러한 변화는 성취에 큰 도움이 된다. 달성 가능한 목표를 세워 성취에 대한 강한 신념을 갖도록 하고, 관련 분야의 전문지식을 습득하여 끈기와 인내를 가지고 지속적으로 실천한다면 분명 성공이라는 열매를 얻을 수 있다. 어떠한 난관과 시련에도 긍정적인 자세를 갖고 꾸준히 목적을 향해 갈 수 있도록 하는 분명한 목표 제시가 필요하다.

(2) 목표의 효과

목표는 자신의 변화를 전제로 한다. 현재의 자아보다 발전적인 방향으로 변화를 이루는 자아를 궁극적인 목표로 한다. 따라서 목표는 쉽고 편안하게 성취할 수 있는 안이한 수준의 것보다는 변화를 통한 극복과 도전에 초점을 두는 것이 바람직하다. 성취하고자 하는 불타는 열망을 가지고 다가오는 시련을 긍정적으로 수용하고 이겨내면서 성취하고자 하는 욕구를 갖도록 하는 비전을 보여주는 것이 바로 목표이다. 명확한 목표를 설정하여 실천한다는 것은 다음과 같은 효과를 얻을 수 있다.

첫째, 목표는 자신을 이끌어 가는 새로운 정신적 원리를 작동시킨다. 심리적 상황에서 전개되는 정신적 메커니즘(Mechanism)이 부정적인 측면보다는 긍정적인 측면으로 인식이 강화되어, 새로운 정신적 작용 원리를 만들어 내고 이러한 방향으로 자신을 이끌어 간다.

둘째, 목표 달성에 대한 확고한 신념이 형성된다. 분명한 목표에 대한 인식은 목표 달성에 대한 긍정적인 방향으로 인식시켜, 궁극적으로는 반드시 목표 달성이 가능하다고 하는 긍정적인 신념을 갖게 한다.

셋째, 목표에 대한 명확한 인지는 목표 달성을 위한 방향으로 자신도 모르게 다스려 나가게 되고, 스스로를 통제해 나가는 효과를 가져다준다. 목표 달성에 대한 긍정적인 생각이 자신을 목표로 향하도록 스스로 제어하고 억제하며 통제해 나가는 역할을 한다.

넷째, 몸과 마음을 긍정적인 방향으로 인식하고 행동한다. 목표에 대한 명확한 인지는 자신의 심리적, 정신적 안정에 영향을 미치고, 이는 곧 육체적, 정신적 측면에 긍정적 작용을 한다.

다섯째, 목표가 제시됨으로써 중요한 일에 대한 우선순위가 정해지고 무슨 일이든지 의사결정에 있어서도 목표를 중심으로 판단하게 한다. 이는 매사에 있어서 필요한 의사결정의 준거가 목표 달성을 전제로 하기 때문이다.

여섯째, 목표는 모든 일을 하나로 모으게 하는 매듭과 같은 역할을 한다. 따라서 목표가 설정되면 하루 중에 일어나는 모든 일들이 목표와 연결고리를 맺게 된다. 자신도 모르게 행동하는 것도 목표와 관련 있는 일이고, 만나는 사람도 목표와 관련이 있는 사람이고, 접촉하는 단체나 기관도 목표와 조화를 이루는 것들과 접촉을 하게 되는 등 목표를 성취할 수 있는 여건을 스스로 조성해 나가게 된다.

이와 같은 목표에 대한 긍정적인 효과는 성공을 위해 명확한 방향 제시를 요구한다. 만약 목표가 없다면 목표를 달성할 계획이 없을 것이고, 계획이 없다면 마음은 긍정적인 측면보다는 부정적인 측면의 인식이 강화될 것이며, 이는 행동에도 영향을 미쳐 게으르고 의욕을 상실한 상태에 머물게 한다.

3) 목표 달성을 위한 행동 법칙

설정한 목표를 효율적으로 달성하기 위해서는 부단한 노력이 수반되어야 한다. 뿐만 아니라 동일한 노력과 동일한 시간을 투입하더라도 어떠한 지침을 준거로 행동화했느냐에 따라서 그 결과가 다를 수 있다. 효율적인 목표 달성을 위해 준수해야 할 몇 가지 행동 법칙을 제시하면 다음과 같다.

첫째, 자신을 재인식하라. 그리하여 객관적인 눈으로 자신을 바라보라. 내가 잘하는 것이 무엇인지, 어떤 재능이 있는지 모르고 꿈을 키울 생각만 하면 효율성이 떨어지거나 실천을 위한 행동화에 있어서 지속성의 한계를 접하게 된다. 자신의 적성과 재능에 적합한 꿈을 찾아 실천할 때 그 효용성은 증대된다. 자기 자신을 다양한 관점에서 분석하고 이해하면서 평소에 자신이 발견하지 못했던 새로운 모습이나 재능을 찾아보는 것도 하나의 방법이다. 자신에 대해 일정한 시간에 걸쳐 성찰해 보도록 하자. 경우에 따라서 전문가의 도움을 받는 것도 좋다.

둘째, 자신을 높이 평가하고 장점을 발견하여 그것에 집중하라. 사람은 누구나 장점과 단점을 지니고 있다. 실패하는 사람들의 공통적인 특성은 자신의 단점에 대한 인식이 강하고 자신의 장점에 대한 이해가 부족하다는 점이다. 아무리 자신이 보잘것없는 사람이라 하더라도 자신의 어딘가에는 남들이 갖지 않은 장점을 지니고 있다는 점을 인식해야 한다. 자신의 능력을 높게 평가하고 장점에 집중할 수 있는 자료를 찾아 그것에 집중적인 투자를 하는 것이 좋다.

셋째, 자신의 인생 목표를 분명하게 정하고 목록을 작성하라. 자신의 인생에 대한 주인은 자신이라는 점을 잊지 말자. 그리고 스스로가 자신에게 질문하자. “네가 궁극적으로 성취하고자 하는 것이 무엇인가?” 그리고 자신이 이루고자 하는 목표를 설정한 후 구체적으로 기록해 보자. 물론 그 이

유까지를 포함해서 상세하게 기록하자. 자신의 목표에 대한 구체적인 목록을 작성하면 관련 분야에 대한 다양한 정보에 관심을 갖게 되고, 이는 성취에 대한 의미와 가치를 높이게 되어 스스로 자신의 목표에 대해 자긍심을 갖게 된다는 점을 인식할 필요가 있다.

넷째, 미래의 자화상을 그려보라. 자신의 목표를 설정했다면 그 목표와 관련된 책을 보거나, 관련된 역할이나 행동을 수시로 체험해 보자. 특히 목표를 성취하기 위한 과정에서 닥치게 되는 어려움이 있을 때마다 자신이 성공했을 때의 모습을 상상을 통해 체험해 보자. 그러면 스스로 어려움 속에서도 동기와 용기를 얻어 간다는 점에 유의할 필요가 있다.

다섯째, 당장 실행하라. 더 이상 시간을 늦추지 말라. 실행을 미루다 보면 시작은 점점 목표와 멀어져 간다. 미룬다고 더 잘되는 것도 아니다. 자신의 목표가 설정되고 그에 대한 정당성이 인식되었다면 지금 당장 실행에 옮기자. 목표를 향하는 항해는 그렇게 느긋하게 앉아 기다릴 만큼 한가하지 않다.

여섯째, 목표를 성취하기 위해 부단한 노력을 기울여라. 자신의 목표를 성취하는 것은 꿈을 꾸는 것만으로는 안 된다. 실행이 따라오지 않는 꿈을 세우고 계획하는 것은 의미가 없다. 목표는 절대로 단시간에 쉽게 성취되는 것이 아니다. 혹 그런 목표라면 그것은 잘못 설정된 목표이다. 목표를 성취하기 위한 부단하고 지속적인 노력을 실천하기 위해 최선을 다하라. 그리고 목표를 성취하기 위해 지속적으로 동기를 부여하고 인맥을 형성해 나가며 꿈을 포기하지 않는 집념으로 꾸준히 실천하라.

목표를 성취하기 위해서는 목표를 설정하는 일이 가장 중요하다. 연인을 생각하면 두 사람의 꿈이 생기고 배우자를 생각하면 부부의 꿈이 생기며 부모를 생각하면 부모를 행복하게 할 꿈이 생기고, 더 나아가 가족을 생각하면 가족을 위한 꿈이 생긴다. 고객을 생각하면 고객을 기쁘게 할 꿈이 생기고 팀을 생각하면 팀의 목표 달성이라는 꿈이 생기며 세상을 생각하면 더 나은 세상으로 만들려는 꿈이 생긴다. 그래서 꿈은 이루어져야 한다. 인간의 뇌에 절망을 심으면 절망이 자라지만 희망을 심으면 희망이 자란다.

2. 자기 돌봄과 시간관리

자기 돌봄과 더불어 성공을 위해 반드시 실천해야 할 것이 바로 시간관리이다. 성공을 원하는 사람에게 시간관리의 중요성은 아무리 강조해도 지나치지 않는다. 사람은 누구나 다 정해진 시간에서 삶의 과정을 보내고 있지만 시간을 효율적으로 잘 보내는지, 아니면 잘못 보내는지에 따라 성공을 향한 속도와 거리는 달라진다. 효율적인 시간관리 방법을 익혀 다양한 관점에서 실생활에 활용할 수 있는 기법을 익혀 실천할 필요가 있다.

1) 자기 돌봄

사람이 살아가는 과정은 기쁜 일과 슬픈 일, 어려운 일과 힘든 일, 보람된 일과 아쉬운 일들의 연속이다. 삶에 있어서 어려운 일을 경험하고, 힘든 일을 맞이하게 되면서 우리는 다시금 자신을 돌보는 기회를 갖게 된다. 자신을 돌본다는 것은 집단 속에서의 낙후됨이나 뒤처짐이 아니라 자기 점검의 기회인 것이다. 쉰다는 것은 중단을 의미하는 것이 아니라 창조의 기회가 된다는 점에서 삶의 과정에 자기 돌봄을 게을리해서는 안 된다.

자기 돌봄은 자신의 건강과 안녕에 책임을 져야 한다는 중요성을 일컫는 말이다. 오늘을 살아가는 우리들은 건강이 육체적 부분에만 한정되지 않는다는 것을 잘 알고 있다. 마음, 신체, 영성이 서로 연결되어 있어 삶의 한 부분이라도 균형이 깨지면 나머지 영역도 영향을 받는다. 즉, 신체적 건강과 정신적, 영적 건강은 서로 밀접한 관련이 있다. 의료 서비스가 이미 병든 사람을 치료하도록 고안되어 있는 반면에, 자기 돌봄은 예방에 초점이 맞춰져 있다. 즉, 적극적인 자기 돌봄을 통해서 치료받을 일이 없도록 노력하는 것이다. 자기 돌봄 모델은 자신과 자신의 욕구를 알고 스스로 책임지는 일이다(황매향, 2008).

자기 돌봄은 이기적인 사람들에게만 존재하는 일이라고 생각한다면 그것은 지나친 생각이다. 자기 돌봄은 이기적인 생각이 아니라 가장 합리적이고 가장 인간적인 생각이다. 타인을 돕기 위해 자신을 방치한다면 그것은 지나치게 불공평하고 비인간적인 행위이다. 세상에 잘 알려진 자원봉사자들조차도 자기 행복권을 지키기 위한 '자기 돌봄의 장치'를 어떤 식으로든 마련해 놓고 있다는 사실을 알아야 한다. '자기 돌봄의 장치'란 경제적인 안전장치일 수도 있고, 그것이 아니라면 경제적인 문제를 초월해서 정신적이거나 심리적인 것일 수도 있고, 영적인 것일 수도 있다. 어떠한 형식이나 내용이든 간에 봉사활동을 하면서도 자기 몸의 안전장치를 마련하여 자기 돌봄에 게을리하지 않는다. 자기 돌봄에 철저한 사람만이 타인을 구할 수 있다. 그 어떤 것이라도 자신에 대한 투자가 없는 헌신과 희생은 눈물 없이 볼 수 없는 비극에 지나지 않는다.

의식 성장 운동의 세계적인 권위자이며 정신 훈련 전문가인 삭티 거웨인(Shakti Gawain)은 그의 저서 『나는 날마다 좋아지고 있다』에서 자신을 돌보지 않은 채 다른 사람 돌보기에만 전념하는 사람에게는 타인을 무력하게 만드는 태도가 숨어 있다고 했다. 그들은 상대에게 '나는 너를 믿지 않는다', '나는 네가 네 인생을 제대로 살고 있다고 생각하지 않는다', '너는 나보다 못한 사람이고, 그래서 도움을 받아야 한다'라고 생각한다는 것이다. 따라서 결국은 그들은 상대를 돕는 게 아니라 상대의 힘을 손상시키게 된다는 것이다. 남을 돕기 위해 자신의 돌봄을 소홀히 한다는 것은 남을 돕는 일에 진심이 담겨 있지 못하거나 비인간적인 행위인 것이다.

혹자들은 자기 돌봄에 대해 비난하면서 바쁘고 힘든 세상살이에 자기를 돌볼 시간이 어디 있느냐고 반문한다. 그러나 그것은 그렇지 않다. 하나만 바라보았지 둘을 생각하지 않는 사람들의 말이다. 바쁘고 급하며 시급한 일이 닥쳐올수록 자신을 돌보기 위한 재충전의 기회를 가져야 한다. 많은 사람들이 과중한 일로 인해 스트레스가 누적되고 탈진하며, 그래서 자주 피곤함을 느낀다면 피로에 지친 그들은 삶 자체에 허무감과 지루함을 느끼고 점점 삶에 대한 의미와 흥미를 잃게 된다. 이렇게 되면 더 이상 일과 삶을 감당하기 힘들어 더 큰 문제로 발전하게 된다.

다른 사람을 돌보기 위해서는 우선 자신부터 쉼을 통해 도울 힘을 회복할 필요가 있다. 다른 사람들에게 건강하고 행복한 삶의 모습을 보여주기 위해 자기 돌봄은 필수적이다. 꾸준한 자기 돌봄을 통해 스트레스에 잘 대처해 피로와 탈진을 예방해야 한다. 자기 돌봄이란 결코 주어진 사명감을 회피하거나 편하기 위해서 하는 것이 아니다. 자기 돌봄을 통해 자신의 인간적 권리와 삶으로 자신을 구하는 것이고 다른 사람도 구하는 일이다. 만일 자신이 자기 돌봄을 소홀히 한다면 자신만의 상처로 끝나는 것이 아니라 다른 사람들에게도 유익함을 나누어 줄 수 없게 된다.

글래서(W. Glasser)에 의하면 사람은 누구나 애정 욕구와 가치 욕구를 가지고 있다. 인간의 가치 욕구는 애정 욕구에 버금가는 것으로, 가치 욕구가 부족하게 되면 낮은 자존감의 고통이 따르게 된다. 그래서 자기 가치를 회복하기 위한 노력을 하지만, 때로는 이러한 노력이 더 심한 수치심을 가져오기도 하여 심한 실패감, 죄의식, 자기 연민, 실망에 빠지기도 한다. 이러한 삶의 위기에 처하기 이전에 우리는 자기 돌봄(Self-care)의 능력을 확장시켜 나가야 한다. 자기 스스로를 돌보지 못하는 사람은 어디에도 쓸모없는 사람이 된다는 사실을 잊어서는 안 된다. 이와는 반대로 스스로 자기를 잘 돌볼 줄 아는 사람, 즉 무조건적인 보상을 해 줄 수 있는 사람은 매일같이 성장하고 있는 사람이라는 사실을 기억해야 한다.

2) 시간관리

자신이 의도한 바를 성취하고 추구하는 목표를 도달하는 데 있어서 가장 큰 영향을 미치는 요인 중의 하나가 시간 활용이다. 시간은 모든 사람에게 주어진 유용한 자원이며 자신에게 주어진 전부이다. 시간을 낭비한다는 것은 가장 중요한 자원을 낭비하는 것이다. 따라서 현대사회와 같은 정보화 사회에서 꼭 필요한 것이 효율적인 시간관리이다. 정보화 사회는 개인이나 단체에서 어떠한 정보를 어느 정도 알고 있는지에 따라 남보다 뒤처지거나 앞서게 된다. 그것은 정보를 많이 안다는 의미도 있지만 정보를 얼마나 누구보다 먼저 아느냐 하는 것과도 깊은 관련성을 맺고 있다. 정보에서 시간의 오차는 성패를 좌우할 만큼 중요한 요인이 된다. 시간관리를 잘하는 사람이라면 시간 확보를 잘하게 되어서 지식정보사회에서 그만큼 앞설 수 있으며, 앞선 만큼 성공을 향해 한 걸음 다가가는 데 유리한 위치에 서게 된다.

'시간을 정복하는 자가 인생에서 승리한다'는 말이 있다. 이 말은 시간관리가 인생에서 얼마나 중요한 것인가를 나타내 주는 말이다. '시간관리'란 단순히 시간을 관리하는 데만 머무는 것이 아니라 결국엔 자신의 인생을 얼마만큼 잘 관리하는가와 같은 관점으로 바라본 것이다. 시간은 단지 시간일 뿐이다. 하지만 시간관리는 단순히 기법의 문제가 아니라, 언제, 어떻게, 어디로 자신의 관심 방향을 잡는가에 대한 문제이다. 다시 말해 결국 우리가 관리하는 것은 시간이지만, 결국은 시간을 관리하면서 시간이 아니라 자기 자신을 관리하고 있는 셈이다. 기법을 생활 속에서 실현하는 주체는 바로 자기 자신이기 때문이다. 시간관리에 성공하기 위해서는 충분하고 지속적인 집중적 관심이 필요하다.

시간은 저장할 수 없다는 특성이 있다. 시간은 담겨 주지 않고 쉼 없이 흘러간다. 흘러가는 시간을 붙잡거나 명령할 수 없다. 시간을 저장하거나 빌려올 수는 없지만 시간을 관리하고 조절할 수는 있다. 어떻게 시간을 잘 관리하는가가 결과적으로 어떻게 잘 사는가와 직결된다. 시간을 잘못 사용하거나 낭비하는 사람들은 공통적으로 잘못된 개인적 습관이나 특성이 있다. 아무리 바쁜 사람도 자신이 사용한 시간의 80% 이상을 몇 안 되는 활동을 하는 데 집중적으로 사용한다. 이 말은 대부분의 사람들은 하루 중 무의식중에 20% 정도의 시간을 낭비하고 있다는 말이다. 시간을 낭비하는 습관은 자신이 그것을 자각하고 제거하려고 노력하면 확실히 줄일 수 있다.

훗날 자신의 인생을 뒤돌아보았을 때 누구나 보람으로 가득 찬 시간, 후회 없는 인생을 살고 싶어 한다. 그러나 자신의 희망만으로 그것이 이루어지는 것은 아니다. 시간관리의 본질이 인생관리에 있음을 안다면, 지금 자신의 앞에 놓여 있는 귀중한 자원으로서의 시간을 효율적으로 관리하기 위해 자신에게 필요한 것이 무엇인지 다시 한번 돌아볼 필요가 있다.

효율적인 시간관리는 남보다 앞서거나 다른 사람보다 더 많은 득을 얻을 수 있는 초석이 된다. 그렇다면 시간을 효율적으로 관리하는 방법은 무엇인가?

효율적인 시간관리 방법으로 피터(Peter. D.)는 시간을 기록하고(Recording time), 시간을 관리하고(Managing time), 시간을 통합하라(Consolidating time)고 조언한다. 또한 시간관리의 다섯 가지 단계로 'ABCDE 기법'을 권장하기도 한다. 'ABCDE 기법'이란 일의 우선순위에 따른 방법으로 A(Absolutely important things)는 가장 우선해서 해야 할 일, 즉 중요도가 높은 것을 찾아서 먼저 하라는 것이다. B(Basically important things)는 그다음 순위의 중요한 일을 찾아서 해라. C(Common things)는 세 번째 순서로 일상적으로 하는 일을 해라. D(Delegate things)는 다른 사람에게 부탁할 수 있는 일로 순서대로 하고 시간이 될 때 하라는 의미이다. E(Erased things)는 영구히 잊어버릴 일, 불필요한 일들은 맨 마지막에 하라는 것으로, 이 순위에 있는 일들은 시간이 될 때에만 하라는 의미이다.

(1) 효율적인 시간관리 기법

프란츠 베르거와 하랄드 글라이스너(F. Berger & H. Gleissner)는 효율적인 시간관리 기법으로 저서 『10대를 위한 단순하게 살아라』에서 다음의 일곱 가지 방법을 제안하고 있다.

첫째, 아날로그 시계를 활용하라. 시간관리에서 가장 기본적인 도구가 시계이다. 중요한 것은 아날로그와 디지털의 문제이며, 시각보다는 시간의 총량을 염두에 두고 생각해야 한다. 그러므로 디지털 시계보다는 아날로그 시계를 활용하는 것이 더 바람직하다. 아날로그 시계의 바늘은 시간을 나타내지만, 시간의 총량도 한꺼번에 보여준다. 그런 의미에서 아날로그 시계가 시간 개념을 갖도록 하는 데 더 유용하다. 바늘이 각을 이루고 있어 시간이 얼마 남아 있는지 혹은 얼마나 시간이 지났는지 쉽게 계산할 수 있기 때문이다.

둘째, 수첩을 잘 활용하라. 수첩을 고를 때에는 크기를 고려하라. 너무 작아서도 안 되고, 들고 다니기 불편하게 커서도 안 된다. 수첩을 펼쳤을 때 한쪽 면에는 주 단위의 계획을 세울 수 있어야 하고, 하루씩 나누어 놓은 칸에는 아침 7시부터 저녁 9시까지 나누어 놓으면 좋다. 수첩은 일목요연하게 정리하여야 한다. 매일매일 시간 계획에 맞추어 할 일을 하고, 취침 전에는 아침에 세웠던 계획과 비교하여 얼마나 실천하였는지 살펴볼 필요가 있다.

셋째, 책상 앞에 달력과 시간표를 붙여 놓아라. 시간을 잘 관리하기 위해 달력은 반드시 필요하다. 일 년을 한 번에 다 볼 수 있는 달력이 훨씬 유용하다. 그것을 책상 앞에 붙여 두어라. 그리고 옆에는 생활계획표를 붙여 두어라. 생활계획표는 매일 반복되는 일을 중심으로 기록한다.

넷째, 취침 시간을 일정하게 하라. '하루 24시간이 모자란다고 생각되면 잠자는 시간을 줄이면 된다'고 말하는 사람이 있다. 그러나 하루에 8시간의 숙면은 반드시 취하라고 권하고 싶다. 그것이 어려울 수도 있다. 불가피한 경우를 제외하고는 취침 시간을 일정하게 하자. 자기관리는 본인 스스로 철저히 해야 한다. 피로가 쌓이면 병에 걸리기 쉽고, 능률도 저하되어 오히려 시간관리가 어려워질 수 있다.

다섯째, 우선순위를 만들어라. 우선순위를 둘 때 중요한 원칙이 있다. 하기 싫은 일은 가능한 빨리 신속하게 끝내도록 한다. 처음에는 기분이 별로 좋지 않겠지만 심리적인 측면에서는 매우 효과적이다. 싫어하는 일을 처리한 후 좋아하는 일을 하게 되면 기쁨이 두 배로 커진다. 반대로 귀찮은 일을 뒤로 미루는 경우 그 일이 저절로 해결되지 않는 이상, 즐거워야 할 일마저 재미가 반감된다. 싫어하는 일이 마음에 계속 남아 있기 때문이다. 그러므로 싫어하는 것을 먼저 하고 홀가분한 마음으로 기분 좋은 일을 하자.

여섯째, 여유 시간은 반드시 필요하다. 사람은 쉬지 않고 일만 할 수도 없고, 그렇게 살아도 안 된다. 예상하지 못한 일은 언제든지 발생할 수 있다. 그러므로 여유 시간을 미리 확보해야 한다. 오늘 혹은 이번 달까지만 일하고 말 것이 아니라면 여유 있게 생각하라. 시간적 여유는 일의 효율성과 창의성을 높여주어 개인의 능력 향상에 더욱 발전적일 수 있다.

일곱째, 해야 할 공부나 일을 중심으로 시간을 계산하라. '5시간 동안 100쪽의 책을 읽어야 해' 혹은 '기말고사가 1주일 남았으니 하루에 얼마씩 공부를 해야 해' 하는 식으로 계획을 세우면 안 된다. 단순히 계획을 위한 계획이 될 수 있기 때문이다. '100쪽의 책을 읽으려면 3시간이 필요해' 하고 계획을 세워야 한다. 만약 시간이 남으면 다른 공부나 취미 생활을 할 수도 있다. 모자라는 경우에는 우선순위를 정하여 새로 계획을 세우면 된다. 단순히 시간만을 계산한다면 수박 겉 핥기가 되거나 시간이 남아 빈둥거리다가 아까운 시간을 허비하게 된다(유혜자, 2003).

여덟째, 급한 일과 중요한 일을 구분하여 수행하라. 흔히 일을 처리해 나가는 데 있어서 시간에 쫓기다 보면 급한 일에 중점을 두고 일을 처리하게 된다. 그러다 보면 얼마만큼의 시간이 지난 후 자신을 돌이켜 보면, 안타깝게도 자신을 중심으로 처리된 일들이 진정 중요한 일은 모두 놓치고, 급한 일에만 치중하여 처리해 낸 결과를 알게 된다. 따라서 효율적이고 능률적인 일의 처리를 위해서는 급한 일을 처리해 나가면서도 수시로 자신에게 중요한 일이 무엇인가를 확인하고 때를 놓치지 않고 병행해서 처리하는 일이다. 급한 일과 중요한 일을 함께 볼 수 있는 안목을 가져야 한다.

(2) 시간관리의 네 가지 유형

일반적으로 사람들이 시간을 관리하는 유형으로는 창조형, 합리화형, 분주형, 소비형의 네 가지로 구분한다.

창조형의 사람은 시간관리의 중요성에 대한 인식이 높고 자신의 시간관리를 철저히 해 나가는 사람이다. 이러한 사람은 시간관리에 필요한 원리를 직접 자신이 실천하여 시간관리를 잘 해낼 뿐만 아니라, 시간의 활용을 창조적으로 활용하여 효율성을 극대화해 나간다.

합리화형의 사람은 일반적으로 시간관리에 대한 중요성은 인식하지만, 실천력이 부족한 사람이다. 이러한 사람은 무엇이든지 해야 하겠다는 마음은 잘 먹지만, 실천에 있어서 몸이 따라 주지 않는 사람으로, 생각하는 것에 대한 구체적인 실천이 이루어지지 않는 사람이다. 따라서 시간관리에 대한 중요성을 알고 있는 만큼 자신이 실천하지 못한 시간관리에 대해서 변명이나 핑계 등의 방법을 사용하여 합리화시키려고 하며, 경우에 따라서는 화려한 언변으로 실천하는 것과 같은 연기를 보이는 사람도 있어 이 유형을 연기형이라고 부르기도 한다.

분주형의 사람은 시간관리에 대한 중요성을 인식하지 못한 채 시간관리 행동을 실천하려고 하는 사람이다. 이러한 사람은 무언가 시간관리를 위해 노력하는 모습은 보이지만 효과적으로 일을 처리해 나가지 못해 매우 분주한 모습을 보이는 사람으로 주변 사람에게 항상 바쁜 사람으로 인식되어 있다. 따라서 이 유형의 사람은 효과적인 시간관리를 위한 구체적인 기법을 익힐 필요가 있다.

소비형의 사람은 시간관리의 중요성에 대한 인식과 실천하려는 노력이 모두 부족한 사람이다. 이 유형의 사람은 대부분 시간을 효율적으로 사용하지 못하고 의미 없이 시간을 보내면서 시간을 소비하는 사람이다. 특히 이 유형의 사람은 자신의 시간뿐만 아니라 다른 사람도 끌어들여 다른 사람의 시간까지 낭비하는 특성을 보인다. 따라서 이 유형의 사람에게는 시간관리에 대한 중요성을 인식시키고, 이를 실천하기 위한 구체적인 기법을 익히도록 해야 한다.

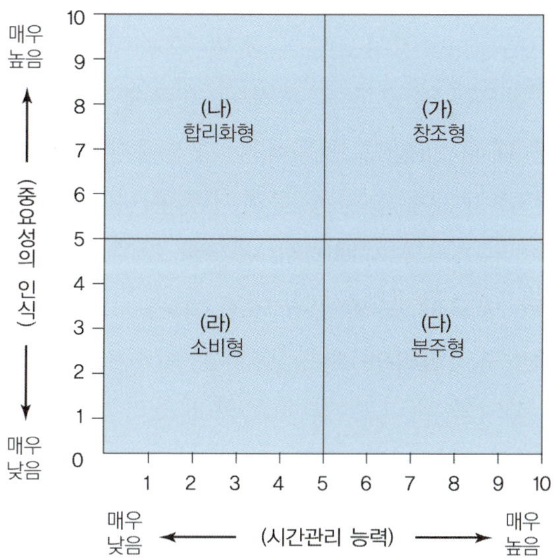

▌그림 6-2▐ 네 가지 시간관리 유형

3. 스트레스 관리

인간이 살아가는 과정에는 언제, 어디서나 스트레스가 있기 마련이다. 그 중에는 가벼운 스트레스도 있지만 정도가 심하여 우리의 삶에 중압감을 느끼게 하는 스트레스도 있다. 적당한 스트레스는 오히려 우리 생활에 활력을 불어넣어 주기도 한다. 하지만 스트레스가 과도하게 쌓이면 신체적·정신적으로 커다란 위해를 가져오게 된다. 스트레스란 무엇이며 원인과 종류, 이를 극복하기 위한 방안에 대해 살펴보기로 한다.

1) 스트레스의 의미

초기에 '스트레스(Stress)'라는 개념은 '물리적 압박(Physical strain)'의 개념으로 사용되다가 20세기에 들어서면서 스트레스를 하나의 질병이나 정신 질환의 원인으로 간주하기 시작했다.

일반적으로 스트레스가 발생하는 것을 보면 외부로부터 개인에게 가해지는 자극에서 비롯된다. 상사로부터 호된 꾸중이나 어려운 과제를 받게 되면 불안해지는 경우들은 모두 외부적인 자극에 의한 것이다. 그런가 하면 외부적 자극에 대해 개인이 반응하는 과정에서도 생긴다. 어려운 과제에 대하여 어떻게 대처해야 할지를 몰라서 일어나는 경우에도 스트레스는 나타난다. 스트레스는 삶 그 자체에서 비롯된 것이므로 스트레스를 어떻게 감당하느냐가 보다 중요한 문제이다(조수환, 2007).

스트레스(Stress)란 무엇인가에 대한 정의는 학자마다 일치하지 않으며 광범위한 측면에서 정의를 내리고 있다. 스트레스라는 용어는 물리학에서 쓰던 말로써 한 줄기의 가느다란 실에 가해지는 긴장, 압력, 장력(張力) 등의 의미였다. 스트레스(Stress)의 초기 연구는 추위, 질병, 외상, 흥분 등으로 인한 생리적 스트레스를 주로 다루었는데 이는 1939년 캐나다의 셀리에(Hans Selye)가 생물학적 실험을 통해서 일반 적응 증후군(General adaptation syndrome)을 발표한 것이 그 기원이다. 일반 적응 증후군이란 스트레스의 결과가 신체 부위에 영향을 준다는 뜻에서 일반적(General)이라 했고, 스트레스의 원인으로부터 신체를 적응 또는 대처시키기 위해서 세련된 방어 수단을 동원한다는 의미에서 적응(Adaptation)이라고 했으며 일종의 반응이 일어난다는 의미에서 증후(Syndrome)라고 했다. 즉, 외부로부터 가해지고 유해 작용에 대한 생체의 방어 기능으로 스트레스를 설명함으로써 스트레스의 생물학적인 정의가 규정되었다. 따라서 스트레스는 요구에 응하는 신체의 특유한 반응으로 정의된다(김혜숙 외, 2008). 초기 연구와는 달리 최근에 와서는 심리학에서 관심을 갖고 욕구좌절이나 갈등, 압박 등으로 인한 심리적 상태를 스트레스로 규정하고 있다.

일상생활에서 우리가 겪는 스트레스는 다양하다. 김혜숙(2008)은 스트레스를 다음의 세 가지 유형으로 구분하여 제시하고 있다.

(1) 자극으로서의 스트레스

자극으로서의 스트레스는 스트레스 반응을 일으키는 상황을 의미한다. 즉, 소음, 공기오염 등 물리적 환경 혹은 주요한 시험의 실패, 이혼, 범죄로 인한 구속 등과 같은 심리·사회적 사건 등도 스트레스 자극이 될 수 있다. 이와 같은 자극으로서의 스트레스는 우리의 삶을 위협하거나 압력이 될 수 있는 사건 자체를 말하는 스트레스 원인으로, 개인의 특성과는 무관하게 발생하며 객관적으로 기술될 수 있는 성질을 가진 자극으로 볼 수 있다. 또한 우리가 목표한 것이나 기대한 것을 이루지 못했을 때는 좌절을 경험하거나 갈등상태에 빠지게 된다.

(2) 반응으로서의 스트레스

반응으로서의 스트레스는 스트레스를 경험할 때 일어나는 신체적·심리적인 반응을 말한다. 이러한 스트레스 반응으로는 일시적인 분노, 노여움, 공포감 등이 있으며, 이러한 스트레스 반응은 부정적인 정서를 경험할 수 있고 장기적으로는 개인에게 스트레스성 신체 질병이나 우울증, 불안 등 심리 장애를 일으킬 수도 있다. 이러한 정의는 생물학적 모형에 뿌리를 둔 것으로 셀리에(Hans Selye, 1974)의 일반 적응 증후군이 대표적이다.

(3) 역동적 상호작용으로서의 스트레스

역동적 상호작용으로서의 스트레스는 사회과학에 기초를 둔 것으로 개인과 주위 환경의 특성을 관련지어 스트레스를 정의한다. 즉, 환경 내의 자극 특성과 이에 관한 반응의 매개체로써 개인의 특성을 강조하고 환경의 자극 요소와 스트레스에 대한 대처 능력 등도 환경의 중요한 일부분이 된다고 본다. 환경에 영향을 준다는 것은 단순한 일방적 작용이 아니라, 상호작용 또는 역동적 작용으로 보고 개인의 능동적인 심리과정에 근거를 두고 있다. 즉, 환경 내의 자극 특성과 이에 대한 반응 간의 매개체로서 개인의 특성을 강조하고 있다. 이 스트레스는 개인의 내적 또는 외적인 요구가 자신의 적응 자원보다 지나치다고 판단될 때 경험하게 된다.

2) 스트레스의 원인

스트레스는 특정인과 주어진 욕구 사이의 관계에 의존한다. 따라서 스트레스를 인내할 정도는 물론 스트레스에 대한 반응도 사람에 따라 개인차가 있다. 그렇다면 스트레스의 원인은 무엇인지 스트레스를 보다 체계적으로 이해하기 위해 스트레스의 근원에 대해 알아볼 필요가 있다. 스트레스의 원인에 대해 장선철(2007)은 다음과 같이 좌절, 과잉 부담, 갈등, 생활의 변화, 탈핍성 스트레스, 압력 등을 제시하고 있다.

(1) 좌절감

좌절감(Frustration)이란 원하는 목표가 지연되거나 차단될 때 경험하는 부정적인 정서 상태이다. 좌절감은 목표를 향하려는 욕구를 방해하는 장애물에 의해 경험하는 것이다. 장애물에는 외적인 것과 내적인 것으로 구분할 수 있다. 외적인 것으로는 교통체증, 천재지변과 같은 물리적 요인과 종교, 종족, 사회계층 간의 차별, 사회경제적 요인과 같은 사회적인 요인이 있다. 내적인 것으로는 외모, 건강과 같은 신체적 요인과 성격, 지능과 같은 심리적인 요인이 있다.

(2) 과잉 부담

개인차가 크지만 사람들은 각기 능력에 따라 제한된 업무처리 용량을 가지고 있다. 따라서 개인의 업무처리 용량을 벗어난 자극이나 요구는 중요한 스트레스의 원인이 될 수 있다. 직장 내에서의 업무 처리와 관련된 지나친 부담, 심한 경쟁 속에서 승진을 해야 하는 것 등은 과잉 부담(Overload)에 해당된다.

(3) 갈등

갈등은 두 가지 이상의 상반된 요구, 욕구, 기회 또는 목표에 당면했을 때 일어난다. 한 가지 목적을 만족시키기 위해서는 다른 한 가지 목적을 포기해야 하기 때문이다. 두 가지 이상의 동기들이 갈등상황에 놓이게 되면 스트레스의 원인이 된다.

(4) 생활의 변화

생활의 변화(Life change)도 스트레스를 유발하는 중요한 요인이다. 결혼, 이사, 군 입대, 이혼, 사별 등과 같은 생활의 급격한 변화는 신체적인 질병과 관계가 깊다. 제한된 에너지에서 생활의 변화에 따른 적응성 에너지가 갑자기 많이 소모되기 때문에 질병에 대한 에너지가 감소하면서 스트레스의 원인이 된다.

(5) 탈핍성 스트레스

스트레스는 외부 또는 내부에서 오는 압력이나 자극의 정도가 심할 때만 경험하는 것이 아니다. 사람들은 적정 수준의 감각자극이나 흥분을 경험하기를 원한다. 따라서 원하는 만큼의 자극이 없을 경우에도 스트레스를 받게 된다. 이를 탈핍성 스트레스(Deprivation stress)라고 한다. 따라서 무료함, 외로움도 스트레스의 원인으로 작용한다. 독신자, 미망인, 이혼한 사람들이 배우자와 함께 사는 사람들보다 사망률이 높은 이유가 여기에 있다.

(6) 압력

압력(Pressure)이란 우리가 어떤 방식으로 행동하기를 원하는 기대나 요구를 말한다. 압력은 두 가지 하위 유형으로 나눌 수 있다. 누군가로부터 신속하게, 효율적으로, 성공적으로 과제와 책임을 수행할 것을 요구받는 수행 압력(Performance pressure)과 주변 사람들로부터 강요받는 동조 압력(Conformity pressure)이 있다.

3) 스트레스의 종류

누구나 어떤 이유로든지 간에 스트레스를 한 번쯤은 경험했을 것이다. 하지만 같은 상황에서 느끼는 것이라 해도 개인에 따라 스트레스를 경험하는 수준이 다르다. 따라서 그에 대한 반응도 달리 나타난다. 또 어떤 종류의 스트레스냐에 따라서도 다르게 반응한다. 즉, 스트레스에 대한 반응은 주관적이라고 말할 수 있다. 스트레스의 유형에는 다음과 같은 여섯 가지의 종류가 있다.

(1) 사회적 스트레스

일이 너무 많다. 생활이 불규칙하고 야근이 많다. 대출, 구조조정, 파산, 도산 등과 같이 사회적 관계 속에서 나타나는 스트레스 유형이다.

(2) 인간관계에서 오는 스트레스

직장 상사, 동료, 부하 직원과의 원만하지 못한 인간관계, 가정 내의 문제, 친척과의 문제, 친구와의 문제 등 사람들과의 관계에서 오는 스트레스이다.

(3) 물리적 스트레스

너무 덥다, 너무 춥다, 저기압, 고기압, 근로 형태 등으로 인해 발생하는 물리적·화학적 자극 등에서 발생하는 스트레스이다.

(4) 정신적 스트레스

가족이나 친척의 병 또는 죽음, 불행, 재산 상실, 실연, 사업이나 시험의 실패 등과 같이 어떤 일로 인해 정신적인 부담, 비뚤어진 성격에서 오는 심리적인 스트레스이다.

(5) 환경적 스트레스

소음, 대기오염, 어두운 조명, 진동 등 환경이 나쁜 곳에서 생활하거나 일을 함으로써 발생하는 스트레스이다.

(6) 육체적 스트레스

질병, 상처로 인한 고통, 일로 인한 피로, 수면 부족 등으로 인하여 생기는 스트레스이다.

4) 스트레스 극복 방안

스트레스의 대처 방법은 상황에 따라 달라질 수 있다. 따라서 여기서는 전체적인 입장에서 정서적인 대처 방법, 정신적인 대처 방법, 신체 건강적인 대처 방법 등을 융합한 통합적 관점에서의 스트레스 극복 방안을 제시하고자 한다.

(1) 정서적 안녕의 유지

많은 사람들은 스트레스를 만나면 정서적으로 반응한다. 따라서 스트레스를 만나면 정서적 안녕을 위해 어떤 전략을 활용할 것인지에 대한 대책을 마련할 필요가 있다. 정서는 스트레스 상황에서 어떻게 반응하는가를 결정하는 데 중요한 역할을 하기 때문이다. 정서적으로 안녕감을 유지하게 되면 과다한 스트레스로부터 보호가 된다. 정서적 안녕을 유지하는 데에는 네 가지 방책이 있는데, 이는 각각 때와 장소에 따라 유용성이 달라질 수 있다.

- 정서적 긴장감의 표출
- 정서적인 스트레스 장면에서 초월
- 정서적 지지자를 구함
- 정서적인 에너지의 소비 감소를 위한 정서 통제

(2) 신체적 안녕의 유지

신체적 안녕은 특히 정서적 안녕과 매우 밀접하게 관련되어 있다. 건강한 신체는 정서적으로 건강하게 하고 삶을 보다 적극적으로 살아가도록 해 준다. 스트레스를 이겨내는 신체적 전략으로는 다음과 같은 것들이 있다.

- 적절한 음식을 섭취하도록 한다.
- 건강을 증진시킬 운동 프로그램을 개발하도록 한다.
- 충분한 휴식과 이완을 취하도록 한다.
- 신체를 화학적으로 안정된 균형을 유지하도록 한다.
- 깊은 이완을 취하는 프로그램을 개발시켜 준다.

(3) 정신적 안녕의 유지

정신적 안녕의 유지와 관련된 전략은 이른바 정신적으로 평안한 상태를 유지하려는 것으로, 내적인 힘을 길러 스트레스에 대응하는 기법이다. 정신적 안녕의 유지를 위한 기법으로는 다음과 같은 것들이 있다.

- 삶에 대해 긍정적 자세를 취한다.
- 현실적 기대감을 받아들임으로써 내적 균형을 취한다.
- 삶에 대해 자기관리적인 입장을 취한다.
- 다가올 문제나 걱정보다는 현실에 치중한다.

대인관계서 비롯된 직장 스트레스, 슬기롭게 극복하는 방법은?

최근 재택근무 비중이 점차 줄어들면서 직장에서의 대인관계로 인해 고민하는 이들이 많다. 대인관계에서 비롯된 직장 스트레스는 일상 대부분의 시간을 보내는 직장에서 반복적으로 일어난다는 점, 그리고 원인이 되는 대상을 쉽게 제거하지 못한다는 점에서 극복하기 쉽지 않으며 오래 지속될 가능성이 높다.

이러한 직장 스트레스를 방치하면 단순 스트레스에서 우울증, 수면장애, 불안장애 등으로 이어질 수 있고, 사회생활에 제약이 생기는 대인기피증으로까지 발전할 수 있기 때문에 스트레스가 질환으로 이어지기 전에 적절한 대처 방안을 강구해야 한다.

직장 스트레스는 원인을 파악해 제거하려 하기보다는 생활습관 개선이나 취미생활 등을 통해 불안감을 없애고 정신건강을 챙기는 것이 중요하다. 또한 개인마다 스트레스를 느끼는 정도가 다르므로 주변에서 들리는 말에 쉽게 휩쓸리지 않도록 주의해야 하며, 스스로 견디기 어려울 정도의 심각한 스트레스를 받고 있다면 의료기관을 방문해 충분한 상담을 통해 상태가 악화되는 것을 막아야 한다.

대표적인 직장 스트레스 치료법으로는 약물치료, 이완 훈련, 인지 치료 등이 있으며, 그중 인지 치료는 부정적인 사고를 전환해 어려운 상황에 처하더라도 스스로 벗어날 수 있도록 하는 치료로, 앞으로도 반복될 수 있는 직장 스트레스를 현명하게 해소하는 데에 도움을 준다.

○○정신건강의학과의원 원장은 "직장 스트레스에 견디지 못한 직장인들이 퇴사를 고민하지만 다시 새로운 직장에 들어가야 하는 현대인의 삶 속에서 이러한 스트레스는 반복적으로 발생할 수밖에 없다"며, "스트레스의 직접적인 원인을 해결하기보다는 이러한 스트레스를 해소할 수 있는 방법을 찾아 슬기롭게 관리하는 자세가 필요하며, 만약 스스로 빠져나오기 힘든 상황이 찾아오면 지체 없이 의료진과의 상담을 통해 적절한 치료 방법을 찾는 것이 좋다"고 조언했다.

출처: 메디컬 투데이(2022. 11. 8., mdtoday.co.kr).

4. 가치관리

현재의 위치에서 당당해지고 자신 있게 도전하기 위해서는 반드시 지녀야 할 무기가 있다. 그것은 바로 다름 아닌 실력이다. 실력 있는 자만이 당당해질 수 있고, 자신의 가치를 높일 수 있다.

자신의 가치를 높일 수 있는 또 다른 하나는 자신감이다. 자신감이 떨어지면 그만큼 자신의 가치도 낮아진다. 자신감을 갖고 어떤 일에 도전할 때 성공할 가능성은 높아진다. 스스로에게도 가치를 높일 수 있도록 자신에게 반복적으로 되뇌어 보자. 다름 아닌 "나의 가치는 내가 생각하는 것보다 훨씬 높다."라고 반복해 보자. 자신의 가치를 높이는 데 도움이 될 수 있다.

1) 가치란?

우리가 흔히 사용하는 말 중에 "아파 보아야 건강의 가치를 알고, 늙어 보아야 시간의 가치를 안다"라는 말이 있다. 건강과 젊음의 중요성을 강조하기 위한 이야기이지만, 반복해서 등장하는 '가치'라는 단어에 집중하지 않을 수 없다. 그렇다면 '가치'란 무엇일까? 가치란 사물이 지니고 있는 쓸모를 말한다. 즉, 쓸모의 유무나 다소가 가치를 결정하는 요인으로 작용한다. 사람들은 어떤 선택이나 행동에 앞서서 그것이 바람직한 것인지, 아니면 바람직하지 않은 것인지를 따지게 되는데, 이때 가치가 선택을 결정하는 판단의 기준이 되기도 한다. 사람들이 선택하는 가치 중에서 가장 높은 가치로 받아들이는 것은 인간의 생명이다.

경제학에서는 이러한 가치의 개념을 크게 두 가지로 구분하여 사용하는데, 그것은 바로 사용가치와 교환가치이다. 일반적으로 사용가치라 함은 어떤 재화를 소비함으로써 얻을 수 있는 주관적인 만족도 또는 효용을 말하고, 교환가치라 함은 어떤 재화가 다른 재화와 교환될 수 있는 능력, 즉 객관적 상품으로서의 가격을 말한다.

일반적으로 가치는 사회구성원의 판단이나 행동에 영향을 미친다. 사회가 추구하고 있는 가치 기준의 여부나 정도에 따라 개인의 행동이 결정되는 경우가 많다. 대체로 동일한 가치를 공유하는 사람들은 비슷한 상황에서 유사한 의사결정을 하는 경우가 많다. 그래서 사회구성원들이 비슷한 가치를 추구하는 사람들끼리 집단을 이루어 생활하는 것은 흔히 볼 수 있는 사례이다.

2) 가치관리의 중요성

사람들은 안정된 직장을 통해서 가정의 행복을 추구한다. 그러기 위해서 우선적으로 우리가 지금 해결해야 할 것이 안정된 직장의 선택이다. 직장은 내가 선택했다고 해서 얻어지는 것은 아니다. 내가 선택한 직장에서 나의 가치를 인정하고 직장인으로 선택할 때만이 내가 바라는 직장에서 일할 수 있다. 그러려면 내가 희망하는 직장에 선택되도록 나의 가치를 올려놓아야 한다. 즉, 나의 가치관리를 준비하고 시작해야 한다. 취업을 눈앞에 둔 졸업 학년에 가서 준비한다면 이미 늦었다. 지금부터 필요하다고 느낀 이 순간부터 나의 가치, 나의 브랜드를 높일 수 있는 자기관리에 들어가야 한다. 내가 직장을 선택하는 것도 중요하지만, 직장이 나를 선택하도록 해야 한다.

자기 가치를 높이는 일은 취업을 하는 데 지름길이 되며, 직장에서도 성공할 수 있는 전략이다. 가치를 높이기 위해서는 자기 분야에서 다양한 능력과 전문성을 키워 다른 사람들로부터 인정받는 사람이 되어야 한다. 각종 자격증은 물론 관련 이론이나 기술 연마에도 게을리해서는 안 되며, 각종 네트워크의 활용으로 자기관리에 대한 노력을 기울여야 한다.

가치와 행동과 시간의 관리에는 순서가 있다. 가치를 결정한 후 행동이 결정되고, 그에 따라 시간을 관리하는 것이 일반적인 절차이다. 그 이유는 가치를 정하지 않으면 행동을 정할 수 없고 행동을 정하지 않으면 시간을 배분하고 정할 수 없기 때문이다. 무조건 시간만 관리하거나 행동만 관리해서는 안 된다. 행동하고 싶은 마음의 근원인 가치관을 확실히 인식한 다음에 계획하고 행동하는 것이 중요하다. 자신이 가치를 얼마나 두고 있느냐에 따라서 같은 일도 얼마나 즐길 수 있는지가 정해진다. 간절하게 원하는 사람이 무엇이든 잘 이루어 내는 것도 이러한 가치관의 차이에서 온다.

가치가 결정되면 행동관리와 시간관리를 위해 우선적으로 해야 할 일이 연간계획을 세우는 일이다. 1년 후, 2년 후, 3년 후, 4년 후의 계획을 세우고, 시간이 지나고 자신의 경력이나 가치가 높아질수록 자기관리능력과 리더십을 배양하는 일을 병행해야 한다. 1년의 계획이 세워지면 다시 월별로 자기 가치를 높이기 위해 준비할 계획을 세워야 한다. 월별로 무엇을 했으면 좋을지를 판단하고 다시 월별 목표에 맞춰 주별, 일별로 세분화하여 계획을 세워 실천하도록 한다. 무의미한 대학생활이 아닌 목표를 가지고 자신에 대한 주인 의식으로 하루에 한 가지씩 실천해 나갈 때 '나'라는 가치는 점점 높아진다. 체계적인 준비와 노력을 바탕으로 흐름을 읽고 변화에 능동적으로 대처해 나간다면 성취하고자 하는 결과를 얻을 수 있게 된다.

5. 성공한 사람들의 자기관리

성공한 사람들은 성공한 사람들만의 공통적인 습관을 지니고 있다. 성공한 사람들의 행동습관을 알게 되면 그동안 내가 지니고 있는 나쁜 습관을 찾을 수 있고, 자신의 행동에 대한 문제점이 무엇인지도 깨닫게 된다.

성공하는 습관은 한두 번의 시행으로 습관화되지 않는다. 행동을 습관화하기 위한 반복적인 행동이 필요하다. 또한 성공한 사람은 변화를 좋아한다. 반면에 성공하지 못한 사람은 변화를 막을 수만 있다면 무엇이든지 하겠다는 생각으로 도전한다. 성공하기 위해서는 어떤 행동들이 필요한지 성공한 사람들의 자기관리 기법을 생각해 보자.

1) 성공의 여섯 가지 원칙

성공한 사람은 무슨 일이든지 다 잘 하는 것처럼 보인다. 하는 일마다 성공한다. 이것은 그들이 유별나게 운이 좋아서가 아니라 삶을 지탱하는 단단한 토대가 있기 때문이다. 그 토대란 개인적 발전을 추구하는 강한 신념으로 각자의 분야에서 더 나은 자신이 되려고 노력하는 것이다. 자신을 바꾸고 나아가 가족과 이웃, 국가와 세계를 변화시킨다. 성공한 사람들은 실제로 어떤 공통된 특성을 지니고 있다. 그중 하나가 정상을 추구하는 확고한 신념이다. 그들은 자신을 수련할 줄 안다. 성공한 사람은 다른 이들보다 좋은 습관을 지니고 있다. 당신의 습관이 바로 당신을 만든다(이창식, 2008). 비록 백 년을 산다고 하더라도 게으르고 정진이 없는 삶이라면 부지런히 노력하면서 사는 하루가 더 낫다는 점을 인식해야 한다. 성공을 위한 삶의 방식에도 원칙이 있다. 원칙을 지키면서 자신의 발전을 위해 노력하는 삶이 성공으로 다가갈 수 있다. 매튜 켈리(Matthew Kelly)의 저서 『위대한 나(The great I)』에서는 성공의 여섯 가지 원칙을 다음과 같이 제안하고 있다(이창식, 2008).

(1) 지식의 원칙 : 너 자신을 알라

일본 속담에 세상에서 가장 소중한 물건으로 세 가지가 있는데, 첫째는 거울이고, 둘째는 보석이며, 셋째는 검이다. 일본인들이 거울을 가장 소중한 것으로 여기는 것은 자기 자신을 알게 하기 때문이다. 성공한 사람들은 스스로를 잘 안다. 자신의 장점은 물론 약점까지, 또 재능과 능력, 욕구와 욕망, 희망과 꿈, 잠재력과 목적을 알고 있다. 지식으로부터 그들은 아름답고 화려한 삶을 만들어 낸다. 자신의 모자라는 부분만 알더라도 정말 현명해질 것이다. 약점과 모자람은 무엇보다도 자신에게 소중한 친구이며 스승이다.

(2) 꿈의 원칙 : 꿈을 제한하지 말라

어떻게 보면 인생이란 선택과 결정의 긴 연속이다. 당신은 무한한 경우의 수 안에서 삶을 선택할 방법을 결정해야만 한다. 성공한 사람들은 마음껏 꿈꾼다. 완벽한 상황을 상상한다. 그리고 의사결정 과정에서 아무런 제약도 두지 않는다. 그들은 '무엇이 최상인가?', '무엇이든 할 수 있다면 무엇을 할까?'라고 묻는다. 반면에 대부분의 사람들은 자신이 현재 얻을 수 있는 한정된 자원을 의사결정의 기준으로 삼는다. 성공한 사람들은 자신의 형편에 맞춰 선택하지 않는다. 대신에 자신을 최고로 만들 수 있는 결정을 한다.

(3) 비전의 원칙 : 목표를 세워라, 그리고 계획하라

일생 동안 이루고 싶거나 되고 싶은 것이 있다면, 그 꿈을 완성할 계획부터 세워라. 어느 날 갑자기 천운이 트여 모든 일이 완성되고 꿈이 저절로 이루어지는 법은 없다. 그렇게 되기를 바라면서 어리석게 허송세월해서는 안 된다. 천운은 트이지 않는다. 신은 우리에게 여러 가지 다른 방법으로 재능을 주셨다. 자신에게 주어진 재능과 능력을 활용하라. 삶의 순간마다 삶의 각 분야마다 구체적인 비전들이 필요하다. 비전을 가져라. 큰 비전, 작은 비전을 끊임없이 세워야 한다.

(4) 삶의 원칙 : 좌우명을 찾아라

정상에 오른 사람들은 모두 좌우명을 갖고 있다. 자신만의 삶의 원칙을 한 문장으로 집약한 것이다. 성공한 사람들은 사소하고 지엽적인 일들에 크게 반응하지 않는다. 삶이 나아갈 방향과 초점을 알기 때문에 주의를 흩트림 없이 중요한 일에만 집중할 수 있다. 세부적 목표들을 향해 전진하지만 모두가 자신의 좌우명 안에 포괄한다. 그래서 성공한 사람들은 일희일비하지 않는다. 좌우명은 삶의 나침반이다. 그래서 성공한 사람들은 심란한 일이 일어났을 때 이 나침반을 사용한다.

(5) 생각의 원칙 : 위대한 생각을 해라

인간의 생각은 현실을 창조한다. 생각한 대로 이루어진다. 마음을 사로잡은 생각이 삶에서 현실이 되고 전 세계에 영향을 끼쳐 다음 세대까지 이어진다. 무슨 일이든 실제로 일어나기 전에 마음속에서 먼저 일어난다. 따라서 마음속에서 일어나는 일을 통제할 수 있다면 당신 삶의 모든 행동도 통제할 수 있다. 단순한 결심만으로는 부족하다. 눈에 보이는 모든 장소에 결심을 써 붙여 당신을 세뇌하라. 그리하여 결심이 생각에서 떠나가지 않도록 해야 한다.

(6) 전념의 원칙 : 본전 생각은 버려라

성공한 사람들은 모두 자신의 일을 사랑한다. 그리고 사랑은 무조건적이다. '본전 생각'을 하면 안 된다. 성공과 돈과 명성은 자연히 따라오는 결과다. 그것을 목표로 놓고 달려서는 안 된다. 본전을 찾으려는 욕심이 모든 것을 잃게 만든다.

2) 성공한 사람들의 자기관리 기법

사람들은 누구나 성공하기를 희망한다. 자신이 꿈꾸는 세상, 자신이 이루고자 하는 소망들이 모두 이루어진다면 얼마나 좋겠는가? 하지만 노력 없는 결실은 없다. 성공을 위해서는 그만큼 다른 사람들보다 무엇인가 더 투자하고, 더 노력하고, 더 집중하여 자기계발을 해야 한다. 성공적인 사람으로 만드는 유일한 특성은 없다. 자신의 지능, 기술, 협동심, 의사소통 능력을 진취적 기상, 성실성, 정확한 판단력 등과 잘 조화시키는 일이 필요하다. 뿐만 아니라 스스로의 능력을 자기계발을 통해 확보할 때 성공의 가능성은 높아진다. 자신의 특성과의 조화를 이루기 위한 성공적인 전략에 대해 성공한 사람들의 자기계발 노력을 중심으로 몇 가지 기법을 제시하면 다음과 같다.

(1) 꿈을 크게 가져라

스스로 꿈을 크게 갖고 꿈을 성취하기 위한 노력에 게을리하지 말아야 한다. 그리고 꿈을 이룬 후 살기를 희망하는 삶을 상상해 볼 필요가 있다. 또한 그러한 삶을 살기 위해서 무엇이 필요하며 돈은 얼마나 있어야 하는지도 생각해 본다. 이러한 장기적 미래 비전을 세우는 것은 꿈을 이루기 위한 동기부여와 긍정적 사고에 확신을 가질 수 있도록 도와준다.

(2) 항상 목표를 가지고 목표를 생각하며 그것에 다가가려고 노력하라

삶에서 하고자 희망하는 것을 결정하고 이를 구체적인 목표로 설정할 필요가 있다. 그리고 그것을 달성하기 위해 필요한 모든 것들을 리스트로 만들어 하나씩 실천해 성취해 나가야 한다. 목표를 구현하기 위한 계획들이 하나씩 행동으로 옮겨질 때 목표는 한 걸음씩 앞으로 다가올 것이다.

(3) 자신이 가지고 있는 재능이 무엇인지를 알고, 하고 싶은 일을 찾아라

진정으로 자신이 가지고 있는 재능이 무엇인지를 찾아보고 그 재능에 맞는 일 중에서 하고 싶은 일을 찾는 것이 중요하다. 하고 싶은 일을 할 때 기쁨은 두 배가 될 것이며, 좋아하는 일을 한다면 그것은 더 이상 일로 느껴지지 않을 것이다. 자신이 하고 싶은 일을 찾았다면 자신을 철저하게 그 일에 던질 필요가 있다. 그러면 성공은 멀지 않은 곳에 있을 것이다.

(4) 잘못된 습관에서 과감히 벗어나라

잘못된 습관은 목적을 향한 인내심을 방해하고 실현하고자 하는 의지를 약화시키며 실패의 경험을 반복하도록 할 것이다. 잘못된 습관이라고 생각이 드는 순간 과감하게 벗어나야 한다. 잘못된 습관을 버리는 일에는 어떤 어려움이 있어도 포기해서는 안 된다. 어려움과 실망이 반복되어도 참아내고 위기가 반복될수록 그 속에서 새로운 기회를 찾아야 한다.

(5) 우선순위에 집중하라

무슨 일을 가장 중요시하고 무슨 일을 가장 먼저 해야 하는지 일의 실천에 우선순위를 정할 필요가 있다. 정기적으로 우선순위를 정하고, 이를 달성하기 위해 집중하는 것을 배움으로써 원하는 것을 성취할 수 있다. 우선순위화의 비법은 목표를 위해 해야만 하는 것들을 모두 리스트를 만들어 목록을 정한 후에 이들에 대해 더 높은 가치를 주는 활동들에 대해 기록하고 순서를 정하는 것이다. 실천에 있어서도 우선순위를 따라야 한다.

(6) 긍정적인 사고로 동기부여 능력을 키워라

목표를 향해 질주하는 일은 순탄한 길만 있는 것이 아니다. 어려움이 닥쳐올수록 긍정적인 생각으로 자기 최면법을 활용할 필요가 있다. 긍정적인 사고를 할 때 일은 성취될 것이며, 부정적인 사고를 할 때 성취의 가능성은 점점 멀어져 간다. 성공한 후의 모습을 상상하면서 성취동기를 키워 나가야 한다.

(7) 자신의 분야에 대해 철저히 배우고 전문성을 확보하라

자신의 분야에서 일을 더 잘할 수 있는 방법에 대해 항상 배우고 연구하여 그 분야에서는 철저한 전문가가 되어야 한다. 전문가가 됨으로써 그 분야에 있어서 최고가 될 수 있다. 또한 최고가 되더라도 그 분야와 관련된 최신 잡지와 도서를 항상 곁에 두고 연구해야 한다. 자투리 시간도 전문성을 높이는 데 활용하는 것을 생활화해야 한다.

(8) 어떤 순간에도 항상 정직하라

성공적인 인간관계는 정직과 신뢰를 바탕으로 한다. 다른 사람들보다 앞서 나가려고 한다면 다른 사람들보다 먼저 정직한 행동을 실천해야 한다. 정직을 실천하기 위해서 다소 많은 비용이 들더라도 항상 올바른 일이 정직이라 생각하고 실행에 옮겨야 한다.

(9) 실패를 선택으로 두지 말라

실패를 두려워해서는 안 된다. 실패는 항상 가까이 와서 자신을 강하게 만들어 놓고 간다는 점을 잊지 말아야 한다. 항상 실패에 대비한 위기관리를 준비하고 맞이해야 한다. 실패는 성공을 향해 더 강하게 하지만, 실패에 대한 공포는 성공으로 가는 길을 잊게 만든다. 실패에 대한 공포심이 성공으로 가는 가장 큰 장애물이라는 점을 잊지 말고, 이에 대한 대비를 항상 갖추어야 한다. 실패는 선택이 아니라 거쳐야 할 필수 과정이다.

이 밖에도 성공한 사람들은 공통적으로 직장 내, 직장 간, 동료 간 인간관계에 소홀하지 않고 다양한 인적 네트워크를 유지해 나간다. 이는 휴먼 네트워크를 활용하여 대인관계 능력을 가꾸어 나감으로써 함께 더불어 사는 사회라는 인식을 높여 나가는 방법이 된다. 성공은 준비된 관리를 필요로 한다.

목적과 목표의 차이

우리가 사용하는 말 중에는 비슷하지만 다른 뉘앙스를 가진 단어들이 있습니다. 그중에 목적과 목표가 그렇습니다. 물론 사전상의 의미는 비슷하지만 분명한 차이가 있습니다. 목적은 이루려고 하는 일을 말하는 것이고, 목표는 목적을 달성하기 위해 세워놓은 표적입니다. 그런데 우리 인생에서 목적과 목표가 바뀌는 본말이 전도된 현상을 종종 보게 됩니다.

한 마을에 두 친구가 살고 있었습니다. 한 친구는 장래 희망이 군수가 되어 모두가 살기 좋은 고향을 만들고 싶다는 공부를 잘하는 친구였고, 또 다른 한 친구는 생활이 어려운 사람들을 도와주고 싶어 의사가 되겠다는 공부를 열심히 하는 친구였습니다. 성인이 되어 공부를 잘하는 친구는 정치가가 되어 주민들의 의견에 상충하는 당의 의견과 많은 공천헌금을 대가로 당의 공천만 받으면 당선되는 곳의 군수가 되었습니다. 하지만 이 친구는 안타깝게도 얼마 못 가서 비리로 감옥에 가야 했습니다. 그러나 의사가 되겠다고 열심히 공부한 친구는 의대에 갈만한 실력이 못 되어 평범한 회사원이 되었습니다. 회사원이 되었지만 이 친구는 어려운 사람을 돕고자 했던 어렸을 때 꿈을 실천하기 위해 자신의 월급에서 매달 얼마씩을 떼어 의료원에 기부하고 또 시간을 내어 봉사활동을 하는 등 어려운 사람들을 돕는 일에 열심히 참여했습니다.

과연 두 사람 중에 누가 목적을 이룬 사람이겠습니까? 목적을 이룬 사람은 의사라는 목표를 이루지는 못했지만 기부를 하고 봉사활동을 하는 후자의 친구입니다. 전자는 목표인 군수는 되었지만, 군수가 되어 이루려고 했던 목적을 달성하는 데는 실패했습니다. 목표는 목적을 달성하기 위한 하나의 지향점이 되어야지, 목적을 잃은 목표 지향적인 삶은 불행할 수밖에 없습니다. 설령 인생에서 그 목표를 이루었다고 해도 그 후에 찾아오는 공허함은 이루 말할 수 없습니다. 그리고 자칫 목표를 이루지 못할 경우 평생 패배감에 젖어 살아가야 합니다.

하지만 우리 사회는 안타깝게도 목적보다는 목표를 중시하고 있습니다. 다들 좋은 대학을 가고, 안정적이고 좋은 직장만을 선택하라고 강요합니다. 하지만 왜 그렇게 해야 하는지에 대해서는 이야기하지 않습니다. 이것은 주객이 전도된 것으로 오히려 목적에 따라 사는 것을 이상하게 생각합니다. 진정으로 원하는 나의 삶의 진짜 목적이 무엇인지를 수시로 되물으며, 건강하고 행복한 삶을 살아야겠습니다.

출처: 해분하선(2022). 함께 나누고 싶은 글들(https://blog.naver.com)의 내용을 재구성함.

CHAPTER 07

대인관계와 태도관리[1)]

우리는 매일 다양한 사람들을 만나며 살아간다. 특히 사회나 직장생활에서는 친구가 아닌 동료로서 성별, 나이, 사회적 지위 등이 전혀 고려되지 않은 다양한 사람들을 만나게 된다. 사회생활 중에는 다른 사람과의 원만한 관계를 유지하는 것이 중요한데, 그렇지 못하여 어려움을 겪는 사람들을 볼 수 있다. 서로 간의 관계 속에서 사소한 실수로 인해 비난을 받거나 따돌림을 당하는 등 회복할 수 없는 상처를 받는 경우도 발생한다. 특히 최근 들어 대인관계에 대한 어려움을 느끼는 사람들이 증가하고 있다는 측면에서 좋은 대인관계를 유지하기 위한 노력에 관심을 가져야 할 것이다.

최근 우리 사회는 사회 전반적인 분위기가 집단보다는 개인적인 성향을 우선시하는 특성이 강해지고 있다. 집단 내에서 상대방을 고려하고 우선시하는 행동 자체가 피곤한 일이라고 생각하고 터부시하는 경향이 늘어났다. 그러다 보니 원만한 대인관계의 유지에서도 장벽을 만들게 되는 요인이 되고 있다. 대인관계를 잘 하기 위해서는 자신의 내면을 먼저 잘 다듬어야 한다. 자신을 잘 돌볼 줄 아는 사람이 다른 사람도 잘 돌볼 줄 안다. 좋은 대인관계의 유지에서 우선적으로 실천해야 할 일은 경청하는 태도이다. 상대의 이야기를 경청해 주는 것은 상대방을 이해하려는 노력이 있다는 증거이다. 자신만이 아니라 상대에 대한 배려도 함께 지니고 있어야 한다. 자신과 상대방의 존재감이 균형을 이룰 때 건강하고 믿음직한 관계유지가 가능하다. 좋은 관계의 유지를 위해서 과연 나는 어떠한 자세로 사람을 대하고 있

1) 이규은(2019). pp. 197-208의 내용을 재구성함

고 타인으로부터 어떻게 접촉하기를 바라고 있는지 스스로에게 질문을 던져 자신을 살펴볼 필요가 있다.

1. 대인관계의 의미와 중요성

1) 대인관계의 의미

인간은 사회적 존재로 사람들과의 관계를 떠나서는 살 수 없다. 인간은 태어남과 동시에 다른 사람과의 상호작용을 통해 사회화 과정을 거치면서 성장하게 되는데, 이러한 다른 사람과의 관계를 대인관계라고 한다. 즉, 대인관계란 자신과 다른 사람과의 관계를 말한다. 성장기 대인관계는 매우 중요한 역할을 하는데, 만족스럽고 원만한 대인관계를 경험하게 되면 건전한 인격 발달에 긍정적인 영향을 미치지만, 불만족스럽고 대립적인 대인관계를 경험하게 되면 정신적 스트레스를 유발하여 정상적인 성장과 발달에 부정적인 영향을 미친다. 특히 청소년기의 대인관계는 자아정체성 형성에 영향을 줄 뿐만 아니라 성인이 되어서도 대인관계에 영향을 미치게 됨으로써 매우 중요하다. 이처럼 인간은 혼자서 존재할 수 없으며 다른 사람들과 관계를 맺고 접촉하면서 살아간다. 그래서 마르크스(K. Marx)는 "인간은 사회 속에 있을 때만 비로소 인간이 된다"라고 하였다. 사회가 급속도로 변화하고 빠르게 정보화가 이루어지면서도 대인관계의 중요성을 강조하는 것은 다른 사람들과 관계를 맺고 사회적 관계를 유지하면서 살아가는 것은 단순히 의사소통이라는 의미를 넘어 다음과 같은 의미를 갖기 때문이다(이태연 외, 2009).

첫째, 인간은 근본적으로 약한 존재이다. 폴트만은 인간은 모두 미숙아로 태어난다고 했다. 이처럼 인간은 어머니의 자궁에서 벗어나는 순간 누군가의 도움이 없다면 생명을 유지하기 어려운 존재이며, 어머니나 보호자의 보살핌을 받아야만 스스로 생존할 수 있는 개체로 성장하게 된다. 자신의 생명유지에 절대적인 위치를 차지하는 어머니와의 관계는 아기의 정신과 육체에 엄청난 영향을 미치게 된다. 어머니로부터 부드럽고 따뜻한 보살핌을 받은 아기는 낯선 환경에서도 쉽게 적응하며 타인과도 따뜻한 대인관계를 지속할 수 있지만, 그렇지 못했던 아기는 주변 사람들을 비롯한 모든 대상에 대해 두려움을 느끼게 된다. 어릴 때 어머니에게 의존하여 성장을 한 인간은 성인이 되어서도 타인으로부터 사랑과 인정을 받으려는 욕구를 갖게 되고, 이러한 욕구를 만족시키기 위해 친구나 애인을 찾게 된다.

둘째, 인간은 대인관계를 통해 자신을 발견한다. 사람은 대인관계를 통해 자신의 생각이나 감정이 일반적으로 수용될 수 있는지를 알게 된다. 어린 아이들은 부모나 친구들과의 대인관계를 통해 우리 사회에 보편적으로 존재하는 규범뿐 아니라 대인관계의 원리를 배우며 사회의 한 구성원으로 성장한다. 즉, 왜 남의 물건을 함부로 가져서는 안 되며, 다른 사람이 말할 때 관심을 기울여 줘야 하는지에 대해 알게 된다. 이렇게 다양한 사람들과의 대인관계 경험을 통해 다른 사람의 입장을 이해하는 방법을 배운다.

셋째, 대인관계는 인간의 기본적인 욕구이다. 매슬로우(Maslow)에 의하면 인간은 생리적 욕구부터 시작하여 안전 욕구, 사회적 욕구, 존경 욕구, 자아실현의 욕구로 발전한다. 인간은 가장 하위에 있는 생리적 욕구에서 가장 상위에 있는 자아실현의 욕구에 이르기까지 기본적인 욕구위계(Need hierarchy)를 가지고 태어난다. 이 욕구위계에서 상위에 있는 욕구는 하위에 있는 욕구가 충족되어야만 충족될 수 있으며, 인간은 성장하면서 더 상위에 있는 욕구들을 추구하는 경향을 보인다. 대인관계는 생리적 욕구로부터 자아실현 욕구에 이르기까지 기본적으로 요구되는 욕구이다.

2) 대인관계의 중요성

인간의 삶은 다른 사람과의 관계에서 기인한다. 다른 사람과의 바람직한 관계는 좌절 속에서 딛고 일어서게 하는 큰 힘을 주기도 하고, 공동체의 성장과 목표도달에 기여하기도 한다. 그런가 하면 집단이 가지고 있는 풍부한 자원에도 불구하고 잘못된 대인관계로 인하여 집단이 침체되거나 해체되는 결과를 가져오기도 한다. 대인관계는 개인의 능력을 발휘하거나 집단의 성장 발전에 중요한 역할을 한다. 대인관계는 다음과 같은 점에서 중요한 의미를 지닌다(김은영 · 이규은, 2014).

첫째, 사람은 대인관계를 벗어나서 살 수 없으며, 대인관계는 삶을 살아가는 자본이다. 대인관계는 사람의 삶에서 피할 수 없으며 그런 점에서 좋은 대인관계의 형성이 필요하다. 원만한 대인관계는 가정의 행복과 직장에서의 성공을 가져다주며 다양한 사람들과의 돈독한 관계는 사회에서의 성공을 불러온다. 뿐만 아니라 나의 성공과 행복은 나와 대인관계를 맺고 있는 다른 사람의 성공과 행복에도 지대한 영향을 미친다는 점에서 대인관계는 삶에 있어 가장 큰 자본이며, 인생의 성공과 행복을 좌우하는 요인이 된다.

둘째, 원만한 대인관계의 형성은 건전한 성격 발달에 도움을 준다. 대인관계는 인간을 인간답게 하는 역할을 한다. 대인관계를 통해서 타인과의 관계는 물론 자신의 심리적, 사회적 발달에도 중요한 역할을 한다. 즉, 대인관계는 개인의 신체건강과 정신건강에 큰 영향을 미치며, 이는 곧 개인의 성격발달에도 영향을 주게 된다.

셋째, 생산적인 대인관계는 개인의 생존과 발달뿐만 아니라 가정과 사회생활에 대한 적응력을 높여주는 중요한 역할을 한다. 좋은 대인관계는 가정생활의 행복지수를 높여준다. 또한 성공적인 직장생활과 기업의 생산성 및 조직의 효율성을 높이는 데도 중요한 요인이 된다. 바람직한 대인관계의 형성은 대인관계 속에서 개인의 정체성과 사회·심리적 영역의 균형적 발달을 이루게 하여 사회에 대한 적응능력을 키워주는 중요한 역할을 한다.

넷째, 좋은 대인관계의 개선은 정신적 또는 물질적 생산성을 높이는 데 도움이 된다는 점에서, 이에 대한 관리기술의 육성이 필요하다. 인간의 삶 속에서 대인관계가 중시되어야 한다. 대인관계도 관리 방법에 따라 반응하고 통제될 수 있다. 따라서 대인관계의 변화를 위한 부단한 노력과 좋은 관계로의 개선을 통해 이루어진 대인관계의 발달은, 기업의 생산성을 높일 수 있다는 점에서 대인관계는 중요하게 다루어져야 한다.

다섯째, 자율적 대인관계 형성의 능력은 자아실현과 삶의 질에 깊이 관련되어 있다. 인간의 삶의 궁극적인 목표는 자아실현에 있다. 그러나 인간의 자아실현은 자율적 대인관계의 형성이 이루어지지 않고는 불가능하다. 다양한 집단과 조직을 통해 자율적 판단에 근거한 자율적 행동이 궁극적으로는 자신의 삶에 대한 만족도를 높여준다.

여섯째, 대인관계가 불만족스럽고 비효과적일 경우 인간의 성장 발달에 방해를 받게 된다는 점에서 대인관계가 중요하게 인식되어야 한다. 타인들과의 대인관계에서 만족스럽고 효과적인 인간관계를 경험하게 되면 풍부하고 완성된 인간으로 발달할 수 있지만, 반대로 대인관계가 불만족스럽고 비효과적일 경우에는 인간의 성장발달에 방해를 받게 되어 부정적인 측면의 발달이 이루어질 수 있다. 따라서 좋은 대인관계의 경험을 통해 바람직한 성장이 이루어지도록 적극적인 관계 형성이 필요하다.

2. 대인관계의 발달 단계

"모든 고민은 인간관계에서 비롯된다."라는 말이 있다. 이것은 인간의 삶에 있어서 인간관계가 얼마나 중요한지를 말해주는 문장이라 할 것이다. 인간은 주체적이고 능동적인 존재이기 때문에 모든 행동과 감정에 있어서 목적에 부합되는 행동을 주체적으로 선택하고 결정한다. 하지만 인간이 지나치게 감정에 치우치다 보면 합리적인 선택이나 결정이 이루어지지 못한 경우도 발생한다. 이러한 여러 가지 상황 속에서 대인관계가 어떻게 발달하는지에 대한 내용을 살펴보고자 한다. 먼저, 아들러(Adler)의 대인관계 발달 단계를 살펴보고, 냅(Knapp)의 대인관계 발달 단계와 결별 단계에 대해 알아보고자 한다.

1) 아들러(Adler)의 대인관계 발달 단계

아들러는 인간은 변할 수 있다고 보았다. 인간은 과거의 트라우마(trauma)

에 지배를 받는 것이 아니라 현재의 '목적'에 따라 살아가는 것이며, "지금, 여기(here and now)"에서 결단해서 새로운 목적을 갖게 되면 그 사람은 그 방향으로 삶을 살아간다는 것이다. 융도 인간은 어린 시절에 받은 영향력으로 일생이 결정되는 것이 아니라 자아탐닉에서 자아초월로 변화되면 중년기 이후에도 성장은 가능하다고 보았다. 하지만 이러한 변화는 일정한 과정과 순서를 거치게 되는데 이것이 바로 대인관계 발달이론이다.

아들러는 대인관계의 발전은 다른 사람을 만나 일정한 단계를 거치면서 발전해 나간다고 보았다. 그럼에도 불구하고, 우리는 낯선 사람들을 만나 친근해지면서 거치게 되는 단계를 실감하기는 쉽지 않다. 아들러(Adler)는 대인관계에서 나타나는 두 사람 사이의 관계는 일반적으로 네 단계가 존재한다고 보았다. 아들러가 제시한 네 단계는 일상적 대화 단계, 사실 전달 단계, 의견 교환 단계, 감정 교류 단계로 구분된다. 단계별 특성을 요약하여 나타내면 다음과 같다.

단계	일상적 대화 단계	사실전달 단계	의견교환 단계	감정교류 단계
특징	• 일상적이고 피상적인 대화 • 상대방과 친밀감을 높이려고 함 • '안녕하세요', '반갑습니다'와 같은 일상적 인사	• 서로 공통의 관심사를 찾으려 함 • 대화를 유지해 나가려고 함 • 전달하고자 하는 정보에 대한 자신의 감정이나 생각은 억제함	• 자신의 생각을 전달하고 상대방의 의견을 듣고자 함 • 의견을 존중하고 의견차를 이해하려 함 • 깊은 인간관계가 가능함	• 자유로운 감정표현이 이루어짐 • 감정표현은 상대방의 깊은 신뢰를 바탕으로 함 • 마음의 공유를 전제로 함

그림 7-1 아들러의 대인관계에서 나타난 네 단계와 단계별 특성

2) 냅(Knapp)의 대인관계 발달 단계

인간관계의 발전과정을 살펴보면 어떤 인간관계이든지 여러 단계의 과정을 거치면서 형성된다. 각 단계에서는 그 단계에서 해결해야 할 과업이 이루어짐과 동시에 다음 단계로 넘어가기 위한 과제도 등장한다. 심리학자 냅(Mark Knapp)은 이러한 발달 단계를 모형으로 구분하여 제시하였다.

냅(Knapp, 2006)은 대인관계의 발전 단계를 두 가지 관점에서 설명하고 있다. 하나는 대화가 잘 이루어져서 발전하는 단계이고, 다른 하나는 대화가 친밀관계로부터 멀어지는 결별의 단계이다. 즉, 대인관계의 형성과 해체를 동시에 고려한 단계 모형이다. 냅(Knapp)이 제시한 대인관계 형성의 모형에서 대화의 단계 모형은 다음과 같은 절차를 통해 발전한다.

첫째, 관계의 시초 단계이다. 이 단계는 두 사람이 처음으로 만나 낯선 사람을 인지하고 상호작용하는 단계이다. 이 단계에서 사람들은 자신의 긍정적인 면을 부각시키면서 대화의 채널을 열고자 노력해 나간다.

둘째, 탐색 단계이다. 두 사람이 상호 간에 호감을 갖고 상대방의 모든 것에 대해 알아보고자 노력하는 단계이다. 상대방에 대해 긍정적인 관점을 갖고 이해하려고 노력하는 것도 이 단계의 활동이다.

셋째, 강도 높이기 단계이다. 좀 더 개인적으로 친밀한 관계를 유지하면서 보다 더 높은 수준의 상호작용을 하고자 하는 단계이다. 이때 이루어지는 대화의 내용은 매우 비공식적이고, 사적인 것이 많고 둘 사이에만 의미가 있는 말들을 사용하게 된다.

넷째, 통합 단계이다. 이 단계는 두 사람 간의 융합이 일어나는 상태로 상호 간에 의견과 태도가 일치되어 친밀감이 깊어지는 단계이다.

다섯째, 결합 단계이다. 이 단계는 두 사람이 결합하여 내적으로 동료의식을 갖는 단계이다. 개별적인 독자적 의식이 동료라는 하나의 집단으로 결합하여 일체된 생각과 행동을 보이는 단계이다.

3) 냅(Knapp)의 결별 5단계

대인관계가 긍정적으로 발전하여 다섯 단계를 거치면서 보다 성숙된 관계를 보여줄 수도 있지만 그렇지 못한 경우도 있다. 서로 의견이 맞지 않거나 인식의 차이로 인하여 결별하게 되는 경우도 있다. 냅(Knapp)은 이와 같은 결별의 단계 모형으로 5단계를 제시하였다. 5단계를 거치면서 두 사람이 친밀한 관계로부터 멀어지는 결별을 하게 된다고 보았다. 냅(Knapp)이 제시한 결별의 5단계는 다음과 같다.

첫째, 차별화 단계(differentiating)이다. 차별화 단계는 결별의 출발점으로 두 사람이 서로 다르고 동떨어진 것으로 생각하기 시작하는 단계이다. 서로에게서 공통점을 발견하는 과정을 통해 친밀감을 쌓아갔던 두 사람이 이젠 서로에게서 '차이'를 발견하고 다름을 주장하기 시작한다. 그 다름의 내용은 생활의 아주 작은 습관에서부터 가치관에 이르기까지 다양하다. 두 사람의 차이로 인한 불만이 점점 심화되면서 본격적으로 갈등이 표출되기 시작하는 단계이다.

둘째, 제한하기 단계(circumscribing)이다. 이 단계는 차별화 단계에서 서로 다른 생각을 한다는 것을 인지하였기 때문에, 서로 간에 가급적 갈등이나 감정의 폭발을 일으키지 않도록 비교적 안전한 대화의 주제를 선택하여 상호 의사소통을 제한하기 시작하는 단계이다. '제한하기'를 통해서 표면적인 갈등은 잠시 줄일 수 있지만, 중요한 것은 대화와 소통의 기회가 사라지면서 두 사람의 접점은 점점 멀어지게 된다는 사실이다.

셋째, 정체 단계(stagnating)이다. 이 단계는 '제한하기'의 부작용이 본격적으로 드러나기 시작하는 단계로 대화에서 나타난 차이가 서로를 어색하게 만들어 대화가 정체되는 단계이다. 따라서 의사소통이 원활하지 않고 대화가 어색해져서 어려움을 느낀다.

넷째, 회피 단계(avoiding)이다. 이 단계는 상호 간에 대화의 어색함을 느꼈기 때문에 가급적이면 어색한 상황을 만들지 않기 위해서 노력하는 단계이다. 하지만 둘 사이의 거리감은 감정적, 심리적인 부분을 넘어서 물리적인 부분까지로 확장된다. 따라서 육체적으로 별거를 하거나, 애써 서로 얼굴

을 보지 않으려고 하는 단계이며, 이 단계를 거치면서 두 사람 사이의 관계는 급속도로 멀어지기 시작한다,

다섯째, 절연 단계(terminating)이다. 이 단계는 회피의 수준을 넘어서 대인관계를 끊는 단계이다. 관계를 회복하려는 노력 대신에 이제는 각자의 길을 걷는 게 낫겠다는 생각으로 전환된 단계로, 이 단계에서는 한쪽이 혼자 아무리 노력을 해도 한쪽의 마음이 이미 떠나버린 상태여서 문제는 달라지지 않는다. 특정한 사람과의 관계를 포기하는 단계이다.

3. 갈등의 요인과 기능

갈등은 이해관계가 달라서 서로 적대시하거나 충돌을 일으키는 것을 가리키는 말이다. 갈등이라는 말의 어원은 칡과 등나무에서 온 말이다. 한자 '칡 갈(葛)'과 '등나무 등(藤)' 자가 합하여 만들어진 것이 '갈등(葛藤)'이다. 이는 칡과 등나무가 서로 복잡하게 얽혀 있는 것처럼 개인이나 집단 사이에 서로 복잡하게 얽혀 있는 관계를 지칭하는 말이다. 즉, 서로 생각이나 처지 등이 달라서 맞부딪치는 것을 갈등이라고 한다.

심리학적에서의 갈등은 동기를 제공하는 자극이 감소되고 다른 자극이 증가되어 새로운 적응이 필요하게 될 때 생기는 것을 말한다. 이러한 갈등은 개인 간이든, 집단과 개인 간이든 간에 관계없이 모순과 대립 혹은 충돌이나 불일치와 연관이 있다. 따라서 갈등은 많은 사람들에게 스트레스를 가져다주며, 지속적이고 높은 강도일수록 부정적인 효과를 나타낸다.

1) 갈등의 의미와 요인

대인관계에서 피할 수 없는 것이 갈등이다. 갈등은 상반된 욕구와 기대, 요구에서 비롯된 적대감, 경쟁심으로 인하여 긴장감이 유발되는 상태를 말한다. 갈등은 조직에 적응하는 데 영향을 미치고 심화되면 목표달성에 부

정적인 영향을 미칠 뿐만 아니라 경우에 따라서는 조직이 와해되는 요인이 되기도 한다. 갈등은 다툼이나 논쟁처럼 겉으로 드러나는 형태로 나타나기도 하지만, 냉소, 외면 등과 같이 드러나지 않는 형태로 표출되기도 한다. 갈등으로 인해 발생하는 부정적인 결과에는 분노, 관계의 파괴, 논쟁의 격화, 좌절감 등이 있다. 이러한 감정 상태는 자신과 타인을 모두 불편하게 한다. 그래서 사람들은 가급적 갈등을 일으키지 않으려고 노력하고 불가피하게 갈등이 발생하게 되면 가급적 빨리 해소하기 위해 노력한다.

갈등이 발생하는 요인은 여러 가지가 있으나 개인적인 성격 차이, 의사소통의 차이, 목표나 가치관의 차이, 역할 차이 등이 주된 요인이며, 조직 내에서는 시간, 돈, 정보 등의 한정된 자원이나 구성원들 간의 책임과 역할 배분, 서로가 추구하는 목표의 차이, 함께 하는 구성원들의 성격, 가치, 태도의 차이 등이 갈등요인이다. 이러한 여러 가지 요인으로 인하여 개인적으로나 조직 내 대인관계에서 갈등은 발생하기 마련이다.

갈등이 있다는 것은 매우 자연스러운 현상이다. 하지만 지나친 갈등은 대인관계를 파괴하고 사람들을 결별시키거나 소통이 불가능하도록 하여 개인이나 조직의 성장을 억제한다. 따라서 구성원 나름대로 상대방의 욕구나 기대를 희생시키지 않으면서 효과적으로 갈등에 맞서서 극복할 수 있는 방법을 지니고 있어야 한다. 성공한 사람들은 갈등이 불러일으키는 잠재적인 위험성을 이해하면서 이를 창조적인 에너지로 전환시킨 사람들이다. 우리가 흔히 갈등에 대해서 거부감을 갖고 있는 것은 갈등은 부정적이며 좋지 못한 결과를 가져온다는 생각을 하기 때문이다.

2) 갈등의 기능

토머스 셸링(Thomas Crombie Schelling, 1976)은 『군대와 영향력(Arms and Influence)』이라는 책에서 "갈등 자체는 해로운 것이 아니며 단지 그것에 어떻게 반응하고 또 어떻게 다루느냐에 따라 이로울 수도 있고 해로울 수도 있다"라고 지적하였다.

갈등은 전혀 없는 상태보다는 적절히 유지되는 상태가 개인의 도전적 의식과 조직의 생산성 향상에 도움이 된다. 개인이나 조직 내에 갈등이 전혀 없으면 구성원들은 조직이나 타인에 대해 무관심해지고 아이디어가 결여되며, 전체적으로 침체된 분위기가 된다. 갈등이 적정한 수준으로 존재할 때 생산적이고 혁신적이며 효과적인 팀 활동이 일어난다. 하지만 갈등 수준이 적정한 정도를 벗어나게 되면 조직의 성과가 떨어지고 부정적이며 비협력적인 분위기가 형성될 가능성이 높다. 조직의 효과성과 갈등 수준의 관계를 그림으로 나타내면 다음과 같다.

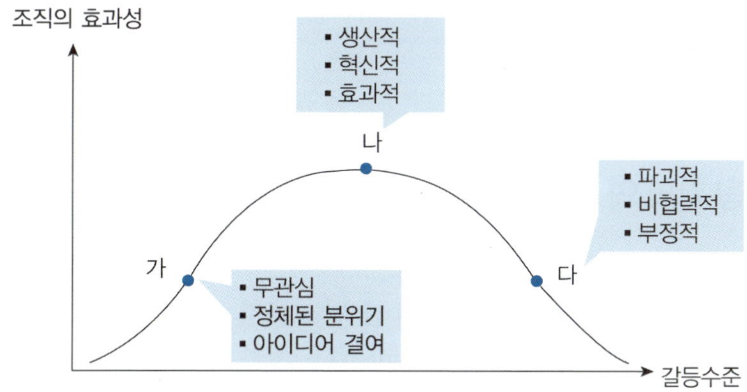

▌그림 7-2▐ 조직의 효과성과 갈등 수준

갈등은 어디에 소재해 있느냐에 따라 개인 내 갈등과 개인 간 갈등 그리고 조직 내 갈등으로 구분한다. 개인 내 갈등은 각자에게 주어진 역할과 욕구가 부딪히면서 개인이 내적으로 겪게 되는 갈등으로 개인의 내적 갈등이다. 개인 간 갈등은 개인이 타인과의 상호작용 관계에서 발생하는 갈등으로 개인의 외적 갈등이다. 조직 내 갈등은 집단 간 상호작용 과정에서 발생하는 집단 갈등을 말한다.

사회 구조가 점점 더 복잡해지고 다양해지는 현대사회에서는 집단이 갖는 의의가 더욱 커진다. 따라서 개인과 사회와의 관계에서 나타나는 개인의 개별적 행위보다는 집단 속에서 행해지는 개인들 간의 상호작용, 즉 집단 간의 상호작용이 더욱 중요시되고 있다. 개인 갈등과 집단 갈등을 바탕으로 하는 내적 갈등, 외적 갈등, 집단 갈등의 특성을 비교하면 다음과 같다.

표 7-1 갈등의 소재에 따른 유형별 특성

갈등 유형	내적 갈등	외적 갈등	집단 갈등
특성	• 접근-접근 갈등 : 모두 매력적이지만 하나를 선택해야 할 때 • 회피-회피 갈등 : 모두 매력적이지 않은데도 하나를 선택해야 할 때 • 접근-회피 갈등 : 하나가 바람직한 목표를 달성하는 동시에 바람직하지 않은 것도 함께 생길 때	• 목표에 의한 갈등 : 나와 타인과의 목표가 상이할 때 • 역할에 의한 갈등 : 서로의 역할에 대해 다른 이해를 가지고 있을 때 • 감정에 의한 갈등 : 불신이나 거부와 같은 부정적 감정을 상호작용할 때	• 정치적 갈등 : 정당들 사이, 독재세력과 민주세력, 군부와 시민, 정부와 시민 자치기구 사이에 다른 인식일 때 • 경제적 갈등 : 빈부 간의 갈등, 노사 간의 갈등 • 사회적 갈등 : 민족, 인종, 종교, 지역 사이의 갈등

4. 팀워크의 의미와 향상 방안

팀워크는 구성원들이 공동의 목표를 달성하기 위해 만들어져 상호 간에 협력적 행동을 완수해 나가는 것을 말한다. 공동의 목표를 향해 의견을 같이하는 사람들이 모인 집단이라고 하더라도 팀워크의 구성원이 다양한 사람들로 이루어진 만큼 팀워크 내에서도 크고 작은 문제가 발생하기 마련이다. 어쩌면 그러한 작은 문제들은 자연스러운 현상일 수 있다. 팀워크 내에서 의견의 충돌과 갈등의 해소가 반복될 때 다양한 의견이 교환되고 다듬어지는 역할을 수행할 수 있기 때문이다. 팀워크는 팀을 성공으로 이끄는 핵심요소이지만 잘못된 시각으로 바라볼 경우 오히려 조직의 성과를 가로막는 함정이 될 수 있다는 점에 유념해야 한다.

1) 팀워크의 의미와 필요성

팀워크(teamwork)란 '팀(Team)'과 '워크(Work)'의 합성어로 '팀 구성원이 공동의 목적을 달성하기 위해 상호관계성을 가지고 서로 협력하여 업무를 수행하는 것'을 말한다. 즉, 팀의 구성원 사이의 조직적이고 협동적인 행동을 말한다.

오늘날처럼 경쟁이 치열한 사회 환경 속에서 팀워크를 지속적으로 유지하는 일은 쉽지 않다. 조직이 성장하고 발전해 나갈 것인가에 대한 대답은 효과적인 팀워크의 여부에 있다고 해도 과언이 아니다. 조직의 발전은 팀워크를 효과적으로 운영하느냐에 달려 있다. 아무리 팀원 각자가 유능하다고 해도 팀워크가 무너지면 아무 소용이 없다. 무엇보다도 자신을 중요하고 유용한 자원이라고 인식하고 질적으로 우수한 제품을 만들기 위한 팀워크 능력을 향상시킬 때 조직이 발전한다. 효율적인 팀워크는 조직이 목표를 효과적으로 달성하기 위한 지름길이다.

효율적인 팀이란 팀 에너지를 최대로 활용하여 높은 성과를 내는 팀을 말한다. 팀원들의 강점을 잘 인식하고 이들의 강점을 잘 활용하여 팀 목표를 능률적으로 달성할 때 효율적인 팀이 가능하다. 효율적인 팀이 되기 위해서는 팀워크가 무엇보다 중요하다.

우리는 팀워크와 집단의 응집력을 종종 혼용하여 사용한다. 팀워크는 목표 달성과 직접적인 관련이 있는 것으로 팀 구성원이 상호 관계성과 의지를 가지고 공동의 목표를 달성하기 위해 서로 협력하여 일을 해 나가는 것을 말한다. 흔히 '팀워크가 좋다'라는 말은 단순히 집단구성원의 관계가 좋다는 말이 아니라 목표 달성의 의지를 가지고 집단구성원이 좋은 관계를 유지하면서 좋은 성과를 낸다는 것을 말한다. 팀워크와 달리 집단의 응집력은 집단구성원들 간에 서로 머물도록 만들고, 그 집단의 구성원으로서 계속 남아 있기를 원하게 만드는 힘으로 성과의 창출 여부와는 무관하다. 따라서 집단구성원들 간에 좋은 관계를 유지하면서 함께 일을 해 나가지만, 성과를 내지 못하는 것은 팀워크가 좋은 것이 아니라 집단의 응집력이 좋은 것이다.

목표 달성의 효율성을 높이고 경제적 산출을 증대시키기 위해서는 팀워크가 매우 중요하다. 팀원 간에 공동의 목표의식과 강한 도전의식으로 좋은 팀워크가 유지되면 높은 성과를 창출해 내게 된다. 따라서 좋은 팀워크를 형성하기 위해서 팀원 간에 서로 신뢰하고 존중해 주어야 하며, 서로 협력하면서 각자의 역할과 책임을 다해야 한다. 뿐만 아니라 강한 자신감으로 상호 간에 사기를 높여주면 좋은 팀워크를 형성해 나가는 데 도움이 된다.

2) 팀워크 능력 향상 방안

팀워크가 좋은 팀은 주어진 사명과 목표를 명확하게 인지하고, 과업을 창조적으로 운영해 나간다. 또한 목표 달성에 초점을 맞추어 자신에게 주어진 역할과 책임을 다한다. 특히 팀 구성원이 지닌 강점을 잘 활용하여 팀원 개개인의 능력을 효율적으로 운영한다. 과업을 실행해 나가면서도 구성원 상호 간에 지원을 아끼지 않고 리더십을 공유한다. 문제가 발생할 경우에는 협조적으로 문제를 해결해 나가며, 개방적으로 의사소통하면서 객관적인 해결방안을 제시한다. 항상 팀의 운영에 대한 객관적인 평가를 통해 문제점을 개선해 나가는 특징이 있다. 팀워크가 좋은 팀으로 발전시켜 나가기 위해서는 다음과 같은 점들이 실천되어야 한다.

첫째, 조직에 대한 이해와 함께 팀원의 조직화가 잘되어야 한다. 팀워크는 구성원들 사이의 관계가 중요하다. 따라서 조직의 특성이나 성격 등에 대해 바르게 이해하고, 이 조직에서 달성하고자 하는 목표가 무엇인지에 대한 바른 이해가 필요하다. 조직에 대한 이해가 부족할 경우 팀원들에 대한 특성을 오해하기 쉽고 목표 도달에 대한 목적을 공유하기 어렵기 때문이다. 조직의 시작에서부터 잘 구성된 규약, 절차, 방침 등을 명확하게 규정하고 이를 잘 이해하는 것이 필요하다.

둘째, 구성원 간에 상호 지원을 아끼지 않고 리더십 역량을 공유하여 파벌의식을 갖지 않도록 한다. 팀워크를 망가뜨리는 요인 중의 하나가 파벌의식이다. 파벌의식은 구성원 간의 지원과 협조보다는 질투나 시기가 그 원인이다. 파벌의식을 없애기 위해서는 팀원 간에 리더십 역할을 공유하여 모든 팀원에게 각각 리더(leader)로서의 능력을 발휘할 수 있는 기회를 주는 것이 필요하다. 이러한 경험이 어려운 구성원의 지원활동으로 변화될 수 있고, 감독자의 역할을 충분히 이해하는 데 도움이 된다.

셋째, 팀의 사명과 목표를 명확하게 제시한다. 좋은 팀워크를 형성하기 위해서는 공동의 목표를 통한 결과물의 산출이 있어야 하므로 목표를 공유할 수 있도록 해야 한다. 팀의 사명과 목표를 명확히 할 때 구성원들의 헌신이 따르게 된다. 모든 팀원이 참여할 수 있도록 목표에 대한 명확한 제시가 필요하다.

넷째, 개인의 강점을 잘 활용한다. 팀 구성원들의 강점을 잘 살릴 때 효율적인 목표 달성이 가능하다. 리더(leader)는 각각의 팀 구성원들이 지닌 지식, 역량 및 재능을 잘 파악하여 바르게 인식하고 이를 잘 활용하는 방안을 찾아야 한다. 개개인의 능력을 효율적으로 잘 활용할 때 팀워크 능력은 향상된다.

다섯째, 구성원의 역할과 책임을 명료화하고 팀은 창조적으로 운영할 수 있도록 한다. 개개인이 팀 구성원의 일원으로서 자신이 해야 할 역할과 책임을 명확하게 해주어야 효율성이 향상된다. 자신의 역할만이 아니라 동료 팀원의 역할도 바르게 이해할 필요가 있다. 또한 효과적인 목표 달성을 위해서 팀의 지표나 업무방식을 바르게 인식시키고 실패를 두려워하지 않도록 하여, 문제를 다루거나 결정을 내릴 때 유연하고 창조적으로 행동하도록 한다.

여섯째, 의견에 대한 충돌이 발생할 때에는 건설적인 방법으로 객관적인 결정을 내릴 수 있도록 한다. 팀원들 간에는 의견의 불일치가 발생하기 마련이다. 의견의 불일치로 인한 논쟁을 나쁘거나 파괴적인 것으로만 인식할 필요는 없다. 효과적인 팀은 갈등을 개방적으로 다룰 때 만들어진다. 팀 구성원 간에 발생하는 갈등을 긍정적으로 인식하고 문제를 상호신뢰를 바탕으로 솔직하게 토의함으로써 갈등을 원활하게 해결해 나가도록 한다. 가급적 의사결정은 객관적인 시각에서 내리도록 한다. 그 일환으로 결정은 가급적 합의를 통해서 이루도록 하는 것이 바람직하다. 내려진 결정에 대해서는 모든 팀 구성원들이 반드시 준수하도록 한다. 팀원들은 어떠한 상황에서도 각자의 생각을 자유롭게 말할 수 있도록 하는 분위기 형성이 중요하다.

일곱째, 팀 구성원 간에 개방적인 소통을 통해 풍토를 발전시켜 나간다. 팀 구성원 간의 의사소통은 매우 중요하다. 팀원 간에 서로 솔직하고 수용적인 대화와 상대방으로부터 조언을 얻고자 하는 신뢰가 형성되어야 한다.

이러한 풍토의 형성이 팀 구성원들을 적극적으로 동참하게 만든다.

여덟째, 팀에 대한 효과성을 평가를 통해 확인하고 개선해 나간다. 팀 구성원들의 자체평가를 통해 팀워크를 일상적으로 점검할 필요가 있다. 팀워크에 문제가 발생한다고 하더라도 일상적인 점검을 통해 이를 발견하고, 빠른 대처가 가능하도록 해야 하며, 효과성에 대한 대책도 마련되어야 한다.

5. 자기관리를 위한 태도

자기관리는 여러 가지 의미를 포함하고 있다. 자기관리(自己管理)란 글자 그대로는 '제 몸을 통제하여 건전한 심신의 유지나 성장을 꾀하는 것'이라고 할 수 있는데, 자기관리를 실천한다는 것은 그리 쉬운 일이 아니다. 자기관리의 성공을 위해서는 매우 힘든 과정을 참아내야 하고 엄청난 노력의 투자가 있어야 한다. 물론 자기관리라는 의미가 반드시 건전한 심신만을 의미하는 것은 아니다. 건강한 식습관을 유지한다든지, 병을 예방하기 위해 노력한다든지, 자신의 미래를 설계하고 준비한다든지, 사회적인 배려나 예의를 지키면서 사람 간의 관계를 올바르게 맺도록 자신을 통제한다든지, 다양한 곳에 여러 가지 의미로 사용되고 있기 때문에 자기관리의 범주는 매우 다양하다.

성공을 위해 자기관리를 실천한다는 것은 그만큼 어려운 과정을 견디고 이겨내야 한다는 것이기 때문에 자기관리를 위한 노력을 한다는 것, 그 자체만으로도 의미가 있고, 아름다운 것이다. 자기관리를 성공적으로 수행해내기 위해서 반드시 실천해야 할 몇 가지 지침을 제시하면 다음과 같다.

1) 긍정적인 마인드

사람들은 언제나 행복하기를 원하지만 우리의 삶 속에는 항상 행복만이 있는 것은 아니다. 고통도 있고 외로움도 있고 때론 절망에 빠져 삶에 대한 의욕을 상실할 때도 있다. 항상 행복이 함께 하지는 않지만 행복은 세상을 바라보는 긍정적인 틀이다. 긍정적인 생각이나 태도를 지니지 않고서는 우리는 어느 한순간도 행복할 수 없다. 긍정적인 마인드로 우리의 삶을 바라볼 때 행복은 보인다. 따라서 긍정적인 마인드를 지닐 수 있도록 자기관리를 해 나가는 일이 선행되어야 한다.

(1) 긍정적인 정서 함양하기

긍정적인 생각은 마음을 편안하게 해준다. 개개인이 어떤 심리적 상태를 지니고 살아가느냐 하는 것은 그 사람의 신체적 건강과도 무관하지 않다. 최근 미국심장학회가 발행하는 'Circulation'이라는 학회지에 게재된 폐경기 여성을 대상으로 한 '낙관주의와 냉소적 적개심이 건강에 끼치는 영향'을 연구한 결과에 따르면 낙관적인 여성들이 심장질환의 발병이나 다른 원인으로 사망할 확률이 비관적인 여성들보다 더 낮다는 연구 결과가 발표되었다(양선희, 2009). 또한 NASA에서는 인생에서 심각한 위기를 겪은 경험이 없거나 실패를 극복한 경험이 없는 지원자는 탈락시켰다는 사례도 소개되고 있다(김경진 외, 2017). 이러한 사례를 보면 긍정적인 마음의 중요성이 부각되고 있을 뿐만 아니라 긍정적인 마음을 가지고 실패를 극복하는 일이 매우 중요함을 암시해 주고 있다. 실패는 곧 파멸이라고 말하던 과거의 생각에서 벗어나 실패로부터 긍정적인 생각과 인식의 전환으로 성공을 이끌어 내는 움직임이 바로 그것이다. 긍정적인 마음을 갖고 자신의 능력과 가치를 신뢰하고 긍정적인 행동을 실천하는 가운데 고난과 역경을 이겨내고 성장해 갈 수 있다.

긍정적인 정서는 사고와 활동범위를 확대시키고 창의적으로 사고하게 하며 변화를 선호한다. 또한 행동범위를 넓게 하고 보다 광범위하게 유동적인 인지 지능을 통합시키는 기능을 하며, 심리적 웰빙과 신체적 건강을 증진시켜 준다. 뿐만 아니라 스트레스 극복에 도움을 주고 심리적 회복 기능을 증진시키며 정서적 웰빙을 향상시킨다. 이러한 긍정적인 정서를 경험한 사람일수록 자신의 도움이 필요한 사람을 돕고자 하는 욕구가 생긴다고 사회심리학자들은 보고하고 있다(이상복, 2013).

긍정적 정서를 더 자주 경험할수록 삶에 대한 만족도는 높아지고 신체의 건강뿐만 아니라 사회적, 경제적 성공에까지 영향을 미친다. 따뜻한 마음으로 세상을 바라보면 우리의 삶도 풍성해질 수 있다.

(2) 긍정적 자기암시의 실천

누구나 자신이 바라는 것이 있으며, 바라는 것에 생각을 모으기 마련이다. 우리가 어떤 생각을, 어떻게 하느냐에 따라 인생의 성패가 달려 있다고 한다면 믿을 수 있을까? 헨리 포드(Henry Ford)는 생각이 인생을 지배한다고 말하면서 "당신이 성공할 것이라고 생각하든, 실패할 것이라고 생각하든, 그 생각은 옳다"라고 하였다. 긍정적인 사고와 태도가 최고의 순간을 영원히 유지해 주는 비결이다.

자기암시란 자신이 원하는 모습으로 긍정적인 다짐을 하다 보면 잠재의식을 믿기 시작하고, 또 그렇게 계속 행동하다 보면 실제로 그렇게 된다는 개념으로 심리학에서는 이렇게 되는 것을 긍정적인 자기암시라고 한다. 이러한 자기암시는 무의식에 영향을 미치고 무궁무진한 힘을 지닌다. 이러한 자기암시의 예로는 피그말리온 효과(Pygmalion effect), 로젠탈 효과(Rosenthal Effect), 자기충족적 예언(Self-Fulfilling Prophecy), 사이코-사이버네틱스(psycho-cybernetics) 이론, 플라시보 효과(Placebo Effect) 등이 있다.

자기암시의 효과는 생각만으로 그치는 것보다 큰 소리로 말할 때 더욱 큰 효과를 발휘한다. 매일 매일 자기암시의 내용을 큰 소리로 말하면 효과는 증대된다. 나 자신이 내가 원하는 모습으로 변화된 것처럼 매일 매일 큰 소리로 외치면서 다짐해 보는 것도 긍정적 효과에 도움을 준다.

2) 인내심 키우기

인내심이란 괴로움이나 어려움 등을 참고 견디어 내는 마음으로 일종의 자기 통제력에 해당된다. 성공한 사람들을 자세히 들여다보면 그들에겐 한 가지 공통점이 있다. 그것은 바로 뭔가를 결심하면 고통을 감수하면서 끝까지 해내는 인내심이 남다르다는 점이다. 심리학적인 측면에서 인내심(忍耐心)이란 목표 달성을 방해하는 쾌락을 추구하는 충동을 억제하고, 고통을 참아내어 어려움을 회피하고자 하는 본능을 극복해 내는 능력을 말한다. 따라서 도전에 대한 성패를 결정하는 가장 핵심적인 요인이 인내심이다. 즉, 도전에 있어서 인내심은 그 결과를 성공으로 완성시킬 것이냐 아니면 실패로 이끌려 갈 것이냐를 가르는 요인이 된다. 인내심을 가지고 있는 사람은 그렇지 않은 사람보다 성공할 가능성이 훨씬 높다. 따라서 자신이 지니고 있는 참을성, 인내심이 자신의 미래를 성공으로 이끈다는 점을 잊어서는 안 된다. 어떠한 어려움 속에서도 견디어 내고 극복할 수 있는 인내심이 필요하다. 실패를 극복할 수 있는 인내심이 성공을 만들어 낼 수 있다.

많은 사람들이 끊임없이 시도하고 도전하지만 인내심이 부족하여 중간에 포기하는 것은 바로 '실패'라는 결과를 만들어 내지만, 어떻게 해서든 어려움을 참고 견디어 내면 '성공'이라는 결과를 만들어 낸다. 인내심이라는 자기 자신의 신념만이 어려움을 극복할 수 있게 도와준다.

인내심은 의지력의 일환으로 훈련을 통해 향상시킬 수 있다. 인내심을 기르기 위해서는 첫째, 자신의 목표를 분명히 해야 한다. 자신의 목표가 분명하게 정립되면 이를 성취하기 위하여 현재의 어려움을 인내할 수 있게 된다. 둘째, 새로운 시각으로 상황을 분석한다. 어떤 사물이나 현상을 보는 시각은 매우 다양하며, 같은 것이라도 다른 시각으로 보게 되면 극복할 수 있다(김경진 외, 2017).

성공의 비결은 간단하다. 다만 이를 실천한다는 것에 어려움이 따를 뿐이다. 성공의 비결은 즐거움과 고통에 휘둘리지 않는 것이다. 즐거움과 고통에 휘둘리는 자는 인생의 노예가 되지만, 달콤한 쾌락에 휘둘리지 않고 힘든 고통을 견디어 내는 인내심을 가진 자는 인생을 지배하는 자가 될 것이다.

3) 자신의 강점 관리하기

강점이란 남보다 우세하거나 더 뛰어난 점을 말한다. 심리학에서는 이러한 강점을 가치 있는 성과를 위해 최적의 기능을 할 수 있도록 느끼고 행동하는 역량이라고 정의한다(권석만, 2011). 즉, 누구나 다 가지고 있는 것이지만 내가 다른 사람들보다 조금 더 뛰어난 성과를 창출할 수 있는 개개인의 역량이다.

사람은 누구나 무엇인가를 잘 할 수 있는 능력이 있다. 흔히 이것을 '재능'이라 하는데, 재능은 잘 할 수 있도록 타고난 잠재력이다. 이러한 잠재력을 지닌 재능을 활용할 때 사람들은 유쾌한 흥분감을 느끼고 의욕과 활기에 넘친다. 재능이 없는 사람은 없다. 사람들은 저마다 상당한 재능을 가지고 있다. 즉, 누구에게나 다른 사람보다 잘하는 일을 가지고 있다. 누구에게나 기회만 주어지면 빛을 발휘할 수 있는 힘이 있다.

재능은 지능이 아니다. 지능이 높다고 해서 무엇이든지 다 잘할 수 있고 항상 성공하는 것은 아니다. 성공은 자신이 외부에서 무언가를 얻어서 되는 것이 아니라, 자신이 지니고 있는 강점인 재능을 극대화하여 얻는 것이다. 성공은 자신이 지니고 있는 재능을 어떻게 잘 계발하고 활용하느냐에 달려 있다. 재능을 발휘할 수 있는 기회를 방해하고 가로막는 대표적인 것 중의 하나는 바로 '공포심'이다. 재능을 찾고 싶다면 우선 공포심을 걷어내야 한다. 공포심을 제거하는 순간부터 재능은 나타나기 시작한다. 즉, 강점을 키우기 위해서는 공포심을 제거하고 적극적인 행동을 보여야 한다. 공포심을 제거하고 나면 재능이 있는 일이라면 일을 할 때 좋은 기분을 느끼게 되고, 자신의 기술이 향상되는 것을 보면서 더욱 즐거워한다. 일에 대한 중압감이나 육체적 피로감이 겹쳐온다고 해도 재능이 있는 분야에 대한 것이라면 도전의식을 갖게 된다.

특히 재능이 있는 분야에 대한 과업은 능률적이고 다른 분야에 비해 훨씬 빨리 배운다. 재능이 있는 분야에서는 똑같은 일을 해도 다른 사람들이 많은 시간을 허비할 때, 재능을 가진 사람은 그 일을 빨리 배우고 훨씬 앞서 나간다. 일에 대한 열망이 아무리 강하다고 해도 그것을 해 나가는 과정이 지지부진하고 느리다면 그 일에는 재능이 없는 것이다. 기본적인 일을 빠르게 배우고 그 일을 다른 사람들보다 훨씬 잘 할 수 있다면 그 직업 분야에 재능이 있는 것이다. 이 재능이 바로 자신의 강점이라는 사실을 인식해야 한다.

강점을 찾았다면 자신의 강점을 잘 관리해야 한다. 강점을 관리해 나가는 데 있어서 가장 중요한 것은 열정이다. 자신의 재능과 열정을 잘 결합시켜 나가는 것이 성공과 직결된다. 열정은 만들어지는 것이 아니다. 오직 자기 내부에서만 나오는 것이다. 자기가 사랑하는 일을 한다면 강렬한 에너지를 지닌 열정의 힘이 솟구친다. 이러한 열정은 아무리 힘든 일이라 하더라도 이겨낼 수 있으며, 고통과 고난으로부터 극복해 나갈 수 있는 강인한 인내심을 만들어 낸다.

성공적으로 만족스러운 삶을 사는 사람은 살인적인 스케줄에도 그들을 녹초로 만들기보다는 더욱 활력적으로 일을 처리한다. 그들은 자기가 사랑하는 일을 하기 때문에 일은 오히려 에너지를 준다. 그것이 바로 열정의 힘이다. 열정의 힘을 잘 관리해 나간다면 성공의 길은 가까운 곳에 있음을 알게 된다. 열정을 쏟아낸 것이라고 하더라도 잘못된 결정이라는 것이 확인되면 즉시 수정할 필요가 있다. 누구에게나 시행착오는 있기 마련이다. 시행착오를 잘 관리하는 것도 자신의 또 하나의 강점이 될 수 있다. 길이 아닌 곳으로 들어섰다면 돌아가는 일도 자기관리의 한 방법이다. 자신의 강점을 찾았다면 이제 자신의 강점에 집중하는 것이 필요하다.

강점의 관리과정은 강점의 확인, 자아로의 통합, 행동변화를 거친다. 첫 번째 과정인 강점의 확인 단계에서는 자신의 강점과 특질을 발견하고 자신감과 희망을 갖게 된다. 두 번째 과정은 자아로의 통합 단계로 이 과정에서는 새로 발견한 강점을 자아와 통합하는 과정을 거치며, 자신의 행동 특성을 이해하고 성찰하는 과정을 거친다. 마지막 과정인 행동변화에서는 더 잘 하기 위해서 자신의 강점을 활용하는 과정으로 자신의 강점을 가급적 더 많이 활용하기 위해 강점 계발에 더 많은 투자를 하는 과정이다. 이러한 과정을 그림으로 나타내면 다음과 같다.

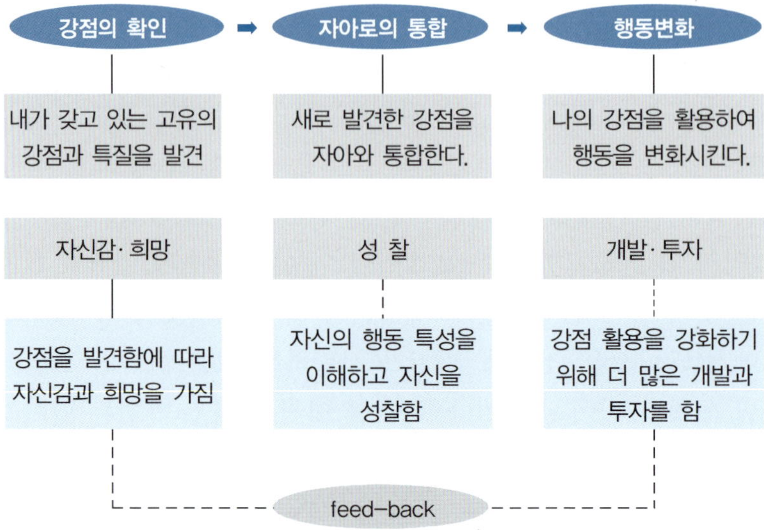

▌그림 7-3▐ 강점관리 과정

자신의 강점은 성격적인 측면에서도 발견할 수 있다. 긍정심리학자 피터슨과 셀리그먼(Peterson & Seligman)은 숨겨진 수십 가지의 성격적 특성을 추출하여 24가지 성격적 강점과 덕성을 VIA(Virtues In Action) 분류체계로 개발하였다. VIA 분류체계는 개인의 강점을 총 6개의 범주로 구분하고, 24개의 강점으로 나누었다. 누구나 다 24개의 특성을 가지고 있지만 사람마다 24개의 특성 중에서 특출하게 발현되는 강점이 있다고 보고 상위 5개의 강점을 자신의 강점으로 표현할 수 있다고 보았다. 성격적 강점과 덕성의 특성을 VIA 분류체계에 따라 6개 핵심덕목 24개의 강점으로 구분하여 표로 나타내면 다음과 같다.

표 7-2 성격적 강점과 덕성의 분류체계

핵심덕목	강점	의미
지혜와 지식	강한 호기심	• 일어나고 있는 모든 경험과 현상에 대해서 흥미를 느끼는 능력으로 탐색적인 행동을 유발하는 심리적 성향을 뜻한다. • 호기심의 대표적 인물 : 콜럼버스, 헬렌 켈러
	창의성	• 어떤 일을 하면서 새롭고 생산적인 방식으로 생각하는 능력으로 독창적이고 적응적인 생각과 행동을 만들어 내는 개인적인 특성을 의미한다. • 창의성의 대표적인 인물 : 아인슈타인, 피카소
	개방성	• 사물이나 현상을 다양한 측면에서 철저하게 생각하고 검토하는 능력으로, 자신이 지지하는 신념, 계획, 목표에 반대되는 증거들을 적극적으로 탐색하며, 그것이 적절한 것이라면 기꺼이 수용하려는 열린 마음 자세를 뜻한다.
	학구열	• 새로운 기술, 주제, 지식을 배우고 숙달하려는 동기와 능력을 의미하며, 기술과 지식을 숙달하면서 긍정 정서를 경험하는 성향을 의미한다.
	지혜	• 사물이나 현상을 전체적인 관점에서 생각하고 다른 사람에게 현명한 조언을 제공해 주는 능력을 일컫는다.
자애	사랑	• 다른 사람과의 친밀한 관계를 소중하게 여기고 실천하는 능력을 뜻한다.
	친절성	• 다른 사람의 행복을 위해서 배려하고 호의를 베풀며 선한 행동을 함으로써 보살펴 주려는 개인의 성향을 의미한다. • 이기주의와 대비되는 개념으로 이타적 사랑, 관대성, 배려, 연민, 보살핌 등과 밀접하게 관련되어 있다. • 자애와 헌신의 대표적 인물 : 테레사 수녀, 슈바이처
	사회 지능	• 다른 사람들과의 관계에서 친밀감과 신뢰감을 형성할 뿐만 아니라 그들에게 영향력을 행사할 수 있는 개인적 능력을 의미한다.
용기	용감성	• 위험하고 위협적인 상황에서 두려움을 이겨내고, 그 상황을 극복하기 위한 적절한 행동을 자발적으로 하는 능력을 의미한다.
	끈기	• 여러 가지 난관과 좌절에도 불구하고 목적지향적인 행동을 자발적으로 지속하는 능력을 뜻한다. • 끈기의 대표적 인물 : 토머스 에디슨
	진실성	• 자신의 내면적 상태, 의도, 행위를 사적으로든 공적으로든 정확하게 드러냄으로써 자신에게 솔직해지려고 노력하는 인격적 특질을 의미한다. • 진실성의 대표적 인물 : 링컨 대통령
	활력 (열정)	• 활기차고 적극적으로 살아가는 동시에 생동감과 행동력을 지니고 삶과 일을 대하는 태도를 의미한다. • 활력과 열정의 대표적 인물 : 달라이 라마

핵심덕목	강점	의미
절제	용서	• 공격이나 상처를 받은 피해자가 가해자에게 나타내는 긍정적인 심리적 변화를 의미한다.
	겸손	• 자신의 장점이나 성취에 대해서 절제된 평가를 하는 일반적 태도를 의미한다.
	신중성	• 선택을 조심스럽게 함으로써 불필요한 위험에 처하지 않으며, 나중에 후회할 말이나 행동을 하지 않는 능력을 뜻한다.
	자기 조절	• 지향하는 목표나 기준에 도달하기 위해서 자신의 생각, 감정, 충동, 행동을 조절하고 통제할 수 있는 능력을 의미한다.
정의	시민 정신	• 자신이 속한 집단의 이익을 추구하고자 하는 책임의식으로서 사회나 조직 속에서 자신에게 주어진 임무와 역할을 인식하고 부응하려는 태도를 의미한다.
	공정성	• 모든 사람을 편향된 개인적 감정의 개입 없이 동등하게 대하는 태도를 의미한다.
	리더십	• 집단활동을 조직화하고 그러한 활동이 진행되는 것을 파악하고 관리함으로써 집단을 이끌어 나가는 능력을 말한다. • 리더십의 대표적인 인물 : 마하트마 간디, 윈스턴 처칠
초월	감상력	• 아름답고 탁월한 것을 추구하고 인식하며 그러한 것들로부터 즐거움을 느낄 수 있는 심미적 능력을 의미한다. • 심미안과 감상력의 대표적 인물 : 월트 휘트먼
	감사	• 자신에게 베풀어진 다른 사람의 수고와 배려를 인식하고 고마움을 느끼는 능력을 의미한다.
	낙관성	• 미래에 대한 긍정적인 태도를 의미한다. 소망하는 일들이 미래에 실현될 것으로 기대하는 희망적인 태도로서, 긍정적인 정서와 활기찬 행동을 통해서 목표지향적 행동을 촉진하게 된다.
	유머 감각	• 인생의 역설적인 측면을 예리하게 포착하여 즐기면서 다른 사람들을 웃게 만드는 능력을 의미한다. • 유머감각의 대표적 인물 : 찰리 채플린
	영성	• 인생의 초월적 측면에 대한 관심과 믿음 그리고 수행 노력을 의미한다.

출처: 이상복(2013). 행복을 부르는 긍정심리학. 경기: 공동체. pp. 127-128.

4) 분노 다스리기

인간은 본질적으로 나약한 존재이다. 그렇기 때문에 좌절이나 두려움과 같은 감정이 닥쳤을 때 이를 감당하기가 매우 어렵다. 이럴 때 나타나는 방어기제가 바로 분노이다. 분노를 표출해 냄으로써 자신이 받을 상처를 줄이고 자존감을 보호하려는 것이다.

분노는 사람의 생각과 행동, 신체에 영향을 준다. 분노를 표출하면 정신이 온통 분노가 난 원인에만 집중되어 일을 하는 데 있어서 아무 일도 손에 잡히지 않는다. 또한 분노를 표출한 순간을 머릿속으로 반복 재생하게 되고, 오랫동안 분노의 감정을 떨치지 못하게 된다. 따라서 분노가 치솟을 때 어떻게 표현하고 행동하느냐 하는 것은 매우 중요한 일이다. 분노로 인해 발생한 잘못된 행동은 나중에 후회할 일이 되기 때문이다.

심리학자 레스 카터(Les Carter)는 분노라는 감정은 "나를 존중해 달라는 호소"라고 말하고 분노를 표출하는 것은 "나도 중요한 사람이라는 것을 알아주세요", "나를 막 대하지 말아주세요"라는 말을 하는 것과 같다고 하였다.

분노는 병으로 전이되는 것은 아니지만 분노를 적절히 조절하거나 풀지 못하면 화병이 되기 쉽다. 억울한 일을 당하고 이에 적절히 대처하지 못하면 스트레스가 지속되기 때문에 분노가 차오르면 용기를 갖고 감정을 변화시키려는 시도가 있어야 한다. 무엇보다도 분노를 조절하기 위해서는 우선 자신의 행동을 잘 관찰하는 것이 중요하다. 자기 자신에게 관심을 가지고 의견 차이가 있으면 분명히 지적하고, 자신의 입장을 분명히 밝히는 것이 바람직하다. 또 분노가 차오르면 대부분 행동이 급해지는데, 이럴 때는 생각을 잘 정리한 후 행동으로 옮기고 절대 서두르지 말아야 한다(이상복, 2013). 어떤 상황에서 감정이 생겨 분노가 차오르면 즉시 반응하지 않고 잠시 멈춘다. 그러고 나서 자신이 어떻게 행동할 것인가를 곰곰이 생각해 보고 행동을 선택한다. 감정을 관리하지 못하고 즉각적으로 반응하는 행동은 바람직하지 않다. 즉각적으로 반응할 경우 실수를 동반할 확률이 매우 높다. 심한 경우에는 순간적인 감정을 관리하지 못하여 평생 동안 쌓아 온 것을 한순간에 잃어버리는 경우도 발생한다. 분노와 같은 감정을 잘 관리해 나가는 것은 당장의 갈등 문제를 해결하는 것이기도 하지만 장기적인 관점에서 보면 보다 효율적인 결과를 만들어 가는 노력이다. 상대방이 분노를 표출해 낼 때 이를 관리하는 기법에는 여러 가지가 있는데, 주요 내용을 요약하면 다음과 같다.

표 7-3 상대방이 분노를 표출해 낼 때 다스리는 기술

상황	대처하기 위한 대화 내용의 예
(1) 웃어넘긴다.	• "나는 그런 뜻이 아니었는데… 자네가 그렇게 느꼈다면 정말 미안하네!"
(2) 지연시킨다.	• "다음에 이야기하세!"
(3) 무엇 때문에 화가 났는지 원인을 찾는다.	• "그것이 왜 중요한가?"
(4) 부정한다.	• "난 그런 적 없네!", "그건 사실이 아니야!"
(5) 얼버무린다.	• "허허, 자네가 그렇게 느꼈단 말이야! 나는 그런 뜻이 아니었는데…" • "자네가 화가 나면 언제든지 솔직하게 이야기해 주면 좋겠네. 그럴 수 있지?"
(6) 내 마음을 정확하게 이야기한다.	• "자네 마음은 이해하지만 내가 이야기하고 싶었던 것은… 네. 오해가 없었으면 하네."
(7) 과거와 현재를 잘 구분한다.	• "왜 과거 이야기는 꺼내고 그러나. 지금 하는 이야기만 잘 하자고."
(8) 다른 데로 이야기 화제를 돌린다.	• "잠깐만, 동생에게 전화해야 하는데 깜빡 잊어버렸네! 전화 좀 하고 오겠네!"
(9) 불쌍하게 보인다.	• (괴로운 표정을 지으면서…) "왜 그런 말을 해서 나를 힘들게 하고 그러나. 그만하면 안 되겠는가?"
(10) 적당하게 겁을 준다.	• "자네가 그런 식으로 계속 무시하면 나는 당신과 다시는 상종을 하지 않을 걸세."

출처: 이상복(2013). 행복을 부르는 긍정심리학. 경기: 공동체. pp. 243-244의 내용을 재구성함.

5) 균형 잡힌 삶

삶에서 누구나 성공을 꿈꾼다. 성공이란 자신이 원하는 바를 이루는 것으로 사람마다 목표나 내용은 다를지라도 목표를 향한 도전은 성공을 위해 계속된다.

삶의 가장 기본적인 요소에는 다섯 가지가 있다.[2)] 더글라스 태프트(Douglas Taft) 회장은 삶을 영위함에 있어서 일(Finance), 가족(Family), 건강(Fitness), 친구(Friend), 영혼(Faith)이 균형을 이룰 수 있도록 해야 한다는 것으로 그것이 바로 균형 잡힌 삶을 살아가는 것이라고 보았다.

'균형'이라는 말은 사전적 의미로는 '기울거나 치우치지 않고 고른 상태'를 말하며, '고를 균(均)'과 '저울대 형(衡)'의 글자를 사용한다. 흔히 균형이라 하면 떠오르는 단어가 시소인 것처럼 '저울(衡)의 양팔이 고르게(均) 되어 있는 모양'으로 어느 한쪽으로도 기울거나 치우치지 아니하고 고른 상태를 유지하는 것을 말한다. 삶에 있어서도 어느 한쪽으로 기울어지지 않고 평형을 유지하며 살아가는 것이 필요하다. 균형 잡힌 삶과 관련하여 2000년 더글라스 태프트 회장은 신년사에서 다음과 같은 내용으로 조화롭고 균형 잡힌 삶을 강조하였다.

> 삶은 공중에 다섯 개의 공을 돌리는 저글링게임과 같습니다. 다섯 개의 공에 일, 가족, 건강, 친구, 영혼(자기 자신)이라고 이름을 붙이고 공중에서 돌려보십시오.
>
> 당신은 곧 '일'이라는 공은 고무공이라는 것을 알게 될 것입니다. 떨어뜨려도 바로 튀어 올라옵니다. 그러나 다른 네 개의 공은 모두 유리로 만들어졌습니다. 하나라도 떨어뜨리면 손상되고, 흠집이 나고, 산산이 부서져 다시는 예전처럼 돌이킬 수가 없습니다. 그래서 당신은 이 다섯 개의 공의 균형을 잡기 위해 노력해야 합니다.
>
> 다른 사람과 비교함으로써 당신의 가치를 과소평가하지 마십시오. 우리 각자는 서로 다르고 모두 특별한 존재이기 때문입니다. 당신 인생의 목표를 다른 사람들이 중요하다고 생각하는 것에 두지 마십시오. 당신 자신에게 가장 최선인 것에 두십시오. 가까이 있는 것들을 당연하다고 생각하지 마십시오. 당신이 당신의 삶에 애착을 갖듯, 그들에게도 애착을 가지십시오. 그들이 없는 삶이란 무의미하기 때문입니다.

2) 여기서는 2000년 더글라스 태프트(Douglas Taft) 전 코카콜라 회장이 신년사에서 언급한 5F로 일(Finance), 가족(Family), 건강(Fitness), 친구(Friend), 영혼(Faith)의 다섯 가지 기본요소를 말한다.

> 과거나 미래에 집착함으로써 당신 삶이 손가락 사이로 빠져나가게 하지 마십시오. 한 평생을 산다는 것은 우리가 하루하루를 살고 있다는 것입니다. 당신에게도 아직도 줄 것이 남아 있다면 절대 포기하지 마십시오. 이런 두려움은 우리를 구속할 뿐입니다. 위험과 맞서는 것을 두려워하지 마십시오. 그래야 우리는 용기를 배울 수 있습니다. 찾을 수 없다고 말하면서 당신 인생에서 사랑의 문을 내리지 마십시오.
>
> 사랑을 받을 수 있는 가장 빠른 길은 바로 사랑을 주는 것입니다. 사랑을 유지할 수 있는 가장 좋은 방법은 그 사랑에 날개를 달아주는 것입니다. 당신이 지금 어디에 있는지, 또 어디로 가고 있는지도 모를 정도로 그렇게 바쁘게 당신 인생을 내달리게 하지 마십시오.
>
> 사람에게 가장 필요한 감정은 고맙다고 느끼는 것임을 잊지 마십시오. 시간과 말을 함부로 사용하지 마십시오. 그 어떤 것도 다시 주워 담을 수 없습니다. 인생은 경주가 아닙니다. 한 걸음씩 음미하며 나아가는 여행입니다. 어제는 역사고, 내일은 비밀이며, 오늘은 선물입니다. 그렇게 우리는 현재(present)를 선물(present)이라고 부릅니다.
>
> 출처: Douglas Taft 전 코카콜라 회장의 〈2000년 신년사〉 중에서

더글라스 태프트(Douglas Taft) 회장이 말하는 5F, 즉 일(Finance), 가족(Family), 건강(Fitness), 친구(Friend), 영혼(Faith)은 인생을 살아가는 데 있어서 가장 기본적인 요소이다.

더글라스 태프트 회장이 말하는 다섯 가지 요소가 균형을 이루도록 하기 위해서는 무엇보다도 셀프 컨트롤(Self-control)이 이루어져야 한다. 누구의 간섭이나 강압에 의해서가 아니라 스스로 자율적으로 균형을 잡는 일이 중요하다. 이러한 셀프 컨트롤은 자연스럽게 고통 없이 이루어지지 않는다. 노력과 희생이 따르기 마련이다. 무엇인가를 포기하는 절제 없이는 이루어지지 않는다.

꿈을 이루기 위한 성공의 시작은 절제로부터 시작된다. 물론 절제를 통해서 삶의 균형이 완성되는 것은 아니다. 균형 잡힌 삶은 나 혼자만의 삶이 아니라 구성원들 간의 조화를 통해서 완성된다. 따라서 자신에게 주어진 모든 것에서 조화를 이루어야 한다. 즉, 더불어 잘 사는 것이 곧 균형 잡힌 삶이다. 남을 배려하는 사랑이 없으면 균형이 무너진다. 다섯 가지의 균형은 바로 배려를 통해서 이루어진다.

멘탈 관리를 잘 하는 사람들의 특성

이제 멘탈 관리는 선택이 아니라 필수가 되었다. 끊임없는 문제 상황과 갈등으로 반복되는 자극을 받으면 스트레스가 쌓여 멘탈 건강뿐만 아니라, 신체 건강에도 영향을 주게 된다. 멘탈을 잘 관리하면 부정적인 상태에서 벗어나 긍정적이고 건강한 상태를 유지할 수 있다.

멘탈 관리를 잘하는 사람들의 가장 큰 특징은?

스트레스를 받을 때 보통은 원인을 밖에서 찾곤 한다. 나를 힘들게 하는 직장 상사나 가족, 내가 처한 불리한 환경, 뜻대로 되지 않는 상황 등 외부의 자극 탓을 하는 경우가 많다. 그런데 심리학에서 밝힌 스트레스의 정체는 밖에 있지 않고 의외의 곳에 있다. 사람들이 스트레스를 받는 이유는 외부의 스트레스 자극 때문이 아니라 '스트레스 자극을 통제할 수 없다는 생각' 때문으로 나타난 것이다. 동일한 스트레스 자극을 경험하더라도 자극을 통제할 수 없다고 받아들이는 사람은 스트레스에 빠지고, 통제할 수 있다고 느끼는 사람은 스트레스를 경험하지 않는다. 커다란 스트레스 자극 앞에서도 '통제할 수 있다'고 느끼며 의연하게 대처하는 사람들을 보면 타고난 멘탈 금수저이거나 또는 강철 멘탈로 여기곤 한다. 멘탈이 강해진 데는 여러 요소가 있을 수 있겠지만, 가장 중요한 특징을 꼽자면 이들은 통제할 수 있는 것에 집중하는 습관을 지니고 있다는 것이다. 미국의 성공한 사업가들을 조사해 보면, 대부분이 3번 이상 망한 후에 성공한 것으로 나타났다.

이들이 사업이 실패했을 때 '난 뭘 해도 안 돼', '난 운이 없어' 하면서 자기 능력을 탓하거나, 또는 운을 탓하며 통제할 수 없는 것들에 집중했다면 다시 일어서기 어려웠을 것이다. 그런데 멘탈 관리를 잘하는 사람들은 뜻대로 되지 않는 상황에서 먼저 자신이 통제할 수 있는 것과 통제할 수 없는 것이 무엇인지 구분하고, 통제할 수 있는 것에 집중하면서 다시 일어서곤 한다. 상담에 왔던 어떤 사업가분은 사업이 쫄딱 망해 아무것도 남아 있지 않을 때 스스로 이렇게 물었다고 한다. '아무것도 남지 않고 다 끝난 것 같은데, 이런 나에게도 아직 남아 있는 것이 있을까?' 그렇게 거듭 자문해 보았더니 어느 날 대답이 떠올랐다고 한다. '다 잃었지만, 나에겐 아직 시간이 남아 있어' 그 후로 그분은 시간을 아끼기 위해 소변을 보면서 양치질을 하는 등 자신에게 남은 시간을 최대한 활용했고, 얼마 지나지 않아 사업을 크게 일으킬 수 있었다고 한다.

멘탈 문제를 감정 뇌와 생각 뇌의 어긋난 소통으로 표현해 이해하기 쉬웠다. 반복되는 부정적 감정이나 풀리지 않는 감정으로 인해 힘들어하는 사람들의 경우, 감정 뇌와 생각 뇌의 원활한 소통을 늘리기 위해 혼자 해 볼 수 있는 방법은?

멘탈 문제는 감정 뇌가 보내는 사인을 생각 뇌가 무시하거나 누르는 습관에서 비롯되는 경우가 많다. 다리가 부러졌는데, 통증을 느끼지 못한다면 아픈 줄도 모르고 계속 걸어 다니다가 손을 쓸 수 없을 정도로 뼈가 망가질 수 있다. 그래서 다쳤을 때는 '여기 문제가 생겼으니 신경 써줘!' 하는 의미로 통증이 느껴진다. 통증이 고통스러운 감각이지만 생존을 돕기에 나쁘지 않듯 불쾌한 감정들도 나름의 기능이 있기에 나쁘지 않다. 부정적 감정의 기능은 크게 2가지이다. 하나는 뭔가가 결핍되었음을 알리는 것, 다른 하나는 결핍된 것을 채우라고 알려주는 것이다. 절벽 앞에 서 있는데, 무서움을 느끼지 못하고 싸이의 말 춤을 춰대다간 자칫하다 떨어져 죽을 수 있다. 그렇기에 위험에 처했을 땐 생각 뇌가 이를 알아차릴 수 있도록 감정 뇌에서 위험을 알리는 신호를 보내는데 이 신호가 두려움이다.

두려움은 '위험하다'는 것을 알려주는 신호 역할을 하기도 하고, 위험하니 안전을 확보하고 결핍된 것을 채우라는 신호 역할을 하기도 한다. 화는 어떤 신호 역할을 할까? 화는 공정함이 결핍되었음을 알려주는 신호 기능을 한다. 누군가 새치기를 하면 공정함이 결핍되기에 부당함을 느끼면서 화가 난다. 이때 느끼는 화도 2가지 기능을 한다. 공정함이 깨졌다는 것을 알려주고, 결핍된 공정함을 채우라는 것을 알려준다. 그런데 화가 날 때 꾹 참고 누르거나 화나는 기분을 피하려고 무시하면, 기능을 다하지 못한 화 에너지는 사라지지 않고 몸 어딘가에 쌓이게 된다. 이렇게 감정 창고에 감정 재고가 쌓이다 보면 언젠가 창고 대방출 행사를 하듯 별일 아닌 일에 크게 폭발하게 될 수 있다. 그렇기에 감정이 쌓이지 않게 하려면 배고플 때 배고픔의 신호를 알아채고 뭔가를 먹으며 결핍감을 해소하듯, 그때그때 감정 뇌가 보내는 신호를 알아채고 결핍감을 채워 주는 습관을 들이는 것이 좋다. 이런 습관을 들이기 위해서는 2가지가 필요하다.

첫째, 감정 뇌를 우습게 보거나 무시하지 않고, 중요한 파트너로 존중해 주는 것이다. 중요한 파트너끼리는 서로 존중하면서 대화한다. 감정 뇌를 파트너로 존중한다면 불쾌한 감정이 느껴질 때 파트너의 얘기를 경청하듯 감정 신호에 주의를 기울이며 알아채 갈 수 있게 된다.

둘째, 불쾌감의 신호를 알아챘으면, 결핍감을 채울 방법을 바로 찾아보는 것이 좋다. 배가 고픈 것은 알아챘는데 '바쁘니까 나중에 먹지 뭐' 하면서 밥 먹는 것을 내일로 미루지는 않는다. 화가 나거나 불쾌한 감정이 느껴질 때도 나중으로 미루지 않고 그때그때 해소 방법을 찾다 보면 감정 뇌와 신뢰 관계가 형성될 수 있다.

이 2가지 습관을 들이려면 불쾌감이 느껴질 때 곧바로 멈춰서 잠시 눈을 감고 몸에서 느껴지는 불쾌한 감각에 주의를 기울여보는 것도 좋고, 잠들기 전 불쾌한 감정이 느껴졌던 순간을 떠올리며 감정 일기를 쓰는 방법도 좋다. 또는 과거에 쌓였던 불쾌감이 많이 올라올 때는 눈을 감고 몸에서 느껴지는 불쾌감의 색이 무엇일지 떠올려보고, 그 불쾌감 색의 연기를 뱉어내듯 숨을 내쉬는 것도 좋다. 그렇게 불쾌감의 색을 뱉어내다 보면 과거에 쌓인 불쾌감을 청소하듯 털어내 갈 수 있다.

출처: 박준화(2022). 멘탈 관리를 잘 하는 사람들의 특징. 채널예스(2022.10.06., http://ch.yes24.com).

CHAPTER 08

조직이해능력 개발과 직장예절[1)]

성공한 사람들을 보면 운이 좋아서 남들보다 별로 수고한 것도 없는데 쉽게 성공하는 것처럼 보이는 사람이 있는가 하면, 온갖 고생을 다 겪으면서 어렵게 성공하는 사람도 보게 된다. 누구든지 성공하기까지에는 특별한 예외를 제외하고는 그들 나름의 성공요인이 있다. 성공한 사람들은 대개 목표를 세우고 그 목표를 이루기 위해서 부단히 노력하며 그 과정에서 자신에 대한 절제와 훈련에 게을리하지 않는다.

"성공한 사람이 되고 싶으면 성공한 사람 옆에 있으라."는 말이 있다. 성공한 사람이 어떻게 생활하는지, 어려움은 어떻게 이겨내는지 등을 보고 배워서 따라 하다 보면 성공할 수 있는 확률이 높아진다는 뜻이다. 성공한 사람이 되기 위해서는 낯선 도전에 두려워하기보다는 자신의 범위를 벗어나 더 넓은 세상을 향해 달려가는 도전적인 정신에 관심을 가질 필요가 있다.

성공한 사람들의 직장생활에 대한 이해의 폭을 넓히기 위해 직장이라는 조직에 대한 학습과 직장에서의 예절에 대해 살펴보고자 한다. 조직의 개념과 유형, 조직관리 이론과 조직 원리에 대한 이해를 통해 직장의 조직과 구성에 대해 파악하고, 이를 바탕으로 직장인으로서 지켜야 할 직장 내 예절에 대해 살펴보고자 한다.

1) 이규은(2019). pp. 227-260의 내용을 재구성함

1. 조직의 개념과 유형

흔히 인간은 사회적 동물이라는 말을 한다. 이는 인간이 사회를 떠나서는 살 수 없다는 의미이다. 인간은 집단을 이루어 살아가면서 또 다른 여러 형태의 조직들과 관계를 유지하고 있다. 즉, 사람들로 구성된 조직이라는 틀을 벗어나서는 살 수 없으며, 여러 조직들로 구성된 관계 안에서 살아간다. 따라서 사회 구성의 일원으로서 살아가기 위해서는 조직의 체제와 구성에 대한 이해가 필요하다.

1) 조직의 개념

현대인들은 조직 안에서 조직의 일원으로 살아간다. 학교라는 조직, 회사라는 조직, 종교단체의 조직 등 다양한 분야에서 조직의 일원이 되어 생활한다. 조직이라는 것은 많은 사람들이 단순히 모여 있다는 것을 의미하는 것은 아니다. 조직에는 무엇인가 목적이 있고, 구조가 있으며, 상호 간에 목적 달성을 위해 서로 노력하는 관계를 가지고 있다. 즉, 조직은 두 사람 이상이 공동의 목표를 달성하기 위해 의식적으로 구성하고 상호작용과 조정을 행하는 행동의 집합체이다(임경희 외, 2015). 베버(Weber)는 조직이란 '목적을 추구하고 활동에 참여하는 조직구성원 사이의 정당한 상호작용'이라고 정의하고 있다. 또한 탈코트 파슨스(Talcott Parsons, 1967)는 '특정 목적을 추구하기 위해 의도적으로 구성된 사회 단위'라 정의하고 있고, 조직이란 목적이나 임무를 성취하기 위한 전문화되고 상호의존적인 사람들의 모임으로 둘 또는 그 이상의 사람들이 지속적이고 의도적이며, 목표지향적인 활동에 관여하는 체계라고 정의하고 있다.

결과적으로 조직은 두 사람 이상이 공동의 목표를 달성하기 위해 의식적으로 구성된 상호작용과 조정을 행하는 행동의 집합체라고 볼 수 있다. 이러한 조직은 구성원들에게 재화나 서비스의 생산이라는 경제적 기능을 수행할 뿐만 아니라 조직의 구성원들에게 활동을 통해 얻게 되는 만족감을 주고, 구성원들 간에 상호 협동 체제를 지속적으로 공유하도록 하는 사회적 기능을 수행한다.

직장인에게 조직이란 근무하는 곳으로 회사나 기업을 말한다. 회사나 기업은 직업인에게 있어서 직장생활을 위한 물리적인 장소이며 심리적 공간이다. 직업인으로서 직장에서 일을 하면서 만족감과 행복감을 느끼기도 하고, 좌절감과 절망감을 경험하기도 하는 곳이다. 따라서 직장인으로서 생활하기에 앞서 조직에 대한 올바른 이해는 직장에 대한 적응력을 높이는 데 도움이 된다.

2) 조직의 유형

(1) 공식적 조직과 비공식적 조직

조직은 공식화 정도에 따라 공식적 조직(Formal organization)과 비공식적 조직(Informal organization)으로 구분한다.

공식적 조직은 전통적인 행정조직으로 '목표를 달성하는 데 필요한 일을 분할하고 권한을 부여하여 상호 연결시켜서 만든 조직'이라고 정의할 수 있다. 공식적 조직은 그 성질상 대체로 권한이 집중되고, 구성원이 계층화를 이루는 강력하고도 정확한 조직이다. 공식적 조직은 대체적으로 법률이나 법규, 직제 등에 의해 명문화된 제도상의 조직으로, 각 부서의 업무내용, 일의 분담, 명령계통, 각 직위의 권한, 책임, 일의 순서 등을 명백히 하는 것이 특징이다. 공식적 조직은 능률과 규정에 의해 움직인다.

비공식적 조직은 '현실적인 인간관계를 토대로 구성원 간에 존재하는 실제의 개인적 관계이며 제도상의 조직에는 전혀 표현되지 않거나 불충분하게 표현된 상호관계'라고 정의할 수 있다. 비공식적 조직은 인간관계를 바탕으로 자연발생적으로 형성되는 것이 특징이다. 예를 들면, 회사 내에서 친목을 목적으로 형성된 등산, 배드민턴, 테니스 동호회 등의 조직을 비공식적 조직이라 한다. 비공식적 조직은 개인적 목적을 위한 인간관계로 형성된다.

비공식적 조직은 감정과 인간관계를 중시한다. 따라서 공식적 조직에서 논의되지 않는 것들도 비공식적 조직에서는 논의 대상이 되기도 한다. 대부분의 일들이 공식적 조직을 통해서 이루어지지만, 공식적인 조직에서는 관심을 두지 않았던 것들이 비공식적 조직에서는 관심거리가 되기도 하며, 이는 비공식적 조직의 중요한 역할이기도 하다. 비공식적 조직은 1930년대 이후 리더십, 의사소통, 사기 진작 등과 더불어 관심을 받아 온 분야이다.

공식적 조직과 비공식적 조직의 가장 큰 차이점은 공식적 조직이 행정목적의 능률적 수행을 위해 만들어진 합리적, 관료제적, 인위적 측면에 둔 법에 근거한 조직이라고 한다면, 비공식적 조직은 혈연, 지연, 학연 등과 같은 인간관계를 기초로 하여 형성된 비합리적, 감정적 측면에 중점을 둔 자생적 조직이라는 점이다. 이 밖에도 공식적 조직과 비공식적 조직의 특성을 비교하여 표로 나타내면 다음과 같다.

표 8-1 공식적 조직과 비공식적 조직의 특성

구분	공식적 조직	비공식적 조직
학문적 이론	• 관료제론, 과학적 관리론	• 인간관계론, 행동과학론
성격	• 공적인 성격	• 공식조직과는 무관
구성원의 규모	• 대규모	• 소규모
특징	• 목표달성, 인위적 조직	• 자연발생적
지시방향	• 하향성	• 상향성
표출양식	• 외면적 또는 외재적	• 내면적 또는 내재적
표출방식	• 성문화된 제도적, 가시적 방식	• 성문화되지 않은 비제도적, 비가시적 방식
구성	• 능률의 논리에 따라 구성	• 감정의 논리에 따라 구성
형성근거	• 법률에 의거한 조직	• 인간관계를 기초로 한 조직
질서체제	• 전체적인 질서	• 전체적 조직 내 계층, 단위에서 자생적 소집단으로 만들어진 부분적 질서
순기능	• 업무에 대한 효율성, 안정성, 전문성	• 구성원 간의 사기진작, 친밀감
역기능	• 인간소외, 무사안일주의	• 공식 조직과의 마찰, 공식 조직의 흐름 저하

비공식적 조직은 자생적으로 형성된 조직이므로 관리자가 이를 잘 파악하면 조직구성원의 업무 태도나 내부 사정 등을 이해하는 데 큰 도움이 된다. 비공식적 조직의 순기능으로는 조직원들에게 부과된 업무를 능률적으

로 수행할 수 있고, 조직구성원들에게 만족감을 주며 직무집단을 안정화시켜 준다는 순기능을 한다. 또한 구성원들이 서로 정보를 교환할 수 있는 의사소통체계나 통로를 확장시켜 주고, 조직구성원들의 좌절감과 심리적 불평, 욕구불만에 대한 배출구 역할을 해주며, 개인으로 하여금 자아실현과 자기혁신, 자기계발을 가능하게 하는 등의 중요한 역할을 수행한다는 장점이 있다.

이와는 달리 비공식적 조직은 자칫하면 구성원 간에 파벌을 조성할 위협이 있고, 조직의 책임을 무효화할 가능성이 있으며, 공식적 조직의 목표에 배치되는 활동을 함으로써 공식 조직을 해체시킬 가능성이 있다는 등의 역기능을 지니고 있다. 또한 비공식적 조직은 정실주의를 조장시켜 개인적인 이익을 도모할 수 있으며, 조직 단위의 간격을 확대시킬 가능성이 있다는 등의 단점을 지니고 있다.

(2) 계선 조직과 참모 조직

조직에는 조직의 목표 달성 기능을 직접적으로 수행하는 기관과 이를 간접적으로 지원하는 목표에 관한 자문, 권고, 건의 또는 협의(協議), 정보판단, 조사 등을 통해 조직목표를 효율적으로 달성하도록 도와주는 조직기관이 있다. 이때 전자의 조직을 계선 조직이라 하고 후자의 조직을 참모 조직 또는 막료 조직이라 한다. 계선 조직과 참모 조직은 관료제로부터 파생된 개념의 조직으로, 계선 조직이란 '일정의 위계적 조직구성 관계를 갖고 최고 지도자가 스스로 의사결정이 가능한 지도상태의 조직'을 말한다. 즉, 행정조직 단위형태로 명령적 집행기능을 가진 수직적 조직형태이며, 조직체 내에서 상하의 명령, 복종관계를 지닌 수직적 계층구조를 형성하여 조직의 목표달성을 직접적으로 운영하는 조직의 중추적 기관을 말한다. 계선 조직은 조직상 최고책임자를 정점으로 하여 수직적 상하관계를 이루고 있어, 조직의 목표를 직접적으로 운영하고 집행하여 그 결과에 대하여 직접적으로 책임을 지며, 구체적인 집행권과 명령권을 행사하는 조직에 있어서 본질적이며 중추적인 기관이다. 계선 조직은 권한의 책임과 한계가 명확하여 업무수행이 능률적이고, 단일 기관으로 구성되어 있으므로, 단순하고 운영비용이 적게 드는 소규모 조직에 적합하고 강력한 통솔력을 행사할 수 있다는 장점이 있다. 그러나 대규모 복합조직에 있어서는 계선기관의 총괄적인 지휘 감독으로 인하여 업무량이 과중하고, 기관 책임자가 주관적·독단적 조치를 취할 가능성이 있고, 한 곳이라도 사고가 나면 연쇄적으로 그 기능이 마비되며, 각 부서 간에 효과적인 조정이 곤란하고, 특수 분야에 전문가의 지식과 경험을 이용할 수 없고, 조직이 융통성보다 경직성을 띠게 된다는 단점이 있다.

이와는 달리 참모 조직은 '전문화된 자료, 정보, 지식을 소유한 두뇌집단의 조직'으로 계선 조직이 그 기능을 원활하게 수행할 수 있도록 이를 지원, 조성, 촉진함으로써 목표 달성에 간접적으로 공헌하는 기관의 조직을 말한다. 참모 조직은 자문, 조정, 통제, 정보의 수집과 분석 등의 기능을 수행한다. 그러나 참모 조직은 계선 조직을 통하지 않고서는 직접 명령이나 지휘를 할 수 없으며 전문적 지식을 가지고 조직체의 목적 달성에 간접적으로 참여하고 계선을 돕는 여러 가지 기능을 수행하는 점이 특징이다.

참모 조직은 전문적 지식을 가지고 계선기관의 기능을 보완해 주는 인격적 보완기관의 역할을 하고, 조직 내에서 권고, 자문, 조사, 연구에 응하는 활동을 통하여 국민에게 간접적으로 봉사하며, 구체적인 집행권이나 명령권을 행사하지 않는다. 참모 조직은 전문적 지식과 경험으로 합리적 결정이 가능하고 계선 조직의 과중한 업무를 도와주며 기관장의 통솔범위를 확대시켜 주고, 계선 조직 간의 업무 조정이 용이하다는 장점을 지니고 있다. 반대로 계선 조직과의 알력이나 대립관계를 형성할 수 있고, 경비가 많이 들며 참모는 결과에 대하여 책임을 지지 않으므로 책임을 전가할 가능성이 있다는 단점을 지니고 있다.

계선 조직과 참모 조직은 조직의 목표 달성을 효과적으로 수행하기 위한 상호보완의 관계를 갖도록 하는 것이 본래의 의도이나, 현실적으로 양자는 알력과 불화의 관계를 초래하거나 막료 조직의 계선 조직화가 초래된다. 계선 조직과 참모 조직의 특성을 비교하여 표로 나타내면 다음과 같다.

표 8-2 계선 조직과 참모 조직

구분	계선 조직	참모 조직
조직형태	• 수직적 구조	• 수평적 구조
개념	• 조직의 목적 수행에 직접적으로 관여하여 결정권과 집행권을 갖고 결과에 대해 책임을 지는 일차적, 수직적, 명령계통 등을 가진 조직	• 계선(系線)이 그 기능을 원활히 수행할 수 있도록 지원, 조성, 촉진해 줌으로써 조직의 목적 달성에 간접적으로 기여하는 조직
목적	• 직접적인 업무 수행	• 업무에 대한 자문 및 조언
조직에 대한 기능	• 일에 대한 권한, 책임 부여	• 기술과 경험을 바탕으로 전문성 신장
특징	• 현실주의, 보수주의 • 계층제적 성격(수직적 복종관계) • 조직의 목표 달성에 직접 기여 • 국민에 직접 봉사 • 현실적, 보수적 성향 • 명령권, 집행권 행사 • 일반행정가(generalist) : 시야 넓음	• 이상주의, 개혁주의 • 비계층제적 성격(수평적 대등관계) • 조직의 목표 달성에 간접 기여 • 국민에 간접 봉사 • 이상적, 비판적 성향 • 명령권, 집행권 없음 • 전문행정가(specialist) : 시야 좁음
조직사례	• 군대 조직	• 기업의 각종 위원회, 전문가협의회 등
장점	• 강한 통솔과 지휘로 업무에 대한 안정, 효율성 기여 • 명확한 책임 소재 • 권한과 책임의 한계가 명확하고 업무수행이 능률적 • 업무가 분화되지 않은 소규모 조직에 적합 • 조직의 안정성 확보	• 계선 조직이 가지는 경직성으로부터 탈피 • 수평적 구조로 협동 업무 가능 • 기관장의 통솔 범위를 확대시킨다. • 업무조정 및 전문지식의 활용 • 대규모 조직에 적합 • 조직의 신축성을 부여한다.
단점	• 기관장의 독선적 경향으로 전락할 가능성이 높음 • 특수 분야에서 전문가의 지식과 경험을 이용할 수가 없다. • 계선기관의 업무 과중 • 통솔범위가 한정되고 조정이 곤란하다. • 조직의 지나친 경직성을 초래한다.	• 불분명한 책임 소재 • 계선 조직과의 불화를 초래할 수 있다. • 조직의 복잡성 및 계선과 참모의 갈등 발생 • 조직의 비대화로 경비가 많이 든다. • 참모기관의 비대화로 중앙집권화

(3) 수직적 조직과 수평적 조직

조직은 권한과 역할의 배분 및 계층 간의 명령, 복종관계의 정도에 따라 수직적 조직(Vertical structure)과 수평적 조직(Horizontal structure)으로 구분한다. 우리나라의 많은 기업들은 수직적 조직의 모습을 갖추고 있다. 수직적 조직이란 상급자로부터 하급자에게 권한을 위임하는 등급화 정도가 심한 피라미드 형태의 계층적 조직을 말하며, 기업의 관리 조직과 같이 직위에 의한 수직적 지휘체계에서 규율적 사고를 중시하는 조직이다. 수직적 조직은 업무처리의 권한을 수직적으로 세분화하고, 유사한 과업의 범위를 정하여 구성원들을 그룹화하는 조직 구조를 지니고 있다. 이러한 수직적 구조를 갖춘 조직에서는 주어진 업무의 범위 내에서 성과를 창출해 내야 하는 책임을 지고 있어 조직이 안정적이고 분화된 업무를 구성원들이 반복 수행함으로써 숙련된 업무처리로 효율성을 높일 수 있다. 하지만 오늘날처럼 정보기술이 급속하게 변화하고 불확실성이 높아가는 환경에서는 이러한 수직적 조직이 한계성을 지닐 수밖에 없다. 먼저 수직적 구조가 지향하는 내부지향 중심체제는 고객에게 가치를 제공하기보다는 내부 관리자의 만족에 초점을 두고 운영하여 고객과 관련된 정보가 조직 내 여러 계층을 거치면서 왜곡되거나 손실될 가능성이 크다. 또한 기능별로 분할된 목표로 인해 부문 최적화 및 부서 이기주의가 발생하여 내부 기능 간 조정에 막대한 비용을 투입하게 되는 역기능이 발생할 수 있다. 또한 구성원의 입장에서는 상사의 지시나 명령에 따라 주어진 일만 성실히 수행하면 자신의 역할을 다하는 것이기 때문에, 어렵게 창의성을 발휘하려 들지 않게 되어 사회변화에 따라 적응해 나가는 데 한계가 있다. 이러한 문제를 해결하고 변화하는 환경에 신속하게 대처해 나가기 위해서는 조직의 성과를 극대화할 수 있는 개선방안 마련이 필요하다.

우리나라 기업의 조직 형태는 1990년대 중후반 IMF를 거치면서 변모하게 되었다. 기업의 내부 사정이 나빠지면서 인력 충원이 어려워졌고, 기존 인력들도 이른바 정리해고(Lay-off)의 명목으로 조직에서 이탈하게 되면서 그동안 수직적인 과부제(課部制)의 방식에서 벗어나게 되었다. 이때 도입된 조직이 적은 인원을 가지고 새롭게 조직형태를 구성한 수평적 팀(Team)제이다.

수평적 조직은 권한을 상부에 집중시키지 않고 분산시킴으로써 조직구성원들의 참여도를 높이고, 수평적인 관계를 강화해 나가는 조직형태를 말한다. 수평적 조직은 조직의 발달 단계에서 가장 최근의 형태에 해당하는 조직 구조로서 팀 운영 체제를 가지고 자율적 사고를 중시하며 수평적 소통과 토론적 업무를 강조하는 조직이다. 수평적 조직은 자율성과 유연성이 보장되고, 기술집약적인 전문성, 집단의 자원이 평등한 것이 특징이다. 미래의 경영환경이 불확실성에 많이 노출되어 있을수록 위험을 통제하기 위한 일환으로 자율성과 우연성이 보장된 수평적 조직 구조의 필요성이 요구된다.

수평적 조직은 팀 운영체제를 가지고 조직을 구성하는데, 팀장이 팀원들을 명령적인 지휘나 통제로 팀을 이끌어 가는 것이 아니라 팀장과 팀원 모두 전문적인 방법으로 평등한 업무를 수행하는 방식이다. 수평적 조직에서는 토론문화가 발달하여 토론 속에서 상호 지식을 공유하고 시너지 효과를 만들어 내기 위한 것이다. 이에 따라 수평적 조직에서는 개인의 역량이 큰 의미를 갖게 되고, 보상 체계 또한 성과를 강조하는 방향으로 전환하게 된다. 수직적 조직 형태와 수평적 조직 형태의 특성과 차이점을 비교하여 표로 나타내면 다음과 같다.

표 8-3 수직적 조직과 수평적 조직의 비교

수직적 조직	수평적 조직
• 안정적 • 경직 • 업무는 직위에 의해 정의됨 • 의사결정의 집권화(Centralization) • 절차 및 방법의 공식화(Formalization) • 지시사항 중심 • 일과에 시간의 경계가 있음(09:00~18:00) • 조직의 시설에서 업무 수행	• 역동적 • 유연성 • 업무는 수행과업에 의해 정의됨 • 의사결정의 분권화(Decentralization) • 학습 및 지식 공유 • 참여 지향 • 일과에 시간 경계가 없음(성과의 강조) • 업무수행 시 장소의 제약을 받지 않음

2. 조직체제의 구성요소와 업무

조직은 하나의 체제(System)이다. 조직은 다양한 요소로 구성되어 있기 때문에 조직을 이해하기 위해서는 조직의 한 단면만을 보고 판단해서는 안 된다. 조직체제는 특정한 방식이나 양식으로 결합된 부분의 총체이다(임경희 외, 2015). 조직은 무엇인가 목적을 가진 체제로 구성원 상호 간에 목적을 달성하기 위하여 노력해 나간다. 따라서 조직 속에는 구성원들이 공유하는 신념이나 규범이 존재하기 마련이며, 조직의 효율적인 운영을 위해 관련 규정을 제정하고 업무를 분담하여 주어진 조직 구조 내에서 협동 체제를 이루며 운영한다. 조직은 조직의 인간적 측면에 착안하여 인간의 잠재능력을 최대한으로 개발함으로써 조직 전체의 발전을 도모해 나간다.

1) 조직체제의 구성요소

(1) 조직목표

사회가 다변화되면서 우리 사회 내에 존재하는 조직의 수와 규모는 점진적으로 확대되어 가고 있으며, 그 중요성 또한 증대되고 있다. 이러한 변화는 조직이 어느 사회에서나 존재하기 때문이기도 하지만, 그보다 더 중요한 것은 조직을 통해서 사회적 목표를 보다 효과적으로 달성할 수 있기 때문이다. 이와 같이 모든 조직은 구성원들이 달성하고자 하는 조직목표를 지니며, 조직목표란 조직이 달성하려는 장래의 상태를 말한다. 일반적으로 조직목표는 전체 조직의 성과, 자원, 시장, 인력 개발, 혁신과 변화, 생산성에 대한 목표가 포함된다. 목표를 통해 이루고자 하는 성과는 대부분 수익성이나 서비스 제공 등과 같은 결과로 표출된다.

(2) 조직구조

조직구조는 조직 내의 부문 사이에 형성된 관계로 조직구성원들의 상호작용을 보여주는 것으로, 일반적으로 조직도를 통해 파악이 가능하다. 조직구조는 의사결정권의 집중 정도에 따라 달라지며 최고경영자의 통제나 규칙과 규제의 정도, 명령계통 등에 따라 다른 형태를 보이는데 조직구조의 유형은 기계적 조직과 유기적 조직으로 구분한다. 기계적 조직은 구성원의 업무나 권한이 분명하게 정의되고 규명된 조직을 말하고 유기적 조직은 의사결정권이 상부에서 하부 구성원으로 많이 위임되고, 업무가 고정적이지 않고 융통성이 있는 조직을 말한다.

(3) 조직문화

조직이 지속되면 조직구성원들 간에 생활양식이나 가치, 신념체계, 관습, 전통 등을 공유하게 되는데 이를 조직문화라 한다. 조직문화는 조직구성원과 조직체 전체의 행동에 영향을 주는 기본 요소이다. 또한 조직문화는 조직의 전통과 분위기로써 조직의 가치관, 신조 및 행동패턴을 규정하는 기준이 되며, 조직구성원들의 활동지침이 되는 행위규범으로 구성원들을 결합시켜 일체감과 정체감을 부여하는 역할을 한다.

최근 기업의 경영활동에서 조직문화가 중요한 요소로 등장하는데, 이는 조직의 지속적인 존속을 위해서는 건전한 조직문화를 유지해 나가는 일이 중요하기 때문이다. 즉, 환경 변화에 적응할 수 있는 조직만이 지속가능하며, 이러한 조직은 조직의 건전한 문화와 직접적인 연관이 있기 때문에 조직문화를 긍정적인 방향으로 조성해 나가기 위해 경영층을 중심으로 많은 노력을 하고 있다. 조직구성원들 개개인의 능력과 의견을 중시하면서 조직의 목표를 위해 서로 협력하는 새로운 조직문화를 만들어 나가야 한다.

(4) 규칙과 규정

조직의 규칙과 규정은 조직을 관리하는 데 필요한 항목들을 규정한 것으로, 조직의 효율성, 간소화, 표준화 및 과학화 등을 통해 능률 향상을 도모하고자 하는 목적으로 제정된 것이다. 일반적으로 조직의 규칙과 규정은 조직구성원들의 행동범위를 정하고 일관성을 부여하는 역할을 한다. 따라서 조직의 규칙과 규정은 조직의 목표나 전략에 따라 수립되며, 조직구성원들의 행동을 관리하기 위하여 규칙이나 절차에 의존하고 있는 공식화 정도에 따라 조직의 구조가 결정되기도 한다. 조직의 규칙과 규정에는 조직의 영향을 받는 적용 범위, 조직의 구분, 업무분담 등을 정하고, 조직이 지니는 권한과 책임사항, 조직 명칭의 변경 방법 등에 대한 내용을 중심으로 규정한다.

(5) 조직의 범위

조직이란 두 사람 이상이 공동목표를 달성하기 위해 상호작용이 이루어지는 협력 체제를 말한다. 따라서 이러한 협력 체제를 어느 범위로 할 것이냐 하는 문제는 조직체제에서 명시할 필요가 있다. 이를 조직의 범위라 한다. 조직의 범위는 직장으로 제시할 수도 있고, 기업으로 제시할 수도 있다. 직장은 사람들이 일하는 데 필요한 물리적 장소이며, 심리적 공간이므로 직장 내에 존재하는 공식적 조직의 경우에는 직장의 한계를 벗어나기 어렵다. 마찬가지로 조직의 범위를 기업으로 한정한다면 기업은 직장생활에 있어서 대표적인 조직으로 노동, 자본, 물자, 기술 등을 이용하여 제품이나 서비스를 생산하는 기관이므로 이와 관련된 조직의 범위도 기업으로 제한된다.

2) 업무의 종류와 특성

업무는 직장에서 직업상 맡아서 하는 일로 조직이 개인에게 부여한 의무이자 책임이다. 조직의 목적을 달성하기 위하여 업무를 구성원들이 가급적 통합하여 수행한다. 따라서 직업인으로서 생활하기 위해서는 자신에게 주어진 업무의 성격과 내용을 잘 파악하여 성실하게 책무를 다해야 한다.

일반적으로 업무는 조직의 목적이나 규모에 따라 다양하게 구성된다. 같은 규모의 조직이라 하더라도 업무의 종류와 범위는 다를 수 있고, 업무의 종류를 세분화할 것인지 또는 업무의 수를 줄일 것인지도 조직에 따라 다양하게 결정된다. 이는 각 조직마다 외부적인 상황과 오랜 세월에 걸쳐 형성된 특유의 조직문화와 내부 권력구조 그리고 성공여건 내지 조직의 강점과 약점이 서로 다르기 때문이다(임경희 외, 2015). 일반적인 업무조직의 부서별 내용은 다음과 같다.

표 8-4 부서별 업무 내용

부서	업무 내용
총무부	• 주주총회 및 이사회 개최 관련, 의전 및 비서 업무, 국내외 출장업무 협조 • 집기비품 및 소모품의 구입과 관리, 사무실 임차 및 관리, 복리후생 업무 • 차량 및 통신시설의 운영, 법률자문과 소송관리, 사내외 홍보 광고 업무
인사부	• 조직기구의 개편 및 조정, 업무 분장 및 조정, 인력수급 계획 및 관리 • 직무 및 정원의 조정 종합, 임금제도 및 복리후생제도 지원, 노사관리 • 교육체계 수립 및 관리, 복무관리, 퇴직관리, 평가관리, 상벌관리, 인사발령
기획부	• 경영계획 및 전략수립, 전사 기획업무 종합 및 조정, 실적관리 및 분석 • 경영정보 조사 및 기획보고, 경영진단 업무, 종합 예산 수립 및 실적관리 • 단기·중장기 사업계획 종합 및 조정, 사업계획, 손익추정
회계부	• 회계제도의 유지 및 관리, 재무상태 및 경영실적 보고, 결산 관련 업무 • 재무제표 분석 및 보고, 법인세, 부가가치세, 국세, 지방세 업무 자문 및 지원 • 보험가입 및 보상 업무, 고정자산 관련 업무
영업부	• 판매 계획, 판매예산의 편성, 시장조사, 광고 선전, 견적 및 계약 • 청구 및 회수, 제조지시서의 발행, 외상매출금 청구 및 회수, 제품 재고조절 • 거래처 불만 처리, 제품 애프터서비스, 판매원가 및 판매가격의 조사 검토

출처: 국가직무능력표준(http://www.ncs.go.kr).

업무는 조직의 목적을 달성하기 위해 내용을 보다 더 세분화하여 직업인에게 분배한 것으로, 조직 내 다른 업무와 상호 간에 밀접한 연관성을 지니고 있는 것이 특징이다. 따라서 업무를 조직구성원들과 상호 협의와 협력을 통해 통합적으로 추진해 나가야 한다. 비록 업무가 독립적으로 수행된다 하더라도 전체적으로 조직 내에서 업무가 실행되는 과정을 보면 업무 간의 서열로 인하여 순서만 다르게 추진되거나, 내용이 통합되는 과정에 있어서 보다 심화되는 과정의 일환으로 추진되는 것이지, 결코 조직 내 다른 업무와 무관하지 않다는 점을 인식해야 한다. 따라서 구성원들과의 정보교환과 협력체제에 호응해 나가는 업무 추진이 필수적이다. 업무의 내용에 따라서는 연구나 개발 분야의 업무처럼 전문적 특성이 강하여 자율적 재량권이 많은 업무가 있는가 하면, 조립이나 생산 업무처럼 주어진 절차에 따라 업무가 추진되어 융통성이 적은 업무도 있다.

3. 조직원리

조직은 동일한 목표를 지닌 공동체로 주어진 목표에 도달하기 위해 노력한다. 조직을 가장 합리적으로 구성하고 능률적으로 관리하기 위해서는 몇 가지 원리를 준수해야 한다. 이러한 원리는 주어진 과업을 능률적이고 효과적으로 수행하기 위한 일종의 관리 및 기술상의 지침이다. 구체적인 조직원리는 다음과 같다.

1) 계층의 원리

계층의 원리는 조직의 최정상에서 최하층에 이르기까지의 명령계통을 수립한 피라미드형 인간관계로 명령복종관계의 상하체계를 말한다. 이는 조직 구조에서 권한과 책임을 배분하고, 명령, 지휘, 복종의 관계를 명시화하는 것이다. 조직의 공동 목표를 달성하기 위한 업무를 수행하는 데 있어서 권한과 책임의 정도에 따라 직위가 위계적으로 서열화하고 등급화하는 것을 의미한다. 이러한 계층제는 관료제 조직의 기본적인 조직 구조로 군대 조직과 같이 총괄적인 리더십이 존재하고 권한이 하위층에 위임되며 계층에 따라 기능이 배정되는 특성이 있다. 오늘날 사회 구조처럼 조직의 규모가 전문화되고 확대되면서 업무의 다양성과 구성원이 증가하게 되면 조직의 계층도 증가한다. 계층제는 질서유지의 필요에 의하여 인간 역사와 함께 시작됐으나 관료제는 합리성과 능률성의 확보를 위해 형성되었다. 또한 계층제는 지휘계통의 수립에 관심이 있지만 관료제는 비인격화된 업무처리에 관심을 집중한다.

계층제의 긍정적인 측면은 지휘나 명령과 같은 의사전달의 통로, 권한과 책임 한계의 경로, 내부통제의 경로, 조직 내의 분쟁조절 수단으로 활성화될 수 있다는 점을 들 수 있다. 계층제의 부정적인 측면으로는 조직의 경직화, 동태적 인간관계의 형성 저해, 의사소통의 왜곡, 새로운 지식과 기술도입의 신속성 곤란, 기관장의 독단화 등을 들 수 있다.

조직에서 계층의 수가 많으면 성과와 능률이 저하되는 경향이 있어 가급적 계층 수를 줄여나가는 것이 바람직하다.

2) 분업의 원리

분업의 원리란 조직의 전체 기능을 특성별로 나누어 가급적 한 사람에게 동일한 업무를 분담시키는 것으로 테일러(Taylor)에 의해 주장되었다. 분업의 원리는 조직의 규모가 확대되고 업무처리의 전문성이 증가할수록 더욱 필요해지는 원리이다. 조직구성원들 사이에는 개개인의 신체적 특성, 정신적 소질, 흥미, 교육훈련, 동기부여 등에 의해 업무능력의 차이가 발생하게 된다. 따라서 이러한 차이에 따라 각자에게 맞는 직무를 분할하여 맡게 되는 것이 분업의 원리이다. 즉, 조직의 전반적인 업무를 직능 혹은 특성별로 분담하여 한 사람에게 동일한 업무를 분담시키는 체제를 말한다. 이러한 분업화는 조직이 추구해야 할 공동과업을 수행함에 있어서 표준화(Standardization), 단순화(Simplification), 전문화(Specialization)를 촉진시키고 작업의 능률화, 업무지식 및 수행의 질 향상, 직무의 신속성, 비용 절감 등의 장점이 있다. 하지만 전문가들의 높은 지위의식이 나타나고, 지나친 분업으로 각 단위의 조정과 의사소통이 어렵고, 시야가 협소화되며, 반복적이고 기계적인 단순화로 구성원의 능력발전을 저해하며 분업이 세분화될수록 많은 자원이 소요되고, 조정의 비용이 증대되며 전문화에 의한 무능의 훈련이 발생하기 쉽다는 단점을 지니고 있다.

3) 조정의 원리

조정의 원리란 조직의 각 부분이 공동의 목표를 달성하는 데 있어서 행동의 통일을 이루도록 집단적 노력을 질서 있게 결합하고 배정하며 조화를 이루도록 하는 것을 말한다. 조정이란 조직 내에서 업무의 수행을 조절하고 조화로운 인간관계를 유지함으로써 협동의 효과를 높이려는 것이다. 효율적인 업무 수행을 위해 '공동의 목표를 달성하기 위하여 하위체제 간에 통일은 어떻게 해 나갈 것인가?', '필연적으로 발생하는 갈등은 어떻게 해결할 것인가?'와 같은 문제를 해결하기 위한 조정 및 통합활동을 말한다. 물론 공식적인 조직에서의 조정은 관리자나 지휘자의 리더십에 의한 공식적인 지시에 따르지만, 조직의 요구나 필요에 의해 조정을 이루기도 한다. 이와 같이 조정의 원리는 목표 달성에 필요한 조직원들의 행동 통일을 유도하기 위한 것으로, 분업에 따른 필연적 원리라고 할 수 있으며, 구체적인 조정 방법은 조직에 의한 방법과 리더십에 의한 방법이 있다.

현실적으로 조정을 저해하는 요인으로는 책임 소재의 불명확성, 조직의 경직성, 행정 기능의 전문화와 복잡화, 합리적 의사결정 체계의 미비, 파벌과 같은 정치적 요인, 목표나 이해관계의 차이로 인한 일체감의 부족 등이 있다. 효과적인 조정 방법으로는 목표나 권한 또는 책임의 명확화, 자발적 협조의 유도, 의사전달의 촉진, 상위계층의 권위 확립, 인사에 의한 조정, 회의나 위원회와 같은 조정기구에 의한 조정, 자율적 자기조정 등이 있다.

4) 적도집권의 원리

적도집권의 원리란 중앙집권과 분권제 사이의 적정한 균형을 얻으려는 것을 말한다. 즉, 중앙집권과 분권제 사이의 적절한 정도의 균형 잡힌 권한을 유지하자는 원리이다. 중앙집권 방식은 중앙에서 권한을 행사함으로써 효율화와 능률적인 의사결정을 하는 데 유리하지만, 획일성과 전제주의를 초래할 가능성이 높고 형식주의에 흐르기 쉽다는 문제점이 있다. 분권제는 지방부서나 하부기관에 권한이 분산되어 있어 지방부서의 자율성과 특수성을 반영하여 다양화를 촉진할 수 있다는 장점은 있으나, 경비의 과다지출, 업무의 중복 등으로 비능률성을 초래할 가능성이 높다는 문제를 지니고 있다. 따라서 중앙집권과 분권제의 문제점을 상호보완할 수 있도록 적정한 균형을 얻어야 한다는 것이다. 이러한 균형적 권한의 분배는 조직 내에서뿐만 아니라 상부조직과 하부조직 간에도 중앙집권과 분권제가 균형을 이룰 수 있도록 해야 한다.

5) 통솔한계의 원리

통솔한계의 원리란 한 사람의 지도자가 직접 효과적으로 통솔할 수 있는 직원의 수에는 한계가 있다는 것을 말한다. 즉, 인간의 지도능력에는 한계가 있기 때문에 한 사람의 통솔자는 일정한 수 이상의 하급 직원을 직접 통솔할 수 없으므로, 하급 직원의 수가 제한되어야 한다는 것이다. 통솔범위란 한 사람의 상관이 자기에게 직접 보고하는 부하의 수로 규정되는데, 일반적으로 감독자의 능력과 시간 등에 의하여 제기되는 문제로 통솔범위는 계층의 수가 많아질수록 좁아진다. 통솔범위가 좁아지게 되면 부하에 대한 통제는 가능하나 부하의 재량과 창의력이 저해를 받게 된다.

그라이쿠너스(V. A. Graicunas)의 이론에 의하면 통솔자와 부하와의 관계에는 집단관계와 유관함을 지적하고 있다. 통솔자와 부하의 관계는 두 사람 사이의 직접적인 관계와 부하와 부하 사이에 일어나는 교차관계로 구분할 수 있다. 직접적인 관계에서는 부하의 증가에 비례하여 통솔관계도 증가하지만, 교차관계에 있어서는 직접적인 관계보다 오히려 통솔관계가 더 증가한다고 보고 있다.

영국의 홀데인 정부 기구위원회(Holdane, 1917)에서는 조직의 수준 단계에 따라 상층의 관리단계에서는 4~8인, 하위의 관리단계에서는 8~15인이 적당하다고 보고 있다. 또한 업무의 복잡도에 따라서도 차이가 있는데 정밀하고 복잡한 작업에서는 3~4인, 보통작업인 경우에는 5~7인, 단순한 작업인 경우에는 8~12인이 적당하다고 보았다.

데이비스(Davis)는 육체활동의 통솔범위는 10~30명, 정신활동은 3~6명이 적합하며, 통솔범위는 상황론적으로 결정된다고 보았다. 사이먼(Simon)은 이러한 연구에 대해 기계적이며, 현실과 유리되고 인간의 적응적 창조력을 무시한 이론이라고 비판하면서 이들 수를 마술적인 수라고 비판하였다.

통솔의 한계는 직무의 성질, 시간, 공간, 기술, 인적 요인, 계층의 수, 참모집단의 발달 여부에 따라 좌우된다. 미래의 조직에서는 교통과 통신의 발달, 참모 기능의 확대, 의사결정의 집중화, 통신수단의 발전 등에 의하여 그리고 조직의 민주화로 인하여 수평조직이 확대되고, 이에 따라 통솔범위는 점차 확대될 것이다.

6) 명령통일의 원리

명령통일의 원리란 조직에서 하급자는 한 사람의 상관에게만 명령이나 지시를 받고 한 사람에게만 보고하도록 제도화되어야 한다는 것이다. 즉, 하나의 단위 조직에는 오직 한 사람의 상관만이 있어야 하며, 이 한 명의 직속 상관에게 그 단위조직을 운영할 수 있는 최종 권한을 부여해야 한다는 것이다. 이와 같은 명령통일의 원리는 합법적 권위, 즉 공식적인 계층적 권위만을 극단적으로 강조한다. 명령통일의 원리는 누구에게 보고하고 보고받는가를 알 수 있게 하여 지위의 안정감을 부여하고, 조직책임자의 전체적 조정 및 통합이 가능하도록 하며 책임의 명확화에도 기여한다.

명령통일의 원리는 의사전달의 혼란을 막고 책임소재를 분명히 할 수 있으며, 기관 내의 권한 통제를 강화할 수 있고, 조직 내의 갈등 감소, 직원에 대한 효과적인 감독이 가능하다는 등의 장점을 지니고 있다. 하지만 무리하게 한 사람의 담당직원을 통해서 명령감독을 하는 경우 업무의 효율이 저하되고, 감독자가 경청하지 않는 경우 부하들의 사기가 저하되며 한 사람의 상관을 통한 의사전달을 고집해 업무 능률이 떨어지고 전문성 발휘를 저해할 우려가 있다는 단점이 있다.

4. 조직관리 이론

조직관리 이론은 기업의 생산력을 높이기 위한 효율적인 방법을 인간관계에 초점을 맞춘 이론이다. 조직관리 이론은 크게 세 가지 유형으로 구분하는데 과학적 관리론, 인간관계론, 인적자원 관리론이다.

과학적 관리론은 과학적인 분석을 통해 최소의 비용으로 최대의 효과를 올리고자 한 이론이고, 인간관계론은 1920~1930년대에 걸친 호손실험 연구를 통해 성립된 인간관계 이론이며, 인적자원 관리론은 인적자원 관리에 의한 현대적 인간관계 이론을 바탕으로 한 이론이다. 세 가지 조직관리 이론의 내용을 구체적으로 기술하면 다음과 같다(김은영 · 이규은, 2014).

1) 과학적 관리론

과학적 관리론(Scientific management)은 19세기 말부터 20세기 초에 걸쳐 미국의 테일러(Taylor)가 만든 관리에 관한 최초의 과학적 이론으로, 미국이 경제공황 시기에 생산과 능률을 도모하기 위해 나타난 능률지상주의 이론이다.

과학적 관리론은 노동자에게는 높은 임금, 고용주에게는 최소의 경비로 최대의 효과를 누릴 수 있게 하는 것이 목적이다. 즉, 경영자와 노동자 모두의 이익을 추구하는 데 있다. 따라서 과학적 관리론에서는 인간을 돈을 따라 움직이는 합리적 경제인으로 생각한다. 인간은 수입의 극대화만을 추구하는 경제인으로 가정하고, 인간적 요소를 무시한 기계인으로 보고 작업자의 직무를 시간연구나 동작연구와 같은 과학적 방법으로 연구하여 적절한 표준과업을 결정하고, 이의 달성 여부에 따라 차별성과급을 적용함으로써 작업자의 생산량을 극대화할 수 있다는 이론이다.

과학적 관리론에서는 '절약과 능률'을 가장 중요한 가치 기준으로 삼고, 활동을 규율하는 과학적 원리와 합리적인 관리기법을 탐구하였다. 과학적 관리론에서는 작업관리의 원칙으로 다섯 가지를 제시했는데, 그 내용은 다음과 같다.

첫째, 노동자에게 명확한 일일 과업을 줄 것
둘째, 과업을 담당할 수 있도록 필요한 모든 조건을 표준화해 줄 것
셋째, 과업을 성공적으로 달성했을 때는 노동자에게 많은 임금을 줄 것

넷째, 과업에 실패했을 때에는 임금을 삭감할 것

다섯째, 과업은 일류의 노동자만이 달성할 수 있도록 어려워야 할 것

이 밖에도 기업관리 원칙으로 네 가지를 제시하였는데, 그 내용은 진정한 과학적 관리 원칙의 발견, 관리의 전문화, 노동자의 과학적 선발교육, 관리자와 노동자 간의 친밀한 협동 등으로, 내용을 분석해 보면 과학적 직무분석이나 인사선발, 협동관리, 기능적 감독 등의 내용으로 대변된다.

결국 과학적 관리법은 노동자의 경제 목적에 따른 합리적인 행동의 실천에 두고 기계적 능률을 강조했다고 할 수 있다. 그러나 과학적 관리법이 인간에 대한 지식이 결여되어 있다는 문제점 때문에 '인간 없는 조직(Organization without people) 이론'이라는 평가를 받았으며, 기대했던 성과를 달성하지 못했을 뿐만 아니라, 많은 역기능 및 부작용이 노출되어 과학적 관리론에 대한 비판이 확대되었다. 과학적 측면을 지나치게 강조함으로써 능률과 민주적 목표와의 조화를 무시했고, 인간을 기계의 부속품으로 전락시켜 인간 소외, 주체성 상실 등을 초래하였으며, 인간의 비경제적 동기를 외면했다는 비판과 함께 인간관계론을 대두시키는 원인이 되었다.

2) 인간관계론

인간관계론은 과학적 관리론에 반대하여 발전한 이론이다. 경제공황에서 탈출하여 경제가 좋아지고 노동자의 교육수준도 높아지면서 민주주의 열풍이 불었다. 그러면서 노조가 설립되고 파업, 태업 등이 증가하였다. 이로 인해서 근무조건은 개선되었지만 생산성에 별다른 영향을 미치지 못하자 과학적 관리론이 의미가 없다고 판단하고 새로운 이론이 필요하게 되었으며, 이때 등장한 이론이 인간관계론이다.

인간관계론은 인간의 생산력은 돈이 아니라 사람다운 대접, 자신의 능력을 인정받는 것과 같은 인간적, 사회심리적인 요인에 영향을 받는다는 입장이다. 따라서 인간관계론은 인간의 정서적, 비합리적인 면을 중시하였다. 인간관계론과 관계있는 실험은 호손실험(Hawthorne Experiments)이다.

호손실험은 메이오(Mayo)의 서부전기회사 호손공장실험으로 세 차례에

걸친 연구이다. 1924년에 실시한 제1차 실험에서는 '조명도 실험'이 실시되고, 1927년부터 실시한 제2차 실험에서는 '계전기 조립의 만족도 실험', 1931년부터 실시한 제3차 실험에서는 '면접실험'을 실시하여 1932년에 실험이 끝나는 8년간에 걸친 장기간의 연구이다. 호손실험을 통해 호손 효과(Hawthorne effect)라는 것을 찾아내는데, 이는 관리자가 작업장에서 가시적인 작업조건의 변화를 일으키기보다는 특별한 관심을 종업원에게 주면 바로 그 관심 때문에 생산성이 증대된다는 것을 의미하는 개념이다. 호손실험을 통해 밝혀진 내용은 다음과 같다.

첫째, 생산량의 증대는 기술의 조직보다 인간관계의 조직에 의존하는 것이 더 크다.

둘째, 노동자의 근무는 경제적 요인에 의해서만 자극을 받는 것이 아니라 사회적인 대인관계, 심리적 요인에 의해서 크게 자극을 받으므로 비경제적 보상도 인간 행태에 큰 영향을 받는다.

셋째, 대인관계와 비공식적인 자생 집단을 통한 소외감의 배제가 중요하다.

넷째, 개인의 사회적, 심리적 욕구충족을 통한 안정감과 만족감을 갖게 하는 것이 중요하다.

이 실험을 통해 인간은 단순히 돈만을 위해서 일하는 경제인이 아니라, 감정을 지니고 남과 어울리고자 하는 인간이라는 사실과 작업장이 하나의 사회적 장이라는 것을 인식하게 되었고, 비공식 조직은 조직 내에서 강력한 영향력을 행사한다는 것이다.

실험 결과의 도출로 인간관계론 측면에서는 비공식적 조직의 중요성을 인정하게 되었고, 민주적인 리더십과 사기의 중요성, 의사소통의 중요성 등이 강조되었다. 그러므로 인간관계론은 인간은 경제적인 측면 외에도 사회적, 심리적 측면을 지닌 복합적 존재이기 때문에, 인간의 행동이나 태도는 경제적 요인 외에도 자신의 내력이나 직장 상황 등의 요인에 의해 달라질 수 있다는 것이다. 결국 직장 내에서의 상사와 좋은 인간관계를 맺은 부하 직원은 그렇지 못한 부하 직원보다 더욱 생산적이고 부하 직원들 간의 상호관계는 생산성 효과에 영향을 미친다. 즉, 부하 직원들은 자신의 사회적 욕구를 동료들과의 상호작용을 통해 충족시켜 나간다.

인간관계론은 인간중심 경영이라는 칭송을 받았다. 그러나 한편으로는 인간관계론이 지나치게 인간적 요소만을 강조하였고 상대적으로 조직의 논리가 무시되어 '조직 없는 인간(People without organization) 이론'이라는 비판을 받았다. 따라서 인간관계론의 시행과정에서 나타난 문제점들은 보다 과학적이고 정교한 지식체계를 요구하게 되었으며, 이러한 입장에서 인간의 본질을 파악하고, 그들에게 동기를 부여할 수 있는 방법과 효과적인 리더십 유형을 찾아내는 데 초점을 둔 인적자원관리론이 등장하게 된다.

3) 인적자원 관리론

과학적 관리론과 인간관계론 모두 인간을 수단시했다는 비판을 하며 등장한 이론이 인적자원 관리론이다. 인적자원 관리론은 인간에게 잠재되어 있는 미개발 능력을 찾아 이를 개발할 수 있도록 능동적으로 자신의 능력 향상에 주력함으로써 창조적인 자원 개발을 이루어야 한다는 것이다. 이를 위해 인간의 업무 능력을 향상시키기 위한 반복된 경험과 일에 대한 숙련이 필요하고, 능력을 발전시키기 위한 노력이 필요하다. 이와 같은 직업 내 교육이나 훈련을 인적자원개발(Human Resource Development, HRD)이라 한다. 인적자원개발(HRD)이란 고용주가 그 조직의 목적을 달성하고 이를 촉진시키기 위하여 피고용인에게 제공하는 모든 학습 경험을 의미한다. 인적자원개발이라는 용어는 과거에는 인적자원개발 개념이 단순히 직업교육과 훈련의 영역으로 축소된 제한적인 개념이었으나, 최근에는 인간 능력의 향상이라는 측면에서 교육, 노동, 건강, 복지 분야 등도 포괄하는 개념으로 사용되고 있다. '인적자원개발(HRD)'이란 용어에서 '개발'의 의미는 '보다 효용있고 쓸모 있으며 가치 있게 하는 것'을 뜻한다. 즉, 인적자원개발이란 사람을 보다 더 가치 있고 쓸모 있게 만드는 활동을 의미한다(이규은, 2009).

인적자원 관리론은 인간과 조직, 인간의 사회화 등 인간의 자원 관리에 중점을 두고 인간에게 내재되어 있는 잠재력과 능력을 교육과 훈련을 통해 숙련되고 정교화될 수 있도록 하는 데 있으며, 그것은 일차적으로는 가정과 학교에서 이루어지고, 다음으로는 사회조직 속에서 개발되고 발전된다. 이런 점에서 인간과 조직의 특성, 조직의 역동성 등에 대한 이해와 조직 속에서의 인간 행동에 대한 이해를 바탕으로 한다. 인적자원 관리론에 공통적으로 적용되는 일련의 가정들은 다음과 같다(김혜숙 외, 2008).

첫째, 조직 효과를 최대화하기 위하여 인간의 성장과 동기를 높이는 풍토를 지지하는 내부 구조를 참조할 필요가 있다. 조직 내 인적자원의 잠재적 능력과 창의성을 인식하는 관리자는 조직의 모든 수준에서 참여를 증가시킬 것이다.

둘째, 불확실하고 급변하는 상황에서 적응적인 문제해결력과 조직은 권한과 위계와 관료적 구조를 강조하지 않는다. 건강한 조직은 위계적 지위보다 전문성에 더 많은 비중을 두는 유연한 조직을 강조한다.

셋째, 고립, 냉담, 빈약한 작업성과는 직무 자체에서 얻는 만족, 예를 들어 성취감, 작업의 본질적 가치 등과 더욱 밀접한 관련성을 가지고 있다.

인적자원 관리론은 인간관계론을 발전시킨 이론으로 인간관계론이 민주적 의사결정에 참여하여 구성원을 만족시키고 이러한 만족이 생산성을 향상시킨다고 본 관점이라고 한다면, 인적자원 관리론은 민주적 의사결정에 참여하여 생산성이 향상되면 구성원의 만족도가 높아진다는 관점이다. 즉, 조직의 궁극적인 목적은 생산성 향상이 아니라 구성원의 만족, 자아실현이라는 입장에서 인간관계론과 차이를 보인다.

5. 직장 내 예절

직장은 서로 다른 사람들이 공동목표를 달성하기 위해 모인 조직이다. 직장에서는 목표를 달성하기 위해 일을 잘 하는 것이 무엇보다도 중요하다. 하지만 직장 내의 예절을 무시해서는 안 된다. 아무리 능력이 뛰어나고 유능한 직원이라 하더라도 직원 간에 상하를 몰라보고 동료 간의 화합에 관심이 없는 직원이라면 직장 동료들로부터 좋은 평가를 받기 어렵다. 특히 직장에서의 평가는 일과 유관한 직장 내 성장요소에 직접적인 영향을 미친다는 점에서 매우 중요하다. 직장 내 바른 예절의 실천을 통해 자신에게 도움이 되고 직장 동료 간의 화합과 업무능률에도 도움이 되는 직장인으로 성장하기 위한 기본예절을 이해하고 실천할 필요가 있다.

1) 출·퇴근 에티켓

출근과 퇴근은 일의 시작과 마침을 알리는 시점이다. 특히 출근할 때의 이미지나 인상은 하루의 기분을 좌우할 수도 있는 만큼 활기찬 표정과 명랑한 태도로 출퇴근 시 직장 예절을 잘 지켜야 한다.

출근할 때

- 출근 시간 10분 전까지 도착하여 하루의 일과계획을 점검하고 순서를 계획한다.
- 상사보다 일찍 출근하여 근무부서의 환경을 쾌적하게 만들고 정리정돈을 살핀다.
- 아침 인사는 활기찬 표정과 명랑한 태도로 인사를 나눈다.
- 사무실에 들어서면 망설이지 말고 상사나 동료들에게 먼저 인사한다.
- 상사가 출근할 때는 자리에서 일어나서 먼저 인사한다.
- 사정상 불가피하게 결근을 하게 되거나 지각을 했을 경우에는 상사에게 사유를 먼저 보고한다.

퇴근할 때

- 퇴근 시간은 회사의 규정에 따르며 퇴근 시에는 자리를 정리정돈한 후 퇴근한다.
- 그날 해야 할 일을 다 마쳤는지를 확인하고 퇴근한다.
- 그날까지 처리해야 할 일을 다 하지 못했을 때에는 야근을 해서라도 끝마친다.
- 퇴근 준비는 근무시간 내에 하는 것이 아니라 근무 시간이 끝난 후에 한다.

- 가장 늦게 퇴근하는 사람은 전등, 컴퓨터 등의 전원 상태를 확인하고 사무실의 보안을 점검한다.
- 다른 사람보다 먼저 퇴근할 경우에는 "먼저 가겠습니다", "먼저 실례하겠습니다"라고 인사를 하고 퇴근한다.
- 불가피하게 상사보다 먼저 퇴근할 때에는 "먼저 퇴근해도 괜찮겠습니까?"라고 정중하게 물어본 후 퇴근한다.

2) 근무 에티켓

- 회사의 복무규정을 준수하고 예의 바른 업무 태도를 지닌다.
- 근무 시간에는 가급적 개인적인 전화나 잡담을 하지 않는다.
- 외출을 할 때에는 공적이든, 사적이든 간에 사전에 상사에게 알리도록 한다.
- 근무 시간 중에 신문이나 잡지를 보는 일은 금하고 주어진 점심시간을 준수하도록 한다.
- 업무와 관련된 일은 정해진 기간 안에 완료하도록 하고 주어진 업무를 밀리지 않도록 한다.
- 상사가 부를 때에는 상사를 향해 "네"라고 대답하고, 오라고 할 때에는 메모를 준비해 간다.
- 상사가 불렀으나 불가피하게 못 가게 될 경우에는 못 가는 사정 얘기를 한 후 "죄송합니다. 곧 가겠습니다."라고 양해를 구한다.
- 상사로부터 부여받은 업무가 끝나면 즉시 보고한다. 중간보고가 필요한 경우에는 적절한 시기에 보고한다.
- 결재를 받을 때에는 입구에서 목례로 인사를 한 후 상사의 앞으로 다가가 인사를 한다. 결재서류는 상사가 읽기 쉬운 방향으로 펼쳐 보인다.
- 결재를 받을 때에는 해당 내용을 완전히 숙지하고 제출하며, 상사의 관련 질문에 대해서는 상세히 답변하도록 한다.
- 직장 내에서는 공사를 엄격하게 구분하고 직장 기밀유지에 유념한다.

3) 악수 예절

- 악수는 오른손으로 약간의 미소를 짓고 간단한 인사말을 하면서 한다.
- 악수는 윗사람이 먼저 청하는 것이 예의이다. 아랫사람이나 나이가 적은 사람이 먼저 손을 내밀면 실례가 된다.
- 동등한 입장에서는 여자가 남자에게 악수를 청하는 것이 예의이다.
- 결혼식장에서와 같이 행사를 위해 장갑을 끼었을 때에는 장갑을 낀 채로 악수를 해도 된다.
- 악수를 하면서 왼손으로 상대의 손등을 덮어 쥐는 것은 실례이다. 상급자가 아랫사람에게 하는 것은 정을 표시한 것으로 인정된다.
- 악수를 한 채로 계속 이야기를 하는 것은 예의가 아니다. 악수가 끝나면 바로 손을 놓는다.
- 악수는 서로 엄지끼리 가볍게 깍지를 끼어 잡은 후 보통 3~4회 상하로 흔들어 준 후 살며시 놓는다.
- 상가에서 조문 시 상제에게 악수를 청하는 것은 실례이다.
- 악수를 청하는 순서는 어른이 아랫사람에게, 선배가 후배에게, 여성이 남성에게, 기혼자가 미혼자에게의 순서로 한다.

4) 명함교환 예절

- 명함은 반드시 일어서서 정중하게 인사를 한 후 건넨다.
- 자신을 먼저 소개하는 사람이 두 손으로 명함의 위쪽을 잡고 정중하게 건넨다.
- 명함을 건넬 때는 일어서서 '○○○입니다'라고 또박또박 자신의 이름을 말한다.
- 한쪽 손으로 자신의 명함을 주면서 다른 손으로 상대방의 명함을 받는 것은 부득이한 경우를 제외하고는 실례이다.
- 명함을 받을 때에는 '감사합니다'라고 인사를 하는 것이 기본 예의이다.

- 상대방으로부터 받은 명함은 공손히 받고 자세히 살핀 다음 정중하게 간수한다. 상황에 따라서는 탁자 위 좌측 또는 우측 상단에 놓는다.
- 한자로 된 명함을 받고 글자를 모를 경우에는 상대방에게 물어봐도 결례가 되지 않는다.

5) 전화 예절

최근에는 휴대폰 사용이 일반화되어 휴대폰을 사용하는 예절은 잘 알고 있다. 하지만 직장에서는 직장 내 일반전화 사용이 일상화되어 있으므로 일반전화 사용 시 지켜야 할 예절에 유념할 필요가 있다. 직장 내 전화 사용 예절을 익혀 직장상사나 동료 간에 예의에 어긋나는 행동을 하지 않도록 한다.

직장 내 전화

- 전화벨이 세 번 이상 울리기 전에 전화를 받는다.
- 전화를 받을 때에는 자신의 부서와 이름(○○부 ○○○입니다)을 밝히고 간단한 인사말로 전화를 받는다.
- 누군가에게 전달해야 할 사항은 자세하게 메모해 둔다.
- 전화를 끊을 때에는 '감사합니다'와 같은 간단한 인사를 한 후 상대방이 전화를 끊은 후 수화기를 놓는다.
- 전화를 걸 때에는 상대방이 통화하기 적절한 시간인지를 판단한 후 전화를 건다.
- 통화가 연결되면 자신의 소속과 이름을 밝힌 후 통화를 원하는 사람을 정중하게(죄송하지만 ○○팀 ○○○차장님 부탁드립니다) 부탁한다.
- 용건은 명확하고 간결하게 이야기한 후 통화를 끊을 때에는 정중하게 인사로 마무리한다.

휴대폰

- 휴대폰의 벨소리는 가급적 줄인다.
- 공공장소나 직장에서 휴대폰의 소리설정은 진동모드로 해 놓는다.
- 사무실 공간에서의 통화는 옆 사람과 얘기하는 것처럼 조용히 통화한다.

- 사람들이 있는 곳에서는 가급적 목소리는 작게 하고 통화는 짧게 한다.
- 회의 시간에는 문자 전송할 때 소리가 나지 않도록 주의한다.
- 사무공간에서는 항상 휴대폰을 휴대하도록 한다. 잠시 사무실에 두고 밖으로 나간 사이에 전화가 오면 진동으로 해 놓았더라도 진동소리에 주변인들이 짜증 날 수 있으므로 항상 휴대하고 다니도록 한다.

6) 소개 예절

우리는 일상생활에서 많은 사람들로부터 소개를 받기도 하고, 소개를 하기도 한다. 특히 직장에서는 새로 만난 다양한 사람들과 수시로 인사를 하기도 하고 인사를 받기도 한다. 서로를 소개한다는 것은 언뜻 생각하기에는 아주 간단하고 쉬운 일인 것처럼 보이지만, 실제로 뜻하지 않게 직장상사나 동료를 소개하거나 받게 되면 당황하는 경우가 많다. 소개 예절의 의미와 소개를 하는 데 있어서 지켜야 할 기본적인 예의를 익혀 당황하지 않고 세련되게 이끌어 갈 수 있는 방안을 알아두도록 한다.

자신을 소개할 때

- 소개를 받았을 때 동성인 경우에는 서로 악수로 인사하고, 이성일 경우에는 인사로 대신해도 좋다.
- 자신을 소개할 경우에는 간결하면서도 장소, 상황, 모임의 성격에 맞게 인상을 남기도록 소개를 한다.
- 자신을 지나치게 낮추거나 지나치게 과장해서 소개하는 것은 바람직하지 않다.
- 자신을 남에게 소개할 때에는 “처음 뵙겠습니다. (저는) ○○○입니다” 또는 “인사드리겠습니다. (저는) ○○○입니다”로 소개한다.

타인을 소개할 때

- 이성 간에는 남성을 여성에게 먼저 소개한다. 남성의 지위가 월등할 경우에는 여성을 남성에게 소개할 수도 있다.
- 상급자 또는 연장자에게 하급자, 연소자를 먼저 소개한다.

- 기혼자에게 미혼자를 먼저 소개하고, 외부 사람에게 집안사람을 먼저 소개한다.
- 사내직원을 외부 사람에게 먼저 소개한다. 다만 사내직원의 지위가 월등히 높을 경우에는 외부 사람을 먼저 소개할 수 있다.
- 개인과 그룹의 경우에는 개인을 그룹에 먼저 소개하는 것이 예의이다.

7) 좌석 배치

직장에서 회의를 하거나 자동차로 이동하거나 식당에서 식사를 하게 될 경우 등 다양한 공간에서 동료직원이나 상사들과 자리를 함께하게 된다. 이럴 때 어느 자리가 상사가 앉아야 하는지에 대한 고민을 하게 된다. 매너가 사람을 만든다는 말이 있듯이 예의와 격식에 맞는 행동이 상대방에게 긍정적 이미지를 심어줄 수 있다. 좌석 배치에도 상황에 맞는 예절이 있으므로 장소와 상황에 맞는 적절한 행동이 필요하다.

회의할 때

- 일반적으로는 출입구 쪽이 하위석이며 출입구에서 먼 쪽이 상석이다.
- 공간 내에 발표를 위한 스크린이 있다면 스크린을 마주 보는 쪽이 상석이 된다.
- ㄷ자형 탁자에서는 중앙이 상석이고, 대좌형의 경우에도 중앙이 상석이 되도록 한다.

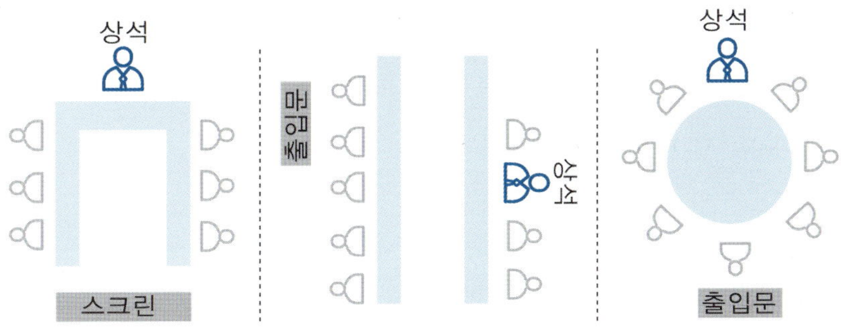

그림 8-1 회의 시 좌석에서의 상석 위치

엘리베이터 탑승 시

- 엘리베이터 안쪽에서 문을 바라보고 섰을 때 조작 버튼의 대각선 안쪽이 상석이다.
- 엘리베이터를 함께 탈 경우에는 상급자보다 먼저 탑승해 상급자가 탈 때까지 열림 버튼을 누르고 기다린다.
- 내릴 때에는 상급자가 먼저 내릴 수 있도록 한다.

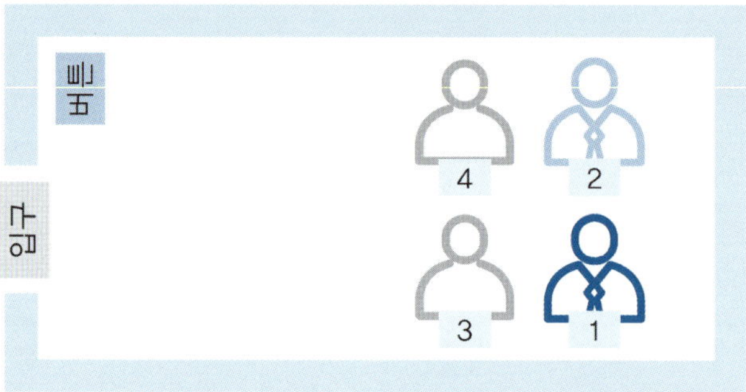

* 번호는 상석 순위

▌그림 8-2▐ 엘리베이터 탑승 시 상석 위치

자동차 승차 시

- 별도로 운전기사가 있는 차를 탈 때에는 승하차가 편리한 조수석 뒷자리가 최상석이고, 그 옆이 2석, 조수석이 3석, 뒷자리 가운데가 4석이 된다.
- 뒷자리에 3명이 타게 될 경우 여성은 가운데 앉지 않도록 하는 것이 예의이다.
- 상급자가 직접 운전을 할 경우에는 운전석 옆의 좌석이 최상석이고 뒷자리 우측이 2석, 좌측이 3석이 되고 뒷자리 가운데 자리가 4석이다.

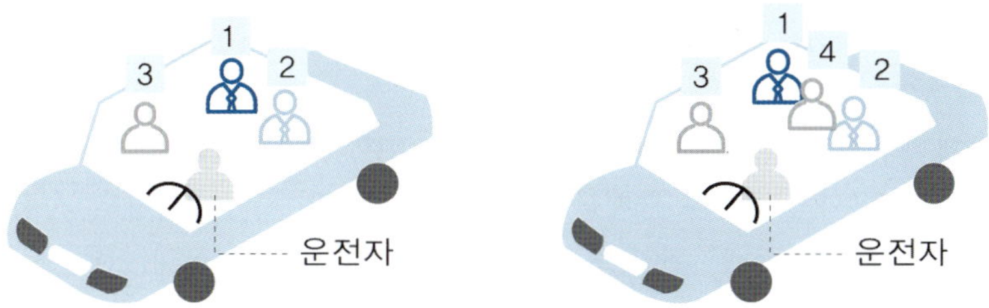

〈별도 운전기사가 운전할 때〉

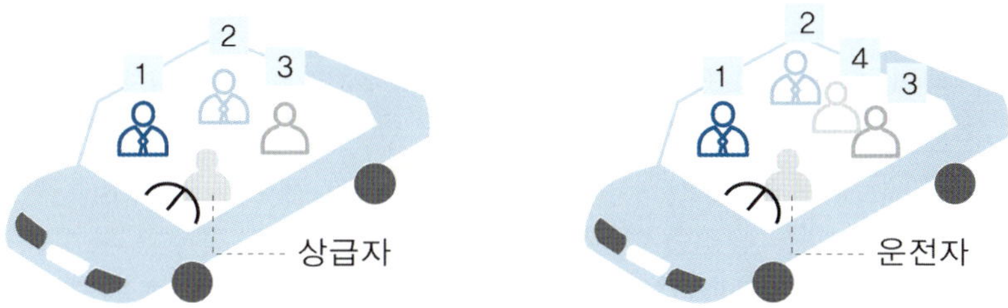

〈직접 운전할 때〉

▌그림 8-3▐ 자동차 승차 시 상석 위치

쉬어가기

인간관계

인간관계, 즉 대인관계(對人關係)는 일명(一名) 끈, 또는 연(緣)줄이라고도 하는데 인간과 인간, 또는 집단과의 관계를 통틀어 일컫는 말로, 둘 이상의 사람이 빚어내는 개인적이고 정서적인 관계를 말한다. 이러한 관계는 교제(交際), 사랑, 연대(連帶), 일상적인 사업관계 등의 사회적인 약속에 기반을 둔다. 한마디로 인간관계란 사람과 사람의 감정의 흐름이 있고 휴머니즘(인간의 존엄성을 최고 가치로 둠)을 토대로 상호 소통과 협력하고자 하는 의지가 있는 만남이다.

'인간은 사회적 동물로 태어날 때부터 타인의 도움과 보호를 필요로 하는 의존적 존재'이기도 하다. 따라서 인간은 가족, 연인, 친구, 동료, 조직(단체)구성원 등 사회를 구성하여 상호작용하면서 살아가게 되는 것으로, 인간관계는 '인간을 가장 인간답게 살아가게 해주고, 가치 있는 존재로 만들며 개인의 정체성(正體性: 변하지 않는 존재의 본질을 깨닫는 성질)을 발달케 한다. 특히 직장, 조직생활의 성공적 요인으로 능력보다 우선순위이기도 하다.' 그런데 인간관계의 필요충분조건(참이 되기 위해서 반드시 충족되어야 하는 조건)으로 네 가지 '진정성, 수용, 공감, 나눔'이 순차적으로 이어져야 한다.

오스트리아의 정신의학자로 '개인 심리학'을 수립한 알프레트 아들러는 '인간관계를 모든 행복의 근원이자 고민의 근원'이라고 말하였고 '가족관계 → 친구나 연인 관계 → 비즈니스 관계 등 순서대로 가면 갈수록 인간관계의 어려움을 크게 느껴가게 된다.'고 덧붙였다. 미국의 저술가 리즈 카펜터는 '대부분의 사람들은 내 편도 아니고 내 적도 아니다. 또한 무슨 일을 하거나 자신을 좋아하지 않는 사람은 있기 마련이다. 모두가 자신을 좋아하기를 바라는 것은 지나친 기대이다.'라고 말했으며, 공자님의 말씀 '사람은 서로의 입장과 처지를 바꿔 생각해야 한다.'는 역지사지(易地思之)의 중요성을 강조한 것이다.

대인관계 능력(能力)이란, 다른 사람의 생각이나 감정을 잘 이해하며 '조화롭게 관계를 유지'하며, 갈등이 생겼을 때 이를 '원만하게 해결'할 수 있는 능력을 말하며, 대인관계의 매력(魅力)은 다른 사람의 어떤 성향이나 행위에 대해 지니고 있는 '긍정적 태도의 정도'인데 대인관계라는 것은 결국 일방적인 것이기보다는 '상대적이고 더 나아가 사회적'이라고 말할 수 있다. 오늘날 인간관계는 자산(資産)으로 인식되는 인적 네트워크뿐만 아니라 사회생활을 영위하는 데 필요한 인간관계를 포함하는 사람과 사람 사이에 사회적 행동과 교섭이 거듭됨으로써 생기는 관계로까지 확대되어, 인간생활에서 중요한 위치를 차지하고 있다. 왜냐하면 한 사람이 사회에서 성공하기 위한 필수요건은 인성, 꿈, 끼, 꾀, 꼴, 깡, 끈(연줄)이기 때문이다. 그러므로 현대를 살아가고 있는 우리는 인간관계의 처세술(處世術: 세상을 살아가는 꾀)이 절대 필요한 때이다.

그렇다면 처세에 가장 중요한 것은 무엇인가? 바로 '정직'인데 '돈키호테'를 쓴 세계적 작가 세르반데스는 '정직만큼 풍요로운 재산은 없으며, 사회생활에서 최고의 도덕률은 없다. 정직한 사람은 신이 만든 최고의 작품이기 때문에 하늘은 정직한 사람을 도울 수밖에 없다.'고 말했으며, 영국의 총리였던 윈스턴 처칠도 '정직하지 않으면 사람을 움직일 수 없다.'라고 대인관계에서 '정직'의 중요성을 강조했다. 인간관계에서 상대와 마음의 문을 열려면 내가 먼저 두드리고 공개해야 한다. 내가 먼저 솔직한 모습, 인간적인 모습, 때로는 망가진 모습까지 보여주면 상대도 편안하게 마음의 문을 열게 된다. 그리고 술값, 밥값을 내가 먼저 내는 것은 돈이 많아서가 아니고 친하게 지내자는 것이고, 대화 중 내 치부(恥部: 부끄러운 점)를 드러내는 것은 속이 없고 분수(分數: 분별이나 헤아리는 능력) 없어서가 아니라 함께 마음을 터놓고 지내자는 의미이다. 사실 사람은 오래 지켜보아야 알 수 있다. 아무리 짧아도 1년, 그러고 나서 3년, 10년, 평생을 지켜보아야 그 사람의 진면목(眞面目)을 알 수 있는 것이다.

인간관계, 대인관계에서 사람과 사람의 만남은 인연이며, 관계는 노력이다. 인연이란, '시작이 좋은 인연'이 아니라 '끝이 좋은 인연'이다. 인연의 시작이 내 의도와 상관없이 시작되었어도 어떻게 마무리하느냐가 중요한 것이다. 명언으로는 '인연이란, 인내를 갖고 공(功)과 시간을 들여야 비로소 향기로운 꽃을 피우는 한 포기의 난초이다.' 헤르만 헤세의 말이다. 노력이란 어떤 목적을 이루기 위하여 몸과 마음을 다하여 애를 써야 하는 것인데, 파스퇴르는 '의지, 노력, 기다림은 성공의 주춧돌이다.'고 했으며, 해리크는 '노력이 적으면 얻는 것도 적다. 인간의 물적, 인적, 지적 재산(財産)은 그의 노고(勞苦)에 달려있다.'라고 말했다. 인간관계의 법칙을 정한다는 것은 조금 무리이지만 굳이 말한다면 '거울'과 같다. 내가 웃어야 거울 속에 내가 웃듯 '내가 먼저 관심을 갖고 공감하고 배려하는 것'이 우선이다. 미국의 경제학자 토머스 소웰의 '예절과 타인에 대한 배려는 동전을 투자해 지폐를 돌려받는 것과 같다.'는 말은 대인관계에서 상대에 대한 예절과 배려의 중요성을 강조한 것이다.

인간관계의 주(主)가 되는 것들은 무엇이 있는가? 첫째는 부모 자식 간의 관계, 둘째는 동기간(同氣間: 형제자매 사이)의 관계, 셋째는 부부관계, 넷째는 친구관계, 넷째는 스승과 제자의 관계이며, 마지막으로 사회의 조직이나 단체에서 상급자와 하급자의 관계가 있다. 그렇다면 이들 각각의 관계에서 처신 방법이나 지켜야 할 덕목(德目)에는 무엇이 있는가? 첫째, 부모는 자식에게 인자하고, 자식은 부모를 존경해야 하며 서로 친애(親愛)함이 유지되어야 하고, 가족의 구성원으로 행해야 할 의무를 다해야 한다. 둘째, 동기간의 관계는 두루두루 평안해야 모두가 편안하다. 그리고 서로 고만고만해야 가장 이상적인 관계이다. 사는 게 차이가 나면 은근히 시기, 질투, 견제가 있으며, 만나면 찡는 소리하고 가족 내(內) 책임을 떠넘

기기도 한다. 셋째, 부부관계는 서로 존중하고 인정해 주며, 그리고 내 공(功)도 상대의 공으로 돌릴 수 있어야 한다. 넷째, 친구 간의 관계는 자주 만나거나, 아니면 안부라도 자주 물어야 하며, 돈 써주고, 서로 흉허물이 없어야 한다. 성경 잠언에 '서로를 파괴하는 친구는 있지만, 진짜 친구는 형제보다도 더 가까이 있다.'고 한다. 그리고 아리스토텔레스가 말한 명언 '친구는 제2의 자신'으로 멘탈(정신이나 마음) 관리가 중요하다. 왜냐하면 감정적인 사람은 항상 나중에 후회하기 때문이다. 넷째, 스승과 제자의 관계는 스승이 스스로 낮춰 제자가 높아지는 가운데 새로운 창조가 세상에 빛을 발할 수 있는 것이다. 마지막으로 조직이나 단체의 상급자와 하급자의 관계는 수직적 관계로 상하가 분명해야 하고 각자 주어진 위치에서 소임(所任: 맡은 바 직책이나 임무)을 다 해야 한다. 특히 조직의 리더는 솔선수범하고 청렴해야 하며, 조직원들을 챙기고 위해 주어야 하고, 무엇보다도 정의의 실현인 신상필벌(信賞必罰: 잘하면 상을 주고 잘못하면 벌을 줌)이 명확해야 한다.

한마디로 한 사람의 일상에서 가장 중요한 위치를 차지하는 가정과 직장에서 인간관계를 정리하자면 '부모에게는 편안함과 섬김을, 자식에게는 따뜻함과 자상함을, 형제에게는 믿음과 관심을 주는 가정을, 상사에게는 편안함과 존중을, 동료에게는 믿음과 배려를, 부하직원에게는 끌어주고, 품어주는 분위기의 직장을 만들어야 한다.' 특히 직장인들은 대체로 직장에서 보내는 시간이 많기 때문에 전체적으로는 가족적 분위기 조성이 중요하며, 개인적으로는 야트막하고 넓은 인간관계를 맺는 것이 중요하다. 예를 들어 큰 규모의 직장 내 애경사(哀慶事)가 있을 때 경(慶)사는 초청해야 가는 것이지만, 애(哀)사는 평소 인사만 하고 지내는 사이라도 상(喪)을 당한 것을 알게 되면 직접 조문 가서 성의껏 부의금을 내고 오면 나중에 내게 어려운 일이 생기면 조문 갔던 그 사람의 기억에 남아 손수 나서서 해결해 주기도 한다. 이것이 지혜로운 대인관계법이다.

끝으로 중국 명나라 때 홍자성이 쓴 인간관계의 처세법을 가르친 경구(警句)집 '채근담'에 나오는 명언 하나를 인용한다. '생각이 너그럽고 두터운 사람은 봄바람이 따뜻하게 만물을 기르는듯하여 무엇이든지 이런 사람을 만나면 살아나고, 마음이 모질고 각박한 사람은 차가운 눈이 만물을 얼게 하는듯하여 무엇이든지 이런 사람을 만나면 죽느니라.' 귀감이 되는 명구(名句)로 인간관계의 기본이자 근본이며 시작점을 우리에게 정확하게 제시해 준 명언 중 명언이다.

출처: 문재익(2022). 문박사의 생활 속 지혜: 인간관계. 중앙신문(2022.11.13., http://www.joongang.tv).

CHAPTER 09

차별화된 자기계발[1]

자기계발이란 '잠재되어 있는 자신의 능력이나 재능, 사상 따위를 일깨워 발전시키는 일'을 말한다. 사람들은 누구나 구체적인 모습에서는 차이가 있겠지만 지금보다 더 나은 내일의 삶을 추구한다. 그렇다면 보다 나은 내일의 삶을 만들어 나가기 위해서는 어떠한 것들이 필요할까? 여기서는 차별화된 자기계발의 실천과 관련하여 자기계발이 필요한 이유와 어려움에 대해 알아보고, 대학 시절에 성취해야 할 자기계발 내용으로는 어떠한 것들이 있으며, 성공적인 자기계발을 위해서 실천해야 할 지침으로는 무엇이 있는지에 대해 살펴보고자 한다.

1. 자기계발의 의미와 필요성

많은 이들은 성공을 위해 자신의 역량을 강화하기 위한 자기계발에 많은 투자를 한다. 그런데 자신이 설계한 자기계발 계획에서 반드시 고려해야 할 것이 두 가지가 있는데, 그것은 바로 다름 아닌 '습관'과 '행동'이다. 즉, 성공하기 위해서는 특별한 습관의 형성과 특별한 행동의 실천이 필요하다.

1) 이규은(2019). pp. 261-290의 내용을 재구성함

1) 자기계발의 의미

21세기는 전문화, 다양화의 사회이다. 전문성이 필요 없다고 가볍게 여겨 왔던 많은 분야의 직종에서도 최근에는 보다 더 세분화되고 전문화된 전문가들이 전문성을 가지고 등장한다. 지금은 자신의 능력을 계발하여 전문성을 갖지 못하면 사회에서의 취업은 물론 일상생활에도 적응하기가 어렵다. 설령 취업을 한다고 하더라도 수없이 쏟아지는 새로운 정보들을 습득하지 못하면 금방 도태되고 만다. 이러한 변화 속에서 성공하기 위해서는 지속적인 자기능력 계발을 위한 노력을 하지 않으면 안 된다. 이와 같이 변화하는 사회에 대응하고 적응하거나 자신이 이루고자 하는 목표를 달성하기 위해서 자신의 능력을 계발하기 위한 노력이 필요한데, 이러한 노력을 자기계발이라고 한다.

자기계발은 자기능력에 대한 평가와 함께 바람직한 능력에 이르게 하는 역할을 수행한다. 자기계발은 기능적인 것이나 전문성에 관한 것만이 아니라 필요에 따라서는 의식과 행동의 혁신이나 인생의 목표 성취를 위한 활동들도 포함한다. 따라서 성공적인 취업과 사회생활을 위해서는 자기계발을 위한 투자에 과감해야 한다. 빠르게 변하는 사회 속에서 돈과 시간을 아끼지 말고 투자하여 자기계발에 힘쓸 때 다른 사람들로부터 인정받는 사람이 될 수 있다.

자기계발은 자신이 추구하는 목표와 현 상황 사이의 차이를 줄이기 위한 노력이다. 전문가로 성장하고 싶은 목표와 이를 위해 노력이 필요하다고 느끼는 현실 사이의 차이를 줄여나가기 위한 노력이 자기계발이다. 자기계발을 위해서는 자신의 강점과 약점을 잘 파악해야 한다. 효과적인 자기계발은 약점보다는 강점에 집중하는 것이 필요하다. 물론 약점도 노력하면 발전하고 나아질 수 있다. 그러나 약점을 강화해 나가기 위해서는 많은 비용과 시간이 필요하다. 많은 투자에 비해 효과는 별로 크게 나타나지 않는다. 따라서 약점을 보완하기 위한 투자보다는 강점을 극대화하는 방향으로 노력하는 것이 보다 더 효율적이다.

자기계발을 위해서 스스로 자기계발 계획서를 작성하여 실천해 보는 것도 좋은 예이다. 자기계발 계획서를 작성하는 일은 자신이 가지고 있는 목표를 분명하게 시각화하고, 목표를 설계하여 미래에 대한 성공적인 활동을 강화시켜 주는 역할을 한다. 자기계발에 있어서 중요한 것은 지속적인 실천이다. 자기계발을 통해 나타나는 작은 결과에 쉽게 자신감에 빠지게 된다면 지속적인 실천이 이루어지지 못하게 된다. 자만에 빠지지 말고 겸손한 태도로 꾸준히 실천해 나갈 때 추구하는 목표 도달이 가능하다. 무엇보다 자신만의 동기를 만드는 일도 중요하다. 무언가의 목표를 세워 그 목표를 이루기 위해 도전하고 열심히 하다 보면, 자신도 모르게 느끼는 성취감으로 인해 자신감이라는 것을 얻게 된다. 자신감은 지속적인 실천을 위한 원동력이 될 수 있다.

2) 자기계발의 필요성

바람직한 삶을 위해서는 어떤 조건이나 환경, 스펙을 갖추는 것보다 올바른 가치관과 실천력을 지니는 것이 더 중요하다. 성공한 사람을 보면, 남들에게 없는 뛰어난 실천력을 지니고 있는 것을 볼 수 있다. 그래서 올바른 가치관과 뛰어난 실천력을 형성하는 일은 최고의 자기계발이라 할 수 있다.

파도를 제대로 탈 줄 아는 사람은 잔잔한 실내 수영장을 좋아하지 않는다. 일부러 큰 파도가 있는 곳을 찾아가 파도타기를 즐긴다. 인생을 살아가면서 닥쳐오는 어려움과 부담과 한계를 즐길 줄 안다면 그것은 자기계발이 잘 된 사람이라 할 수 있을 것이다. 파도타기를 배워 즐기듯이 인생에서도 다가오는 어려움을 즐길 수 있는 자기계발이 필요하다(김재홍, 2021). 이와 같은 자기계발의 필요성에 대해 박윤희(2018)는 다음과 같은 다섯 가지를 제시하고 있다.

첫째, 변화하는 환경에 적응하기 위해서 자기계발은 필요하다. 우리를 둘러싸고 있는 환경은 끊임없이 변화하고 있으며 그 변화의 속도는 점차 빨라지고 있다. 특히 지식의 폭발적 증가는 우리가 자기계발을 계속해야 하는 중요한 이유 중의 하나이다. 우리가 가지고 있는 지식이나 기술이 과거의 것이 되지 않으려면 지속적인 자기계발에 대한 노력이 필요하다.

둘째, 자신의 삶의 목표를 달성하기 위해서 자기계발은 필요하다. 자기계발을 위해서는 자신의 삶의 비전을 발견하고 장단기 목표를 설정하는 일이 선행되어야 한다. 이를 통해 자기계발의 필요성을 인식하고 자기계발의 방향과 방법을 설정하여야 한다.

셋째, 개인적으로 행복하고 성공하는 삶을 살기 위해서 자기계발이 필요하다. 자기계발을 하게 되면 자신이 원하는 삶을 살 수 있는 힘을 얻게 된다. 이를 통해 개인이 궁극적으로 추구하고 있는 삶, 자신이 원하는 행복하고 성공적인 삶을 살 수 있게 된다.

넷째, 자기계발은 주변 사람들과 긍정적인 인간관계를 형성하기 위해서도 필요하다. 자기계발에서 대인관계는 매우 중요한 화두이며 이는 다른 사람들과의 긍정적인 인간관계를 형성하는 것에서부터 출발하게 된다. 또한 자신의 몸과 마음을 관리하고, 시간을 효율적으로 사용하며, 역할에 충실히 임하는 모든 일들이 원만한 인간관계를 형성하고 유지하는 데 기반하고 있다.

다섯째, 학교생활에서 자기계발은 학생으로서 역할에 충실하기 위해서 필요하다. 학교생활에서 자기계발은 학생으로서 자신이 맡은 역할에 충실하게 수행하기 위해서, 즉 학교 공부와 졸업 후 미래 직업 준비를 위해서 필요하다. 뿐만 아니라 직업인들은 직업현장에서 생산성을 높이기 위해서도 자기계발이 필요하다.

2. 자기계발의 특징과 어려움

자기계발을 위해서는 바른 습관을 형성하는 일이 매우 중요하다. 사람은 하루 95%가 습관적인 행동으로 움직인다고 한다. 고대 그리스의 철학자 아리스토텔레스는 대부분의 일은 의식적으로 하는 행위가 아니라 무의식적인 습관으로부터 나온다고 하였다. 습관을 바로 잡지 않고서는 자기계발에서 성공한다는 것은 불가능한 일이다. 인간의 행동은 아무리 낯선 행동이라고 하더라도 처음에는 어색한 듯해도 한 번 두 번 자주 하고 시간이 지나다 보면 습관으로 굳어지기 마련이다. 힘든 것보다는 쉽고 편한 것을 우선적으로 선택하다 보니 좋은 습관은 길들이기 어렵고, 나쁜 습관을 버리기는 쉽지 않은 것이다. 그래서 습관은 그 사람의 인생에 있어서 가장 큰 자산일지도 모른다.

1) 자기계발의 특징

자기계발을 위해서는 바른 습관형성이 중요하다는 이야기는 앞에서도 기술한 바가 있다. 이처럼 습관의 힘은 의지력보다 훨씬 세다. 삶의 방식이 바뀌려면 새로운 행동의 반복으로 옛 습관의 빈도를 줄이는 수밖에 없다. 새로운 시도가 즐겁지 않으면 과거의 습관을 이길 수 없다. 새로운 습관을 만들려면 너무 쉬워 포기하기 민망한 작은 행동부터 바로 잡기 시작해야 하고, 반복을 통해서 습관화될 수 있도록 해야 한다(이용범, 2021). 습관과 행동을 고쳐나가기 위한 자기계발 과정에서 볼 수 있는 자기계발의 특징으로 김경진 외(2017)는 다음과 같은 여섯 가지를 들어 설명하고 있다.

(1) 자기계발의 주체는 자기 자신이다

자기계발에서 계발의 주체는 타인이 아니라 자기 자신이다. 자기를 계발한다고 하는 것은 스스로 계획하고 실행한다는 의미이다. 이와 더불어 자기계발의 객체도 자신이므로 자신의 능력, 적성, 특성 등을 객관적으로 이해하고, 발전 목표를 스스로 수립하여 성취하는 것으로 이해될 수 있다. 따라서 자기계발에서는 자신을 이해하는 것이 첫걸음이라고 할 수 있다.

(2) 자기계발의 방법은 사람마다 다르다

자기계발은 개별적인 과정으로서 자기계발을 통해 지향하는 바와 선호하는 방법 등이 사람마다 다르다. 따라서 개인은 자신의 이해를 바탕으로,

자신에게 앞으로 닥칠 환경변화를 예측하고, 자신에게 적합한 목표를 설정하며, 자신에게 알맞은 자기계발 전략이나 방법을 선정하여야 한다.

(3) 자기계발은 평생에 걸쳐서 이루어지는 과정이다

흔히 자기계발을 학교단계에서 이루어지는 교육이라고 생각하거나 어떤 특정한 사건이나 요구가 있을 때에 일시적으로 이루어지는 과정이라고 생각하기 쉽다. 하지만 자기계발은 일시적으로 이루어지는 것이 아니다. 우리의 직장생활을 둘러싸고 있는 환경은 끊임없이 변화하고 있으며, 지속적으로 학습할 것을 요구한다. 따라서 자기계발 역시 학교단계에서만이 아니라 평생에 걸쳐 이루어져야 하는 과정이다.

(4) 자기계발은 일과 관련하여 이루어지는 활동이다

우리의 인생은 일과 밀접한 관련이 있으며, 현재 직업을 가지고 있지 않더라도 직업을 탐색하고 이를 준비하는 과정을 거친다. 우리는 대부분 일과 관련하여 인간관계를 맺으며, 일과 관련하여 우리의 능력을 발휘하고 개발하고자 한다.

(5) 자기계발은 생활 속에서 이루어지는 실천이다

자기계발은 어떤 특정한 교육훈련기관에 가서 교육 프로그램을 이수하는 것만을 의미하지 않는다. 자신이 현재 하고 있는 직무 혹은 지향하는 직업세계와 관련하여 자신의 역할 및 능력을 점검하고 계발 계획을 수립하며 생활 속에서 이루어지는 실천이다.

(6) 자기계발은 모든 사람들에게 필요한 활동이다

사람들은 흔히 자기계발은 조직의 리더 또는 특정 분야의 전문가들이 하는 것이라고 생각한다. 그러나 자기계발은 업무능력을 향상시켜 효과적으로 업무를 수행하고, 자신이 설정한 목표를 달성하고자 하는 사람이라면 누구나 해야 되는 것이다.

2) 자기계발의 어려움

'습관은 처음 시작할 때에는 보이지도 않는 가느다란 실과 같다. 그러나 습관을 반복할 때마다 실은 굵어지며, 우리의 생각과 행동을 꼼짝없이 묶는 거대한 밧줄이 될 때까지 한 가닥씩 보태어진다.'라는 말이 있다. 자기계발 과정에서 습관이 얼마나 중요한지를 대변하는 말이다. 뿐만 아니라 행동과 습관은 복리(複利)로 계산되므로 시간이 흐름에 따라 차이가 증폭된다고 한다. 따라서 개인이나 조직에 있어서 성공과 실패는 '무시할 만한 아주 자그마한 습관'에 의해 좌우되는 경우가 많다(최승훈, 2021). 그래서 습관은 나와 세상을 바꾸는 힘이고, 그래서 나에게서 기억은 사라져도 습관은 남아 있게 되는 것이다. 우리가 의도적으로 계획을 세워 실천하여도 자기계발에 성공하기가 어려운 것도 이러한 이유 때문이다. 자기계발의 어려움에 대해 박윤희(2018)는 다음과 같은 여섯 가지 이유를 제시하고 있다.

(1) 인간의 욕구와 감정이 작용하기 때문이다

매슬로우(Abraham H. Maslow)는 인간의 욕구를 5단계로 제안하였는데, 이에 따르면 인간은 누구나 다양한 욕구를 가지고 있고, 이를 충족시키기 위해서 행동한다. 매슬로우는 인간의 욕구는 생리적 욕구부터 시작되고 전 단계의 욕구가 충족되어야 다음 단계의 욕구가 발생한다고 주장하였다. 특히 자아실현의 욕구는 가장 상위의 욕구로 생리적 욕구, 안전의 욕구, 소속과 애정의 욕구, 존경의 욕구와 같이 자아실현 욕구보다 더 우선적으로 충족되어야 하는 욕구가 존재하기 때문에 자기계발이 쉽게 이루어지지 않는다고 보았다. 또 인간은 감정의 지배를 받는 동물로 인간이 갖는 감정에 따라 그 태도가 적극적이거나 소극적으로 나타날 수 있는 것도 자기계발이 어려운 이유 중의 하나이다.

(2) 제한적으로 사고하기 때문이다

인간의 사고는 자기중심적이다. 인간의 삶은 자신이 한 행동에 대하여 자기를 합리화하려는 경향이 있으며, 자신의 주장과 반대되는 주장에 대해서는 무의식적으로 배척하게 된다. 또한 스스로 만든 인식의 틀 안에서 사고하여 어떤 선입견이 작용하게 되면 다음의 사고과정도 편향되게 바라본다. 이러한 제한적인 사고는 자신의 장단점을 객관적으로 파악하는 데 장애요인으로 작용하여 자기계발의 방향설정을 방해하게 된다는 것이다.

(3) 문화적인 장애에 부딪히기 때문이다

우리는 가정환경, 사회 환경, 직업 환경 등 많은 환경에 둘러싸여 있으며, 우리의 행동을 규정하는 다양한 문화 속에서 살고 있다. 문화란 어떤 것은 옳고 그르며 선호하고 선호하지 않는 가치체계로 법률, 규칙, 도덕 및 습관 등의 틀로 이루어져 있다. 우리는 우리가 속한 문화와 끊임없이 상호작용하며 문화의 틀 안에서 사고하고 행동하게 된다. 이러한 문화의 틀은 종종 우리가 희망하는 자기계발의 장애물로 작용하기도 한다.

(4) 자기계발 방법을 잘 모르기 때문이다

우리가 자기계발을 희망하더라도 어디서 어떻게 자기계발을 해야 하는지 그 방법을 잘 모르는 경우가 있다. 이런 경우 자기계발과 관련된 교육프로그램이 무엇이 있는지, 이를 제공하는 교육기관은 어디에 있는지 등을 알 필요가 있으며 더불어 직업인의 자기계발에 대한 국가의 재정지원이 이루어지는 사업에 대하여서도 살펴볼 필요가 있다. 자기계발과 관련된 정보원으로는 인터넷 검색을 가장 손쉽게 활용할 수 있으며 최근에 자기계발에 대한 서적이 많이 출간되고 있기 때문에 이를 활용하는 것도 방법이 될 수 있다.

(5) 실행하지 않기 때문이다

목표를 세우는 것보다 더 중요한 것은 바로 실행하는 것이고 성취하는 것이다. 성취하고자 하는 마음만큼 이것을 실행에 옮기려는 의지 또한 중요하다. 이는 자기계발에 있어서도 예외가 아니다. 자기계발이 중요하다는 것은 알고 있지만, 이를 실행하지 않는다면 아무것도 성취할 수 없다. 혹시 NATO 족을 알고 있는가? NATO는 'No Action Talking Only'의 줄임말로 실행은 하지 않고 오로지 말만 하는 사람들을 일컫는 말이다. 세상에서 가장 먼 거리는 아는 것과 실행하는 것의 거리라고 하지 않던가? 이루고 싶은 자기계발 목표가 있다면 실행에 옮기는 것이 필요하다.

3. 차별화된 자기계발 계획

1) 대학에서의 자기계발

대학생활은 '학교사회'라고 하는 짜인 틀 속에서 생활하던 학생들이 '사회'라고 하는 기성세대들의 문화로 진출하기 위해 스스로 준비해야 하는 중요한 시기이다. 대학생활은 인생의 진로를 결정해 주는 중요한 시기이므로, 대학생활을 하는 동안 취업과 사회에 대한 적응을 위해 계획적이고 의도적인 준비가 필요하다. 성공적인 취업과 사회생활에 도움이 되는 대학에서의 자기계발은 크게 국제화, 지식화, 경험화, 만남으로 압축하여 다음과 같이 제시할 수 있다(인제대학교, 2005).

(1) 국제화 시대에 맞춘 외국어 준비

세계는 지금 국경이 없다고 할 정도로 국제화, 지구촌화가 실현되어 가고 있다. 이러한 상황에서 가장 중요한 것은 상호 간에 자유롭게 의사소통이 이루어질 수 있는 외국어의 능통이다. 우리가 국제화라고 말하는 것은 외국어 회화능력과 문화에 대한 이해능력을 갖추는 일이다. 세계 각국의 대졸 신입사원을 채용하는 기본 자격에 바로 세계 공용어인 영어에 대한 평가 기준이 조건으로 등장한다. 그러니만큼 영어에 대한 뛰어난 능력을 갖추는 일이 무엇보다도 급선무이다. 특히 학교 지명도가 낮은 대학 출신의 학생일수록 영어에 대한 뛰어난 능력은 필수 조건이다.

최근에는 중국어에 대한 중요도가 매우 높아지고 있다. 중국은 세계 경제권으로 보나 정치적 역량으로 보나 장차 미국과 쌍벽을 이룰 수 있는 나라이다. 잘 준비해서 접근한다면 중국은 기회의 땅이 될 수도 있다. 하지만 외국어 능력이 취업의 모든 것을 해결해 주는 것은 아니다. 외국어 능력 못지않게 사회와 기업에서는 다양한 능력을 갖춘 지식인, 인성을 갖춘 능력인을 요구한다는 점에 유의해야 한다.

(2) 광범위한 지식에 대한 갈구

앞에서도 언급한 바와 같이 기업이나 사회에서는 다양한 능력을 갖춘 지식인을 원한다. 그런 인간으로서의 기본적인 지식과 인성을 갖춘 것을 전제로 기업에서 필요한 전문적 능력을 요구하는 것이지 전문적 지식만으로 사회를 살아간다는 의미는 아니다. 기본적 지식과 인성은 다양한 대학생활을 통해서 성취해야 한다. 그중에서 대학생활에서 반드시 실천해야 할 일이 독서이다. 독서는 학생들에게 가장 많은 지식과 지혜를 제공해 준다. 풍부한 독서량은 지식과 지혜를 제공할 뿐만 아니라 다른 사람과 대화할 때 사실에 입각해 논리 정연한 의견을 제시하는 데 도움을 주며, 글을 체계적으로 작성하는 능력도 키워 준다. 지식을 쌓기 위한 독서라면 어느 분야의 독서라도 권하고 싶지만, 취업을 준비하는 대학생들이라면 기업경영이나 처세, 인간관계, 자기계발과 관련한 도서 그리고 성공한 사람들과 관련된 도서를 권하고 싶다.

독서 못지않게 우리에게 지식과 지혜를 주는 가장 손쉬운 자료로 신문과 잡지를 들 수 있다. 신문과 잡지는 일상적이며 미시적인 지식을 제공한다. 한 국가의 경제가 균형 있게 발전하기 위해서는 거시적인 경제와 미시적인 경제가 균형을 지키며 조화를 이루어 나가야 하듯이 대학생들의 지식도 전문 서적과 신문, 잡지가 조화를 이루는 독서가 필요하다. 즉, 전문성과 상식을 동시에 얻을 수 있는 독서 방법을 고려해야 할 것이다.

끊임없이 지식을 습득하는 것이야말로 성공에 매우 중요하다는 것을 이해해야 한다. 자신의 지속적인 발전과 성장을 위해서는 지식에 대한 갈망과 지식을 다른 사람과 함께 나누고 공유하는 마음을 가져야 한다. 스스로의 노력으로 지식을 얻게 됨으로써 당신은 진보된 지식에 문을 열고 자신의 잠재력을 온전히 발휘할 수 있는 길을 찾게 된다(마크 데이빗, 2007).

(3) 다양하고 폭넓은 체험

대학생활 동안 다양하고 폭넓은 체험은 사고의 폭을 넓혀 주는 기회가 된다. 따라서 가능한 많은 경험을 통해 폭넓은 사고의 세계를 체험할 수 있는 기회를 만드는 것이 좋다. 그동안 중·고등학교 생활에서는 체험에 있어서 제한적인 부분이 많았다. 그러나 대학에서는 성인이라는 확대된 사회를 접하게 되면서 다양한 체험이 가능하게 된다. 자신을 위한 것뿐만 아니라 다른 사람들을 위한 체험까지도 의도적으로 실천해 보는 기회를 갖는 것이 바람직하다.

우선 대학에서 경험할 내용으로 동아리활동을 추천한다. 대학에서의 동아리활동은 전공부터가 다양한 분야에서 다양한 생각을 하고 다양한 특성을 가진 학생들이 모여 단체 활동을 하게 된다. 이를 통해 자신도 모르게 다른 사람들과의 융합과 어울리는 방법을 체득하게 되는 등 다방면의 자기 변화를 체득하게 된다. 사고의 폭을 확대하는 데 있어서 대학에서의 동아리활동은 공식적이고 자발적인 모임으로 큰 도움이 된다.

다음으로 사회봉사활동에 참여할 필요가 있다. 우리 사회에는 경제적, 신체적 혹은 정신적으로 어려움을 겪고 있는 사회적 약자들이 많이 있다. 사회가 선진화될수록 불우한 사람들은 일반인들에 비해 상대적으로 더 물질적, 정신적인 곤란에 빠지게 된다. 그래서 우리는 소외되고 능력이 부족한 계층들에 대한 사회적인 책임감을 갖고 온정의 손길로 보살펴야 할 의무가 있다. 자칫 우리 사회가 경제적, 신체적 어려움을 안고 살아가는 사람들을 방치하고 외면한다면, 우리 사회는 모든 사람들이 더불어 살지 못하는 이기적인 사회로 전락하고, 그 결과 소외된 사람들의 극단적인 사회적 증오심을 낳아 커다란 사회적 문제를 야기하기도 한다. 이러한 소외 계층에 대한 책임은 일차적으로 국가에 있지만 정부가 모든 것을 다 할 수는 없다. 사회구성원인 우리가 책임을 느끼며 할 수 있는 범위 내에서 따뜻한 관심을 가져야 한다. 사회봉사활동에 적극적으로 참여하면 의외로 많은 것을 얻을 수 있다. 우선 취업난으로 곤란을 겪고 있지만 봉사활동을 통해 자신보다 더 불우한 사람들이 많다는 것을 깨닫고 더욱 분발할 수 있는 계기를 삼을 수 있다는 점이다. 또 어려운 사람을 보살피고 도와주면서 당사자의 마음은 한결 따뜻해지고 뿌듯한 보람을 느낄 것이다. 그래서 삶에 대한 가치와 사회에서의 역할과 사명을 인식해 보다 긍정적이고 적극적으로 생활을 추구할 수 있다.

아르바이트도 대학생활에서 경험할 수 있는 좋은 사회활동이다. 아르바이트를 경험함으로써 돈의 소중함을 알게 되고, 직업의 소중함을 느끼며, 다양한 계층의 사람들을 접할 수 있는 기회를 갖게 된다. 또한 일에 대한 자신감을 얻을 수 있고 적은 돈이나마 스스로 경제활동을 하면서 부분적으로나마 경제적인 독립을 실현할 수 있다는 장점이 있다.

최근에 기업들이 신입사원 채용 시 대학생활에서 아르바이트, 사회봉사활동, 동아리활동의 경험이 많은 지원자에게 가산점을 주는 것도 바로 유연한 사고와 폭넓은 경험을 중시하기 때문이다. 대학생활 동안 자기계발을 위해 투자한다는 시간은 결코 긴 시간이 아니다. 비록 힘들고 어렵겠지만 비생산적이고 무의미한 생활은 잠시 접어 두고 불굴의 의지와 끈기로 자기계발에 매진한다면 출신 학교의 지명도와는 상관없이 학생들의 미래는 밝아질 것이다.

(4) 멘토와의 만남

대학생활을 하는 동안 당신을 보살펴 주고 도와줄 수 있는 멘토를 한 명

이상 만나는 것은 큰 행운이다. 멘토는 여러분의 동료여도 좋고, 선배여도 좋으며, 이미 대학을 졸업한 졸업생이어도 무관하며, 여러분들에게 학문을 전달해 준 교수라도 좋다. 무엇인가 여러분이 부족하다고 느끼거나 관심을 가지고 있는 관련 분야에서 여러분에게 도움을 주고 여러분이 모델링할 수 있는 멘토를 만난다는 것은 대학에서 여러분이 얻을 수 있는 최고의 가치이다.

멘토는 시간을 할애해서 여러분을 가르치고 지원하며 여러분과 교감을 나눌 수 있는 사람이다. 삶에서 스승이나 멘토를 갖는 것은 중요하다. 여러분이 배울 수 있는 사람은 항상 있다. 여러분의 삶의 여정을 바라보며 자신이 어떤 사람이 되고자 하는지를 생각해 보고, 그것이 명확해지면 주변에서 여러분의 역할 모델이 되어 줄 수 있는 사람을 찾을 필요가 있다. 멘토는 여러분을 더 강력한 사람으로 만들어 준다. 멘토와 한 달에 한 번 만날 계획을 세우는 일도 중요하다. 멘토의 성공과 경험으로부터 여러분의 목표를 달성하는 데 도움이 될 수 있는 것을 찾기 위해서는 잦은 만남이 필요하다. 멘토와 만나는 것이 어렵다 하더라도 배우는 것은 가능하다. 그들이 이룬 성취와 업적을 연구하고, 책, 기사, 그들이 쓴 글을 통해서도 배울 수 있다. 멘토의 풍부한 경험은 새로운 관점을 제공해 주는 기회가 될 것이다(마크 데이빗, 2007).

2) 자기계발 계획 세우기

(1) 자기계발 계획 수립을 위한 점검

자기계발 컨설턴트 분야의 저명한 학자인 공병호 박사는 『미래 인재의 조건』에서 자기계발이란 미래를 위한 장기적인 투자이므로 신중하게 임해야 한다고 주문한다. 그러면서 다음의 열 가지 질문을 스스로에게 던져 보라고 했는데, 20대인 대학생들이나 직장 초년병인 신입사원들은 스스로 자기 자신에게 다음 질문을 하고 이에 대한 진지한 답변을 점검할 필요가 있다(공병호, 2008).

첫째, 어떤 능력을 계발해야 하는가?

둘째, 그런 능력을 갖고 맞게 될 미래의 모습을 어떻게 내다보는가?

셋째, 자신이 선택하려는 길을 먼저 걸어간 사람들에 대해서 조사해 보았는가?

넷째, 그들을 만나 직접 이야기를 들어보았는가?

다섯째, 그런 능력을 어떻게 계발할 것인가?

여섯째, 동원 가능한 자원에는 어떤 것들이 있는가?

일곱째, 포기해야 할 활동에는 어떤 것들이 있는가?

여덟째, 기간은 어느 정도로 예상하고 있는가?

아홉째, 자기계발을 통해 궁극적으로 도달하려는 목표는 무엇인가?

열째, 지금 당장 어떤 노력을 해야 하고, 그렇게 하고 있는가?

(2) 차별화된 자기계발 계획

사람은 개인마다 개인차가 있다. 관심 분야가 다르고 타고난 재능이 다르다. 그렇다면 자기계발을 위한 계획도 모두가 획일적일 수는 없다. 개인의 욕구에 따라 개인의 실천 능력에 따라 각기 자기 수준에 적합한 차별화된 자기계발 계획이 필요하다. 따라서 자신의 여건이나 실태, 목표, 사회적 여건 등을 고려하여 각기 다른 자기계발 계획을 수립하여 실천하는 것이 바람직하다. 여기서는 일반적으로 자기계발 계획에서 반드시 거쳐야 하는 절차를 중심으로 차별화된 자기계발 계획에 도움이 될 만한 내용을 참고로 제시하면 다음과 같다.

첫째, 자기계발 계획은 자신의 가치관과 인생관을 기반으로 해야 한다. 자기계발 계획을 세우는 데 있어서 차별화된 개인의 목표나 추구하는 인생관이나 가치관에 따라 각각 다른 계획이 수립되어야 한다. 자신이 되고자 하는 사람, 자신이 이루고자 하는 소망, 자신이 하고자 하는 일을 정확하게 규명하지 않고서는 좋은 자기계발 계획은 수립될 수 없다.

둘째, 자기계발 계획에는 시간의 한계가 포함되어야 한다. 자기계발 계획을 수립했는데, 목표 도달에 시간의 한계가 없다면 그 계획은 무의미한 것이다. 무제한적인 시간 속에서의 성취는 무기한 연기라고 하는 절차를 거치게 되기 때문에 성취가 불가능하게 된다. 1년, 3년, 5년 등과 같은 식으로 기한을 둔 계획을 수립하여야 한다. 가급적이면 시간별 실행 계획을 수립하는 것이 더욱 좋다.

셋째, 수립한 자기계발 계획을 실행하는 데 필요한 자원과 자신이 가용할 수 있는 자원이 무엇인지를 정확하게 파악하여 계획을 수립한다. 만약 우수한 자기계발 계획을 수립하였는데, 자신이 실행에 옮기기에는 자원이 부족하다거나 경제적으로 지원이 불가능한 상태의 계획이 되었다면 그것은 계획으로 끝나고 만다. 따라서 계획을 실행에 옮기기 위해서는 반드시 가용 가능 자원인지, 물리적인 제한을 받지 않는 것인지, 경제적·시간적 문제는 없는 것인지 등 정확한 자원 조사를 전제로 수립하여야 한다.

넷째, 자기계발 계획에는 반드시 수시로 점검할 수 있는 점검표를 함께 작성해야 한다. 자기계발의 궁극적인 목적은 성공하는 리더, 더 풍요로운 인생을 누리는 데 있다. 따라서 수립한 계획이 실천되어야만 목표 도달은 가능하다. 자신이 수립한 계획이 계획으로 끝나고 실행이 되지 않는다면 아무런 의미가 없다. 따라서 수시로 점검할 수 있는 점검표를 함께 만들어 실행 일정에 맞춰 성공의 계량적, 정성적 목표 수준을 기록해 놓고 새로운 측정 지표를 만들어 나가야 한다. 점검표를 만들어 활용함으로써 지켜지지 않을 때 그 원인을 파악하기 쉽고 실패의 원인을 파악해서 실행 계획을 조정해 나갈 수 있다.

다섯째, 실천 사항이 성공했을 때 성대하게 자축하는 계획도 수립하는 것이 바람직하다. 사람은 칭찬을 통해서 새로운 동기를 부여받는다. 따라서 실천 과정에서 어떤 목표를 이루고자 하는 과정에 성공을 얻었을 때에는 스스로 칭찬하고 인정하며 포상을 해야 한다. 이런 작은 행동이 다음에 실천해야 할 과제에 긍정적 역할을 하여 더 크고, 더 어려운 실천을 성공하게 만드는 연료 역할을 하게 된다.

여섯째, 자기계발 계획을 세우기에 앞서 자신의 현 상황을 잘 파악하고 정확한 위치에서 출발하도록 한다. 자기계발을 위한 목표는 거창하게 세웠지만, 지금 내 자신이 하는 일이나 역할로 보아 실천이 가능한 일인지를 따져 보아야 한다. 어떤 사람은 본인의 역량을 확대해서 생각하고, 어떤 사람은 본인을 스스로 위축시켜 말하는 사람이 있다. 본인의 정확한 모습을 파악하고 자기계발을 시작하는 것이 중요하다. 이를 위해서 본인의 모습을 정확하게 파악하기 위해서는 주변 사람들로부터 질문과 피드백을 받아 보는 것도 하나의 방법이다.

이상의 방법들을 실천하는 과정에서도 항상 잊지 말아야 하는 것이 자기계발 계획은 자기 자신을 위해 자기 자신이 세우는 것이고, 자기 자신이 실천할 일이라는 점이다. 따라서 자신에게 적합한 목표와 계획과 방법으로 자신만이 실천할 수 있는 차별화된 자기계발 계획을 수립하는 것이 필요하다.

(3) 자기계발을 위한 지침

① 일단 시작하라

자기계발은 생각이 아니라 행동으로 이루어지는 것이다. 생각으로 이루어지는 자기계발은 아무 소용이 없다. 평소의 관심 분야나 자신이 가지고 있는 재능 분야에서 필요로 하는 지식을 대상으로 일단 시작하는 것이 중요하다. 시작하면 이미 반은 이룬 것이다.

② 3년만 고생하라

무엇이든 목표를 세우고 그 뜻을 이루는 데는 어려움이 따른다. 어려움이 닥친다고 포기하지 말고 꿋꿋하게 참으며 3년만 고생해 볼 필요가 있다. 그러면 뭔가 작은 결과일지라도 자신에게 결과물이 나온다. '서당 개'도 3년에 '풍월'을 읊는 경지에 이른다고 하지 않았던가!

③ 이상과 목표 설정을 하여라

자기계발의 계획 수립에 앞서 자신에게 열 가지 질문을 던지라 하였다. 질문을 통해 자신의 목표를 분명하게 하여야 한다. 만약 목표 없이 자기계발을 시도한다면 그것은 나침반 없이 신대륙을 발견하려고 하는 것과 같다. 수시로 자신에게 '나의 목표는 무엇인가?'라는 질문을 자문자답할 필요가 있다.

④ 끊임없이 지식에 대한 갈망을 채워라

끊임없이 지식을 습득하는 것이야말로 성공에 있어서 갖추어야 할 매우 중요한 요인이다. 그러기 위해서는 많은 독서가 있어야 한다. 성공하는 사람들의 공통된 특징 중의 하나가 바로 독서이다. 당신의 발전을 지속적으로 유지하기 위해서는 지식에 대한 갈망을 채우려는 지속적인 노력이 필요하다.

⑤ 자기암시를 하여라

자기암시를 하는 방법에는 여러 가지가 있다. 흔히 사용하는 자기예언도 하나의 자기암시이다. 예를 들면, 항상 '난 점점 좋아지고 있다', '난 긍정적인 사고를 가지고 있다'라는 식으로 자신에게 항상 생각하고 주입하는 과정을 반복적으로 한다면 훗날 자신도 모르게 자신이 예언하고 상상한 것처럼 긍정적인 이미지가 자연스럽게 몸에 배게 되어서 성취된다는 것이다. 자기암시를 통해 성취 가능성을 높여 나가는 것도 하나의 방법이다.

⑥ 아침형 인간이 되어라

'일찍 일어나는 새가 먹이를 먹는다'고 하였다. 일찍 일어나 활동하는 아침형 인간은 다른 사람들보다 더 많은 일을 효율적으로 할 수 있다. 아침형 인간으로 활동의 습관을 바꿔 보는 것은 고려해 볼 만하다. 규칙적인 생활습관은 정말 중요하고, 더군다나 남들보다 일찍 하루를 시작한다는 행복과 거기서 느껴지는 기분은 이루 말할 수 없는 기쁨이다. 쫓겨서 사는 삶보다는 아침형 인간이 되어서 여유 있는 삶을 가질 수 있도록 한다.

⑦ 어디서든 메모하는 습관을 지녀라

메모하는 일을 습관화해야 한다. 메모로 남기는 지식, 정보, 자료는 모두 자신의 것이다. 메모하지 않는 사람은 자신의 소중한 지식을 그냥 버리는 것과 같다. 메모하는 사람은 주위에서 보기에도 참 열심히 하는 사람이라는 생각이 든다. 메모하는 습관을 생활화하도록 한다.

⑧ 자격증에 도전하라

무엇인가에 도전해서 얻는다는 것은 우리에게 큰 성취감을 가져다준다. 비록 도전에 실패해서 성취하지 못했다 하더라도 도전에 대한 자부심을 가질 수 있게 된다. 자기계발에 대한 목표를 정하고 목표를 위해 관련 분야 자격증이 필요하다면 생각만 하지 말고 지금 당장 실천할 필요가 있다. 실천하면 달라진다.

⑨ 사람이 자산이다. 좋은 인간관계 수립에 노력하라

사람을 어떻게 사귀고 관리하느냐가 인생의 성공 여부를 결정하게 된다. 현명한 사람은 소매 끝만 스쳐도 인연을 살려낸다고 했다. 일기일회(一期一會)의 중요성을 명심하고 모든 사람들과의 인간관계를 원만하게 유지하고 발전시켜 나가야 한다.

⑩ 자신감을 가져라

사람의 발달에는 개인차가 있다. 누구에게나 잘하는 것과 못 하는 것이 있기 마련이다. 하지만 잘하는 것은 얼마든지 할 수 있고 자랑도 하게 되지만, 못하는 것에 대해서는 기가 죽고, 공개하고 싶지 않으며, 자신감을 잃게 된다. 자신감을 갖고 실천할 필요가 있다. 비록 못 하는 일이라도 '이것은 내가 잘하는 것이다'라고 앞에서 했던 것과 같이 자기암시나 자기최면을 걸어 적극적으로 도전하도록 한다.

⑪ 좌우명을 가져라

좌우명은 자신의 인생관, 가치관을 의미한다. 힘들 때나 나약할 때 자신의 좌우명을 되새겨 본다. 힘이 나기도 하고 자신감도 생길 것이다. 좌우명은 이렇게 여러분이 힘들어할 때 의지할 기둥이 되어 줄 수 있다. 여러분에게 도움이 되는 좌우명을 갖고 항상 생활의 지침으로 삼는다.

⑫ 오르고 또 오르면 못 오를 곳이 없다

꿈을 포기하는 일이 있어서는 안 된다. 꿈은 이루기 위해 있는 것이다. 꿈을 잃고 포기하는 순간 삶은 정체하거나 퇴보하게 된다. 끈질긴 집념으로 일생일대의 승부를 걸고 도전해 나가야 한다. 그러면 반드시 성취하게 될 것이다. 오르고 또 오르다 보면 어느덧 정상에 올라 있는 자신을 발견하게 된다.

4. 성공적인 자기계발을 위한 조언

1) 자기계발을 위한 지침

성공적인 자기계발에 대해 공병호 박사는 『미래 인재의 조건』에서 다음과 같은 다섯 가지 조언을 하였다. 여기서는 그 내용 중에서 일부 요약하여 중요 내용만을 제시하고자 한다(공병호, 2008).

(1) 머릿속에 항상 자신만의 성장 궤도를 그려라

'어떻게 잘되겠지'라는 생각은 금물이다. 뚜렷한 목표를 가지고 자신에게 투자하지 않는데 어떻게 잘 될 수 있겠는가? 막연한 낙관론은 정신건강에 도움이 될 수 있지만, 미래를 준비하는 데는 별로 도움이 되지 않는다. 1년, 3년, 5년, 10년 단위로 어떤 삶을 살아가야 하는지, 어떻게 해야 소망하는 삶을 살아갈 수 있는지에 대한 생각을 줄기차게 해야 한다. 시간이 날 때 한두 번 해보는 정도가 아니라 항상 머리 한쪽에 그런 질문에 대한 고민이 진행 중이어야 한다.

- 구체적인 시간 단위로 끊어 생각하라.
- 대다수가 가는 길을 무조건 뒤따르지 마라.
- 성공 사례와 롤모델(Role Model)을 항상 주시하라.
- 20대, 어릴수록 일찍 시작하라.

(2) 젊음의 에너지를 한 곳에 투자하라

돈은 다시 벌면 되지만, 이미 투입한 시간과 에너지는 회수하기가 불가능하다. 미래의 경력을 어떻게 관리할 것인가 하는 과제를 수행할 때도 전혀 모르는 분야에 한 번 정도 해본다는 식으로 젊은 날을 투자하는 것은 무척 신중해야 한다. 투자의 달인으로 불리는 워런 버핏(Warren Edward Buffett)의 투자 원리 중 빼놓을 수 없는 것이 '자신이 잘 아는 종목에만 투자한다'는 것이다. 어떤 사람은 '그것이야말로 그가 성공을 거둔 가장 중요한 열쇠일 것이다'라고 말하기도 한다. 잘 모르는 분야에 뛰어들어 미비한 손실 정도에 그치면 다행이겠지만, 치명적인 손실로 재기에 실패하는 경우도 있다. 인생도 이것저것에 투자할 수 있을 만큼 길지 않다. 자신이 이루기를 소망하는 테마에 속하는 선택인지 잘 생각해 본 후에 투자해야 한다.

- 미리 배우고 알고 투자하라.
- 유행과 본질을 구분하는 눈을 키워라.
- 관심을 한 곳에 쏟아 집중적으로 투자하라.
- 미래 경로를 그린 다음 확신으로 밀어붙여라.

(3) 현실의 여러 문제를 미래의 목적과 연결하라

특정 조직에서 일하는 동안 어떤 이유에서든 몰입도가 저하되는 상황은 미래 준비에 중요한 결함이라고 할 수 있다. 스스로 몰입도를 높일 수 있는 방법을 찾아서 실행에 옮겨야 한다. 회사를 위해서가 아니라 바로 자신을 위해서이다. 다른 사람을 위해서 일하는 것이 아니라 자기 자신을 위한 투자라고 생각하고 임해야 한다. 그렇지 않으면 어떤 조치도 미래를 위한 자신의 능력을 만드는 데 도움이 되지 않는다. 세상과 조직은 자신이 어찌해 볼 수 없는 나름의 관성이 있다. 노력해야 하지만 어쩔 수 없는 부분에 대해서는 오랫동안 가슴앓이를 하지 말고 바뀔 때까지 내버려 두는 것이 좋다. 그리고 스스로 통제할 수 있는 영역에 우선적으로 관심을 갖는 편이 더 나은 선택이다.

- 바깥에 대한 기대보다 현재 일터를 중시하라.
- 현재의 학습을 미래와 연결하라.
- 일하는 과정에서 재미와 열정을 만들어 내라.
- 치열하게 무엇이든 해보라.

(4) 실패의 경험에서 성공을 베팅하라

신중함이 지나친 나머지 소심함으로 연결되면 미래 준비에서 큰 성과를 거두기 힘들다. 그래서 신중함과 소심함을 반드시 구분해야 한다. 그러면 신중함과 무모함의 차이는 무엇인가? 아무런 사전 준비 없이 일단 저질러 놓고 보는 것은 무모함이라 할 수 있다. 무모한 사람은 '모든 것이 잘 될 거야'라는 막연한 낙관주의에 바탕을 두고 행동한다. 그러나 본인이 그렇게 마음을 먹는 것과 현실은 다른 경우가 많다. 아무 준비 없이 남들이 하는 대로 되돌리기 힘들 정도로 돈과 시간을 투입해 버린 경우 이를 수정하는 일이 불가능하거나, 가능하더라도 상당한 비용을 지불해야 한다. 미래를 위해 어디에 어떻게 투자할 것인지를 충분히 숙고해야 한다. 그러나 지나치게 신중한 나머지 머뭇거리면서 미래를 위한 한 걸음을 내디딜 수 없다면 이는 미래 준비에서 치명적인 결함이다. 사전에 충분히 준비할 수 있어야 하지만 스스로를 설득할 만한 이유를 가질 수 있다면 남들이 뭐라고 하더라도 행동으로 옮길 수 있어야 한다. 때로는 과감하게 베팅을 할 수 있어야 한다.

- 지나친 신중함, 소심함을 경계하라.

- 특히 타인의 실패에서 배워라.
- 쇠락하지 않는 성장 시장에 줄을 서라.
- 실패하면 바로 툴툴 털고 일어나라.
- 자신이 세운 기준선을 넘지 마라.

(5) 꼭 기억하라, 성공은 결코 어렵거나 복잡하지 않다

삶에서 성공을 복잡하고 어려운 과제로 생각하면 안 된다. 성공을 가져다주는 몇 가지 결정적 습관이 있다. 특히 자신이 갖고 있는 습관 목록 가운데 반드시 하지 말아야 할 것은 무엇인지, 반드시 해야 하는 것은 어떤 것인지를 정리해 볼 필요가 있다. 당연히 '내가 미래 준비에 성공하기를 간절히 소망한다면'이라는 질문에 대한 답을 찾는 형식으로 정리해 보면 좋다. 이런 점에서 인생과 투자의 원리는 비슷하다. 투자의 경우에도 자신들이 내미는 모든 투자가 성공할 수 있는 것은 아니다. 결정적인 투자 몇 개만으로도 성공할 수 있다. 투자의 달인조차도 모든 투자에서 성공하는 것은 아니다. 마찬가지로 인생에 대한 투자 역시 모든 것을 다 잘해야 하는 것은 아니다.

- 늘 가치 중심으로 생각하라.
- 몇 가지 삶의 원칙을 고수하라.
- 강력한 욕망을 가져라.
- 넓은 시야로 미래를 보라.

(6) 역경지수를 높여라

역경지수가 높은 사람이 성공한다. 따라서 역경지수를 높일 수 있도록 불리한 역경을 이겨내는 능력을 키워야 한다.

역경지수(AQ, Adversity Quotient)란 수많은 역경에도 굴하지 않고 냉철한 현실 인식과 합리적인 판단으로 끝까지 도전하여 목표를 성취하는 능력을 말한다. 이러한 역경지수는 성공을 위해서 꼭 필요한 능력으로 우리가 흔히 알고 있는 지능지수(IQ)나 감성지수(EQ)보다 성공의 여부에 더 중요한 역할을 하는 것으로 알려졌다.

미국의 심리학자 스키너 박사는 쥐를 대상으로 한 실험에서 완벽하게 욕구를 충족시켜 주는 집단과 역경을 이겨내야 하는 불리한 집단으로 각각 편성하여 실험한 결과, 역경을 이겨내야 하는 불리한 환경에 놓인 쥐의 집단에서 더 높은 성장률과 더 높은 적응력을 보이는 것을 발견하였다. 이러한 결과는 단지 동물에게만 국한되지는 않는다. 인간에게서도 동일한 양상을 보인다는 것이다. 인간도 완벽한 조건을 갖추면 발전보다는 오히려 퇴보하는 현상을 보이고, 불리한 환경에 놓이면 그 환경에 적응하고 극복해 나가면서 오히려 더 큰 발전을 한다는 것이다. 따라서 역경을 이겨내는 능력은 성공을 위해 반드시 지녀야 할 능력이다.

삶의 과정에는 항상 역경이 수반되기 마련이며, 역경은 인생을 살면서 함께 할 수밖에 없는 필연적인 존재이다. 따라서 성공하는 사람으로 남기 위해서는 어떠한 어려움도 극복하고 이겨낼 수 있는 역경능력을 높이기 위해 스스로 강화하고 높여 나가는 노력을 해야 한다.

2) 자기계발 전략 사례

자기계발은 목표달성을 위해 자신의 삶을 통제하고 기술을 개발·연마하는 것이다. 따라서 자기계발을 실현하게 되면 현재 자신의 모습보다 변화·발전된 모습으로 주체적이고 생산적인 삶을 살아갈 수 있게 된다. 동서고금을 막론하고 많은 사람들이 자기계발을 위해 노력해 왔던 것도 바로 이와 같은 긍정적인 삶의 변화를 얻을 수 있기 때문이었다. 다양한 기법과 전략으로 자신의 습관과 사고방식에 변화를 줄 때, 성공으로 갈 수 있는 새로운 기회를 얻을 수 있었던 것이다. 자기계발에 성공했던 사람들의 사례를 몇 가지 소개하고자 한다.

(1) 동서 명장(名將)들의 자기계발 전략 : '장점강화 단점보완'

요즈음 변화에 대응하기 위한 트렌드(trend) 중의 하나가 자기계발(自己啓發) 전략이다. 자기계발 전략이란 본인의 기술이나 재능 및 능력을 스스로의 힘으로 계획적으로 발전시키는 것을 말한다. 자기계발과 관련한 격언으로 독일의 저명한 철학자 괴테(Goethe)는 "당신이 무엇으로 바쁜지 얘기해 주면 당신이 어떤 인물의 사람인지 나는 곧 알아맞힐 수 있다"라고 말한 바 있다. 동서고금(東西古今)을 통하여 자신이나 조직 구성원들의 장점을 잘 활용하고 단점을 극복할 수 있었던 성공적이었던 지도자들은 자신의 큰 뜻을 성취했을 뿐만 아니라 우수한 인재를 육성하여 위대한 업적을 이룩하기도 했다. 서양에서 「장점강화 단점보완」 전략을 자기계발에 잘 적용하여 성공한 대표적인 인물은 나폴레옹(Napoleon)이다. 정치·군사 지도자에 대한 야망을 가졌던 나폴레옹은 각각 세 가지의 장점과 단점을 갖고 있었다. 그는 장점으로 자신의 활동을 스스로 통제할 수 있는 정신적 집중력(精神的 集中力), 신속 정확한 상황판단을 가능케 하는 수학적 계산력(數學的 計算力), 사물의 본질을 파악하는 심미적 통찰력(審美的 洞察力) 등의 세 가지 천부적 재능을 가지고 있었다. 반면에 그는 프랑스 남부의 작은 섬인 코르시카 태생이므로 프랑스어 구사력이 서툴렀고, 신장이 167센티미터로 프랑스 장교로서는 상대적으로 신체적 조건이 불리하였으며, 동료들에 비해 보잘것없는 경제력이나 인맥 등의 세 가지 약점을 가지고 있었다.

그러나 나폴레옹은 자신의 장점인 집중력(集中力)을 활용하여 한꺼번에 수면을 취하지 않고 스스로 '잠깐의 수면시간에도 정신을 집중하여 수면한다'라고 회상할 정도로 평상시 3시간 정도밖에 수면을 취하지 않았다. 그는 자신의 또 다른 장점인 계산력(計算力)을 활용하기 위하여 다른 장교들이 수치계산 때문에 기피하는 포병을 택해 포술훈련에 전념함으로써 자신의 재능을 유감없이 발휘하였다. 또한 나폴레옹은 자신의 단점을 극복하기 위하여 치밀한 계획을 세워 많은 시간을 독서와 작문에 활용함으로써 뛰어난 프랑스어 구사력(驅使力) 및 국제적 감각을 지닌 장교로 탈바꿈하였다. 이러한 노력의 결과 그는 민중을 사로잡는 웅변력(雄辯力)을 갖추게 되었으며, 전장에서는 특유한 설득력(說得力)으로 병사의 사기를 고양시키는 능력을 갖추게 되었다. 아울러 그는 군사지휘관으로서 전장에서조차 틈틈이 시간을 활용하여 전술과 전기, 독서와 사색, 불확실한 상황 파악, 그리고 정확한 결단을 할 수 있는 능력을 끊임없이 계발하여 나갔다. 이처럼 나폴레옹은 자신의 뜻을 이루기 위하여 「장점강화 단점보완」이라는 자기계발 전략을 통해 역사상 손꼽히는 영웅적 지도자가 될 수 있었다.

한편, 동양에서 「장점강화 단점보완」 전략을 부하계발에 잘 적용하여 성공한 대표적인 인물은 손권(孫權)이다. 「삼국지」에서 촉(蜀)나라의 유비(劉備)나 위(魏)나라의 조조(曹操)에 비하면 오(吳)나라의 손권은 미미한 존재였다. 이들 세 영웅의 부하를 다루는 특징을 비교해 보면 유비의 경우에는 부하의 능력이 있고 없고는 상관없이 모든 부하에게 깊은 동정심과 철저한 온정주의(溫情主義)로 대하였다. 이에 반하여 조조는 능력본위의 엄격한 선별주의(選別主義)를 채택하여 능력 있는 자는 발탁했지만 능력 없는 자는 전혀 상대조차 하지 않았다. 그러나 유비식의 온정주의는 자칫 조직 내의 질서와 구조를 해칠 수 있고, 조조의 선별주의는 마음으로부터 우러나는 복종을 기대하기 어렵다. 유비나 조조와는 달리 손권은 부하를 대할 때 '장점은 높여주고, 단점은 잊어버린다.'라는 부하계발 전략으로 그의 휘하에 많은 인재를 배출하여 국난을 극복해 나갔다. 이와 같이 손권은 유비나 조조에 비하여 미미한 존재이지만 그의 포용주의(包容主義) 부하계발 전략은 오(吳)나라로 하여금 유비나 조조가 세운 나라가 망한 후에도 상당히 오랜 기간 존속할 수 있게 되었다. 이처럼 동서양의 명장(名將)들 중에는 일찍이 「장점강화 단점보완」 전략을 적용하여 자신의 성장·발전은 물론 강군을 육성하여 유사시에 대비해 나갔던 것이다. 그리고 이러한 사례는 역사를 뛰어넘어 오늘날까지도 많은 시사점을 제공하고 있다.

결론적으로 변화에 대응하는 가장 올바른 자세는 자기계발을 통하여 자신이 잘하는 장점을 강화하고 자신이 부족한 단점을 보완하는 것이다. 변화에 대해 외적인 개선의 방법을 취한다 할지라도 이는 일시적인 개선일 뿐이며 내적인 역량(力量)을 갖추지 못하면 올바른 변화 대응이라 할 수 없다. 따라서 자신의 내적인 장점과 단점을 확인 및 간파하고, 스스로의 노력에 의하여 외부변화에 대한 적응력과 비교우위의 경쟁력을 강화는 데 노력을 집중하는 것이 필요하다. 이를 위하여 소위 '자기계발계획서'를 작성하여 일별, 주별, 월별, 분기별, 반기별, 연도별 목표를 세부적으로 기록하고, 독서, 사색, 토의, 대화, 회의, 교육 그리고 연구 등 제반 자기계발 기회와 환경을 활용하기 위한 방법과 활동을 구체화하여 자신의 내적 가치와 인적 역량을 발전시키는 것이 바람직하다. 결국 자기계발의 궁극적인 책임은 개인에게 있지만 조직의 지도자들은 조직원의 자기계발을 위하여 시간과 기회와 환경을 제공해야 할 책임이 있다고 본다.

출처: 최광표(2020). 시사프라임(2020.6.2.).

(2) 자기계발의 기본 메커니즘 : 3C

자기계발은 미래에 대한 적극적이고, 자발적인 투자다. 그래서 그 자체가 흥미롭고 유익하며 보람 있는 일이다. 나의 소질을 계발하고 발전시켜 경쟁력은 물론, 몸값까지 쑥쑥 올릴 수 있는 일이니 얼마나 즐겁고 신나는 일인가! 하지만, 요즘 직장인에게 자기계발은 스트레스의 다른 이름일 뿐이다. 여러 가지 이유가 있겠지만, 가장 근본적인 이유는 흥미와 자발성의 부족에 있다. 다분히 자의적이고 능동적이어야 할 자기계발이 타인의 강요나, 막연한 불안감에 떠밀려 '어쩔 수 없이 해야 할 일'로 전락했으니, 스트레스는 당연한 일이다. 그러다 보니 흥미는커녕 보람도 찾지 못하고 자기계발 그 자체가 또 하나의 버거운 짐이 되고 있는 것이다.

그래서 흥미와 보람을 함께 되찾을 수 있는 맞춤형 자기계발법이 필요한 시점이다. 나에게 꼭 맞는 자기계발의 프로세스는 세 가지로 요약할 수 있다. 첫째, 내가 하고 싶고 잘할 수 있는 일을 선택(Choice)하는 단계. 둘째, 큰 목표를 잘게 쪼개어 성취를 지속(Continue)할 수 있는 힘을 얻는 단계. 셋째, 자기보상(Compensate)을 통해 약해져 가는 의지와 열정을 되살려 원하는 것을 성취하는 단계다. 이것이 맞춤형 3C 자기계발법의 메커니즘이다. 즉, Choice → Continue → Compensate의 과정이다. 과정별 내용을 구체적으로 살펴보면 다음과 같다.

① Choice(선택하라)

한 분야에서 탁월한 실력을 갖추는 방법은 두 가지가 있다. 하나는 내가 하고 싶은 일을 선택해 노력하는 길이고, 또 다른 하나는 현재 잘할 수 있는 일을 더욱 발전시키는 것이다. 하고 싶은 일을 선택하게 되면, 일의 흥미도와 집중도가 높아져 실력 또한 일취월장(日就月將)할 수 있다. 현재 잘할 수 있는 일을 선택하게 되면 시행착오를 줄일 수 있고 검증된 자신의 실력을 계속 레벨업(Level Up)할 수 있다는 점에서 보다 안정적인 선택이라 할 수 있다.

일본 시마네(島根) 의과대학에서 실행했던 자발적 선택에 대한 실험결과가 이를 잘 증명해 주고 있다. 돌아가는 컨베이어 벨트 위에 쥐를 한 마리 놓았다. 쥐의 뒤쪽에는 뾰족한 바늘을 설치하여, 계속해서 흐름의 역방향으로 뛰지 않으면 바늘에 찔리도록 만들었다. 실험 결과, 쥐는 2킬로미터를 뛰는 것이 의지의 한계점이어서 그 이상 무리하게 뛰다가 뇌출혈 증세를 일으켰다. 반면 쥐를 스스로 자유롭게 달릴 수 있는 쥐의 차에 태워주자 무려 8킬로미터나 달렸다고 한다. 바늘에 찔리는 극도의 공포도 자발적인 흥미의 힘을 당해내지 못한다는 증거다.

만약 현재의 삶이 쫓기는 피동의 삶이라면, 기쁨을 찾을 수 있는 능동의 삶으로 생각의 트랙을 바꾸는 선택을 해보기 바란다.

② Continue(지속하라)

선택(Choice)이 끝났으면, 목표를 설정하고 달성 계획을 지속적으로 수행해 나가야 한다. 목표를 달성하는 가장 좋은 방법은 목표를 잘게 나누는 것이다. 특히 큰 목표일수록 매일 매일 실천할 분량으로 큰 덩어리를 쪼개는 일은 매우 중요하다. 잘게 나눠진 목표를 매일 꾸준히 실천하다 보면 본래의 큰 덩어리 목표를 자연스럽게 달성할 수 있기 때문이다.

누가 책을 쓸 수 있을까? 매일 한 페이지씩 쓰는 사람이다. 누가 마라톤을 완주할 수 있을까? 매일 1킬로미터씩 더 뛰는 사람이다. 누가 외국어를 정복할 수 있을까? 매일 한 문장씩 외우는 사람이다. 대개 360개 정도의 문장을 외우고 있다면 웬만한 일상 표현은 모두 가능해진다.

왜 목표달성을 못하고 중도에 포기하는가 하면, 그것은 처음부터 큰 목표와 싸우기 때문이다. 무슨 일이든 365로 나누면 힘들 것이 없다. 365일 동안 매일 한 쪽을 쓰는 사람은 책 쓰는 것이 그리 힘들지 않게 되고, 365일 매일 한 문장씩 외우는 사람에게 한 나라의 말을 익히는 건 그리 어려운 일이 아니다. 목표달성의 핵심은 바로 큰 덩어리의 목표를 잘게 나누어 매일 매일 실천하는 데 있다. 하지만 목표의 세분화에도 불구하고 누구에게나 의지의 한계는 찾아온다. 이때 필요한 것이 '훈련된 참음'이다. 그 훈련된 참음에는 두 가지 종류가 있다. 인내와 절제다.

인내는 '해야 할 일을 끝까지 참고하는 것'을 뜻하고, 절제는 '하지 않아야 할 일을 참고 하지 않는 것'을 말한다. 목표달성에 필요한 학습이나 기술습득을 위해서는 인내가 필요하고, 목표달성에 저해가 되는 잦은 술자리, 게으름 등에는 절제가 필요한 것이다. 원하는 지점에 도달하기 위해서는 반드시 이 '깔딱 고개'를 넘어서야 한다.

③ Compensate(보상하라)

인간의 속성상 발전하는 것이 눈에 보이면 지속할 수 있는 열정이 생겨난다. 하지만 발전이 더디고 변함없는 상황이 지속되면 열정은 곧 시들기 시작한다. 이때 필요한 것이 자기보상이다. 자기보상은 목표에 대한 확신을 주는 이정표의 역할과 함께 재충전의 계기를 마련하는 중요한 동기유발체이다. 자기보상 형태는 스스로에게 선물을 하는 것도 좋고, 근사한 가족식사 자리를 마련해 가족의 응원을 받는 것도 좋은 방법이다. 지루한 자기싸움에 지친 마라토너에게 완주할 힘을 주는 것이 응원과 격려이듯이 나와의 싸움에서 승리하기 위해 가족을 든든한 지원군으로 만드는 것도 대단히 중요한 일이다. 특히 인간의 뇌는 타인이 보내는 응원과 격려에 더 큰 자극과 에너지를 얻는다고 하니 적극적으로 활용해 볼 만한 일이다.

출처: 이훈(2016). 금융웹진(Vol 746).

성공을 가로막는 네 가지 습관

세상에서 가장 강력한 본드가 있다. 이 본드의 특징은 사람도 절대 움직이지 못하게 만들어 놓는 강력한 힘을 지니고 있다. 이 본드는 무얼까? 바로 "습관"이다. 습관은 한 개인의 행동양식을 장악한다. 따라서 잘못된 습관을 가지고 있다면 인생을 실패하게 만드는 행동양식으로 한 개인의 삶을 고정시켜 놓는다. 그만큼 습관은 무서운 질병과도 같다. 내가 만난 사람들에게서 나타나는 공통적인 4가지 불행스러운 습관이 있었다.

첫 번째 습관, "내 원칙이 중요해"

부서 회의석상에서 L과장이 외부 출장을 함께 나가야 하는 중대한 업무가 발생했다며 K과장에게 2박3일 정도 함께 출장을 가자고 제안을 했다. K과장은 동료 L과장에게 나는 외부에 나가서 잠을 자지 않는 것이 삶의 원칙이라며 딱 잘라 거절을 했다. 결국 L과장은 혼자 출장을 나갔고 그 후 K과장은 식사시간에도 함께 식사를 하자는 동료가 없었다. 왕따의 미아 신세가 된 것이다. 협력하는 습관이 없으면 결국 인생의 외톨이가 된다는 것을 명심하자.

두 번째 습관 "지금은 아니야. 다음에 할게…"

열심히 경청하던 한 교육생이 강의가 끝나자 말했다. "네, 앞으로 강사님의 훌륭한 생각을 실천하며 살겠습니다." 몇 개월 후 그 교육생을 다시 만났다. "그 후 바로 실천하셨습니까?, 어째 효과 좀 보셨나요?" 그 교육생은 웃으며 말했다. "강사님도 참 순진하시긴… 뭔 효과요?"

당신은 듣고 보는 것에만 익숙할 뿐 실천은 먼 훗날의 문제라는 것이 오늘도 당신이 그려놓은 원안에서 머무는 이유이다. 실천하는 습관이 없으면 한 발자국도 나아갈 수 없음을 명심하자.

세 번째 습관 "누구시더라…"

교육담당자로 있을 때 일이다. 2주간의 신입사원 교육을 끝내고 부서 배치식을 하던 날. 한 신입생이 악수를 청하며 말했다. "선배님을 절대 잊지 못할 겁니다. 앞으로 많이 도와주세요."

눈물까지 그렁그렁 한 그의 진실함이 오랫동안 가슴에 남았다. 그 후 4개월이 지나서 회사 매장에서 그 신입사원과 우연히 눈이 마주쳤다. 너무나 반가워서 그에게 말을 건넸다. 그가 나를 보며 이렇게 말했다. “누구시더라?. 절 아세요?”

사람이 곧 자산이다. 쉽게 만나고 쉽게 잊어버리는 사람이 되지 말자. 사람을 기억하지 못하는 습관은 결국 당신도 기억되지 못함을 명심하자.

네 번째 습관 “내 주제에 뭘 할 수 있겠는가?”

한 교육생이 교육시간에 소설책을 보며 교육에 전혀 관심이 없었다. 4시간의 교육이 끝난 다음에 그 이유를 물어보니 자기 주제에 무슨 교육이냐며 그냥 이렇게 빈둥거리면서 교육시간을 틈타 업무에서 벗어나 쉬고 있는 것이라고 했다. 그 교육생에게 당신 주제는 정해진 것이 아니라 그것은 만들어 가는 것이라고 했다. 주제를 너무 잘 아는 습관은 마냥 당신을 쉬게 만든다는 것을 명심하자. 습관은 학습된 결과물이다. 따라서 좋은 습관을 만들려면 좋은 학습을 평생토록 접하며 살아야 한다. 혹 당신은 대학을 졸업하고 고작 승진을 위한 토익 문제 풀이만 열심인 것은 아닌가? 좀 더 좋은 습관을 가질 수 있도록 학습하는 습관을 가지자.

끝으로 세계적인 문호 골드 스미스의 명언을 소개한다.

“내 생애의 최대의 자랑은 한 번도 실패하지 않았다는 것이 아니라 넘어질 때마다 다시 일어났다는 것이다.” 좋은 습관은 실패자도 성공하는 사람으로 이끌 수 있는 묘약과도 같은 것이다.

출처: 손용규(2006). 골(Goal) 때리는 자기경영 기법. 석세스칼럼(2006. 6. 26.)(https://cafe.naver.com/successland/16800)

PART
03

미래사회와 직업

CHAPTER 10

4차 산업혁명과 미래사회의 가치관[1)]

인공지능 및 디지털 신기술의 발전과 수용으로 대변되는 4차 산업혁명은 우리 생활에 일대 전환기를 가져올 것으로 예측된다. 특히 4차 산업혁명으로 인하여 인간의 일자리가 사라지고 급속한 기술의 발전으로 인권을 보장받지 못하는 출발점이 될 수 있다는 위기감도 엄습해 오고 있다. 4차 산업혁명 시대의 도래와 함께 다양한 관점에서 우리가 살아갈 사회의 여러 문제에 대해 각별한 접근과 대안 마련이 요구된다.

1. 4차 산업혁명의 도래

4차 산업혁명(4IR: Fourth Industrial Revolution)은 인공지능(AI), 사물인터넷, 빅데이터, 모바일 등 첨단 정보통신기술이 경제사회 전반에 융합되어 혁신적인 변화가 나타나는 산업혁명이다. '4차 산업혁명'이라는 용어는 2016년 세계경제포럼(WEF: World Economic Forum)에서 등장한 말로, 정보통신기술(ICT)을 기반으로 하는 새로운 산업시대를 대표하는 용어이다. 제4차 산업혁명은 그동안 우리 사회 전반에 걸쳐 자리 잡고 있던 3차 산업혁명의 연장선에서 컴퓨터, 인터넷, 디지털과 바이오산업, 물리학 등의 경계를 융합하여 한 단계 더 진화하여 등장한 새로운 기술혁명이다. 즉, 모든 사물에 컴퓨터

1) 이규은(2019). pp. 323-343의 내용을 재구성함

가 장착되고 정보가 인터넷으로 연결되는 사물인터넷 시대로 진입하면서 사물인터넷을 통해 수집된 빅데이터를 인공지능이 자율적으로 분석하고 처리하는 정보혁명 시대로의 전환을 말한다. 그동안 진행되어 온 산업혁명의 과정과 제4차 산업혁명의 특징을 요약하면 다음과 같다.

1) 산업혁명의 변화과정

산업혁명이란 과학기술의 혁신과 발전이 산업과 접목하면서 나타나는 사회경제적 변화를 말한다. 이러한 산업혁명은 1784년 증기기관을 활용한 기술의 혁신과 이로 인한 경공업 중심의 변화로부터 시작되었다. 그동안 산업혁명은 세 차례의 혁명적 변화가 있어 왔고, 현재 우리 사회는 네 번째의 산업혁명 시대로 진입해 가고 있다.

1차 산업혁명은 1784년 수력 증기기관을 활용하여 철도와 면사방적기가 도입되면서 발생한 기계적 혁명을 바탕으로 하고 있다. 1차 산업혁명은 대량생산이라는 사회적 변화로, 그동안 모든 것을 사람의 손에 의해 제작되던 생산방식을 완전히 바꾸어 놓은 혁명적인 변화를 말한다. 이러한 대량생산과 인쇄술에 따른 사회적 변화를 1차 산업혁명이라고 한다.

2차 산업혁명은 1870년대부터 시작된 전기 동력을 이용한 컨베이어벨트의 자동화, 석유 동력의 내연기관화 등 중화학 공업의 발전에서 시작되었다. 1차 산업혁명이 일어난 지 약 100년이 지나 전기에너지의 등장으로 공장에 전력이 공급되어 컨베이어벨트를 이용한 대량생산이 가능해진 것이 그 원인이다. 2차 산업혁명에서는 대량생산이 일반화되고 석유와 철강을 사용하는 자동차 산업과 같은 중화학 공업이 발전하면서 경제규모가 커지게 되고, 이에 따른 사회적 변화가 그 시작이다.

3차 산업혁명은 컴퓨터제어 자동화와 같은 정보기술의 확산에 따른 혁명적 변화이다. 1900년대 후반에 도입된 컴퓨터와 디지털 기술, 인터넷의 등장으로 삶의 모습에 일대 변화를 이루게 되면서 시작되었다. 3차 산업혁명은 컴퓨터를 이용한 생산자동화를 통해 대량생산이 가능해지면서 업무용 메인프레임 컴퓨터, 개인용 컴퓨터, 인터넷 등을 통한 정보기술 시대가 변화의 발단이다.

4차 산업혁명은 융합과 연결에 의한 변화이다. 정보통신기술의 발달로 전 세계가 하나로 소통되고, 발달한 각종 기술이 상호 간에 통합되고 융합되면서 발생한 변화이다. 제4차 산업혁명은 정보통신기술과 제조업, 바이오산업 등 다양한 산업 분야에서 이루어지는 연결과 융합을 핵심으로 하고 있으며, 융합에 따른 창의성과 상호작용, 개방형 공유체제, 글로벌 네트워크 접속 등이 중심이 되고 있다. 또한 제4차 산업혁명은 정보통신기술의 발달로 인공지능에 의한 자동화와 연결성이 극대화되는 산업 환경의 변화도 포함되고 있다.

표 10-1 산업혁명의 변화 과정과 특징

구분	변화의 계기	사회적 특징
1차 산업혁명	증기기관의 발명	• 기계를 이용한 제품생산
2차 산업혁명	전기에너지의 등장	• 대량생산 가능 • 노동력 절감
3차 산업혁명	정보통신기술의 발달	• 생산라인자동화 • 인간의 역할이 생산라인을 컨트롤함
4차 산업혁명	디지털 기술융합	• 인공지능과 로봇공학의 발전 • 빅데이터와 3D 프린팅 활용 • IoT(사물인터넷)의 확대

2) 4차 산업혁명의 특징

4차 산업혁명은 3차 산업혁명을 기반으로 하는 디지털과 바이오산업, 로봇산업, 물리학 등의 경계를 융합하는 기술혁명이다. 즉, 컴퓨터, 인터넷으로 대표되는 3차 산업혁명인 정보화 혁명의 연장선상에서 연결과 융합을 바탕으로 한 단계 더 진화한 혁명이 제4차 산업혁명이다. 3차 산업혁명이 컴퓨터를 활용한 생산과 유통의 자동화에 초점이 맞추어져 있다면, 4차 산업혁명은 기계와 제품에 인공지능을 부여하는 것에 초점이 맞추어져 있다. 즉, 4차 산업혁명의 핵심요소는 사물인터넷과 인공지능이다. 인공지능이 빅데이터를 활용하여 수집한 수많은 데이터를 분석하고 처리하는 양질의 업무를 처리하는 데 초점이 맞추어져 있으며, 이러한 과정이 4차 산업혁명의 핵심 분야이다. 제4차 산업혁명의 특징은 다음과 같이 요약할 수 있다.

첫째, 4차 산업혁명은 초연결성, 초지능성, 예측 가능성을 특징으로 한다. 사람과 사물, 사물과 사물이 인터넷 통신망으로 연결된 초연결성이 유지된다. 뿐만 아니라 초연결성으로 형성된 빅데이터를 분석하여 일정한 패턴을 파악하고 활용하는 초지능성이 가능해진다. 또한 분석결과를 바탕으로 초지능성을 활용한 인간행동의 예측이 이루어지는 예측 가능성의 사회로 전환될 것이다.

둘째, 4차 산업혁명의 또 다른 특징은 복합 융합사회의 등장이다. 컴퓨터와 스마트폰, 자동차, 냉장고, 세탁기, 전기나 가스밸브 컨트롤 등 모든 사물들이 네트워크로 연결되고 사람들이 하는 행동들이 데이터로 기록된다. 기록된 결과는 인공지능이 자율적으로 학습하고 판단할 수 있는 복합 융합사회가 될 것이다.

셋째, 4차 산업혁명의 또 다른 특징은 인공지능 사회의 등장이다. 지금까지의 사회에서는 기계와 인공지능이 제한적인 상황에서 주어진 명령만을 수행해 왔다. 하지만 제4차 산업혁명 사회에서는 인공지능이 모든 일을 알아서 자율적으로 처리하는 사회가 될 것이다. 모든 의사결정은 빅데이터를 기반으로 판단하게 된다.

넷째, 4차 산업혁명은 변화 속도가 급격하게 빨라질 것이다. 전문가들은 4차 산업혁명으로 촉발된 기술의 변화는 종전의 혁명과 비교되지 않을 정도로 빠르고 넓은 범위로 확산될 것이라고 예측한다. 그러한 변화의 원인으로 '융합과 연결'을 제시한다. 4차 산업혁명은 어느 분야에 특정되지 않고 끊임없이 새로운 가치를 창출해 내기 때문에, 변화속도가 종전의 어느 혁명과도 비교되지 않을 만큼 빠르게 진전될 것으로 보고 있다.

다섯째, 4차 산업혁명은 경제·사회 전반에 걸쳐 일어나는 혁신적인 변화가 그 어느 때보다 범위가 폭넓게 일어날 것이다. 4차 산업혁명이란 인공지능기술 및 사물인터넷, 빅데이터 등 정보통신기술(ICT)과 융합을 하면서 생산성이 급격히 향상되고 제품과 서비스가 지능화되면서 그 범위가 매우 폭넓게 확산되어 나갈 것이다. 예를 들면, 인공지능이 우리 집 냉장고의 식품을 관리하고, 스마트폰으로 불을 켤 수 있고, 자동으로 환경에 맞춰 가스 불을 켜고 끌 수 있으며, 자율주행 자동차를 탈 수 있는 사회가 오는 등 사회 전반에 걸쳐 지금보다 더 넓은 범위로 더 빠르게 변화를 초래할 것으로 전망된다.

이러한 변화는 우리 생활에 로봇과 인공지능의 자동화로 편리하고 윤택한 삶을 가져다줄 것이다. 하지만 인간이 해야 할 많은 일들을 인공지능으로 대신 실행함으로써 많은 직업들이 사라지고 여러 가지 사회적 문제를 야기하는 원인이 될 것이다. 뿐만 아니라 그러한 변화에 맞춰 사회변화와 시대의 흐름에 적응하지 못하는 사회적 낙오자도 발생할 것이다. 제4차 산업혁명의 흐름에 적극적으로 편승하면 승자가 될 것이지만, 낙오자가 되면 일자리를 잃는 실업자가 되고 경제적으로 어려움에 봉착하게 될 것이다. 개인뿐만 아니라 기업도 마찬가지이다. 재능과 기술을 가진 사람과 이를 적극적으로 발굴하여 시대변화에 따르는 기업은 빠른 속도로 성장하겠지만 그렇지 못한 개인과 기업은 도태될 것이다.

4차 산업혁명은 긍정적인 변화 못지않게 부정적인 '파괴적 기술'도 동반할 것으로 예측한다. 인공지능, 자율주행자동차, 유전공학 등 기존의 시스템을 붕괴시키고 새로운 시스템을 만들어 낼 정도의 위력을 가진 혁신이 우리에게 다가오고 있어서 과연 제4차 산업혁명이 우리에게 축복으로 다가올 것인지 아니면 새로운 재앙이 될 것인지에 대해 고민해야 할 것이다.

모든 것의 변화는 인간의 선택에 달려 있다. 저명한 경제학자 요셉 슘페터(Joseph Schumpeter)는 1942년 자신의 저서 『자본주의, 사회주의 그리고 민주주의』에서 경제적 진보는 창조적 파괴 과정을 통해 달성된다고 보고, 새로운 혁신은 기업가로부터 나온다고 주장하였다. 그는 "우편 마차는 여러 대 연결해도 결코 기차가 될 수 없다"라는 말을 통해 혁신의 본질이 무엇인지를 다시금 생각하게 하고 있다.

2. 4차 산업혁명 시대의 분야별 변화모습

4차 산업혁명이란 인공지능, 사물인터넷, 빅데이터, 모바일 등 정보통신 기술(ICT)이 사회, 경제 전반에 융합되어 혁신적인 변화가 나타나는 차세대 산업혁명이다. 4차 산업혁명 시대에는 우리 사회의 산업구조에 있어서 다양한 변화가 일어날 것으로 예측된다. 산업구조에 변화가 일어나는 것은 지능정보기술이라고 불리는 인공지능과 ICBM기술[2]의 획기적인 발전과 폭넓은 연결성 덕분에 가능해지는 것이다. 제4차 산업혁명은 사물과 인간으로부터 생성되는 모든 데이터를 사물인터넷과 모바일을 통해 수집하고, 수집된 데이터는 클라우드(Cloud)[3]와 빅데이터(Big Data)[4]를 통해서 축적과 분석을 실시하게 될 것이다. 축적된 데이터를 분석하고 판단하는 것은 분석 알고리즘(Algorism)[5]에 의해 이루어질 것이며, 그 결과를 도출하여 해석하는 사회로 전환하게 될 것이다.

초연결과 초지능으로 대변되는 제4차 산업혁명은 그동안 인류가 경험하지 못했던 획기적인 기술진보가 빠르게 이루어지면서, 각국의 전 산업 분야에서 파괴적 기술(Disruptive Technology)에 의한 대대적인 개편 작업이 이루어질 것으로 보인다. 제4차 산업혁명 시대 여러 분야에서 이루어질 것으로 예상되는 변화는 다음과 같다.

1) 경제시스템 분야의 변화

4차 산업혁명은 현재 우리가 경험하고 있는 산업구조의 방식에 변화를

2) ICBM은 사물인터넷(IoT), 클라우드(Clould) 서비스, 빅데이터(Big Data), 모바일(Mobile)의 영문 앞 글자를 따서 붙여진 이름이다.

3) 클라우드(Cloud)란 인터넷을 통해 하나의 메인 컴퓨터에 데이터를 저장하거나 원하는 때 언제든지 데이터를 이용할 수 있는 서비스를 말한다.

4) 빅데이터(Big Data)란 기존 데이터베이스 관리도구로 데이터를 수집, 저장, 관리, 분석할 수 있는 역량을 넘어서는 대량의 정형 또는 비정형 데이터 집합 및 이러한 데이터로부터 가치를 추출하고 결과를 분석하는 기술을 의미한다.

5) 알고리즘(Algorism)이란 어떤 문제를 해결하기 위해 만들어진 절차, 방법들의 집합으로 컴퓨터 알고리즘에서는 명령어로 해석한다.

가져올 것으로 예측된다. 기존의 전통적인 산업구조에서는 생산자가 주체가 되어 소비자에게 공급하는 방식이었다. 하지만 제4차 산업혁명과 함께 우리 사회의 산업구조는 데이터를 수집하고 분석해서 수요자의 요구에 따라 맞춤형으로 공급하는 시스템이 체계화되어 수요자 중심의 산업구조로 개편될 것이다. 기업에서는 디지털 플랫폼의 접근이 쉬워 연구, 개발, 마케팅, 세일즈, 유통 등을 위한 연구나 개발, 마케팅 등 모든 분야의 장벽이 사라져 활성화될 것이다. 뿐만 아니라 세계 시장에서의 경쟁이 심화되어 기업의 경쟁력 제고를 위한 노력이 증대될 것으로 보인다.

경제시스템의 수요부문에 있어서도 변화가 예상된다. 무엇보다도 투명성 확보가 보장될 것이다. 경제시스템의 투명성과 함께 소비자의 참여도가 증가하며, 모바일 네트워크를 기반으로 하는 소비자들의 행동 패턴에도 큰 변화가 예상된다. 또한 기업들의 제품이나 서비스 출시 방식에 있어서도 변화가 예상되는데, 특히 수요와 공급을 결합한 기술 플랫폼의 발전으로 온디맨드 경제(On-Demand)[6]가 활성화될 것으로 보인다. 빅데이터와 인공지능 등을 활용하여 수요자가 원하는 상품을 시간과 공간에 맞게 제공받는 온디맨드 경제는 대출, 의료, 차량 대여 등과 같은 서비스 산업에서 활성화될 것으로 보인다. 이처럼 정보기술과 접목한 다양한 경제 분야의 발전 속도가 기하급수적으로 빨라지고 확대될 것으로 예상된다.

2) 사회·교육·문화 분야의 변화

4차 산업혁명 시대의 도래와 함께 사회·교육·문화 시스템 분야에도 많은 변화가 일어날 것으로 예상된다. 사회 분야에서는 중앙집권적 구성체제가 사라지고 지방분권적 구성체제가 활성화될 것이다. 사물인터넷의 등장으로 SNS를 통한 여론 조성이 활성화되고, 시민의 다양한 의견 수렴 등 시대변화에 따른 분권형 지방 운영체제가 확대될 것으로 예상된다. 이러한

6) 온라인 시스템 등을 통해 수요자 요구에 맞춰 필요한 물품과 서비스를 제공하는 것을 의미한다. 공급자가 아닌 수요자가 거래를 주도하며 수요자의 요구에 즉각적으로 대응하여 서비스 및 제품을 제공하는 경제 전략 혹은 활동을 말한다. 모든 것이 수요자에게 달려 있다는 뜻으로 'On-Demand'라는 명칭이 사용되었다.

변화에 맞춰 사회 전반에 걸쳐 활발한 소통과 함께 수평적이고 투명한 사회구조로의 변화가 이루어질 것으로 예상된다.

교육 분야에서는 클라우드 시스템 등을 통해 다양한 멀티미디어 자료의 활용과 함께, 개인의 능력과 요구에 맞는 개별화 교육방식이 활성화될 것으로 예측된다. 원격강의의 활성화와 함께 다양한 학습활동이 온라인으로 제공될 것이며, 원격강의를 활용한 개인별 선행학습 후 오프라인 강의를 통해 교수와 토론식 강의를 하는 플립러닝(Flipped Learning) 방식의 교육도 확대될 것으로 보인다.

문화 분야에서는 스마트폰을 활용한 다문화 세계와의 소통과 융합이 활발해질 것으로 예상된다. 사람이 음성인식이나 자동번역 등을 스마트폰을 활용해 소통하는 것이 가능해지는 사회가 될 것이며, 외국어를 배우지 않고도 서로 다른 언어를 쓰는 사람들끼리 의사소통이 가능한 시대가 다가올 것이다. 뿐만 아니라 스마트폰이 제공하는 다양한 정보를 활용하여 감각과 지능이 크게 향상된 증강 인류의 출현도 예상된다.

3) 고용노동 분야의 변화

고용과 노동 분야의 시스템에도 커다란 변화가 예상된다. 다양한 사물인터넷의 산물인 인공지능, 로봇, 빅데이터, 자율자동차 등이 다양한 직업현장에 투입되어 기존의 직업과 일자리가 많이 사라질 것으로 예상된다. 미국 백악관이 발표한 '인공지능, 자동화 그리고 경제(Artificial Intelligence, Automation, and the Economy)'라는 보고서에서는 임금수준과 교육수준이 낮을수록 일자리를 잃을 확률이 높아질 것으로 전망하고 있다. 이 보고서는 인공지능의 도입이나 각종 자동화 기계의 활용으로 육체적 활동을 중심으로 이루어지는 직업분야가 일자리를 잃을 확률이 높은 것으로 예상하고 있다. 따라서 이러한 실업자의 증가에 따른 사회적 문제를 해결하기 위해 직업별, 소득별, 교육수준별로 각 분야에 적합한 노동문제의 해결책을 마련해야 할 것이다. 지금까지 인간이 해오던 많은 일들이 첨단 기술의 도입으로 인하여 사라지게 되는 만큼 근로자들의 기술훈련을 통해 숙련도를 높여 나가고 급변하는 환경에 적응할 수 있는 새로운 전략이 마련되어야 할 것이다.

4) 생산·관리·지배구조 분야의 변화

4차 산업혁명 시대와 함께 우리 사회의 전반에 걸친 생산·관리·지배구조의 분야에도 변화가 예상된다. 제4차 산업혁명은 디지털 생태계를 바탕으로 한 생산 활동이 주축을 이룰 것으로 예상된다. 환경의 지원을 받는 거대한 디지털 생태계가 등장하고 발전하며 융성할 것으로 예상된다. 무한대의 CPU, 메모리, 클라우드, 네트워크 환경이 조성될 것으로 예상되며, 빅데이터 기술의 활용여부와 방법에 따라 그 가치가 극명하게 구분될 것으로 전망된다.

관리 분야에도 변화가 예상된다. 스마트 기기의 확대로 소비자의 수요가 변함에 따라 제품 역시 소비자들의 욕구에 역동적으로 대응하여 스마트한 제품관리에 주력할 것으로 예상된다. 뿐만 아니라, 제품관리에 있어서도 물리적 제품만이 아니라 플랫폼 관리 방식을 도입하여 활성화를 추진할 것으로 예측된다. 제조업의 서비스화로 제조 산업에서도 변화가 예상되며, 소비자 만족은 물론이고 핵심 역량 강화로 지속적인 경쟁력을 확보하기 위해 제품과 서비스를 결합시킨 서비타이제이션(Servitization)[7]의 도입도 확대될 것으로 보인다. 서비타이제이션은 제품과 서비스의 융합을 통해 새로운 가치와 경쟁력을 창출해 내는 새로운 비즈니스 유형으로, 제품의 서비스화(Product Servitization) 및 서비스의 제품화(Service Productization)를 포괄하는 개념이다.

기업의 효율적인 지배구조는 기업의 경쟁력을 높일 것이다. 그동안 미국의 자본주의 경제체제의 기업지배구조와 유럽 대륙의 사회민주적 체제의 기업지배구조는 많은 차이를 보여 왔다. 그러나 최근 세계 경제의 통합과

7) 서비타이제이션은 제품과 서비스의 결합(product servitization), 서비스의 상품화(service productization), 그리고 기존 서비스와 신규 서비스의 결합 현상을 포괄하는 개념이다. 제품에 서비스를 결합하는 대표 사례는 자동차에 유비쿼터스 환경을 구현해 주는 정보기술이 있으며, 서비스의 상품화는 농촌 체험마을 관광 상품을 들 수 있다.

함께 기업의 인수 합병, 전략적 제휴, 지구화 전략 등이 확대되면서 기업의 지배구조는 더욱 복잡하게 변화하고 있다. 소유와 경영이 분리되고 주주이익을 극대화하는 방향으로 지배구조가 확산되는 경향을 보이고 있다. 따라서 기업의 지배구조 또한 개인적(personal) 소유 형태에서 벗어나 비개인적(impersonal) 통제의 형태로 변화할 것으로 예상된다.

5) 기업경영 분야의 변화

기업경영에 따른 생산물의 산출과정 또한 변화가 기대된다. 3차 산업혁명에서 보여 왔던 인터넷과 정보기술을 바탕으로 한 대량생산이 제4차 산업혁명에서는 AI와 정보기술의 융합을 통한 새로운 결과물의 창출이 주를 이루게 될 것으로 보고 있다. 따라서 4차 산업혁명 시대에는 이러한 변화에 맞춰 기업경영의 혁신이 이루어져야 한다. 4차 산업시대 기업경영의 혁신 방안으로 네 가지를 제시하면 다음과 같다(조승제, 2019).

첫째, 선진기술을 모방하는 단계에서 원천기술과 핵심기술을 개발하는 첨단과학기술 개발의 풍토를 조성해야 한다. 4차 산업혁명의 시대에 첨단과학기술의 모방은 범죄행위이고, 기술의 식민지화와 국가 위기를 초래하게 된다. 예를 들어, 컴퓨터 운영시스템의 종속은 부속 소프트웨어와 기계류뿐만 아니라, 각종 게임과 문화 및 국민들의 가치관 형성 등에 영향을 크게 미칠 수 있기 때문이다. 그러므로 선진사회로 도약하기 위한 첨단과학기술 개발의 풍토가 우리나라 사회에 하루 빨리 정착되어야 한다.

둘째, 기업의 불투명한 회계운영 및 지배구조를 개선하여 개방적이며 과학적인 경영체제와 합리적인 조직의 관리체제를 구축하는 민주적인 선진기업의 경영윤리가 구축되어야 한다. 기업을 개인의 소유로 인식하는 전근대적 기업의 경영방식은 기업을 사유화하고 불투명하게 운영하도록 한다. 특히 기업회계의 불투명은 기업을 부실운영하게 하며, 기업문화를 불건전하게 왜곡시킨다. 4차 산업혁명 시대의 기업은 전문적으로 경영되어 개방적이고 합리적으로 운영되어야 한다. 기업가들이 일반 시민들에게 존경받을 수 있는 기업윤리의 실천과 건전한 기업문화의 정착이 하루 빨리 이루어져야 한다. 대한민국을 대표하는 세계적으로 자랑스러운 기업과 존경받는 기업인이 많아지는 경제구조를 만들어야 한다.

셋째, 기업의 생산규모를 확대하기보다 기업의 실질적인 생산성 향상과 근로자가 행복한 노사의 상생윤리를 구축해야 한다. 이제 개발도상국과 선진국 간의 차이는 투자액수의 부족이 아니고 바로 생산성의 격차에 있다. 대기업과 중소기업은 '공존의 상생'을 함으로써 기업의 경영구조를 건실하게 하고, 산업 전반의 경쟁력을 증대시켜 줄 수 있어야 한다. 기업의 근로자가 행복한 기업이 고객에게 보다 큰 만족을 줄 수 있으며, 또한 기업의 생산성을 효율적으로 증진시킬 수 있다. 건실한 기업의 성장을 통해 국민의 행복을 추구하고, 기업의 세계적인 무한 경쟁력을 높여 나가야 한다.

넷째, '인구절벽'시대에 한국이 다문화 구성원들에 의해 다문화 사회로 이행하는 것은 피할 수 없는 시대적인 대세이므로 다문화인들을 존중하고 배려하는 사회체제를 구축해야 한다. 다문화인들이 대한민국 국민으로서 자부심과 긍지를 가지면서 대한민국의 번영과 국민행복을 위해 동반자로서 함께할 수 있어야 한다.

한국의 출산율은 세계 최저 수준으로 20년 후에는 인구가 급격하게 줄어들 것으로 예상되고, 노동가능 인구 역시 감소할 것이다. 외국인이 급증하면서 발생하는 범죄 문제를 비롯한 인권침해와 차별 등의 부작용도 해결하고, 국가경쟁력을 향상하는 차원에서 다문화인들을 적극 배려하고 존중하는 세계시민의 자질을 향상시켜 나가야 한다.

3. 미래사회의 가치관

미래학자들은 앞으로 다가올 미래사회에 대해 다양한 내용으로 전망하고 있다. 미래에 대한 예측과 그 타당성에 대해 미래학자들의 예측은 거의 대부분 예측한 것보다 일찍 현실화되는 것이 일반적이라고 말한다. 근거 있는 예측과 전망은 그것이 대담할수록 우리에게 미래가 주는 뜻을 뼈저리게 느낄 수 있게 한다. 인간의 평균수명이 150세가 되는 날이 다가올 것이라는 예측은 꽤 대담한 전망에 속한다. 그러나 지금과 같은 계속적인 의학 발달의 결과로 나타나는 평균수명의 연장은 우리에게 좀 더 심각하게 사고할 것을 요구한다. 미래학자들의 대담한 전망은 오늘날에 와서 그 전조가 나타나고 있기 때문이다. 그렇다면 앞으로 제4차 산업혁명 시대에 나타나게 될 가치관의 모습은 어떨까? 미래사회에서 요구되는 가치관과 문화적 가치관을 중심으로 변화모습을 살펴보자.

1) 미래사회에서 요구되는 가치관

4차 산업혁명 시대는 우리에게 다양한 가치관과 다양한 삶의 형태를 수용하고 인식을 변화시킬 것을 요구하고 있다. 그동안의 획일화된 삶의 형태나 사고방식에서 벗어나 다양하고 개성적이며, 특성화된 삶의 방식을 인정할 것을 강요한다. 따라서 제4차 산업혁명 시대에는 새로운 사회에 적응하기 위한 다양한 가치관을 자연스럽게 인정하고 받아들이는 인식의 전환이 필요하다.

4차 산업혁명 시대에 적응해 나가기 위해서는 우선 새로운 시대에 대한 특징과 변화에 적응할 수 있는 지식을 제공할 수 있는 교육기회의 확대가 필요하다. 즉, 제4차 산업혁명 시대의 변화와 특징을 사회구성원들에게 체계적으로 교육할 필요가 있다. 특히 신기술이 사회에 도입되었을 때 평형을 되찾으려는 하이터치가 부족하면 신기술은 부적당하고 신뢰도가 저하되는 것처럼, 4차 산업혁명 시대의 도입과정에서 기술적인 추진력과 사회적 견인력의 불균등한 발전은 효율성의 저하를 초래함으로써 4차 산업혁명 시대로 진입하는 데 커다란 장애 요인으로 작용하게 될 것이다. 그러므로 4차 산업혁명 시대에 적응하기 위해서는 ICBM을 비롯한 정보통신기술의 개발과 보급, 인공지능과 자동화의 출현 등에 상응하여 이를 적극 수용할 수 있도록 하는 사회구성원의 의식적, 문화적 수준의 향상이 필수적이다. 따라서 정보기술에 대한 행동이나 규범적인 차원에서 ICBM에 대한 이해와 활용능력을 배양하고, 정보윤리에 대한 가치관을 정립하는 교육이 필수적으로 이루어져야 한다. 다시 말해 정보기술의 발달에 따라 출연하는 다양한 뉴미디어를 다룰 수 있는 능력을 배양하고 수많은 정보를 보다 효율적으로 활용할 수 있도록 하는 정보능력 향상이 이루어져야 한다. 또한 정보화의 발전과정에서 파생되는 부작용, 즉 프라이버시 침해, 컴퓨터 범죄, 인공지능의 활용과 자동화로 인한 일자리 감소 등을 최소화하기 위한 방안이 필요하다(한국국민윤리학회, 2002). 이를 위해서는 정보윤리 의식의 함양과 4차 산업혁명 시대에 요구하는 가치관 교육을 실시함으로써 4차 산업혁명 시대에 대한 적응능력을 배양해 나가야 한다.

4차 산업혁명 시대 가치관의 특성은 획일화되고 정형화된 특성에서 벗어나, 다양화와 융통성을 추구한다. 사회변화에 따라 개인중심의 가치관을 수용하면서도 집단적 특성을 받아들여 새로운 형태의 융합된 가치관을 지켜나가는 창의적이고 특성화된 가치를 지켜나가게 될 것이다. 4차 산업혁명 시대의 가치관의 특성을 나타내는 단어로는 능동성, 자율성, 다양성, 창의성을 제시할 수 있다. 자율성을 중심으로 능동적이고 다양한 가치를 수용하는 가치관의 정립으로 특성화된 창의적 가치관이 적용될 것이다.

2) 문화적 가치관의 변화

4차 산업혁명 시대에는 문화생활의 기준이 되는 가치관도 달라진다. 4차 산업혁명 시대의 가치관은 자아실현, 자기표현, 상호독립성, 여가선용의 지혜 등을 중심으로 변화하게 되고, 가정문화, 직장문화를 비롯한 사회 전반의 문화생활에도 다음과 같은 변모를 가져오게 될 것이다.

(1) 성취도 중심 문화에서 자아실현 문화로

산업사회에서 고도성장을 이루고 소득을 증가시켜 개인의 생활수준을 향상시키기 위해서는 과업의 성취가 중요한 사회적 미덕으로 간주되었다. 이와는 달리 4차 산업혁명 시대의 문화적 가치관은 자아실현, 자기표현, 상호 독립성, 여가선용의 지혜 등이 중심을 이루는 가치관이 될 것이다. 자아실현과 자기표현은 여가선용의 지혜와 결부되는 가치관으로, 4차 산업혁명 시대의 젊은이들은 이러한 가치관을 접하면서 생활화해 나갈 것이다. 문화적 가치관이 산업사회의 중요한 가치관이었던 성취도 중심의 문화에서 벗어나 4차 산업혁명 시대에는 자아실현이 중심이 되는 자아실현 문화의 가치관이 일상화될 것이다.

(2) 표현 방식의 다양화

오늘의 젊은이들은 자신의 생각을 언어나 글 또는 노래나 그림으로 잘 표현해 낸다. 하지만 항상 겸손과 인내를 미덕으로 삼고 있는 기성세대들은 이러한 오늘날의 젊은이들을 이해하지 못하는 경우가 많다. 이는 젊은 세대와 기성세대가 서로 다른 차원의 문화적 가치관을 가지고 바라보기 때문이다.

4차 산업혁명 시대에는 다양한 표현방식이 일상화되어 자신의 생각이나 의식의 표현이 활성화되는 시기를 맞이하게 될 것이다. 자신의 생각이나 의식의 표현에 있어서도 정보기술과 과학기술의 발달로 지금 우리가 상상하지도 못했던 다양한 방식, 예를 들면 인공지능을 활용한 표현, 사회정보망을 활용한 표현, 가상현실을 활용한 표현 등 다양한 표현기법들이 도입되어 활용될 것이다.

4차 산업혁명 시대에 기성세대들은 일상생활에서 문화적 가치를 접하게 되고, 젊은이들은 사회활동에서 다양한 문화적 가치를 느끼게 되는 시기도 함께 도래할 것이다.

(3) 자율화·개방화의 지향

산업사회와 정보사회에서 성취문화에 대한 지나친 강조는 자기 통제와 독립성을 수반하여 인간 활동에 대한 경직성을 초래하였다. 이러한 경직성은 자율화와 개방사회 속에서 적응을 어렵게 하는 요인이 되었다. 이와는 달리 4차 산업혁명 시대에는 문화적 가치관을 중시하는 사회가 될 것이다. 진정으로 의미 있는 삶을 추구하는 생각과 함께 행복에 대한 삶의 가치를 추구하며, 각자의 개인생활이나 가정생활, 사회생활을 더욱 예술적, 문화적으로 표현하여 창조적이고 자율적이며, 개방적인 삶을 지향해 나갈 것이다.

(4) 4차 산업혁명 시대의 역기능

4차 산업혁명 시대의 역기능적인 측면으로 인간의 소외, 인간 존엄성의 상실 등이 확산될 가능성이 없지 않다. 직업현장에 인공지능의 활용이나 자동화 시설이 확산되면서 많은 실업자가 발생할 수 있고, 이에 따른 인간 경시사상과 인간소외가 확산될 가능성이 높다. 뿐만 아니라 자아실현 과정에서 실패나 좌절에 부딪혔을 때 자아를 잃어버리기 위해 젊은이들이 택하는 자살이나 찰나적·순간적인 쾌락의 추구는 중대한 사회문제가 되고, 자아실현이나 자기표현을 잘못 생각하여 향락적인 생활에 빠질 수 있다는 점도 역기능에 해당된다.

이 밖에도 정보기술과 과학기술을 둘러싼 각종 범죄행위나 비윤리적 행위가 늘어날 것으로 예측된다. 또한 정보기술과 과학기술의 빈익빈 부익부 현상을 슬기롭게 극복해야 할 과제가 등장하게 될 것이며, 남녀의 성차별 문제도 확산될 것으로 예상된다. 미래사회는 '3F의 시대'가 될 것이라고 한다. 3F란 여성(Feminine), 감성(Feeling), 상상력(Fiction)을 말한다. 남녀의 성차별로 인해 성(性) 간 정보 독점 권력의 출현이 상당히 중요한 문제가 될 것으로 예측되며, 마지막으로 4차 산업혁명 시대의 역기능적 요소로 인공지능이 인간화된 사회가 되면서 각종 기술이 기능적으로 상품화되어 인간의 저속화를 조장하게 될 것이고, 허구성을 초래하고 비현실화가 확산되는 문제가 대두될 것이다.

(5) 문화의 다중 구조 인식

4차 산업혁명 시대에는 하나의 사회 속에서 서로 다른 두 개 또는 세 개 이상의 서로 다른 문화계층을 발견하게 될 것이다. 하나는 세월의 흐름에 따라 사라지는 세대이고, 다른 하나는 계속적으로 제4차 산업혁명 시대를 살아가는 세대이며, 또 다른 하나는 미래를 살아갈 세대일 것이다. 4차 산업혁명 시대에는 이러한 문화의 다중 구조 속에서 살아가게 될 것이다. 이러한 문화의 이질적 현상은 세대 간 엄청난 의사소통의 장벽을 형성하게 될 것으로 예측된다. 따라서 의사소통의 개선을 위해 세대가 함께 참여하는 문화적 공간을 확대하는 문화적 환경의 개선이 사회적 요구가 될 것으로 예상된다.

(6) 예술 활동 인구의 저변 확대

한 사회를 건전하게 만드는 길은 예술 활동 인구가 그 사회 인구의 몇 퍼센트를 차지하는가에 달려 있다. 우리나라의 경우에는 초보적인 예술 활동 인구가 유치원과 초등학교 시기에는 증가하다가 중·고등학교와 대학에 이를수록 그 인구가 줄어들고 있다. 따라서 교육내용이 자아실현, 자기표현, 여가선용의 지혜에 관한 미덕을 수용해야 하고, 이러한 활동이 실질적으로 이루어질 수 있도록 하는 제도가 만들어져야 한다. 4차 산업혁명 시대에는 예술 활동의 참여 인구가 확대되어 나갈 것으로 예상된다. 단순한 활동이나 반복되는 일상의 대부분은 인공지능이나 자동화된 사회 시스템에 의해 해결해 나갈 것이고, 사람들은 예술 활동과 같은 창의적이고 독창적인 문화생활에 높은 가치와 많은 시간을 할애하는 사회가 될 것이다. 따라서 4차 산업혁명 시대에는 예술 활동에 참여하는 인구가 확대될 것으로 예상된다.

(7) 변화를 위한 새로운 가치관

4차 산업혁명 시대의 출현과 함께 인간 조직이 변화하게 되는데, 이러한 조직 변화에 발맞추어 새로운 가치관이 나타나게 된다. 조직적인 측면에서 산업사회와 정보화 사회에서는 기계적 관계, 경쟁적 관계, 분리된 목적과 독립적인 소유로서의 자원 중심의 가치관이 주가 되는 사회였으나, 4차 산업혁명 시대는 유기체적인 인간관계와 상호 간에 연계된 목적과 사회의 것으로 간주되는 가치관이 주가 되는 사회가 될 것이다. 4차 산업혁명 시대의 도래와 함께 인문학이 새롭게 등장하고 새로운 인식으로 인문학을 바라보기 시작한 것도 이와 같은 새로운 가치관의 등장과 무관치 않다.

4. 미래사회의 직업전망

4차 산업혁명과 함께 우리 사회에는 '변화'라고 하는 큰 파도가 밀려오고 있다. 통신기술과 과학기술의 발달로 디지털 혁명이 이루어지고 있으며, 인공지능의 출현으로 변화의 속도는 가속화되고 있다. 4차 산업혁명 시대에는 과학과 문화가 함께 만나 섬세한 감상과 상상력, 창의력의 가치가 높아지고, 환경문제가 대두되면서 환경친화적 사회가 될 것으로 예상된다. 뿐만 아니라, 인간적인 삶을 추구하는 사회가 될 것이며 개인의 창의성이 기업의 가치를 능가할 시대가 올 것으로 많은 이들은 예측하고 있다.

4차 산업혁명 시대에는 과거 산업혁명 때처럼 산업현장에 많은 인력을 필요로 하지는 않을 것이다. 따라서 지금 잘나가는 직업이라고 해서 미래를 보장받을 수 없으며, 빠른 직업세계의 변화속도에서 낙후되는 데 있어서 예외가 될 수도 없다. 변화의 세계를 바르게 인식하고 그 속에서 다가올 미래사회를 예측하는 사람만이 직업선택에서 성공할 가능성이 크다.

1) 직업군의 변화

산업사회에서는 기술자나 기능직, 반숙련 노동직 등이 주를 이루는 직업군이 형성되었다. 그러나 4차 산업혁명 시대에는 전문 기술직이나 전문 과학자, 전문적 학문분야 등 다양한 전문직이 확대되고, 이에 의존하는 경향으로 직업군이 형성될 것이다. 또한 다양한 서비스업이 등장하고 세분화된 전문화가 추진되어 새로운 직업의 유형이나 형태가 급격히 증가하는 직업군의 변화를 보일 것이다.

대부분의 직업인이 전문가나 최소한 준전문가로서 전문적 집단에 속하게 될 것이며, 사실상 육체노동자의 개념은 소멸될 것이다. 모든 사람들이 전문적 지식, 기술, 태도를 습득하여 전문성을 갖추지 않으면 직업 활동뿐만 아니라 가정생활이나 사회생활에서도 생활이 매우 어렵게 될 것이다. 전문가나 준전문가가 되기 위해 많은 교육을 받기 위해 평생학습체제의 도움을 받게 될 것이며, 학교 밖의 평생학습교육기관에서는 사회교육과 직업교육 활동이 활발히 전개되고 확대되어 편성될 것이다.

직업군의 변화와 함께 미래사회에 출현할 신종 직업으로 미래학자들은 블록체인 전문가, 앱 개발자 등을 4차 산업시대 이후 유망직종으로 제시한다. 이 밖에도 게임 소프트웨어 검열자, 위치 파악 전문가, 혁신 리스크 보험인, 미학 엔지니어, 복제 이미지 전문가, 동물 및 인간 복제 전문가, 원형발명가 등을 들고 있으며, 이와 함께 취업자들을 위한 이력서 대행업체, 인간관계 분석가, 국적 변경 컨설턴트, 대화 상대자, 양부모, 복제 이미지 매니저 등의 출현도 예견하고 있다. 뿐만 아니라 자동화 시대의 일상화로 모든 개인정보가 암호화되겠지만, 기술의 발전만큼 더불어 발전하는 것이 바로 해킹 기술이다. 기술의 발전과 함께 다시 보안기술로써 보완하는 서로의 경쟁이 일상화될 것으로 예상된다.

미래학자들은 직업 구조의 변화 요인으로 정보기술혁명, 경제 구조의 변화, 세계화의 진전 등이 주된 변인이 될 것이라고 말하고 있다. 또한 확장된 광대역 통신망과 유무선망의 통합된 네트워크가 사회 신경망으로 자리잡으면서 산업을 포함한 사회경제 구조에 거대한 변화를 예고하고 있다. 특히 인간생활에 가장 근접해 있는 정보기술과 인공지능기술은 생명공학·신소재 기술 등 첨단 기술과 결합해 하이브리드(Hybrid) 기술로 성장해 나갈 것이며, 특히 정보 수집, 정보 조작, 정보 가공 분야는 경제사회 전 분야에 걸쳐서 권능 부여 기능을 행사하게 될 것이라고 주장한다(정병식 · 이장희, 2004). 미래직업 구조에 대한 이러한 변화는 직업선택과 향후 산업구조를 결정짓는 중요한 열쇠가 될 것이다.

2) 직업의 변화 방향

산업현장에서 지식과 정보의 효율적인 활용은 부가가치를 창출하는 근원이 된다. 제4차 산업혁명 시대에도 지식과 정보 및 기술의 발달로 많은 직업이 생성되기도 하고 소멸되기도 하는 과정을 거치게 될 것이다.

과학기술의 발전으로 직업세계의 변화가 일어나면서 사회, 경제, 기술 등의 분야에서 새로운 직업이 출현하게 되는데, 제4차 산업혁명 시대에 직업군의 변화 방향을 살펴보면 데이터 분석가, 드론 조종사, 소프트웨어 개발자처럼 4차 산업혁명을 이끌어 갈 직업들이 새로운 유망 직종으로 떠오르고 있다. 특히 유통분야에서는 AI를 활용하거나 빅데이터 분석을 통한 최적화된 배송에 초점을 맞춰 나가는 직업군이 만들어지고 있고, 신선제품의 생산과 관련된 분야에서는 IoT 센서 기술을 적용해 화물의 온도 변화를 모니터링하면서 신선도를 관리해 나가는 직업분야가 각광을 받고 있다. 또한, 해운분야에서는 블록체인 기술을 활용한 해운 운항정보의 모니터링과 함께 운항정보를 공유해 효율적으로 운영하는 직업이 새롭게 등장하고 있으며, 사료생산 분야에서는 사료의 주문패턴과 같은 빅데이터를 분석해 소비자 상황의 사전 예측과 우선 배송 등을 관리하는 직업분야가 새롭게 등장하고 있다. 이처럼 다양한 직업 분야에서 새로운 기술과 정보를 활용하는 방향으로 직업군이 형성되어 가고 있다.

국제미래학회에서는 우리나라에서 새로운 기술의 등장으로 소멸되어 가고 있는 직업 100개를 선정하여 발표했는데, 그중 일부의 내용을 표로 구성하여 제시하면 다음과 같다.

표 10-2 새로운 기술의 등장으로 우리나라에서 소멸되는 직업

현재 직업을 소멸시키는 새로운 기술	소멸되는 직업
자율주행차	택시기사, 버스기사, 트럭기사, 우편배달부, 교통경찰, 주차장 직원, 대리 운전사, 세차장 직원, 판사, 변호사
드론(무인비행기)	택배기사, 음식 및 피자배달, 우편배달, 비상 구조대원, 긴급 구조요원, 토지현장 측량사, 경비원, 지질학자, 해충구제 서비스, 소방관
3D 프린터	보석 및 신발 등 산업디자이너, 건축, 건설, 자동차, 우주항공 노동자, 치과 및 의료 산업 종사자, 토목공학자, 기계기술자, 물류창고직원
3D 빌딩 프린터	목수 등 건설노동자, 홈 리모델링 노동자, 도시계획가, 주택보험사, 부동산 전문가, 부동산 중개사
빅데이터	기자, 저자 및 소설가, 군사기획관, 암호전문가, 영양사, 다이어트 전문가, 방사선과 의사, 회계사, 경리, 변호사, 법률사무소 직원
인공지능	이벤트 기획가, 피트니스 트레이너, 통번역 전문가, 고객서비스 전문가, 교사
로봇기술	소매점 직원, 계산대 직원, 외과의사, 약사, 수의사, 경비원, 미화원, 해충구제 및 산림관리자

출처: 국제미래학회(2016). 대한민국미래보고서.

3) 4차 산업혁명 시대의 유망 산업

4차 산업혁명 시대의 등장으로 미래사회는 초지능, 초연결, 초실감을 구현하는 인공지능과 메타버스 시대가 될 것으로 예상된다. 인공지능과 메타버스는 우리의 일상생활은 물론이고 정치, 사회, 문화, 예술, 의료, 산업, 경제, 경영, 직업, 비즈니스, 미디어와 교육 등 사회의 모든 분야에 걸쳐 활용되고 있다. 이제 직업역량이라 함은 다름이 아닌 인공지능과 메타버스를 얼마나 잘 활용하고 직업에 기여할 수 있느냐가 곧 직업역량인 시대가 될 것이다.

직업의 선택에 있어서 미래의 유망한 성장산업을 추구하는 일은 현실적으로 매우 유리하다. 그렇다면 4차 산업혁명 시대에 유망한 성장산업으로는 어떠한 것들이 있을까? 미래학자들이 오늘날의 경제상황을 바탕으로 예측한 내용을 보면 'BBC분야'를 미래사회에 가장 유망한 산업분야로 보고 있다. BBC분야라 함은 바이오(Bio) 산업[8], 배터리(Battery)[9], 반도체(Chip)[10]를 지칭하는 것으로 미래 산업의 중심으로 자리매김 할 것임을 예측하고 있다.

이주완 외(2017)는 4차 산업혁명 시대를 대표하는 변혁으로 일곱 가지의 키워드와 세 가지의 양상을 제시하고 있다. 4차 산업혁명 시대에 예상되는 일곱 가지 변혁의 키워드로는 첫째, 생산자와 소비자의 직접 소통 둘째, 스마트 팩토리로의 전환 셋째, 실감형 콘텐츠에 기반한 교육 및 훈련의 확대 넷째, 당일 배송을 위한 하이브리드(Hybrid) 물류의 확산 다섯째, 지능형 교통운송 시스템의 도입 여섯째, 데이터 전쟁 일곱째, 서비스의 융합 등을 제시하고 있으며, 서비스 융합은 크게 의료, 유통, 레저나 엔터테인먼트 등의 분야에서 두드러지게 나타날 것으로 보고 있다. 또한, 4차 산업혁명 시대의 변화 양상에 대해서는 첫째, 4차 산업혁명의 핵심요소 산업은 급격한 수요의 팽창으로 높은 성장세가 기대되고 있으며 둘째, 일부 산업은 융합과 변신을 통해 생존의 맥을 이어 나갈 것으로 예측되지만 셋째, 신산업에 역할과 기능을 빼앗긴 산업은 쇠퇴하게 될 것이라고 예상하고 있다. 그와 관련된 구체적인 사례로 사이버물리시스템(CPS: Cyber physical systems)[11]의 사례를 들고 있는데, 본격적인 사이버물리시스템의 도입으로 4차 산업혁명 시대가 시작됨에 따라 제조업, 서비스업 구분 없이 경제활동의 패러다임이 바뀌는 큰 변혁을 맞이하게 되었고, 그에 따라 많은 산업들이 영향을 받게 될 것으

8) 생명체의 원리를 활용하여 바이오테크놀로지(biotechnology)를 기업화하려는 산업 분야이다. 바이오산업의 기본이 되는 4가지 기술에는 유전자 재조합 기술, 세포 융합 기술, 대량 배양 기술, 바이오리액터(bioreactor)기술 등이 있으며, 이중 유전자 재조합 기술로 당뇨병 특효약인 인슐린과 암 치료에 이용되는 인터페론의 양산이 실용화되었다. 바이오산업은 미래 산업의 주력분야가 될 것으로 예측된다.

9) 전기에너지를 화학에너지로 바꾸어 모아 두었다가 필요한 때에 전기로 재생산하는 장치와 관련된 산업분야이다. 전기 자동차의 생산이 증대되고 휴대전화, 노트북, 디지털카메라 등에서 많이 사용하게 되면서 미래사회의 유망분야로 주목을 받고 있는 산업분야이다.

10) 반도체는 도체와 절연체의 중간 정도의 전도성을 지닌 물질이다. 금속과 같이 전기를 잘 통하는 도체도 아니고, 전기를 전혀 통하지 않는 부도체도 아니다. 하지만, 낮은 온도에서는 거의 전류를 흘리지 않다가도 온도가 높아짐에 따라 전기를 전도하는 정도가 강해지는 특성을 보이는 물질이다. 이러한 반도체는 오늘날 거의 모든 산업 분야에서 널리 사용되고 있으며, 컴퓨터, 로봇, 비행기, 자동차를 비롯하여 다양한 가정용 전기기구에서도 사용되고 있다. 반도체는 흔히 '산업의 쌀'이라고 부르며 미래 산업의 유망분야로 주목을 받고 있다.

11) 사이버물리시스템은 기술을 융합하여 제조업의 경쟁력을 강화하기 위한 정책으로 현실 세계의 다양한 물리, 화학 및 기계공학적 시스템(physical systems)을 컴퓨터와 네트워크(cyber systems)를 통해 자율적, 지능적으로 제어하기 위해 등장하였다. 제조업에서의 사이버물리시스템(CPS)은 사물 인터넷(IoT: Internet of Things)과 클라우드 컴퓨팅(cloud computing)을 적용하여 지능형 공장(smart factory)을 구축하는 것을 목표로 하고 있다.

로 보고 있다. 과거 산업혁명 시기에 경험했듯이, 생산 및 경제활동의 틀이 바뀌면 새로운 비즈니스가 기회 창출로 수혜를 입게 되며 동시에 일부 산업은 강력한 대체재의 등장으로 쇠락의 길을 걷게 된다. 1차 산업혁명 당시 증기기관이라는 새로운 동력이 등장하자 말과 관련된 산업이 급속하게 쇠퇴한 것이 바로 그 예이다. 앞에서 제시한 일곱 가지 변혁 키워드를 통해 예상되는 수혜 업종과 쇠락하는 산업을 살펴보면, 4차 산업혁명의 도래로 수혜나 쇠락이 예상되는 부문은 하드웨어와 서비스 관련 업종이 대부분이다. 이 중에서 피해가 예상되는 부문은 대부분 서비스 관련 업종에 집중되어 있다. 이러한 결과는 4차 산업혁명의 특징과도 연관성이 있는데, 4차 산업혁명의 두드러진 특징은 하드웨어 기술과 기존의 서비스가 융합해 기존 산업을 대체할 새로운 비즈니스를 창출하는 데서 발생한다. 4차 산업혁명 시대의 가장 큰 수혜자는 실감형 콘텐츠(VR, AR, MR), 사물인터넷(IoT : Internet of Things), 빅데이터, 인공지능(AI) 등이다. 이들은 독립된 아이템으로서의 가치는 크지 않으나 서비스 및 업무 프로세서와 연계될 때 무궁무진한 기회를 창출할 수 있기 때문에 큰 혜택을 받을 수 있다. 또한 이들은 사이버물리시스템 구현의 핵심이며 센서, 광학, 반도체, 통신 등과 같은 후방 파급효과에도 큰 영향을 미친다. 하지만 다른 측면에서 보면 새로운 대체재가 등장함에 따라 시장의 축소와 쇠퇴가 예상되는 업종도 있다. 상품의 기획, 조사, 마케팅과 관련한 직종들과 오프라인 학원(교육, 직업, 레저), 대형 창고, 택배, 운전기사 등은 축소되거나 쇠퇴할 것으로 예상된다. 스마트 팩토리의 확산에 따라 컨베이어, 금형과 사출, 공작(가공) 등의 수요도 감소할 것으로 예상되고 클라우드의 확산, 빅데이터와 블록체인 등의 도입으로 컴퓨터의 본체를 생산하는 시장도 축소될 것으로 예상된다. 서비스의 융합과 관련된 산업, 지능형 교통시스템의 도입에 따른 운전면허학원, 자동차 보험, 카센터 등의 수요 감소, 의료부문 혁신으로 인한 중소형 병·의원과 약국의 쇠퇴 등도 감소하는 산업분야로 예상되고 특히 레저 부문에서는 스키장, 골프장, 놀이공원 등 야외시설이 가상테마파크에 의해 잠식당할 것으로 보인다.

4차 산업혁명에서는 생산방식과 산업 패러다임의 변화가 수반되므로 수

요의 팽창과 더불어 급격히 성장하는 산업과 대체재의 등장으로 쇠퇴하는 산업이 존재하기 마련이다. 능동형 자동화, 사물인터넷, 무인 수송, 실감형 콘텐츠[12] 등 4차 산업혁명의 핵심 분야는 성장 잠재력이 크고 적용 분야가 많아 차세대 주력 산업으로 발돋움할 것으로 보이며, 이 외에도 반도체, 센서, AI, GPS, 통신 칩, 드론, 자율주행차, 3D 프린터, 로봇 등이 대표적인 수혜산업이다. 하지만 일부 산업은 자신의 고유한 아이덴티티(Identity)를 유지하면서 사물인터넷(IoT : Internet of Things) 기반의 새로운 접근을 통해 비즈니스를 변형시키거나 확장시켜 성장 동력을 확보할 것으로 예상되지만, 수동형 자동차, 공급자 중심 생산기획, 오프라인 교육기관, 오프라인 순수 유통점 등은 신산업에 그 역할의 일부를 빼앗겨 축소 내지는 소멸될 가능성이 매우 높다(이주완 외, 2017).

4) 미래사회의 직업적 특성

미래의 직업전망을 위해서는 사회 전체로 보는 경제활동 인구나 경제구조, 산업구조, 고용구조 등 사회 전반에 걸친 분석이 함께 뒤따라야 한다. 따라서 여기서는 미래 직업의 유형적인 특성이나 구조적인 측면에서의 직업전망보다는 우리 사회의 현재의 직업들이 다가오는 미래에는 어떠한 형태로 변화되고 탈바꿈하게 될지, 다가오는 변화의 흐름 속에서 직업 간의 관계를 중심으로 살펴보고 그 특징을 알아보고자 한다. 4차 산업혁명 시대에 나타나는 직업적 특성은 다음과 같이 요약할 수 있다.

(1) 평생직장에서 평생직업으로 전환

많은 취업 준비생들은 대기업에 입사하기를 희망한다. 그러나 모두에게 대기업에 입사할 수 있는 기회가 주어지는 것은 아니다. 또한 지금은 대기업이라 하더라도 장기근속이 보장되는 상황도 아니다. 빠르게 변화하고 있

12) 정보기술과 통신기술을 기반으로 인간의 인지능력과 감각기관을 자극해 가상의 대상, 혹은 상황에 대해 실제와 같은 경험, 감정을 느끼게 하는 디지털 콘텐츠를 말한다. VR, AR, MR 등이 그 예이다.

는 경쟁사회에서 기업의 변화도 빠르게 진전되고 있다. 기존 기업이 어느 날 갑자기 사라지기도 하고, 새로운 기업이 만들어지는 것은 일상적인 이야기이다. 경쟁체제 속에서 살아남지 못하는 기업들은 인수·합병의 과정을 거쳐 사라지기 때문에 입사와 더불어 관행적으로 보장되었던 종신 고용은 옛날이야기가 되었다. 이제는 평생직장에 대신하여 평생직업의 개념으로 직장을 선택해야 한다. 평생직업이라는 개념은 자신이 일하고 있는 관련 업무분야에 대한 지적 능력과 대외적인 상황에 유연하게 대처할 수 있는 역량을 갖춘 직업인을 말한다. 이를 위해서는 자신의 커리어 관리가 필수 요건이다. 직장을 선택하기에 앞서 직업을 선택하여 자신이 평생 종사하는 직업으로 꾸준한 자기관리와 관련 분야에 대한 탁월한 전문능력을 갖추는 일이 중요하다.

(2) 고학력 인력에 대한 수요 증가

이제 대학은 누구나 갈 수 있는 기본학력이 되는 사회로 변화하고 있다. 그러다 보니 오늘날의 젊은이들은 과거처럼 대학을 졸업했다고 해서 우대를 받거나 선택받지 못한다. 앞으로 급변하는 노동시장에서는 고학력에 대한 수요가 점차 증가할 것이다. 지식기반사회에서는 고학력 인력에 대한 수요가 증가하고, 지식정보의 창출 속도가 빨라지고, 지식을 한 번 습득한 것으로 끝나는 것이 아니라 변화하는 새로운 지식과 정보에 맞추어 계속적으로 창출하고 활용하여야 부가가치를 높일 수 있다. 지식기반사회의 이행이 가속화되면서 고급 기술력과 정보력을 갖춘 높은 수준의 학력을 갖춘 인력에 대한 수요가 증가할 것이다.

(3) 삶의 질을 높이는 직업 비중의 증가

사람들의 생활수준이 높아지고 주 5일 근무제가 일반화되면서 삶의 여유를 즐기는 사람들이 증가하고 있다. 이에 따라 직업의 비중도 삶과 여유를 즐기는 분야의 업종이 증가하게 된다. 특히 사람들의 평균수명이 증가함에 따라 건강한 삶을 희망하는 사람들의 관심분야에 대한 직업도 확산될 것으로 예상된다. 앞으로의 직업분야는 문화산업을 비롯하여 건강과 복지, 여가분야의 산업에서 활성화가 이루어질 것으로 예견되며 주 4일 근무제에 대한 추진도 활성화될 것으로 보인다.

평균 연령의 증가가 단순히 삶의 연장이라는 개념에서 벗어나 활기찬 삶을 사는 것이 중요하다는 인식으로, 건강을 유지하기 위한 분야나 건강 관련 기구 및 용품의 산업 분야에 대한 비중이 증가할 것이다. 또한 질병을 예방하기 위한 예방의학 분야나 질병이 발생했을 때 이를 치료하기 위한 의학 관련 분야의 성장도 확대될 것으로 예견된다.

(4) 여성 노동력에 대한 수요 증가

미래사회는 '3F의 사회'가 될 것이라고 전망한다. 3F란 여성(Feminine), 감성(Feeling), 상상력(Fiction)으로 사회변화 속에서 여성의 사회참여가 확산되어 갈 것이라는 의미이다. 그동안 여성들의 사회참여에 장애요인으로 작용해 왔던 여성의 육아 문제나 가사노동, 출산, 학력 저하, 노사문제 등에 있어서 많은 변화가 있었다. 따라서 여성들의 사회 진출에 대한 장애가 제거되고 여성들의 경제활동 비중이 높아지면서 미래사회의 직업구조에서는 여성들의 참여가 증가하고 여성 노동력이 그만큼 활성화될 것이다. 또한 미래사회에는 서비스 분야의 직업이 증대될 것으로 예측되는데, 이 분야에서는 여성들의 섬세함이나 미적 능력 등이 남성들보다 여성들에게 유리하기 때문에 여성들의 직업참여가 확산될 것으로 보인다.

(5) 인터넷의 도입에 의한 직무 내용의 변화

4차 산업혁명 시대의 도래와 함께 인터넷은 우리 생활에 없어서는 안 될 필수 요건이 되었다. 인터넷의 도입은 우리 생활에 많은 변화를 가져왔다. 가상사회가 현실화되면서 인터넷상에서 우리나라는 물론 전 세계가 하나로 네트워킹되는 지구촌화가 실현되고 있다. 이에 따라 그동안 판매자와 구매자가 직접 얼굴을 맞대고 상품과 돈을 교환하던 시대에서 벗어나 인터넷을 통한 전자 상거래가 활성화되었고, 회사나 직장에서의 모든 업무가 컴퓨터를 통해 이루어짐으로써 컴퓨터 없이 일하는 것은 상상조차 안 되는 직업들이 증가하고 있다. 이와 같이 다가오는 사회는 컴퓨터와 인터넷을 활용한 업무 처리들이 보다 더 확산될 것으로 예측된다.

컴퓨터의 도입은 직무 형태에도 많은 변화를 가져왔다. 매일같이 회사로 출근하던 시대에서 벗어나 집에서 회사의 업무를 처리하는 재택근무제가 도입되어, 이제는 일하는 공간이 반드시 회사가 아니라 물리적 환경에 제약을 받지 않고 언제, 어디서라도 회사 업무를 처리할 수 있게 되었다. 또한 근무시간을 자율적으로 정하여 근무하는 유연근무제의 확산으로 열린 직장의 시대가 다가오고 있다.

4차 산업혁명은 있는가?

조선닷컴에서 '4차 산업혁명'을 검색하면 6,400여 건의 뉴스와 2,200여 건의 지면기사가 뜬다. 반면 뉴욕타임스 홈페이지에서 'Fourth Industrial Revolution'을 검색하면 18개의 기사가 나올 뿐이다. 일본도 미국과 비슷한 실정이어서 '第4次産業革命'을 포함하고 있는 아사히신문의 기사는 총 19건에 불과하다. 미국과 일본엔 4차 산업혁명이 없단 말인가. 혁명은 권력 구조의 변화를 의미한다. 그리고 권력 구조의 변화는 프랑스 대혁명 당시 바스티유 감옥의 습격이나 '피의 화요일(1960년 4월 19일 일어난 대규모 반독재 투쟁인 4·19 혁명을 일컫는 말)'과 같은 상징적인 사건 당일에 완료되지 않는다. 그 이후로도 길고 처절한 사회투쟁이 동반되기 마련이다. 프랑스 혁명은 나폴레옹 정부 성립 이후 한 세기 가까운 동안에 치열한 논의를 거친 끝에야 혁명의 칭호를 획득하였고, 4·19 혁명은 발생 시점에서 30여 년이 지난 1987년 제9차 헌법 개정 때에 이르러서야 우리 헌법에 공식적으로 혁명으로 기술된다. 우리가 인식하는 것보다 혁명은 아주 느린 과정이다. 혁명은, 혁명의 시대를 사는 사람들에 의해 정의될 수 없다.

산업혁명 역시 마찬가지다. 제임스 와트(1736~1819)가 증기기관을 발명한 1776년에서 한 세기를 훌쩍 넘긴 1880년대에 와서야 영국의 경제학자 아놀드 토인비(1852~83)에 의해 1차 산업혁명의 개념이 일반화된다. 2차 산업혁명은 미국 자동차 회사인 포드의 모델 T가 처음 생산된 1908년부터 반세기가 넘게 흐른 1960년대에 이르러서야 대중적으로 받아들여지는 개념이 된다. 사회혁명과 마찬가지로 산업혁명은 모든 것이 완료된 이후 기나긴 사회적 논의를 거친 후에만 정의될 수 있으며, 따라서 동시대인에 의해 정의되는 것은 어불성설이다. 3차 산업혁명에 대한 논의가 국제적으로 본격화된 것은 제러미 리프킨이 저서 '3차 산업혁명'을 출간한 2011년이다. 리프킨은 3차 산업혁명을 재생에너지와 공유경제의 키워드로 정의한다. 그리고 3차 산업혁명은 '앞으로 발생할' 일이며 이를 위한 사회적, 경제적, 기술적 준비가 필요하다고 주장한다. 3차 산업혁명은 일어나지 않았다. 현 시점에서 이는 특정 개인의 주장일 뿐이다.

3차 산업혁명이 없었는데 4차 산업혁명이 일어나는 것은 이상하다. 뉴욕타임스나 아사히신문에 관련 기사가 많지 않은 이유다. 이미 4차 산업혁명이 보통명사화돼 버린 우리나라와 달리 미국·일본에서는 4차 산업혁명이라는 표현을 일상적으로 사용하지 않는다. 사회적으로 합의된 바가 없기 때문이다. 따라서 뉴욕타임스나 아사히신문에서 4차 산업혁명을 지칭할 때는 이것이 특정한 개인의 주장, 즉 세계경제포럼(WEF) 의장인 클라우스 슈밥이 2016년에 주창한 의제임을 명백히 하기 위해 인용을 의미하는 따옴표를 사용한다. 4차 산업혁명이 현재 일어나고 있다는 것은 객관적 사실이 아니다. 따라서 4차 산업혁명은 선언적이다. 외부에서 만들어진 용어라는 차이가 있긴 하지만 정부의 정책적 지향점을 나타낸다는 관점에서 보면 '녹색성장'이나 '창조경제'와 유사하다. 대통령의 공약에 4차 산업혁명이 중요한 의제로 들어갔으며, 실제 정부 주도의 '4차 산업 혁명위원회'가 활동하고 있지 않은가. 그런 측면에서 프로파간다, 즉 선동적이라는 표현이 좀 더 어울릴지 모른다.

선동적이라 해서 꼭 나쁜 것은 아니다. 인공지능(AI)과 같은 4차 산업혁명을 상징하는 기술들이 무궁무진한 가능성을 가졌음을 부정할 사람은 없을 것이다. 가능성을 현실로 만들기 위해서는 많은 사람의 집중된 관심과 노력이 필요하다. 4차 산업혁명은 그 어떤 의제보다 성공적으로 사람들의 관심을 이끌어냈다. 성공적인 선동인 셈이다. 그리고 무엇보다도 혁명은 선동가에 의해 잉태되는 것이 아니던가. 하지만 우리 사회가 4차 산업혁명이라는 의제를 소비하는 방식에는 우려스러운 점이 있다. 2016년 스위스에서 열린 세계경제포럼(WEF)에서 4차 산업혁명이라는 말이 나왔다. 바로 그때까지만 해도 우리 사회는 4차 산업혁명을 매일 생산되는 수없이 많은 주장의 하나로 여길 뿐이었다. 그리고 같은 해 3월 구글 딥마인드 챌린지(구글의 AI인 알파고와 한국 프로기사 이세돌 9단이 벌인 바둑 대국)가 열렸다. 결과는 알파고의 충격적인 압승이었다. 알파고와 이세돌 기사의 승부가 우리에게 충격적으로 다가왔던 이유는 단순히 예상 밖의 결과가 나왔기 때문이 아니다. 그것은 기술이 달성할 수 있는 최고점이 우리의 상식선을 이미 아득히 뛰어넘었음을 직관적으로 깨달았기 때문이다. 우리는 기계가 절대 따라잡을 수 없는 인간 고유의 역량이라고 여겼던 통찰력이나 감(感), 혹은 직관이나 촉 역시 기계로 복제 가능하며, 심지어는 인류 최고 수준의 역량도 기계를 따라잡을 수 없음을 생생한 날것으로 목격했다.

우리는 천재를 경외한다. 천재는 아주 드문 확률로 나타나는 재능 위에 범인은 상상할 수도 없는 노력이 더해졌을 때만 완성되기 때문이다. 이세돌 기사의 패배가 우리의 가슴 깊이 다가오는 이유는 바둑이 우리 사회에서는 지적 역량의 최고 경연장이고, 이세돌 기사는 그 무대에서 천재의 상징이기 때문이다. 우리를 만물의 영장으로 만들어 준 지적 활동의 영역에서조차 최고의 재능이 피나는 노력을 하더라도 기계를 당해낼 수 없게 된 것이다. 이런 상황에서는 기업의 일상 업무 등 어떤 지적 활동의 영역도 기계로 대체될 수 있다. 즉 우리 사회가 4차 산업혁명을 즉각적으로 기정사실화한 이유는 내 직업이 없어질 수 있다는 두려움, 바로 공포감 때문이었다.

공포 마케팅은 효율적이다. 공포는 사람들에게 즉각적인 행동의 변화를 이끌어내기 때문이다. 하지만 이는 합리적인 의사결정을 방해한다. 암호 화폐와 관련한 사회적 논란이 그 좋은 예다. 블록체인의 유효성과는 별개로 암호 화폐의 문제점은 너무나 명확하다. 하지만 공포감은 우리의 눈을 흐리게 했고 암호 화폐는 4차 산업혁명의 대표주자라는 맹목적인 이유로 존재의 정당성을 획득하게 된다. 공포를 주된 동력으로 하는 변화는 지속가능한 진보로 이어지지 않는다. 그런 의미에서 4차 산업혁명의 의제가 소비되기 시작한 지 3년이나 지난 현재도 여전히 공포가 핵심 동력이라는 점은 매우 우려스럽다. 기술의 진보는 직업을 없애지만 그만큼의 새로운 일자리를 만들어 낸다. 하지만 새롭게 생길 산업과 직업에 대한 글은 찾아보기 어렵고 여전히 공포감을 자극하는, 사라질 직업에 대한 글만 생산된다.

이제는 사회 구성원들을 자발적으로 시대의 흐름에 참여하게 만들 때가 됐다. 이는 긍정적인 청사진을 제시할 때만 가능하다. 사라질 직업보다는 새롭게 생길 직업에 대해 분석할 때다. 그리고 새로운 기술이 우리 일상에 어떤 긍정적인 변화를 이끌어낼지도 논의해야 한다. 4차 산업혁명이 선동으로 끝나지 않고 진정한 산업혁명이 되기를 원한다면 공포 마케팅은 이제 끝낼 때가 됐다. 내실을 다질 시점인 것이다. 그러지 않고 4차 산업혁명은 없다.

출처: 김우창(2019). 4차 산업혁명은 있는가?. 이코노미조선 Vol 295(2019.4.15., http://economychosun.com).

CHAPTER 11

직업과 직업의 선택[1]

인간은 삶 속에서 직·간접적으로 직업과 관계를 맺으며 살아가고 있다. 그러나 사람들 중에는 직업을 즐겁고 보람 있는 일로 생각하면서 훌륭한 성취를 이루는 사람이 있는가 하면, 어떤 사람들은 직업을 생계유지를 위해 마지못해서 하는 수단으로 생각하는 사람들도 있다. 인간의 삶 속에서 일과 직업이 가지는 의미를 이해하고 일과 직업에 대한 바른 태도를 갖는 것은 매우 중요하다. 뿐만 아니라 직업선택을 위한 여러 가지 조건들에 대한 바른 이해도 필요하다. 올바른 직업관을 가지고 자신의 현재와 미래의 삶을 보람 있게 만들어 가는 일에 주력할 때 의미 있는 삶이 만들어질 것이다.

1. 일과 직업의 의미

일과 직업은 누구에게나 주어진 삶의 과정이며, 그것이 삶에서 차지하는 비중은 매우 크다. 대부분의 사람들은 하루 일과 중 대부분의 시간을 직업적 활동을 위해 사용한다. 또한 직업적 활동을 통해 생계를 유지하고 자아를 실현한다. 한 사람의 인생 전체를 살펴보더라도 미성년 시절이나 학창 시절에는 미래의 준비 기간으로 삶을 보내고, 성인이 되어 직업 전선에서

1) 이규은(2019). pp. 291-392의 내용을 재구성함

은퇴할 때까지는 직업적 활동에 전념하다가, 은퇴 후 노년기를 보내면서도 소일거리라는 명목으로 가능한 직업적 활동을 추구한다. 이렇게 볼 때 직업은 그 사람의 삶에서 가장 중요한 부분이고 가장 많은 시간을 보내기 때문에, 그 사람의 직업을 알면 그 사람을 이해하는 데도 도움이 된다. 따라서 우리가 살아갈 인생의 중요한 부분을 차지하는 직업의 선택을 결코 소홀히 할 수 없다. 직업을 소홀히 한다는 것은 결국 우리 스스로 자신의 인생을 소홀히 살아간다는 의미와 같은 뜻이다. 자신의 인생을 소중하게 생각한다면 직업의 의미와 중요성에 대해서 깊이 생각하고 심사숙고해야 한다.

1) 일의 의미

사람이 어떤 가치 창조를 위해서 정신적, 육체적으로 하는 노동활동을 흔히 '일을 한다.'라고 말한다. 사람들은 누구나 정신적, 육체적 활동을 통해 일을 하면서 살아가고 있다. 일(Work)이란 휴식과 놀이 또는 여가활동을 제외한 인간의 능동적인 모든 활동을 뜻한다. 그러므로 인간이라면 누구나 공부를 한다든지, 집안일을 한다든지, 저녁을 준비하는 등의 여러 가지 일을 하면서 살아간다. 일이라는 것의 의미는 넓은 의미로 보면 인간의 의도된 생산 활동이라는 개념으로 설명될 수 있다. 생산 활동이라는 개념으로 설명한다고 해서 모든 일이 곧 직업이 되는 것은 물론 아니다. 일은 직접적으로 인간의 생존에 대응하는 것은 아니지만, 인간의 욕망에 대응함으로써 간접적으로 인간의 욕구를 채워 준다.

일을 어떤 시각으로 바라볼 것인지에 대한 생각은 개인에 따라 다르게 평가될 수 있는 상대적인 것이다. 일반적으로 일에 대한 시각은 양면성을 지니고 있다. 즉, 일에 대한 긍정적인 측면과 부정적인 측면을 함께 가지고 있는 양가성(兩價性)을 지니고 있다. 일에 대한 부정적인 측면으로는 일은 힘들고, 괴롭고, 강제적인 형태로 이루어진다는 점과 일에 대한 보상이나 대가가 충분히 이루어지지 않는다는 점에서 비롯된 것이다. 근대 이전에는 노동을 인간의 생리적 욕구를 충족시켜야만 하는 필연성 때문에 인간에게 강요된 저주스러운 구속이었고, 중세에 있어서는 노동이 인간의 신에 대한 불복종의 결과로 받는 형벌로 간주되었다. 노동이란 단어가 형벌이나 고문이라는 어원에서 유래되었다는 사실에서도 부정적인 의미를 찾을 수 있다. 근대 이후에도 일의 강제성과 불충분한 보상이라는 문제는 정도는 다르지만 여전히 남아 있고, 일에 대한 부정적인 시각도 사라지지 않고 있다. 근대의 노동자는 고대의 노예나 중세의 농노처럼 경제 외적인 강제를 당하는 경우는 없지만, 자신의 생활을 유지하기 위해서 노동을 상품으로 팔지 않을 수 없었다는 점에서 경제적인 강제에 구속되어 있었다고 볼 수 있다. 노동의 형태가 일 자체에 의미를 부여하기 힘든 것이거나, 작업환경이나 보수 등과 같은 노동조건이 열악한 것일 때에는 역시 일이 힘들고 괴로운 삶의 악이라는 인식을 버릴 수가 없다.

이와는 반대로 긍정적인 측면에서 일의 의미를 부여하고자 하는 관점도 있다. 이러한 관점으로 첫째, 일은 경제적 보상을 해 준다는 점이다. 즉, 경제적인 요구에 의해서 일이 이루어진다는 것이다. 그렇지만 일을 하는 이유가 경제력의 획득에만 있는 것은 아니다. 설령 경제적 압박을 벗어난다고 하더라도 일을 하는 경우가 많이 있다. 그래서 일은 어떤 목적을 달성하기 위한 활동이라는 개념이 더 적절하다고 여겨진다. 둘째, 일은 그 자체에 즐거움이 있기 때문이라는 점이다. 일은 경제적인 관련성을 따지기 이전에 일을 함으로써 즐거움을 찾고 보람을 느끼게 된다는 것이다. 셋째, 일은 인간이 자기를 실현하는 창조의 활동이라는 점이다. 일은 행복과 재산을 가져다주는 삶의 축복으로서 인간을 자유롭게 할 뿐만 아니라 인간을 인간답게 하는 창조적 활동인 것이다(정병식 · 이장희, 2004).

일에 대한 긍정적인 측면과 부정적인 측면에 대한 시각차는 개개인의 특성이나 상황에 따라 다르게 판단될 수도 있다. 그러나 모든 일에는 정도의 차이는 있지만 긍정적인 측면과 부정적인 측면을 다 가지고 있는 양면성의 특성이 있다. 중요한 것은 피할 수 없이 해야 할 일이라면 긍정적인 측면에 의미를 두고 즐겁게 일을 할 수 있도록 하는 노력이 필요하다. 긍정적인 사고에서 그 사람은 삶의 의미를 찾을 수 있고 행복을 얻을 수 있기 때문이다.

2) 직업의 의미

우리가 수행하는 일 가운데 생계를 위한 수입을 목적으로 참여하는 활동을 직업(Vocation)이라고 한다. 삶과 직결되는 직업은 어떤 형태로든 평생에 걸쳐 우리와 관련을 맺으며 살아가고 있고, 이를 통해 생계를 유지할 뿐만 아니라 사회적 역할을 수행하며 자아를 실현하게 된다. 직업이라는 의미를 한자어를 통해 살펴보면 직업(職業)의 '職(직)'은 '벼슬 직' 또는 '맡을 직'의 의미로 다음과 같은 뜻을 지니고 있다.

첫째, 국가의 관료로서 서민을 다스려 지도하는 공무(公務)를 말한다.

둘째, 집단적 존재로서 개인이 완수해야 하는 사회적 역할을 의미한다.

셋째, 하늘에 의해 예정된 일, 즉 천직(天職)의 의미를 지니고 있다.

'業(업)'은 '일업'의 의미를 지니고 있어 일로서의 생계유지나 살림살이를 의미하는 생업(生業)을 말한다.

결국 '직업'이란 '생계유지를 위해서 무엇인가 보수를 얻는 것을 목적으로 하는 계속적인 인간 활동, 즉 사회적 역할 분담 또는 사회적 역할의 계속적인 수행'이라고 정의할 수 있다.

일반적으로 우리 사회에서 흔히 사용하는 직업이라는 말은 다음과 같은 기준(基準)에 따른다. 즉, 직업에 대한 다음의 기준이 부합될 때에만 직업이라는 용어를 붙여 사용할 수 있다.

첫째, 직업은 성인(成人)이 하는 일이다. 우리나라는 근로기준법에 의하여 13세 미만의 미성년자가 직업을 갖는 것을 제한하고 있다. 아역 탤런트나 소년소녀가장의 생계 벌이를 직업 활동으로 여기지 않는 이유가 여기에 있다.

둘째, 직업은 경제적 보상을 받는 일이다. 사람들이 일을 가지고 있다 하더라도 경제적 보상을 받지 않는 일이라면 직업이라 하지 않는다. 자원봉사자의 활동을 직업으로 보지 않는 이유가 여기에 있다.

셋째, 직업은 계속적으로 수행하는 일상적인 활동이다. 그렇다고 해서 반드시 매일이어야 하거나 정기적이어야 하는 것은 아니지만 일정 기간 동안에 비교적 영속성(永續性)을 가져야 한다는 것이다. 따라서 아르바이트하는 학생의 경우는 직업을 가졌다고 하지 않는다.

넷째, 직업은 사회적 효용성(效用性)이 있어야 한다. 사회적 윤리나 사회 규범상 반사회적(反社會的)이라고 규정되는 일은 직업이라고 말할 수 없다. 거지, 밀수, 사채업, 도박, 매춘, 폭력 청부업 등을 직업이라고 하지 않는 이유가 여기에 있다.

다섯째, 직업은 노력이 소요되는 일이어야 한다. 이자, 임대료, 주식배당, 사회보장 등에 의해 수입을 얻는 경우는 직업에 의한 것이라고 하지 않는다.

여섯째, 직업은 자신의 의사에 따라 하는 일이다. 직업은 자신의 의사에 반하여 강제적으로 행해지는 일은 직업이 될 수 없다. 법률에 의한 명령에 따라 행해지는 사회봉사활동은 수입이 있다고 하더라도 직업이라고 보지 않는다.

이상의 정의를 종합해 볼 때 직업과 일은 동의어처럼 보이지만 그 의미에는 차이가 있다. 직업이란 인간 개체의 생존 발전과 그들의 공동체인 사회적 기능의 역할 분담 그리고 자아의 실현을 목표로 하는 지속적인 노동이나 일을 의미한다. 인간은 직업에 종사하면서 일을 통해 만족감과 성취감을 얻고 삶의 의미와 가치를 발견하면서 행복을 느낄 수 있다. 따라서 직업과 일은 인간에 대한 구속이나 고통의 원인이 아니라 보다 나은 삶으로 인도하는 행복의 원천이다. 인간은 자신이 선택한 직업과 일을 통해서 자아실현을 성취하며 행복을 추구해 나간다.

3) 직업의 세 가지 측면

직업에 대한 의미는 개인의 특성이나 욕구에 따라 달라질 수 있다. 즉, 직업은 단순히 생계를 유지하기 위한 생업의 수단으로서의 기능만이 아니다. 직업과 일을 통해서 사람들은 사회활동의 일역으로 참여하여 무엇인가 사회에 기여하고 있다는 인식을 하게 되고, 이러한 기여를 통해 사회적 역할의 일역을 수행하고 공헌한다. 따라서 직업은 개인적인 수준에서의 수행뿐만 아니라 사회적 구조나 조직에서 기능적 역할을 수행하는 과정이다.

일반적으로 직업은 세 가지 수준에서 그 의미를 부여하는데, 첫째는 생계적 의미로서의 직업이고, 둘째는 사회적 역할 분담으로서의 직업이며, 셋째로는 개성 발휘를 통한 자아실현으로서의 직업이다. 이러한 직업의 세 가지 측면을 보다 구체적으로 살펴보면 다음과 같다.

(1) 생계적 의미로서의 직업

생계적 의미로서의 직업은 직업의 경제적 의미로 대부분의 사람들은 자신의 직업적 활동을 통해 얻는 보수나 소득을 통해 생계를 유지하는 경제적 기능을 갖는다. 그런 의미에서 직업을 생업이라고도 한다. 따라서 생계유지에 이어지지 않는 비소득성의 일로 취미활동이나 학생이 공부하는 일 등은 직업이라고 하지 않는 이유가 여기에 있다. 생계적 의미로서의 직업은 직업의 주관적 측면을 강조하는 것으로, 직업이 생업으로서 생계를 유지하기 위한 경제적 이득을 목적으로 하는 지속적인 인간 활동의 경우를 의미한다.

(2) 사회적 역할 분담으로서의 직업

사회적 역할 분담으로서의 직업은 직업의 사회적 의미로 사회적 역할을 분담하면서 여러 사회의 수요에 대응하여 사회에 유용하게 봉사하게 된다는 것이다. 현대사회에는 전문직, 기술직 등 다양하게 여러 갈래로 분업화가 이루어져 있고, 그 분업은 직업에 따라 일과 기능을 수행하는 역할로 분담되어 있다. 따라서 직업으로서의 일은 사람들이 여러 역할을 분담하면서 여러 사회적 요구에 대응하여 필요한 일을 수행함으로써 사회에 공헌하는 사회적 기능을 갖는다. 직업을 통해 개인은 사회인이 되고 사회인으로서의 기능 중 어느 것 하나를 분담함으로써 사회적 역할을 분담하게 된다.

사람은 누구나 직업을 통해서 사회에 공헌하며 사회의 발전적 역할을 수행하게 된다. 따라서 직업의 조건에서 살펴본 바와 같이 직업은 사회적으로 유용한 것이어야 하고, 사회의 발전과 유지에 도움이 되는 것이어야 한다.

(3) 자아실현으로서의 직업

자아실현으로서의 직업은 직업의 심리적 의미로 개인에게 있어서 직업은 살아가는 데 필요한 물질적 자원을 정당하게 획득하는 수단이기도 하고, 개인의 사회적 지위를 결정해 주기도 하지만, 동시에 자아를 실현하는 기회를 마련해 주기도 한다. 즉, 인간의 생리적 욕구, 안전의 욕구, 사회적 욕구, 존경의 욕구, 자아실현의 욕구 등 다양한 욕구를 직업을 통해서 실현할 수 있게 된다.

인간은 동물과 달리 본능적인 욕구의 충족만으로는 살 수 없다. 본능적 욕구 이외에 자아의식을 가진 존재이므로 자신에 대한 인격적, 사회적, 문화적 욕구를 실현하는 것이 무엇보다 중요하다. 그래서 인간을 정신적 존재라고 일컫는다. 실제적으로 많은 사람들은 자신의 일과 직업을 통해서 물질적인 보상 못지않게 나름대로 얻고 있는 보람 때문에 일이나 직업을 수행한다. 이처럼 자신의 일과 직업을 통해서 성취와 창조의 보람과 타인에 대한 봉사의 기쁨을 누릴 때 그것이 바로 일을 통한 자아실현이다. 자기 자신의 능력을 발휘하여 일함으로써 스스로의 노력으로 소중한 가치를 창조해 내는 데서 오는 자아실현의 보람이 직업으로서의 의미를 갖는다.

그런데 사람들은 개개인에 따라 직업 활동을 앞의 세 가지 측면 가운데 어느 측면에 중점을 두느냐에 따라 차이가 있을 수 있다. 어떤 경우에는 생업으로서의 직업적 측면에 중점을 두는 경우도 있을 수 있고, 어떤 경우에는 자아실현으로서의 직업에 중점을 두는 경우도 있을 수 있다. 또한 경우에 따라서는 세 가지 측면 가운데 어느 하나 혹은 두 가지 측면을 완전히 도외시하고 있는 직업적 활동도 있을 수 있다. 경우에 따라서는 이 세 가지 측면이 부조화를 이루어서 직업을 영속적으로 영위하기가 어려운 문제에 봉착하는 경우도 있다.

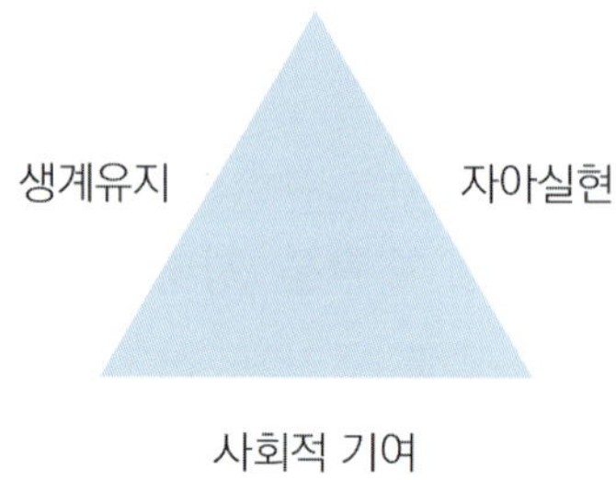

▌그림 11-1▐ 직업의 세 가지 측면

직업의 세 가지 측면은 자신이 한 번 선택한 내용이 영속적인 요소로 자리 잡는 것은 아니다. 개인적 상황이나 경우에 따라 또는 시간이 흐르면서 자신의 가치관의 변화에 따라 변화하는 가변적인 것이다. 중요한 것은 사람들이 자신의 적성이나 이상에 맞는 직업을 찾아, 그러한 직업 활동을 통해 자신의 삶 속에서 경제적 안정은 물론, 사회적인 기여와 자아실현을 성취하면서 행복한 참된 의미의 삶을 추구하는 것이다.

이러한 직업의 세 측면은 개인의 직업관과도 연계가 된다. 직업의 어느 측면을 중시했느냐에 따라 보수 지향적 직업관, 기여 지향적 직업관, 자아실현 지향적 직업관으로 구분한다. 직업의 세 측면 중 생계유지의 의미를 우선시하고 강조할 때 보수 지향적 직업관이 되고, 사회적 역할을 우선시하고 강조하면 기여 지향적 직업관이 되며, 개성 발휘를 우선시하여 강조할 때 자아실현 지향적 직업관이 된다.

2. 직업선택이 중요한 이유

행복은 누구나 추구하는 삶의 방식이다. 그러나 행복한 삶에 대한 대답은 쉽게 얻어지지 않는다. 그것은 행복은 느낌이며 깊은 만족감에서 오는 것이기 때문이다. 만족감은 성취와 보람에서 찾을 수 있다. 인간으로서의 삶 속에 자신의 경제적 안정과 사회적 기여뿐만 아니라 자아실현에 대한 만족감을 느낄 때 인간은 행복한 일상을 이야기할 것이다. 인간의 직업선택은 행복과 무관치 않다. 어떠한 직업을 선택해서, 어떤 직업생활을 하느냐의 문제는 행복과 직결될 수 있기 때문이다.

1) 직업은 행복한 삶의 조건

인간의 행복은 모든 것을 다 갖추었을 때만 찾아오는 것은 아니다. 행복은 바로 가까운 곳에서 더 나아가 내 마음속에 존재하는 것이다. 진정으로 행복한 삶의 조건으로는 다음의 세 가지 측면, 즉 가정의 행복, 우정의 행복, 직업의 행복을 들 수 있으며, 구체적인 내용을 제시하면 다음과 같다(경기도교육연구원, 1994).

첫째, 가정의 행복이다. 가정은 삶의 보금자리이며 개인의 기본적인 보호 단위이기 때문에 가정적인 행복은 매우 중요하다. 서로 사랑하는 부부가 있고 화목하고 우애하는 부모 형제가 있으며 건강하고 귀여운 자식이 있을 때 차분하고 평화로운 가정이 될 것이며, 이러한 가정에서 행복을 느낄 수 있을 것이다. 모든 사람들은 가정 중심의 행복을 추구하지 않을 수 없으며 행복한 가정은 모든 이의 꿈이며 희망이다. 따라서 우리의 삶은 가정의 행복을 유지하기 위해 노력하며 살아가고 있다고 해도 과언이 아니다.

둘째, 우정의 행복이다. 누구나 자신이 힘들 때나 기쁠 때 함께할 수 있는 우정의 행복은 중요하다. 즐거울 때 같이 즐기고 슬플 때 함께 슬퍼하며 외로울 때 위로해 줄 수 있는 친구, 비밀을 서로 터놓고 이야기하고 밝은 장래를 위해 협동하며 살아갈 수 있는 친구를 사귀면서 느끼는 행복감은 살아가는 데 있어서 커다란 행복이다. 함께 정을 나눌 수 있는 친구 하나 없이 외롭게 살아가는 사람은 결코 행복한 삶을 살고 있다고 할 수 없다.

셋째, 직업의 행복이다. 직업의 행복이란 개인이 갖고 싶었던 직업을 갖고 소신껏 일하며, 그 일 안에서 보람을 찾는 데서 얻어지는 행복이다. 이 세상에서 가장 불행한 사람들 중의 하나는 직업이 없거나 무위도식하거나 할 일이 없는 사람일 것이다. 직업의 행복이 보다 중요한 이유는 가정의 행복을 창조하고 유지하는 바탕이 될 뿐만 아니라 사회에 봉사하고 국가에 기여하는 보람된 삶을 영위할 수 있게 하는 근본이 되기 때문이다. 친구 간에 정을 베풀고 좋은 인간관계를 유지할 수 있는 것 또한 안정된 직업, 존경받는 직업이 있을 때 가능한 것이다.

이와 같은 의미에서 가정, 우정, 직업의 3대 행복이 서로 균형을 이루고 조화를 이루게 되면 진정한 행복이 찾아온다. 그러나 행복은 결코 누군가가 가져다주는 것이 아니며, 노력하지 않고 우연히 오는 것도 아니므로 스스로 창조하고 자신의 노력으로 만들어 나가야 한다.

2) 직업은 인생의 중요한 선택

삶은 선택의 연속이다. 좁게는 하루하루의 생활 속에서 반복되어 나타나는 자신의 생활에서의 선택이요, 크게는 자신의 삶 속에서의 인생 경로와 과정의 선택이다.

인간에게는 선택의 자유가 있다. 하루하루의 삶 속에서 나타나는 자신의 생활에서도 선택의 자유가 있고, 인생의 과정에서도 선택의 자유가 있다. 물론 선택하는 과정에 있어서 사회적 상황이나 경제적 여건 등이 선택의 폭을 제한하는 경우도 있지만, 그것은 누구에게나 동일한 것은 아니다. 중요한 것은 인간에게 선택의 자유가 있지만 분명한 것은 선택에 따른 결과는 선택한 자신에게 책임이 주어진다는 것이다. 선택의 결과를 미리 예측한다는 것은 어려운 일이다. 그래서 선택은 그만큼 어려운 것이고 신중해야만 한다.

인생을 살면서 사람들에게 주어지는 중요한 선택으로 흔히 세 가지를 말한다. 그것은 '나는 어떻게 살 것인가'와 관련한 가치관의 선택이요, '나는 무엇을 할 것인가'와 관련한 직업의 선택이며, '나는 누구와 살 것인가'와 관련한 배우자의 선택이 그것이다. 인생을 살면서 해야 할 중요한 선택 세 가지에 대한 구체적인 내용은 다음과 같다.

첫째, 자신의 가치관 선택이다. 가치관은 자신의 삶의 방향을 결정할 만큼 중요한 의미를 가지고 있다. 내가 어떤 가치관을 지니고 있느냐에 따라 생활 방식이 달라질 수 있고, 생활의 목적이 달라질 수 있다. 올바른 가치관의 선택은 삶의 가치를 어디에 두고 어떤 삶의 철학과 태도로 살아가며,

어떤 마음가짐으로 삶을 대할 것인가 하는 인생의 근본 문제를 다루는 선택이다. 자신의 삶에 대한 가치관, 즉 인생관이 정립되지 않은 삶은 세월이 흐르는 대로 바람이 부는 대로 목적 없이 의미 없는 삶을 살기 쉬우며, 인생의 과정에서 나타나는 고비마다 시련과 고난을 이겨내지 못하고 갈팡질팡하며 후회스러운 선택을 하는 경우가 종종 있다. 따라서 올바른 가치관의 선택이야말로 자신의 인생 항로에 있어서 등대와 같은 역할을 해 주는 중요한 삶의 가치이므로 신중하고 분명한 가치 선택이 필요하다.

둘째, 소신 있는 자신의 직업선택이다. 누구나 직업선택에는 자유가 있다. 어떤 사람이든지 누구의 강요를 받지 않고 자신의 능력과 적성에 따라 직업을 선택하고, 선택한 직업에 대해 자유롭게 활동할 권리가 있다. 하지만 자신의 직업선택에 대해 만족해하면서 자신의 직업에 대해 자긍심을 가지고 생활하는 사람은 그리 많지 않다. 현명한 자신의 직업선택이 자신의 인생에서 행복을 결정하는 중요한 열쇠가 된다는 점을 잊어서는 안 된다. 자기의 직업을 사랑하고 긍지를 느끼며 사명감을 갖고 소신껏 일하는 사람은 진정으로 행복한 사람이다. 자신의 적성에 맞고 평소에 꼭 해보고 싶었던 일이며, 이상으로 꿈꾸어 오던 직업을 선택하는 것은 본인은 물론 가정의 행복까지도 보장하는 일생일대의 중요한 선택이다.

셋째, 현명한 배우자 선택이다. 인생에서 배우자를 선택하는 일은 매우 중요한 일이다. 단 한 번의 선택이 서로의 인생을 행복하게 만들 수도 있고, 불행하게 할 수도 있다. 배우자의 선택은 일생 동안 동고동락하는 인생의 동반자를 맞이하는 것으로, 다른 선택과는 달리 쉽게 변경할 수 없기 때문에 더없이 중요한 일이다.

많은 젊은이들은 결혼하기 전 배우자 선택에 있어서 매우 흐린 판단을 하기 쉽다. 그것은 젊은이들이 배우자 선택에 있어서 감정을 앞세우고, 느낌을 중시한 채 마치 그것이 사랑의 전부인 양 생각하기 때문이다. 자신의 감정이나 느낌보다 더 중요한 것은 올바른 판단 준거에 따른 현명한 판단이다. 배우자를 선택하는 데 있어서 지혜로운 판단을 하기 위해 주의할 점을 몇 가지 제시하면 다음과 같다.

- 다른 사람들의 생각보다 자신의 깊은 생각과 판단을 중시하라.

- 외형적인 것에 매력을 느끼고 선택하지 말라.
- 자신의 감성적인 확신을 신의 뜻이나 운명으로 오해해서는 안 된다.
- 건강 문제를 정확하게 진단하라.
- 동정심 때문에 결혼해서는 안 된다.
- 성적 충동을 목적으로 결혼하지 말라.
- 책임과 의무를 분명히 인식하라.
- 서로의 단점을 분명하게 인식하고 이를 수용할 준비 태세를 확인하라.

3. 직업선택의 조건

직업선택에 있어서 직업에 대한 능력과 선호도 중 무엇을 우선순위로 해야 할 것인가 하는 것은 직업적 선택 결과로 나타나는 성공과 직결된다. 흔히 직업선택을 할 때 갖는 준거로 우리는 '자기가 하고 싶은 일'이라는 관점을 우선시하지만, '하고 싶은 일'과 '잘 할 수 있는 일'에는 큰 차이가 있다. 막연하게 하고 싶다고 하는 관점에서 직업을 선택하는 것은 마치 직업을 여가나 취미생활과 같이 가볍게 여기는 문제가 있다. 이러한 관점에서 직업을 선택하면 직업적인 생활에서 실적이나 업적을 내지 못해 오래가지 못하고 전직하게 되는 경우가 발생할 수 있다. 직업은 여가나 취미생활이 아니므로 선택에 신중해야 한다.

1) 일에 대한 능력과 직업적 선호도

자신이 직업으로 선택한 일이 즐겁게 할 수 있지만 능력이 부족한 것이라고 한다면 직업적 일의 수행에 있어서 동기는 높으나 일의 시작과 함께 곧 싫어지게 되어 결과적으로는 이직을 하게 되는 경우가 많다. 그러나 즐겁게 할 수 있고 능력도 뛰어난 일을 직업적으로 선택하게 되면 그것은 일에 대한 동기가 높아져서 능률이 오르고, 열정적으로 일에 몰두하게 됨으로써 타인으로부터 인정을 받고, 결과적으로는 우수한 실적을 생산해 내서 직업적으로 성공할 가능성이 매우 높다. '좋아하는 일'과 '잘 할 수 있는 일' 사이에서 가장 중요한 것은 '일에 대한 열정'이다. 열정은 부족한 능력을 보완할 수 있는 충분한 능력을 내포하고 있기 때문이다. 따라서 일에 대한 능력과 직업적 선호도는 직업선택에 앞서 신중하게 고려되어야 한다. 직업과 스트레스가 병행되는 일이라면 그러한 일의 선택은 행복한 삶과 거리가 멀기 때문이다. 일에 대한 능력과 직업적 선호도에 대한 관련성을 구체적으로 그림과 표로 나타내면 다음과 같다.

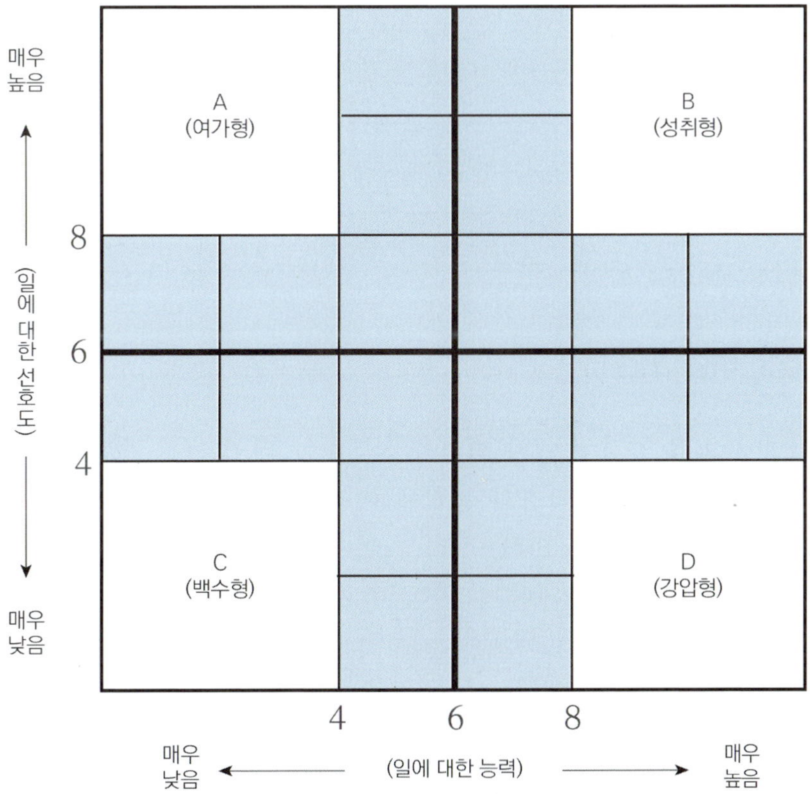

▌그림 11-2▐ 일에 대한 능력과 선호도와의 관련성

표 11-1 일에 대한 능력과 선호도 및 직업선택에 따른 특성

영역	성격	직업선택에 따른 특성
A (여가형)	즐겁게 할 수 있지만 능력은 부족한 일	동기는 높으나 일의 시작과 함께 곧 싫어진다. 직업으로 선택하면 곧 이직을 필요로 한다. 취미로 선택한다면 무관한 일이다. 직업으로 선택하면 성과가 나지 않아 많은 스트레스를 받는다.
B (성취형)	즐겁게 할 수 있고 능력도 뛰어난 일	동기가 높아 일에 대한 능률이 오른다. 열정적으로 일에 몰두하여 타인으로부터 인정을 받을 수 있다. 직업으로 일을 선택하면 성공할 가능성이 높다. 일을 통해 보람과 만족을 얻을 수 있는 영역이다.
C (백수형)	수행에 따른 스트레스가 많고 능력도 부족한 일	동기가 부족하여 일에 대한 의욕이 없다. 하루하루가 어렵고 힘든 일로 지낸다. 기본적으로는 일이 성취될 수 없는 상황이다. 취업이 불가능한 경우이다. 만약에 직업으로 선택된다면 강요나 억압에 의한 경우이다.
D (강압형)	수행에 따른 스트레스는 많지만 능력은 뛰어난 일	능력은 뛰어나지만 하고 싶지 않은 일이다. 일에 대한 보람을 찾지 못하기 때문에 일에 대한 동기가 없다. 성과를 얻으면 얻을수록 힘들어진다. 직업으로 선택한다면 행복한 삶과 거리가 멀다.

2) 직업선택의 기준

오늘날 사회적 환경 속에서 직업을 선택하는 데 있어서 가장 우선시하는 일은 자신의 능력이다. 각자의 능력에 따라 누구나 일정한 자격을 갖추면 어떤 직업도 선택이 가능하다. 이런 직업선택의 자유에 따라 요즘에 와서는 도중에 자신의 직업을 바꾸는 일도 흔히 일어나고 있다. 부족한 자신의 능력에 대해서는 평생교육기관을 통해 자기계발을 실천하고, 이를 통해 일정한 자격 요건이 갖추어지면 그에 적합한 직업으로 이동하는 현상들이 나타나고 있다.

자신에게 적합한 직업을 선택할 때에는 여러 가지 요인을 고려하여 선택하는데, 일반적인 고려 요인으로는 자신의 적성, 인성, 흥미, 능력, 신체적 조건, 가정환경, 장래희망 등을 들 수 있다. 직업을 선택하는 데 있어서 반드시 고려하여야 할 선택 기준을 몇 가지 제시하면 다음과 같다.

(1) 적성

직업선택에 있어서 고려해야 할 중요한 요인 중 하나가 적성이다. 자신의 적성과 소질에 맞는 일을 할 때 일반적으로 일에 대한 즐거움을 느끼고 일의 능률이 오르며, 일에 몰입하는 특성을 나타낸다. 따라서 자신의 적성이 무엇인지에 대해 잘 알고, 직업선택에 있어서 어떤 것이 나의 적성에 맞는 것인가 하는 것을 고려하여 결정해야 한다.

(2) 장래성

직업선택의 중요한 기준으로 또 다른 하나는 직업과 직장의 발전 가능성, 즉 장래성이다. 일반적으로 직업은 일시적인 것이 아니라 자신의 평생 직업이 된다는 점에서 직업에 대한 앞으로의 전망과 발전 가능성을 신중히 고려하여 선택해야 한다. 직업의 선택이 자신의 경제적인 요구에 의한 것만이 아니라 그 직업을 통해 자신의 행복과 자아실현을 이루려고 한다는 점에서 직업의 장래성은 반드시 고려해야 하는 중요한 기준이 된다. 직업의 장래성이 밝을 때 개인의 직업적 성공과 개인의 장래성이 함께 높아진다는 점을 이해할 필요가 있다.

(3) 안정성

직업의 안정성은 직업을 지속적으로 유지하고 발전시켜 나가는 데 있어서 비교적 직업에 대한 사회적, 기술적, 인간적 도전을 덜 받는 직업을 안정적인 직업이라고 한다. 직업을 선택하는 데 있어서 사람들은 지나친 모험을 하기보다는 평생을 통해 안정된 직업생활을 할 수 있는 직업을 선택하기를 원한다. 특히 사회나 경제가 불안정한 상태에 놓이거나 직업의 장래성이나 전망이 불투명한 경우에는 더욱더 안정적인 직업적 생활을 희망한다.

일반적으로 안정성이 높은 직업으로는 공무원, 교사 등을 들고 있으며, 자영업이나 자유업을 유지하는 직업에서도 의사, 약사, 변호사, 세무사 등은 비교적 안정성이 높은 직업으로 분류된다.

(4) 경제적 소득

직업을 통해서 자신의 생계를 유지하고 재산을 축적해 나가는 것이 일반적이기 때문에 직업선택에 있어서 직업 활동에 의한 경제적 소득을 고려하지 않을 수 없다. 따라서 사람들은 같은 조건이라면 누구나 더 많은 소득을 얻을 수 있는 직업이나 직장을 선호한다. 그러나 직업의 보람은 반드시 경제적인 측면의 소득에 의해서만 얻을 수 있는 것은 아니며, 자아실현과 사회참여 등 여러 가지 보람을 함께 추구하는 것이 직업 활동이다. 경제적 소득이 가장 중요한 직업선택의 기준이 될 수는 없다. 즉, 경제적 소득은 직업선택에 있어서 필수조건이지 충분조건은 아니다. 오로지 경제적 소득만을 보고 직업을 선택하는 일은 바람직한 직업선택이 될 수 없다.

(5) 자아실현

좋은 직업은 자신의 적성에 맞고 자아실현의 가능성이 높으며 장래의 전망과 안정성을 함께 보장해 줄 수 있어야 한다. 따라서 직업을 통해 자아실현이 가능한지에 대한 판단도 직업선택의 조건이 될 수 있다. 직업적 자아실현이란 직업을 통해서 스스로의 인생목표를 실현할 수 있는 실현성으로 직업 활동을 통해 보람과 성취감을 맛볼 수 있는 창조적인 삶을 살 수 있는 직업을 말한다. 자아실현의 직업을 찾는다는 것은 곧 창조적 인생을 살 수 있다는 의미로, 인간에게 창조적 삶은 가장 보람 있고 의미 있는 삶을 산다는 것을 의미한다. 창조적 활동을 통한 직업 수행이야말로 자신의 삶에 활기를 불어넣는 일이며, 자아실현의 행복을 누리는 주춧돌이 될 것이다.

(6) 직업 환경 및 기타

직업선택의 중요한 기준의 하나로 직업적 환경을 들 수 있다. 취업을 하는 데 있어서 고려해야 할 여러 가지 환경적 요건 중에 사람들은 지리적 요건, 즉 교통 환경을 반드시 따진다. 회사와 집과의 거리나 교통 여건이 유리하면 다른 직업적 여건이 다소 불리하더라도 이를 수용하고 회사를 교통 여건이 유리한 선택을 하는 경우가 발생하기 때문이다. 이와 같이 환경적 여건을 고려해야 할 직업적 환경으로는 교통 여건 이외에도 직업병의 발생 유무, 정신적·신체적 적응력의 가능성, 통근 거리 및 통근 수단, 직장 소재지의 지역사회 환경적 특성, 복지제도 및 인사관리제도, 시설의 첨단성 정도, 근무시간 및 여가선용 가능성, 경영자의 운영 방침, 퇴직 연령 및 노후 보장성, 직무 내용의 난이도 및 안정성, 직무의 전문성이나 기술성 등이 고려 대상이 된다.

3) 직업선택을 위한 사전 준비

직업을 선택하는 데 있어서 이상과 현실의 조화를 통한 직업적 선택은 매우 중요하다. 서재경(2008)은 '나에게 꼭 맞는 직업선택의 기술'에서 이상과 현실을 고려한 조화로운 3차원적 직업선택을 권하고 있다. 그는 1차원적 직업선택은 오늘의 인기와 조건을 따라 직업을 선택하는 일이고, 2차원적 직업선택은 자신의 소질과 소망을 따르는 직업선택을 말하며, 3차원적 직업선택은 가치와 역량에 따르는 직업선택이라고 말하고 있다. 그는 1차원적 선택을 하면 사람으로서 먹고 사는 문제는 해결될 것이지만, 2차원적 선택을 하면 당대의 스타가 될 수 있다고 보았다. 그러나 더 큰 꿈을 가진 젊은이라면 모름지기 3차원적 선택에 도전하기를 권유하고 있다.

어떤 차원의, 어떤 직업을 선택하든지 간에 직업선택에 있어서 사전에 자신이 알아두어야 할 사항으로는 자신의 흥미나 적성이 무엇이고, 그에 따라 근무하고자 하는 직장의 환경 그리고 실제 일하게 되는 직무 내용과 전망에 대해 예견되는 장래성과 문제점 등을 사전에 미리 점검해 보는 일이 매우 중요하다. 따라서 사전준비 과정에서는 우선 자기가 하고 싶은 것을 분명히 해 두고, 직종과 업종을 선택한 후 회사나 해당 업종에 대한 분석의 절차를 밟는 것이 필요하다.

(1) 자신의 적성 인지

자신의 적성은 어떤 직업 활동에 적합한지를 알아보는 일이다. 그러나 자신의 적성을 바르게 분명히 알고 있는 사람은 흔치 않다. 따라서 직업선택에 있어서 어떤 직업이 나의 적성에 맞는 것인지에 대하여 결정한다는 것은 그리 쉬운 일이 아니다. 흔히 적성은 선천적인 요인을 지니고 나타나는 것으로 이해하지만, 그렇다고 후천적인 영향을 완전히 배제할 수 있는 것은 아니다. 오히려 후천적인 경험이나 훈련을 통해 어떤 특정한 인성이 계발되고, 개인의 적성으로 정착될 수도 있기 때문이다. 사실 중요한 것은 선천적 요인은 개인의 자의에 따라 쉽게 바꿀 수 없지만 후천적 요인은 개인의 노력과 훈련을 통해 계발될 수 있다는 점이다. 따라서 각자 개인이 갖고 있는 선천적 요인의 인성을 최대한 살리고 보다 폭넓고 광범위한 인성 개발을 통해서 보다 넓은 분야에 적응할 수 있는 적응력을 갖출 필요가 있다(정병식 · 이장희, 2004). 자신의 적성은 자신의 노력과 힘 또는 공부하는 방향에 따라 변할 수 있기 때문이다.

(2) 직장에 대한 분석

직업에 대한 선택이 이루어졌다면 그것을 향해 적극적으로 부딪쳐 보는 단계에서 직장과 관련한 다양한 정보를 수집하고 분석해 보아야 한다. 정보 수집은 직업선택의 첫걸음이라는 생각으로 다양한 자료를 찾아야 한다. 이를 위해서는 희망 직종의 회사를 방문하거나 전화문의, 취업정보실이나 종합인력개발원 등을 찾아가 회사 안내 자료나 취업 정보지를 활용하는 것도 하나의 방법이다. 특히 수집한 정보를 분석하는 과정에서 자신이 하고 싶은 일을 할 수 있는 회사인지, 자신의 능력을 발휘할 수 있는 직종인지, 해당 회사나 직종이 앞으로 성장할 수 있는 것인지에 대한 정보 수집이 필요하다. 이와 같은 다양한 정보를 분석하여 신중하고도 과학적인 분석을 토대로 직업이나 직장을 선택해야 하는 이유로는 다음과 같은 점을 들 수 있다.

첫째, 직업선택을 어떻게 하느냐 하는 문제는 바로 본인의 행복과 관계

될 뿐만 아니라 자신의 개성 발휘나 자아실현과도 깊은 관련을 갖고 있기 때문이다.

둘째, 선택한 직업을 쉽게 포기하거나 바꾼다는 것이 개인을 위해서나 가족을 위해서 대단히 큰 손실을 가져올 수도 있기 때문이다.

셋째, 직업을 선택했다가 쉽사리 포기한다는 것은 개인이나 사회적으로 큰 손실이 발생하기 때문이다.

넷째, 이러한 직장 변경이나 직장 포기는 사회적으로나 기술적 발전에 중대한 지장을 초래하기 때문이다.

이러한 점을 감안할 때 직장 포기나 직장 변경은 그만큼 개인적 역량의 손실, 국력의 소모, 사회적 역량의 소모를 초래한다는 점을 분명히 인식해야 한다(경기도교육연구원, 1997). 따라서 충분한 지식을 갖고 직업을 선택함으로써 직장 포기나 직업 변경을 통한 국가적·사회적 낭비를 줄여나가야 한다.

직업선택을 하기 전에 이루어지는 직장에 대한 분석 내용에서는 직장명, 사훈이나 사규, 소재지, 전형 방법과 모집 직종, 제출서류, 시험과목 등에 대한 준비가 이루어지도록 하는 것이 바람직하다.

(3) 직무에 대한 분석

직업선택에 있어서 중요한 것은 결국 일의 내용을 잘 파악하는 것이다. 자신이 선택하고자 하는 직장에 대한 분석만으로는 자아실현이나 개성 발휘를 위한 직업선택의 자료로 충분하다고 볼 수 없다. 따라서 과학적인 직업인이 되기 위해서는 자신이 선택하고자 하는 직무 등에 대한 분석이 필요하다. 즉, 자신이 선택한 회사가 속한 업종은 무엇이고, 그 회사에서 자신이 속한 직종은 무엇인지를 파악해야 한다. 또한, 그 직종에서 자신이 담당할 포지션은 무엇이고, 그 포지션의 역할은 무엇이며, 그 직책 또는 직위의 직업 내용은 구체적으로 어떠한 것인가 등에 대한 내용을 파악하는 것이 필요하다. 직무는 각기 다른 작업 조건하에서 행해지고 그 작업 조건의 차이는 필연적으로 작업하는 사람의 신체적, 정신적 노력의 정도나 자격

요건 등을 규제하고 있기 때문이다.

4. 취업준비와 취업면접

취업을 눈앞에 둔 대부분의 사람들은 대기업이나 공사, 공무원 등 비교적 인지도가 높고 장래성이 보장된 직장에 취업하기를 희망한다. 그러나 갈수록 취업의 경쟁률은 심화되고, 일자리는 줄어들어 취업률은 점점 떨어지고 있는 상황에 있다. 이러한 상황에서 자신이 원하는 직장에 취업하기 위해서는 치밀한 준비가 필요하며, 자신의 능력이나 욕구를 재조명하여 최선책이 아니면 차선책의 대안도 수립하는 것이 바람직하다. 취업에서 성공하기 위해서는 철저한 준비와 함께 과감한 도전이 필요하다.

1) 취업선택의 준비

(1) 직업선택을 위한 준비

많은 사람들은 안정성과 장래성이 보장된 직장을 선호한다. 그런 직장으로 대기업을 선택하고, 대기업의 취업에 성공하기를 희망한다. 하지만 대기업의 취업에 성공한다 하더라도 그것이 꼭 장래성을 보장해 주는 것은 아니다. 기업 내에서 지속적으로 살아남기 위해서는 계속되는 경쟁에서 견디어 내야만 가능한 일이다. 따라서 취업을 위한 선택에 있어서 중소기업으로 눈을 돌리는 것도 생각해 볼 만하다. 자신이 꼭 필요한 곳에서 자신의 능력을 마음껏 발휘하여 자신의 힘으로 기업을 발전시키는 것도 보람 있는 직장생활이 될 수 있다.

취업준비의 단계로 자신이 원하는 직업을 선택하는 과정은 입문 단계, 선택 단계, 지원 준비 단계로 나눌 수 있다.

① 입문 단계

입문 단계는 자신이 취업하기를 희망하는 직업을 준비하는 단계로, 자신에게 맞는 취업 정보를 수집하고 각종 검사를 활용하는 단계이다. 일반적으로 직업 심리검사에는 직업 선호도검사, 직업 적성검사, 구직 욕구 진단검사, 구직 효율성검사 등이 있다. 입문 단계에서는 대학 내에 설치되어 있는 종합인력센터나 취업상담소를 방문하여 자신의 직업선택과 관련된 각종 심리검사를 전문가의 도움을 받아 실시해 보고, 자신의 진로 방향 설정에 참고 자료로 활용하는 것도 필요하다.

② 선택 단계

선택 단계는 준비 단계를 마친 후 이루어지는 단계로 자신이 원하는 직업을 선택하여 관련 채용 정보를 수집하고 관련 분야 일자리를 찾아보는 단계이다. 따라서 이 단계에서는 자신이 일하고자 하는 직업에 해당되는 기업을 5~6곳을 선정하여 집중적으로 그 기업의 취업 정보를 수집하고, 기업의 특성이나 장단점을 사전에 분석하는 단계이다. 선택 단계는 일반적으로 취업 일 년 전부터 장기적으로 준비하는 단계이다. 따라서 자신이 관심 있는 기업의 각종 행사나 인턴 과정, 방문, 기업체 홍보 행사 등에 직접 참여하여 접할 수 있는 기회를 많이 갖는 것이 바람직하다.

③ 지원 준비 단계

지원 준비 단계는 실제로 자신이 희망하는 기업체에 원서를 지원하기 위해 구체적인 입사서류를 준비하는 단계이다. 이 단계에서는 지원 서류를 제출하기 위한 각종 관련 서류를 작성하고 준비하는 활동이 이루어지는 단계이다. 구체적으로는 서류전형에 필요한 자료로는 일반적으로 지원서, 이력서, 자기소개서 등을 작성하고, 각종 자격증이나 증명서를 구비하는 일이 이 단계의 주된 활동내용이다. 이 중에서 이력서와 자기소개서의 작성은 가장 중요한 일이다. 개성 있고 참신한 내용으로 작성하여 인사 담당자의 눈길을 끌 수 있도록 하는 준비는 서류전형을 통과하는 데 있어서 필수적인 것으로, 당락에 가장 중요한 영향을 미친다는 점에 유념해야 한다.

(2) 구직서류 작성

입사 지원을 위해 작성해야 하는 서류에는 지원서, 이력서, 자기소개서 등을 포함한다. 또한 함께 제출해야 하는 구직서류로는 각종 자격증이나 증명서를 구비하여 제출해야 한다. 여기서는 제출해야 하는 서류 중에서 이력서와 자기소개서의 작성법에 대해 알아보고자 한다.

① 이력서 작성

가. 이력서의 중요성

이력서는 자신의 살아 있는 역사를 서면을 통해 기술한 내용이다. 따라서 이력서는 자신의 모든 것을 알리는 행위로 취업을 위한 자신의 느낌, 독창성, 개성과 매력적인 내용을 구체적으로 알리고 제시할 수 있는 것으로, 보다 체계적이고 전략적인 접근이 필요한 부분이다. 이력서는 '인사 서식 제1호'의 양식에 따라 작성하는 것이 일반적이다. 경우에 따라서는 독창적이고 개성적인 이력서를 양식 없이 작성할 것을 요구하는 기업도 있다. 이런 경우에는 가급적 독창적인 이력서를 작성하여 제출하는 것이 보다 유리하다.

나. 이력서 작성법

(가) 인적 사항 : 성명, 주민등록번호, 생년월일, 본적, 현주소(가족관계증명서에 기재된 내용과 동일하게) 등을 기재한다. 사진 부착란에는 반드시 사진을 정해진 규격에 맞게 3개월 이내에 촬영한 사진을 부착한다.

(나) 학력 및 경력사항 : 학력, 군복무사항, 경력사항, 아르바이트나 자원봉사활동 관련 내용을 기재한다. 학력은 고등학교부터 기록하는 것이 일반적이다. 입학 일자와 졸업 연월일은 관련 서류를 찾아 정확하게 기재한다. 남자의 경우에는 군복무 경력을 반드시 기록하도록 하고, 학력은 연대순으로 쓰되 현재 재학 중인 학교는 졸업예정일을 기록한다. 입사 회사와 관련된 경력이나 아르바이트, 자원봉사활동 내용 등이 있을 경우에는 이를 경력란에 기재한다.

(다) 자격 사항 : 국가공인자격증만을 기록한다. 자격증을 기록할 때에는 공인자격증의 발급기관명과 취득일자를 반드시 기록하도록 한다. 사무관리 분야의 자격증이나 각종 면허증도 있다면 함께 기록하는 것이 좋다.

(라) 상벌 및 특기사항 : 교내·외 행사나 대외에서 수상한 경력을 기재한다. 자신이 지원하고자 하는 기업과 관련된 내용이라면 특기사항란에 관련 동아리활동 내용이나 아르바이트 내용, 각종 외국어 성적 내용 등을 병기해도 좋다.

(마) 마무리 및 서명 : 이력서의 내용을 모두 기록한 후 '위 사항은 사실과 틀림없음'이라는 문장을 쓰고, 한 줄 아래에 날짜를 년, 월, 일의 내용으로 적는다. 그리고 한 줄 아래에 작성자의 성명을 기록하고 도장을 날인하여 마무리한다. 이때 날인은 맨 위의 성명란에도 빠뜨리지 않도록 한다.

② 자기소개서 작성

가. 자기소개서의 필요성

자기소개서는 이력서를 통해 이해하지 못하는 지원자의 성장배경, 성격, 가치관, 지원동기 등을 파악할 수 있기 때문에 이력서와 더불어 채용을 결정하는 데 있어 가장 기초적인 자료로 사용된다. 자기소개서를 통해 중요하게 보는 것 중에 하나는 지원동기이다. 동기가 뚜렷하지 못한 사람들은 입사를 하더라도 의욕이 부족하여 직장생활에서 성취감을 느끼지 못한다. 따라서 지원동기를 통해 자신의 의욕과 의지를 알리고 장래성을 인식시킬 수 있도록 작성해야 한다. 또한 인사담당자들은 자기소개서를 통해 문서 작성 능력과 자신의 논리를 전개시켜 나가는 능력을 보고자 한다. 따라서 자기소개서를 작성할 때에는 자기소개서에 나타난 문장 전개 능력과 논리적 사고가 자신의 성격이나 가치관, 잠재능력 등을 표출한다는 점을 유념하여 문장의 흐름이나 문맥에 유의하도록 한다.

나. 자기소개서 작성법

(가) **성장 과정** : 자신의 가족관계를 먼저 기술하고, 자신이 어린 시절부터 살아왔던 과정을 연대순으로 기술해 나간다. 학교나 경력보다 가훈이나 어려운 환경 속에서도 역경을 딛고 일어난 의지 등을 기술하는 것이 바람직하다. 이때 독특한 체험이나 에피소드를 섞어 가면서 작성한다면 더욱 좋다. 성장 과정에서 자신에게 영향을 많이 준 은사나 주변 인물 등에 대한 언급도 이미지를 부각시키는 데 도움이 된다.

(나) **성격 및 장단점** : 자신의 성격과 장단점을 기술하되, 가급적 기업체의 이미지에 맞는 자신의 장점을 부각시키는 방법으로 기술하도록 한다. 자신의 성격에 대해서는 직접적인 방법보다는 가족이나 친구의 표현을 인용하거나, 자신의 성격을 규정지을 수 있는 어떤 사건을 제시한 후 기술하는 방식처럼 간접 모사의 방법을 활용하는 것이 좋다. 단점에 대해서는 솔직하게 기술하되, 자신의 개선 의지를 함께 보여주는 것이 좋다.

(다) **학교생활** : 학교생활에는 자신의 전공 관련 내용을 상세히 기록하는 것이 필요하다. 전공을 중심으로 교내외활동 경력이나 동아리활동, 어학연수, 자격증, 컴퓨터 활용 능력, 사회봉사활동 등을 기록한다. 특히 전공에 대한 기재 내용은 지원 업무와 직접적으로 연관되기 때문에 구체적으로 기술하여 전공 내용을 이해하는 데 도움이 되도록 한다.

(라) **취미와 특기** : 전공 외에 부전공 내용이나 외국어 관련 자격증, 운전면허나 각종 경력 사항 등을 추가적으로 기록한다. 자신의 취미생활이나 특기, 관심 분야, 여가 시간 활용 방법 등을 간단하게 기록하는 것도 좋다.

(마) **지원동기와 포부** : 이 부분은 인사담당자가 가장 관심을 갖고 보는 곳이다. 따라서 자신의 분명한 의지와 포부가 명확하게 전달되면 기업 측에 신뢰감을 강하게 줄 수 있다. 지원동기에서는 자신이 이 회사에 지원하게 된 동기를 기록하되 가급적 확고한 주관을 가지고 분명

하게 제시하는 것이 필요하다. 특히 해당 기업의 업무 내용과 자신의 전공을 연계하여 기술하고 자신의 전공과 장래의 희망을 밝혀 일에 대한 의욕과 인생관을 피력하는 것도 중요하다.

2) 취업면접

면접은 상호 간에 서로를 판단하고 검토하는 것이지만, 면접관과 피면접자로서의 만남은 완전히 다른 관점의 세상에서 만나게 되는 것이다. 비록 면접에서 면접관과 피면접자로서의 짧은 시간의 만남이지만 면접을 통해 서로 간에 공감대가 형성된다면 상호 간에 좋은 결과를 얻을 수 있는 기회가 된다.

개인의 입장에서 면접은 좋은 일자리를 얻을 수 있는 기회가 되지만 기업의 입장에서도 면접은 만족한 인재를 구할 수 있는 중요한 기회이다. 기업이 인재를 만나도 그 가치를 알지 못하면 찾을 수 없는 것처럼, 면접자에게도 자신의 가치를 충분히 표출해 내지 못하면 좋은 결과를 얻어내지 못한다. 따라서 단시간의 면접에서 자신의 능력을 마음껏 표출해 낼 수 있는 다양하고 효율적인 방법을 모색해야 한다. 그러한 능력이 없거나 방법을 모른다면 주변에 다른 사람을 통해서라도 습득하고 익혀두어야 하는 것이 면접이다.

(1) 취업면접의 이해

취업면접은 취업에 성공하기 위해서 반드시 거쳐야 하는 과정이다. 그러므로 면접에 앞서 면접에 대한 이해의 폭을 넓히고 철저한 준비과정을 거쳐 소기의 성과를 거둘 수 있도록 하는 것이 필요하다. 특히 면접을 준비함에 있어서 자신의 잘못된 행동이나 태도와 관련하여 수정해야 할 부분이 있다면 지속적인 훈련과 반복적인 연습으로 습관이 형성될 수 있도록 하는 노력이 필요하다. 그렇지 않으면 면접상황에서 자신도 모르게 무의식적으로 드러나기 때문이다.

면접상황에서는 면접관의 질문을 마지막까지 확실하게 듣고 질문의 의도를 정확히 파악한 후 대답하는 것이 중요하다. 만약에 질문내용을 제대로 알아듣지 못했다면 망설이지 말고 예의 바른 자세로 되묻는 것도 필요하고 질문에 대한 답을 말할 때에는 자신감 있는 태도도 중요하다.

① 면접의 종류

가. 개별면접

개별면접은 여러 명의 면접관이 한 명의 지원자에게 대면하여 각각 질문하는 형식의 면접이다. 면접을 통해 지원자의 지식 정도, 자세나 태도, 어휘 구사 능력 등을 알아보기 위함이다. 개별면접 시에는 지원자의 시선관리가 중요하다. 가급적 질문자에게 시선을 주면서 중간중간에 다른 면접관에게도 시선을 돌려 자연스러운 상황을 연출하는 것이 필요하다.

나. 집단면접

집단면접은 면접관이 여러 명의 지원자를 동시에 한 자리에 놓고 한꺼번에 평가하는 방식이다. 이렇게 하면 면접관 입장에서는 여러 명의 지원자를 한꺼번에 비교하면서 평가할 수 있다는 장점이 있다. 집단면접을 할 경우에 지원자는 여러 명이 함께 있다는 점에 유념하여 자신의 의견을 분명하게 제시하여 다른 사람들의 의견이나 집단 속에 묻히지 않도록 하는 것이 중요하다. 집단면접에서는 협동성에 대한 평가도 동시에 이루어진다는 점에 유의하여 혼자만 튀려고 하거나 다른 사람이 의견이나 주장을 내세울 때 시선을 다른 곳으로 분산시키거나 동참하지 않는 일이 없도록 유의해야 한다.

다. 집단 토론면접

집단 토론면접은 집단 속에서의 상황적 활동을 관찰하여 평가하는 면접이다. 이는 지원자들의 일시적, 즉흥적, 가식적 상황 대처를 방지하고, 실제적, 본질적 측면을 찾아 평가하려는 것이 목적이다. 따라서 집단 토론면접에서는 집단 간 토론을 통해 집단 속에서 개인의 능력을 어떻게 발휘하는

가를 관찰을 통해 평가한다. 각 멤버와 함께 서로의 지식을 공유하고, 경험을 나누며, 서로 협동하면서 토의해 나가는 것을 잊어서는 안 된다.

라. 이색 면접 유형

최근에는 기업체마다 독특하고 다양한 이색 면접 방법을 개발하여 활용하고 있다. 등산을 하면서 활동 중에 나타나는 개인적 특성을 관찰하는 면접을 실시한다든지, 각종 사회단체에 봉사활동을 하면서 면접 평가를 한다든지, 술자리에서 대화를 나누면서 면접을 하는 등 이색적인 면접 방식을 활용하는 기업들도 점차 늘어나고 있는 추세이다. 따라서 자신이 지원하고자 하는 기업에 대한 면접 방식을 사전에 분석해 보고 그에 맞는 대응전략을 가지고 준비하는 것이 필요하다.

② 면접의 경향

최근 들어 많은 기업에서는 필기시험을 폐지하고 서류전형과 면접만으로 인력을 선발하고 있다. 그만큼 면접의 중요성이 부각되고 있으며, 채용을 결정하는 데 있어서 면접이 중요한 요소가 되고 있다. 이러한 변화는 개별 기업의 수요에 맞는 인력을 선발하기 위한 기준이 다양화되고 세분화되었다는 것을 의미하는 것이다. 면접을 통해 지원자의 심층적인 정보를 확보할 수 있다는 점에서 바람직한 변화로 보인다. 면접 비중이 높아지면서 주목할 만한 변화는 면접의 유형과 면접관의 구성이 실무능력을 평가하는 실용면접에 초점을 맞추고 있다는 점이다. 실용면접을 중심으로 운영하다 보니, 질문이 그만큼 예리해지고 면접횟수가 늘어나고 있다는 점도 유념해야 할 점이다.

면접은 입사지원자와 기업이 처음으로 얼굴을 대하는 자리로, 지원자의 인품, 언행 및 가치관 등을 알아볼 수 있는 좋은 기회이다. 요즘 기업들은 면접의 비중을 높이고 있고, 면접의 횟수도 1차로 끝나는 것이 아니라, 1~3차에 걸쳐 심층면접을 실시하는 기업도 늘고 있다. 방법에 있어서도 개인면접은 물론이고 집단면접이나 돌발 상황에 대한 대처 방법이나 적응 능력 등을 알아보기 위한 면접을 실시하는 등 다양한 면접 방법이 도입되고 있다.

3) 성공적인 면접을 위한 전략

면접에는 정답이 없다. 미리 준비하여 대응하면 무계획이나 준비 없이 참여하는 면접보다는 더 높은 성공률을 가져온다는 점에서 면접에도 사전 계획이 필요하다.

면접도 일종의 '자기광고'의 기회라고 생각하고 자신감을 가지고 자신만이 가지고 있는 강점을 면접관에게 확실하게 각인시킬 수 있도록 하는 시간이라는 점을 인식하고 준비해야 한다. 면접에서의 성공을 위해 시간별 전략을 소개하면 다음과 같다.

첫째, 면접 하루 전에는 면접 사항의 예상 내용 체크리스트 작성, 면접 장소와 교통편 확인, 지참물 체크 등을 마친 후 음악 감상 등으로 자신의 마음을 안정시키고, 최상의 컨디션을 유지하도록 노력한다.

둘째, 면접 당일 아침에는 당일 신문을 읽고, 어제 작성한 체크리스트를 한 번 가볍게 훑어본다.

셋째, 면접 당일에는 최소한 면접시간 30분 전까지는 면접장소에 도착하도록 한다.

넷째, 면접 직전 대기 시간에는 긴장을 풀고 침착한 마음으로 면접을 기다린다. 회사에 따라서는 면접 대기실에 카메라를 설치하여 지원자들의 동태를 살피는 경우도 있어 함부로 행동하거나 바르지 못한 자세, 불필요한 행동 등으로 잘못된 인식을 주지 않도록 주의한다.

다섯째, 면접이 시작되면 우선 자신의 이름을 분명하게 말하고 자신의 이름을 부를 때에는 명확한 목소리로 대답한다. 면접관이 자리 잡고 있는 면접실에 들어갈 때에도 사전에 노크를 하는 등 바른 에티켓을 지키도록 한다.

여섯째, 면접실에 들어가서는 지정된 자리에 정자세로 앉는다. 시선은 중앙을 보고 긴장을 풀고 자연스러운 행동을 할 수 있도록 한다.

일곱째, 면접관의 질의응답에 대해서는 면접관이 충분히 들을 수 있는 목소리로 자신감을 가지고 정확하게 대답한다.

여덟째, 면접관의 질문내용이 잘 이해가 되지 않을 때에는 머뭇거리지 말고 "죄송합니다. 다시 한번 말씀해 주십시오"라든가, "죄송합니다. 질문

내용을 이해하지 못했습니다"라고 솔직히 말한다.

아홉째, 면접이 끝난 후에는 정중하게 면접관에게 인사한 후 조용히 의자에서 일어나 문을 열고 나온다.

열째, 이색 면접을 접하게 될 경우에는 이색 면접의 내용이나 특성에 따라 지원자의 잠재된 역량을 충분히 발휘할 수 있도록 적극적으로 참여한다.

5. 직업인으로서의 인간관계[2)]

직장은 그저 내 일만 잘하면 되는 곳이 아니다. 다른 사람들과의 바람직한 관계를 유지하면서 사회적인 생활을 하고 있는 곳이기 때문이다. 이처럼 오늘날을 살아가고 있는 사람들은 직업을 통해서 다른 사람과의 관계를 맺고 살아간다. 직업의 세계는 아주 작은 단위로 분업화되어 있어서 서로 협조 관계를 유지하지 않고서는 생활하기 어려운 부분이 많다. 직장생활에서 인간관계를 중요하게 생각하는 이유가 바로 이러한 이유 때문이다.

직업은 그 자체에 귀천이 있는 것이 아니다. 다만 사람들이 직업 활동을 통하여 추구하는 것이 무엇이냐에 따라 가치가 다르게 결정될 뿐이다. 직업을 통해서 출세나 물질적인 수입만을 얻으려 하기보다는 자신의 소질과 능력을 발휘함으로써 인생의 보람과 즐거움을 얻을 수 있는 것이 바로 직업이라는 점에 유념할 필요가 있다.

1) 직업인으로서의 준비

인간의 삶의 목적은 행복에 있으며, 행복은 건전한 직업적 생활과 일을 통해서 실현되고 이루어진다. 건전한 직업적 생활은 건전한 가치관을 바탕으로 이루어진다고 볼 때 직업인으로서 반드시 건전한 직업가치관을 지녀

2) 이규은(2019). pp. 407-410.

야 할 것이다. 그렇다면 건전한 직업가치관을 선택하는 방법은 무엇일까? 건전한 직업가치관은 몇 가지 선택 기준에 따른 직업적 선택을 전제로 한다. 건전한 직업가치관의 선택을 위한 준거로는 다음의 네 가지를 들 수 있다.

첫째, 자신이 선택한 직업생활에서 개인적 역할을 충분히 수행할 수 있어야 한다.

둘째, 생산적인 구성원으로서 사회 발전에 기여할 수 있어야 한다.

셋째, 자신의 직업 활동이 사회 발전에 공헌할 수 있다는 긍지와 만족감을 지녀야 한다.

넷째, 직무에 대한 훈련과 평생교육의 일환으로 직업 발전에 기여하려는 의지가 있어야 한다.

이상의 네 가지 관점에 따라 직업을 선택하기 이전에 직업가치관을 적용해 보고, 자신의 직업적 선택이 이루어져야 후회 없는 직장생활을 보람을 가지고 영위해 나갈 수 있을 것이다.

직장인에게 필요한 것은 건전한 직업가치관만이 아니다. 직장인으로서 갖추어야 할 기술을 지녀야 하는데, 직장인에게 필요한 기술로는 기능적 기술과 개념적 기술 그리고 원만한 인간관계 기술이 있다. 이에 대한 준비가 잘 이루어져 있을 때 직장생활에 잘 적응해 나갈 수 있으며, 성공적인 직장생활을 수행해 나갈 수 있을 것이다. 직장에서 필요한 세 가지 기술과 인간관계 기술과의 관련성을 그림으로 나타내면 다음과 같다.

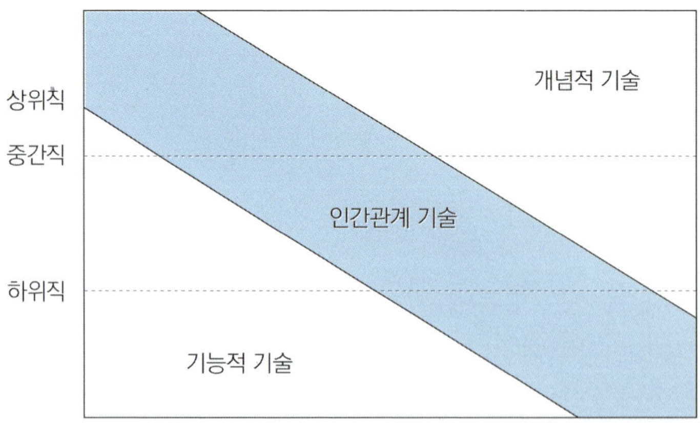

그림 11-3 직장에서 필요한 세 가지 기술

2) 직장에서의 인간관계

직장에서는 다양한 사람들과 인간관계를 맺게 된다. 위로는 상사, 동등한 입장에는 동료들, 아래로는 부하들과 상하좌우 모든 방위에 위치해 있는 사람들과 인간관계를 맺게 된다. 이러한 직장사회에서 직업인으로서 가져야 할 인간관계에 대한 가치는 무엇인가?

직장에서의 인간관계는 직장인의 소속감에 따라 크게 직장 중심적 인간관계와 직장 탈피적 인간관계의 유형으로 나눌 수 있다. 이 중에서 직장 중심적 인간관계를 맺는 유형은 직장 동료와의 인간관계를 삶의 중요한 인간관계 영역으로 생각하는 직장인의 태도를 말한다. 따라서 이들은 조직 및 업무에 대한 소속감과 만족도가 높으며, 업무에 대한 흥미도 높고 직장 동료와 업무에 대한 대화뿐만 아니라 개인적인 일이나 고민, 취미 등을 함께 나누게 된다.

리더와 상사는 그들의 행동 양식에 따라서 과업 중심적 상사와 인간 중심적 상사로 구분할 수 있다. 이 중에서 인간 중심적 상사는 업무 수행뿐만 아니라 인격적 교류에 큰 가치를 부여하여 부하 직원 개개인의 성격과 사생활에 관심이 많으며, 그들과 개인적·정서적 교류를 나눈다.

상사의 유형은 부하 직원의 지휘 방식에 따라 권위형, 방임형, 민주형으로 나누어 볼 수 있다. 이 중에서 민주형 상사는 업무를 추진함에 있어서 부하 직원의 의견을 수렴하고 그들의 재량권을 존중하는 상사이다. 그들의 관계는 평등 관계로서 자유롭고 솔직한 의사소통이 이루어져서 창조적인 활동이 이루어질 수 있다.

부하의 유형도 상사를 대하는 태도의 우호성에 따라 추종형, 저항형, 합리형, 분리형으로 구분한다. 추종형의 부하는 상사를 높이 평가하고 적극적으로 지지함으로써 상사와 각별한 친교 관계를 형성하려고 노력하는 적극적 추종형과 상사의 결정을 불만 없이 순종하지만 적극적인 추종 행동을 나타내지 않는 소극적 추종형으로 분류할 수 있다. 저항형은 상사의 지휘 방식에 불만을 느끼고 반항적인 행동을 나타내는 유형이다. 저항형의 부하는 상사의 일방적 지시에 대해 노골적으로 이의를 제기하고 반발하는 적극적 저항형과 부당함을 느껴도 겉으로 반항하지는 않지만 간접적인 방법으로 상사의 지시를 잘 따르지 않는 소극적 저항형으로 분류할 수 있다. 마지막으로 합리형은 상사의 합리적 지시는 적극적으로 수용하지만, 불합리한 지시에는 상사의 의견을 존중하면서 이의를 제기하고 자기의 의견을 적절하게 제시하는 자기주장적 행동을 나타낸다. 이 밖에 상사와 소원한 관계를 맺으며 상사의 지시에 정서적 반응을 보이지 않고 무관심한 태도를 나타내면서 직장에 대한 조직 몰입도가 낮은 분리형도 있다.

직장 동료의 유형은 돌출형, 희생형, 원만형, 위축형으로 구분될 수 있다. 이 중에서 원만형은 동료들과 균형을 이루는 동시에 동료 관계에서 협동과 경쟁의 균형 감각을 지닌 사람이라고 할 수 있다(김은영 · 이규은, 2011).

그렇다면 성공적인 직장의 인간관계를 위하여 상사나 부하 모두가 공통적으로 지녀야 할 자세는 무엇인가? 일반적으로 성공적인 직장생활의 인간관계를 위해서는 다음과 같은 덕목이나 가치가 실천되어야 한다.

첫째, 공동체 의식을 가져야 한다. 이는 직원들 간의 공동체 의식이다.

둘째, 서로의 인격을 존중해 주어야 한다. 직장 내에서는 어떠한 경우에도 상하 간에 인격적인 대우를 전제로 하여야 한다.

셋째, 서로 신뢰해야 한다. 정직을 바탕으로 믿음이 있어야 한다.

넷째, 건설적인 비판을 수용할 수 있어야 한다. 한 개인의 성장을 위해서는 긍정적인 칭찬만이 아니라 부정적인 비판에 대해서도 수용할 줄 알아야 한다.

다섯째, 각자 업무를 충실히 담당하는 책임감을 지녀야 한다.

여섯째, 직장 내 직원 간에 상호 배려하는 생활을 실천해야 한다. 자신이 먼저 직장 내 다른 사람을 위해 조금 손해 보고, 조금 양보하고, 조금 겸손하며, 조금 봉사할 때 직장 내 인간관계는 분명히 좋아질 것이기 때문이다.

바람직한 직업 윤리관을 가지고 자기 직업에 대한 사명감과 자부심으로 직업에 대한 소명의식, 성실성, 전문성, 창의성, 협동성을 실천해 나갈 때 직장 생활에 잘 적응해 나감은 물론 성공적인 직업인으로 거듭나게 될 것이다.

구직자들이 명심해야 할 공채 성공 십계명

주요 기업들의 공채가 활발히 진행되고 있는 가운데 취업포털 사람인이 '공채 성공 십계명'을 내놓아 목표설정, 시간관리, 마인드 등 공채에 임하면서 자칫 놓칠 수 있는 핵심 포인트가 포함되어 구직자들에게 많은 도움이 될 것으로 예상된다.

(1) 나는 어디에? 정확한 위치부터 파악하라!

공채는 수많은 구직자가 관련 분야에 대한 강점을 가지고 경쟁하는 치열한 전쟁터라고 볼 수 있다. 자신의 현재 스펙(학벌, 어학, 자격증, 경력 등)을 고려하지 않은 채 지원할 경우 성공률은 떨어질 수밖에 없다. 때문에 자신의 현재 상황을 객관적으로 파악한 후 강점은 효과적으로 부각하고 약점은 보완하는 것이 필요하다.

(2) 목표 설정? 무조건 꼼꼼하게 세워라!

본인의 목표가 명확해야 철저한 준비가 가능하다. 지원 업종과 기업 그리고 업무 분야까지 최대한 꼼꼼하게 세워야 한다. 이때, 기업의 이념과 인재상에 맞춰 준비하는 것은 물론 현재 중점적으로 진행하고 있는 프로젝트 및 재무구조에 대한 사항까지 체크해야 한다.

(3) 일정 관리? 스케줄러를 써라!

공채는 서류전형뿐만 아니라 인적성검사 및 면접 등 여러 단계로 되어 있기 때문에 모든 일정을 한눈에 볼 수 있는 스케줄러 작성은 필수다. 특히, 상반기 공채 시즌을 맞아 여러 곳의 기업에 지원할 계획이라면 반드시 일정관리를 해야 한다. 스케줄은 월간, 주간, 일간은 물론 시간대별로도 정리하자. 일의 중요도와 우선순위를 체계적으로 관리할 수 있어 빡빡한 공채 일정을 보다 알차게 보낼 수 있을 것이다.

(4) 공채 준비? 동지를 만들어라!

공채 시즌이라는 한정된 시간에 여러 기업을 체계적으로 준비하기에는 시간이 모자라다. 이럴 때 여러 정보를 공유하고 함께 공채를 준비하는 선의의 경쟁자, 즉 동지를 만든다면 효율적일 수 있다. 구직자들끼리 주제별로 필요한 부분을 정리한 후 함께 모여 하는 스터디는 효율적으로 시간을 관리할 수 있으며 나머지 시간에 다른 기업에 추가 지원 및 면접 준비를 할 수 있어 도움이 된다.

(5) 준비 전략? 선택과 집중해라!

그동안 준비해 온 것들을 보여주지도 못한 채 탈락의 쓴 고배를 마시지 않기 위해서는 현재 꼭 필요한 것이 무엇인지 알고, 집중해야 한다. 기업들이 가장 선호하는 인재 중 하나는 업무에 바로 투입할 수 있는 사람이다. 예를 들어서 토익 10점을 올리기 위해 시간을 보내기보다는 다양한 경험을 쌓아 기업의 관점에서 특화된 인재로 보여줄 수 있는 능력을 키우는 것이 좋다.

(6) 건강? 규칙적인 생활로 지켜라!

구직자들은 불규칙적인 생활 패턴으로 건강을 해치는 경우가 많다. 건강한 체력이 뒷받침되어야 집중력도 높이고, 힘든 공채 과정에서 지치지 않을 수 있다. 특히, 최근에는 지원자의 정신력과 체력을 테스트하는 기업도 늘어나고 있어 건강함은 또 하나의 경쟁력이라고 봐도 좋다. 하루 3끼 규칙적인 식사를 거르지 말고 단 10분이라도 매일 빠지지 않고 운동에 투자하도록 하자.

(7) 트렌드 파악? 눈은 번쩍, 귀는 쫑긋 열어둬라!

정치, 사회적 환경이 빠르게 변화함에 따라 기업들의 채용기준과 인재상도 달라지고 있다. 기존에 구직자들 사이에서 공유되고 있는 합격 족보, 면접스타일 등의 과거 정보에만 의존하지 말고 현시점의 트렌드를 느낄 수 있는 눈과 귀를 열어놓아야 기업에서 원하는 인재상에 맞는 공채전략을 세울 수 있다.

(8) 투자? 꼭 필요하다면 과감해라!

지원 직종과 직업에서 꼭 필요한 능력인데 자신에게 부족하다는 생각이 든다면 시간과 비용 투자를 아끼지 말자. 자신에게 투자하는 것은 당장의 공채 합격의 성공 가능성을 높일 뿐 아니라 장기적 측면에서 해당 분야에 대한 전문성을 갖출 수 있기 때문이다.

(9) 뜨고 있는 SNS? 절대 소홀히 하지 말자!

모바일 기술의 발달, 스마트폰의 확산으로 인맥구축서비스(SNS)가 뜨고 있다. 사실 개인적인 친분을 쌓는 것이 주요 목적이지만, 구직자라면 SNS도 주의해서 사용해야 한다. 인사담당자들이 평소에 지인들과 하는 SNS 대화 속에서 구직자의 성향을 파악하고 그에 대한 평가를 내리는 경우가 점차 증가하고 있기 때문이다. 지원 분야에 대한 관심도와 경험을 드러낼 수 있는 콘텐츠를 쌓고, 긍정적인 사고와 커뮤니케이션 능력 등을 고려하여 관리한다면 좋은 인상을 남길 수 있을 것이다. 또, SNS를 통해 기업의 인사담당자 혹은 관련 업종 종사자와 인맥 네트워크를 적극적으로 쌓는 것도 좋다.

(10) 마인드 컨트롤? 합격의 순간을 그려라!

공채는 결과가 결정될 때까지 지원자에게 끊임없는 스트레스를 주는 긴장의 연속이다. 구직활동에 집중이 안 되거나 지칠 때에는 합격 후의 미래 계획을 세워보거나 하고 싶은 일의 위시리스트 등을 작성하며 구직의욕을 새롭게 북돋아 보자. 긍정적인 마인드에서 나오는 밝은 인상과 자신감 있는 태도는 결국 인사담당자의 좋은 평가로 이어지게 될 것이다.

출처: 파이낸셜 뉴스(2012.3.29, https://www.fnnews.com/news).

CHAPTER 12

직업가치관의 변화와 평생교육

직업가치관은 직업에 대한 인식이나 가치를 보는 관점이다. 직업에 대한 관점을 어떤 측면에 중점을 두고 바라볼 것인가에 따라 직업에 대한 사회적 인식이나 직업의 변화 형태가 다르게 나타날 수 있다. 그동안 우리나라의 직업가치관은 여러 가지 문제점을 안고 있었다. 우리나라 직업가치관의 문제점이 무엇인지 알아보고, 이를 개선하기 위한 방향을 모색하며, 궁극적으로는 바람직한 직업가치관은 무엇인지를 이해함으로써 올바른 직업가치관의 선택기준을 갖도록 해야 한다.

1. 직업가치관의 의미와 분류

직업가치관은 직업을 선택할 때 영향을 미치는 자신만의 믿음이나 신념이다. 만족스러운 직업생활을 위해서는 자신의 직업가치관이 실현될 수 있는 직업을 선택하는 것이 매우 중요하다. 물론 하나의 직업이 하나의 직업가치관만 적용되는 것은 아니다. 경우에 따라서는 하나의 직업에서도 다양한 직업가치관이 중복되어 적용되는 사례도 흔히 볼 수 있다. 직업을 선택할 때 올바른 직업가치관의 선택에도 관심을 갖도록 하자.

1) 직업가치관의 의미와 역할

직업은 단순히 개인의 '생계유지를 목적으로 하는 계속적인 인간 활동'으로 보지 않는다. 직업은 사회의 한 구성원으로서 자신이 속해 있는 그 사회의 존속과 발전을 위한 역할을 담당·수행한다는 점에서 또 다른 의의가 있다. 이러한 면에서 직업은 '사회적 역할의 분담' 또는 '일정한 사회적 역할의 계속적 수행'이라는 의미를 내포하고 있다. 직업가치관에 대해 논의하기에 앞서 가치관의 유형에 대해 살펴보면 독일의 심리학자 슈프랑거(E. Spranger)는 인간의 가치 기준을 다음과 같이 여섯 단계로 구분하였다.

첫째, 이론가형이다. 이론가형은 인간의 가치를 학문이나 연구, 진리 탐구, 명예에 두고 이를 성취하기 위해 노력하는 유형이다. 교사나 연구사, 교수, 이론가 등이 이 유형에 속한다.

둘째, 권력형이다. 권력형은 인간의 가치를 정치나 권력에 의한 지배에 두고 있는 유형으로, 군인, 정치가, 정당 요원 등이 이 유형에 속한다.

셋째, 경제형이다. 경제형은 인간의 가치를 경제적 이익을 추구하는 것에 두고 있는 유형이다. 주로 실업가, 경제인, 상인 등이 이 유형에 속한다.

넷째, 심미형이다. 심미형은 인간의 가치를 심미적 가치추구에 두고 있는 사람들로 예술가, 미술가, 음악가 등이 이 유형에 속한다.

다섯째, 사회 사업가형이다. 사회 사업가형은 인간의 가치를 다른 사람을 사랑하고 남을 위해 봉사하는 일에서 보람을 느끼는 것에 두고 있는 유형이다. 주로 사회사업가, 자선사업가, 사회복지사 등이 이 유형에 포함된다.

여섯째, 종교형이다. 종교형은 인간의 가치를 종교적 가치관이나 성스러운 것을 추구하는 것에 두고 있는 사람들이다. 종교형은 신의 뜻대로 삶의 가치를 추구하고 충실한 신앙생활에 가치를 두는 사람이다. 목사나 전도사, 신부, 승려 등 종교인들이 이 유형에 속한다.

이와 같이 개인의 가치 유형은 개개인의 사회적 역할에서 개인이 추구하는 삶의 목적이나 방향을 결정해 준다. 따라서 개인의 가치 유형은 개인의 인격을 이해하는 데 도움이 된다. 가치관 형성은 그 사람의 생활 유형에 근거하여 개인의 직업을 선택할 때, 먼저 자신의 가치를 어디에 두고 무엇을 중요한 가치로 볼 것인가를 이해하고 이를 바탕으로 자신의 확고한 가치관을 확립해야 한다. 그렇다면 직업가치관이란 무엇인가? 직업가치관이란 일과 직업에 대한 의식이나 가치, 태도로서 직업관과 같은 의미로 사용된다. 직업가치관은 한 사회의 문화와 전통, 국민의 의식 수준에 따라 다양하게 형성되며, 개인의 사고방식과 사회구조의 변화에 따라 다르게 나타난다. 직업을 선택함에 있어서 올바른 직업선택 방법은 먼저 자신의 직업에 대한 가치 판단을 필연적으로 해야 한다. 내가 직업을 선택하는 데 있어 왜 이 직업을 가지려고 하고, 직업을 통해서 성취하고자 하는 것이 궁극적으로 무엇인지를 우선적으로 고려해야 한다. 올바른 직업가치관에 입각한 직업 선택은 한 개인의 보람 있는 삶을 실현하기 위해서 절대적으로 필요하다. 자신의 직업가치관이 확고할 때 직업에 대한 인식과 직업생활이 긍정적이며 적극적인 행동으로 표출될 수 있다. 따라서 자기가 선택한 직업 또는 주어진 직업 분야에서 성실히 근무하고 보람을 찾을 수 있기 위해서는 건전한 직업가치관을 확립하는 일이 무엇보다도 중요하다.

2) 역할에 따른 직업가치관의 분류[1)]

직업가치관은 직업에 대한 의식이나 태도를 의미하는 것으로, 직업선택에 있어서 확고한 직업관은 직업에서의 성공을 앞당길 수 있는 하나의 요인이다. 인간의 삶에서 직업이 어떠한 영향을 미치며 개개인이 직업을 어떤 의미로 수용하고 생활하는가에 따라 직업가치관을 자기 본위의 직업관, 사회 본위의 직업관, 일 본위의 직업관으로 구분한다(경기도교육연구원, 2007).

(1) 자기 본위의 직업관

직업을 생계유지를 위한 활동과 출세를 위한 수단으로 보는 견해이다. 이것은 가장 통속적인 직업관으로 생업으로서의 직업적 측면을 강조한 직업관이다. 이러한 직업관은 직업을 오로지 의식주를 위한 수단이나 사회적 지위나 명예를 얻기 위한 활동으로 보는 것이다. 이러한 관점에서 직업은

1) 이규은(2019). pp. 395-396.

오직 자기 자신만을 위한 것이기 때문에 이기주의적 직업관이라고 할 수 있다. 자기 본위의 직업관은 개인의 욕구 충족을 근본으로 삼고 있으므로 직업의 사회적 기여라는 의미는 찾을 수 없다.

(2) 사회 본위의 직업관

자신의 필요나 가족의 이익을 목적으로 삼기보다는 자신이 속해 있는 사회 전체의 이익을 목적으로 삼는 직업관이다. 이는 직업을 사회적 역할의 분담이라는 측면에서 본 전체주의적 직업관이라고 할 수 있다. 즉, 국가에 대한 봉사를 최고의 가치를 지닌 것으로 간주하고, 모든 사람이 국가와 사회의 발전과 번영에 공헌함으로써 직업의 보람을 찾고자 하는 직업관이다.

(3) 일 본위의 직업관

직업을 자아실현의 과정으로 보는 관점의 직업관이다. 여기에서 직업은 자신의 생계를 위한 것도 남을 위한 것도 아니다. 오직 그 자체를 위해 일하는 직업을 의미한다. 기본적인 입장은 일의 화신이 되는 것이다. 일 본위의 직업관에서는 직업 또는 봉사는 언제나 자발적이다. 자아실현은 우리가 지니고 있는 개성과 취미를 실현시키는 것이다. 이러한 직업관을 자아실현 직업관이라고도 한다. 자아실현 직업관이 값진 의미를 갖기 위해서는 다음과 같은 요건을 구비하는 것이 필요하다.

첫째, 직업이 생계유지를 위한 절대적인 수단이 되어서는 안 된다.

둘째, 직업이 자신의 능력과 취미와 개성에 맞는 것이어야 한다.

셋째, 업무를 수행함에 있어서 개성을 충분히 발휘할 수 있도록 여건이 조성되어야 한다.

넷째, 직장인은 일에 대한 애착을 느끼고 그 일에만 정진하는 자세가 확립되어야 한다.

다섯째, 직업이 사회의 미풍양속에 위배되지 않고 자아실현에 도움이 되는 것이어야 한다.

동서고금을 막론하고 한 시대에는 어떠한 직업관이었든지 간에 하나의 직업관이 주류를 이루며 시대의 변화를 주도했다. 즉, 앞에서 제시한 세 가지 유형 중 어느 하나가 한 시대를 지배했다. 어느 시대를 막론하고 폐쇄된 사회에서는 사회 본위의 직업관이 지배적이었다. 폐쇄사회의 특징 중의 하나가 모든 변화를 억제하고자 하는 것이기 때문에 전통적인 폐쇄사회에서는 직업의 세습과 전체주의적 직업관이 정당화되었다. 그러나 근대 시민사회에 들어와서는 개인의 자각과 인권이 보장됨에 따라 직업관에도 많은 변화가 일어났다. 이로 인해 개성에 따라 자유로운 직업의 선택이 이루어졌으며, 직업이 개인의 기본적 권리로 주장되기에 이르게 된 것이다.

2. 직업가치관의 변화[2)]

자아실현의 기초 단계는 각 개인마다 선택한 직업에서부터 시작한다. 직업을 선택하기 위해서는 각자마다 뚜렷한 가치관의 토대 위에서 이루어져야 한다. 직업선택의 중요한 핵심은 외적인 가치보다 내적인 가치에 비중을 두어야 한다. 가치란 사물이나 행위가 바람직한 특성을 가지고 있음을 나타내는 말이다. 가치판단 또는 도덕적 판단을 해야 하는 사태에는 한 가지의 가치만 관련되어 있는 것이 아니라, 여러 가지 가치가 관련되어 있다. 가치관은 사람마다 다르다. 직업가치관도 가치관의 영역으로써 가치 기준에 따라 직업의 가치도 다르게 인정된다(김충기, 2004). 이러한 직업적 가치관은 시대적 사고와 그 사회의 경제생활 양식에 따라 변화되며, 특히 강조되는 직업관이 각각 다르다. 직업관이 어떤 것이든 개인이나 사회에 대하여 거시적으로 볼 때는 똑같은 결과를 가져오는 것이라 할 수 있으나, 시대적 상황에 따라 계속적으로 변화한다. 시대가 바뀌고 산업이 고도로 발달함에 따라 새로운 가치관이 형성되고, 새로운 가치관은 종래의 직업관을 외면하고 새로운 입장에서 직업을 바라보게 된다.

2) 이규은(2019). pp. 397-400.

1) 전통적 직업관

역사적으로 직업에 대한 가치관의 변화를 보면 중세사회에 이르기까지는 경제적 소득을 목적으로 일을 하거나, 생계유지를 위해 생산적인 활동에 종사하는 사람들은 사회적으로 천하게 여겨졌다. 힘든 육체적 노동은 곧 원죄의 결과로 묘사되었고, 그렇기 때문에 노동은 신분이 낮은 사람들에게만 주어지는 한정된 활동이었다. 이러한 직업관에 변화가 일기 시작한 것은 종교개혁과 산업혁명이 있은 후부터이다. 종교개혁 이후 개신교를 중심으로 한 종교인들은 노동에 대한 원죄보다는 노동의 가치를 중시하여 경제적 소득을 위한 생산적 활동이나 생계를 위해 일하는 생업으로서의 직업활동에 대해 일과 노동과 직업의 신성한 의무를 받아들이기 시작하였다. 그런 후부터 사람들은 노동에 대한 더 이상의 죄의식이나 열등의식에서 벗어나게 된다. 이때부터 직업적 활동을 하나의 소명(召命)의식으로 받아들이면서 직업에 대한 가치와 가치관에 변화를 가져오게 되었다.

2) 산업사회의 직업관

노동을 고통과 질곡, 원죄의 결과로 묘사하였던 중세까지의 직업관은 산업혁명 이후, 즉 산업사회에서는 신분제도의 폐지에 따라 직업에 대한 새로운 가치관이 형성되기 시작하였다. 직업은 살아가는 데 있어서 누구에게나 필요한 자원을 정당하게 취득할 수 있는 수단으로 생각하고, 누구나 일을 해야 하고, 일을 통해서 얻는 소득으로 살아가야만 떳떳하게 산다는 생각을 갖게 되었다. 따라서 과거 봉건사회에서와 같은 노동 천시 사상은 사라지게 되었고, 노동을 신성시하는 새로운 노동관이 세워지게 되었으며, 모든 사람은 생업으로서의 직업을 가져야 한다는 새로운 직업관이 확립되게 되었다.

산업혁명 이후에 나타난 직업에 대한 이러한 의식은 자신이 정당한 노동의 대가로 얻게 되는 정당한 소득으로 살아가야 한다는 바람직한 직업관이 확립되었다. 하지만 사람들이 직업을 단순히 생계의 수단이라고만 여기는 경제주의적 직업관에 집중된 것은 아니다. 직업을 단순히 생계를 위한 경제적 소득을 목적으로 하는 것만으로 보지 않고 직업이 개인의 사회적 지위를 결정해 주기도 하고 동시에 개인의 자아를 실현하는 기회를 마련해 주기도 하는 것으로 보았다. 따라서 경제주의적 직업관으로 편견 되는 현상을 결코 바람직하게 보지 않았다. 이 시기에는 직업을 생계유지뿐만 아니라 사회구성원으로서의 일역을 담당하는 일이라는 관점에서 사회적 역할이 강조되는 직업관이 나타나기 시작하였다.

3) 정보화 사회의 직업관

급속한 사회 변화와 함께 정보화 사회를 접하면서 직업에 대한 사람들의 의식은 변하였다. 직업을 단순히 생계유지의 수단으로 여겨왔던 것이 중세까지의 직업에 대한 인식이었다면 산업사회에 이르러서는 직업은 생계유지와 함께 사회적 역할을 강조하게 되었다. 정보화 시대를 맞이하면서 직업에 대한 가치관이 변화하게 되었는데, 이 시기에는 직업은 자아실현의 장이나 과정으로서의 중요성이 크게 부각되었다. 이와 같이 직업의 의미는 노동의 의미와 함께 단순한 생계유지의 차원을 넘어 삶 그 자체이며, 직업이 자아실현과 사회적 역할이 연계되어 직업의 의미를 더욱더 자아실현 쪽으로 가까워지게 하였다.

슈프랑거(E. Spranger)는 정보화 시대에 인간의 직업관은 두 가지 가치 판단 기준에 의하여 통합되는데, 그것은 정보화산업과 서비스산업을 중심으로 통합된다고 주장하였다(경기도교육연구원, 2007). 슈프랑거의 주장에 의하면 첫째는, 모든 직업 활동은 인간사회를 위한 서비스 활동으로 바뀐다. 이는 모든 직업인에게 봉사정신과 시민정신을 요구하게 된다는 것을 의미한다. 이러한 봉사정신과 시민정신 속에서 자연스럽게 직업윤리가 자리 잡게 된다. 둘째는, 모든 직업이 정보화 사회를 중심으로 통합되므로 모든 직업인은 스스로 자기 자신을 위한 정보망을 구축할 수 있어야 하고, 공공 정보 체제에 접근할 수 있는 역량을 갖추어야 한다. 또한 모든 직업인은 홍수처럼 쏟아져 나오는 정보를 선택, 수용하여 발전시킬 수 있는 정보관리 능력을 갖추어야 한다.

뿐만 아니라, 슈프랑거(E. Spranger)는 정보화 사회 속에서는 폭발적으로 증가하는 정보의 바다에서 직업의 범위가 확대되고, 다양한 직종의 직업들이 새로 등장하면서 직업가치관에 대하여 다음과 같은 점에서 특징적인 변화를 가져올 것으로 보았다.

첫째, 노동에 있어서 육체적 노동자와 정신적 노동자의 구분이 불분명해지고, 이들에 대한 직업적 차별이 사라질 것이다. 우리가 흔히 육체적 노동자라고 하면 손발과 도구를 이용하여 일하는 사람들을 말한다. 그러나 정보화 사회 속에서는 각종 자동화 도구의 발달과 업무의 자동화로 육체노동자들은 기계화나 자동화 체제 속에서 일하게 될 것이므로, 과거처럼 육체적 노동의 강도가 높은 일들은 사라지게 될 것이다. 또한 정신적 노동자라 하더라도 대부분 컴퓨터를 비롯한 각종 정보 기기를 직접 작동하는 일을 하게 될 것이다. 따라서 육체적 노동자와 정신적 노동자의 일하는 강도나 내용을 구분하는 것은 무의미하게 될 것이다.

둘째, 정신적 노동과 육체적 노동의 불명확한 구분으로 직업에 대한 임금에서 큰 차이를 보이지 않을 것이다.

셋째, 이러한 정신적 노동과 육체적 노동의 불명확한 구분과 균형적인 근로임금으로 직업의 귀천이 사라지고 직업적 평등이 구현될 것이다.

이러한 직업적 가치관의 변화는 직업의 다양성과 평등성을 보장할 뿐만 아니라 직업의 평등성과 수월성을 보장하는 기반이 될 것이라고 보았다.

4) 4차 산업혁명 시대의 직업관

4차 산업혁명 시대의 인격성은 어떤 고정된 가치관에 의해서 정형화되지 않는다. 따라서 자기 체험에 대한 개인주의적 집착은 결코 바람직하지 않은 가치관이다. 다원적인 삶의 가치들을 존중하고 개성적 주체들의 권리를 인정하는 태도가 필요하다. 삶의 윤리성에 대한 논의도 주체의 자율성을 중심으로 이루어져야 한다. 제4차 산업혁명 시대에는 기술이나 기능에 의한 생산품들이 일방적으로 소비자들에게 전달되어 공급하던 체제에서 벗어나 능동적이며 자율적인 방식으로 소비자들의 욕구를 만족시키려고 하는 통제할 수 없는 사회로 변모하게 된다. 따라서 제4차 산업혁명 시대에 주체성은 곧 자율성과 직결되며 자율화가 시대의 화두로 대두될 것이다.

따라서 4차 산업혁명 시대 직업가치관은 획일화되고 정형화된 특성에서 벗어나, 다양화와 융통성을 추구하는 직업적 가치가 수용될 것이다. 사회 변화에 따라 개인중심의 직업가치관과 함께 집단적 특성의 직업가치관을 받아들여 창의적이고 특성화된 직업 가치를 지켜나갈 것이다. 자율성을 중심으로 능동적이고 다양한 직업 가치를 수용하는 직업가치관의 정립, 그것이 4차 산업혁명 시대의 직업가치관으로 수용될 것이다.

3. 직업가치관의 유형[3)]

직업가치관의 유형은 여러 준거에 따라 다양하게 구분할 수 있다. 직업의 위치, 직업의 목표, 직업을 획득하는 과정, 인간관계의 중심적 역할 수행 관점 등에 따라 직업가치관의 유형을 구분해 보면 다음과 같다.

1) 직업의 위치에 따른 구분

자신에게 주어지는 직업을 어떤 관점이나 위치에서 이를 수용했느냐에 따라 구분되는 유형으로 '생업으로서의 직업관', '사회적 지위로서의 직업관', '소명으로서의 직업관', '자아실현의 수단으로서의 직업관' 등으로 구분한다.

'생업(生業)으로서의 직업관'은 자신의 직업을 생계의 수단으로 여기는 직업관이고, '사회적 지위로서의 직업관'은 태어날 때부터 자신의 신분에 따라 직업이 정해져 있어 그 신분을 넘지 못하는 직업적 가치관이다. '소명으로서의 직업관'은 직업을 신의 소명(召命)으로 규정하는 직업가치관이며,

3) 이규은(2019). pp. 400-401.

'자아실현의 수단으로서의 직업관'은 직업을 통해 자신이 가지고 있는 능력과 소질을 발현하고 구체적으로 실현한다고 보는 직업관이다.

2) 직업의 목표에 따른 구분

직업이 수행하는 업적과 결과 중 어디에 더 큰 가치와 의미를 두느냐에 따라 구분되는 유형이다. 직업의 목표에 따른 구분으로는 결과를 중시하는 '결과지향적 직업관'과 수행되는 과정을 중시하는 '과정지향적 직업관'으로 구분한다.

'결과지향적 직업관'은 직업을 통해 이루고자 하는 목표를 설정하고 목표에 도달한 정도를 중시하는 직업적 가치관이다. 따라서 '결과지향적 직업관'에서는 수단과 방법을 가리지 않고 좋은 결과와 업적을 내는 일이 가장 중요하며, 그러한 결과의 취득에 가장 높은 가치를 두는 직업관이다. '과정지향적 직업관'은 목표의 성취 여부보다는 성취 과정에 있어서 얼마나 합리적이고 도덕적이며, 정당한 과정과 방법을 따랐는가에 더 큰 가치의 비중을 두는 직업관이다.

3) 직업을 획득하는 과정에 따른 구분

개인이 직업을 선택하여 획득하는 과정이 어떤 형태를 띠고 있는가에 따른 구분으로, 개인의 자율적 선택에 의한 직업선택을 '업적주의적 직업관'이라 하고, 자신의 의사보다는 부모의 사회적 신분에 따라 일방적으로 주어지는 직업선택을 '귀속주의적 직업관'이라 한다. '업적주의적 직업관'은 개인의 소질이나 능력, 적성, 성취도를 중시하는 직업선택이고, '귀속주의적 직업관'은 부모의 사회적 신분에 따라 직업을 이어받거나 물려받는 형태를 중시하는 직업선택이다.

4) 인간관계 중심에 따른 구분

인간관계 중심에 따른 직업가치관의 구분은 개인의 욕구 충족을 중시하는 '개인 중심적 직업관'과 집단 내에서의 주어진 역할을 중시하는 '집단 중심적 직업관'으로 구분한다. '개인 중심적 직업관'은 개인의 역할과 능력, 욕구 만족 등을 중시하는 직업가치관이다. 반면, '집단 중심적 직업관'은 집단 내에서 개인과 집단과의 상호협력 활동이나 집단에 대한 개인의 기여도 등을 중시하는 직업관으로 개인은 집단을 위한 헌신과 봉사적 역할을 수행해야 한다는 가치를 중시하는 직업관이다.

4. 한국인의 직업가치관과 장인 정신[4)]

현대인에게 가장 중요한 일 중에 하나가 직업을 선택하는 일이다. 사람들은 어떤 종류이든지 간에 직업을 가짐으로써 자신과 가족의 생계를 유지할 뿐만 아니라 사회적 지위와 심리적 만족을 얻을 수 있기 때문이다.

한국인의 가치관에 대한 조사결과에 의하면 한국인은 분수(分守)의 이중적 적용기준과 빈부의 운명론, 신분과 부(富)의 밀접한 관련성, 황금만능주의 신념 등을 지니고 있는 것으로 나타났으며, 인간관계 속의 물질 가치관에 있어서도 가족을 위한 물질 추구의 신념이 강하고, 물질 추구에 있어서도 사회적 정(情)과 의(義)를 연계시키는 등의 특징이 있는 것으로 나타났다(성영신 외, 1995). 이러한 결과를 보면 아직도 한국사회에는 신분의식이나 귀족적 차별의식이 존재하고 있음을 알 수 있으며 이러한 가치관이 직업생활과도 연계되어 있음을 알 수 있다. 즉, 직업을 단순히 생계유지라는 경제적인 측면으로만 바라보지 않고 개인의 사회적 신분이나 대인관계로까지 확대하여 인식하는 경향이 있다. 따라서 개인의 직업선택은 경제적인 차원을 훨씬 넘어 사회생활 전반에 걸쳐 그 사람의 삶에 영향을 미친다. 한국인에

4) 이규은(2019). pp. 402-407.

게 올바른 직업가치관의 정립이 필요한 이유가 바로 여기에 있다. 직업에 대한 바른 인식과 가치관의 정립에 대한 새로운 전환이 필요하다.

1) 우리나라의 전통적 직업가치관

직업가치관은 직업에 대한 인식이나 가치를 보는 관점이다. 우리나라의 전통적인 직업가치관을 보면 이어받아 더욱 발전시켜야 할 직업가치관도 있지만, 고쳐야 할 직업가치관도 적지 않다. 따라서 직업가치관의 확립에 있어서 우리나라의 전통적인 직업관에 얽매여서 과거에 사로잡혀 과거지향적 사고에 묶이지 말고, 이를 바탕으로 현대사회에 적합한 직업가치관으로 재구성하여 유지·발전해 나갈 수 있는 방안을 모색해야 할 것이다. 우리나라의 지금까지 직업가치관의 특성은 다음의 다섯 가지로 설명할 수 있다(김충기, 2004).

첫째, 우리나라 사람들의 직업에 대한 일반적 관념은 직업을 '일'로 보기보다는 자리(地位)로 보고 있다. 즉, 직업에 대한 일반적인 관심은 어떤 사람이 하는 일의 종류나 성질에 있는 것이 아니고 그 사람이 차지하고 있는 자리에 있는 것이다. 직업에 대한 관념이 일보다는 자리에 있어 높은 자리에 있는 직업이 아닌 사람들은 개인적으로나 사회적으로 도외시되기 마련이다.

둘째, 혈연(血緣), 지연(地緣), 학연(學緣) 등이 큰 맥을 이루고 있어 한 사람의 일을 그 가족에 귀속시키는 경향이 있다. 한 사람의 일에 집안과 관계있는 사람, 동향인, 동창생을 쓴다는 '우리'라는 의식이 팽배해 있어서 능력보다는 혈연(血緣), 지연(地緣), 학연(學緣) 등이 큰 맥을 이루고 있다. 이러한 귀속주의에 바탕을 둔 사고방식은 건전한 직업관 형성에 차질을 빚고 있다. 직업은 어디까지나 능력과 기술을 가진 사람이 적합한 곳에서 일할 수 있어야 본래의 작업 능률을 올리고 생산성 향상에도 도움이 될 것인데, 능력주의보다는 귀속주의가 더 작용하고 있기 때문에 일의 성과는 크게 이루어질 수 없는 여건에 놓이게 된다.

셋째, 일의 보람을 경시한다. 우리는 전통적으로 일하는 것에 대한 보람보다는 편안함을 추구해 왔다. 일하기를 싫어하고 손에 때 묻히는 것을 두려워하며 천한 사람만이 하는 것이라는 잘못된 인식 때문에 산업의 발전도 늦어졌고, 편안한 것만 추구하고 있다. 누구나 어떤 일에 종사하든지 그 직업에 대한 사명을 깊게 인식해야 한다. 그럼에도 불구하고 우리는 전통 속에서 일하는 것을 천시하고 꺼려왔다. 직업이나 일의 가치관은 무엇보다도 보람을 찾을 수 있도록 노력해야 한다.

넷째, 체면을 중시하고 일을 가치 없는 일로 간주하여 왔다. 일은 상인이나 하인들이 하는 것으로 인식되어 왔던 일의 가치관 때문에 보통 지배계급은 호령이나 명령만 하고 피지배계급인 백성들, 즉 대다수의 농민이나 하인과 같은 국민들만 일을 해 왔다. 일을 하는 것을 부끄럽게 생각하고 체면을 지켜야 한다는 이유로 일하는 것을 회피해 왔던 것이다.

다섯째, 운명적인 팔자소관을 지나치게 신봉하는 가치관을 가지고 있다. 한국인의 의식은 운명에 대한 결정론을 지극히 신봉해 왔다. 모든 일의 결과를 운명으로 생각하고 팔자소관으로 인식해 왔기 때문에 자기가 하는 일은 노력에 의하여 이루어진다기보다는 운명으로 돌리고 마는 생각이다. 그렇기 때문에 개인을 의존적으로 만들기 쉽고, 모든 결정에 있어서도 자신보다는 남의 결정에 따라 일을 한다.

이상의 내용을 요약하면 한국인의 전통적 직업가치관은 일반적으로 자리를 숭상하고, 사회보다 집안을 일차적으로 생각하며, 일하는 보람보다는 그 결과에 집착하고, 일의 내용보다는 체면을 더 소중히 여기며, 자신의 결정이 아니라 남의 결정에 따라 일하는 것 등이 우리나라 사람들의 일과 일자리에 대한 가치관으로 인식되어 왔다.

2) 고쳐야 할 한국인의 직업가치관

모든 사람이 갖는 직업과 관련된 일은 사회발전을 위하여 필요한 일이다. 그렇기 때문에 그 일은 고귀하다. 직업에 충실하다는 것 또한 인간적 삶에서의 고귀한 일이다. 그러나 일에 대한 우리나라의 전통적 사고는 그러한 관점으로 일을 바라보지 않았다. 이러한 잘못된 관점들은 오늘날과 같은 사회 환경 속에서 변화하지 않으면 안 되는 것이 되었다. 전통적으로 전해 오는 한국인의 직업가치관 중에서 고쳐야 할 직업가치관을 제시하면 다음과 같다.

첫째, 지위지향적 직업관은 개선되어야 한다. 우리나라의 전통사회에서는 직업에서 수행하는 일이 일에 대한 보람보다는 사회적 신분이나 사회적 지위를 나타내는 것으로 판단하였다. 따라서 직업의 내용이 일의 수행보다는 일을 수행하는 결정의 요소로서 사회적 지위를 더 중요시하는 경향이 존재해 왔는데, 이러한 직업가치관은 개선될 필요가 있다.

둘째, 가족주의를 지향하는 사고방식에서 벗어나야 한다. 혈연, 지연, 학연 등과 같이 한 사람의 일에 그 가족을 귀속시키는 경향은 바람직한 직업가치관이 아니다. 직업은 어디까지나 능력과 기술을 가진 사람이 적합한 곳에서 일할 수 있도록 하는 능력주의 중심의 직업관으로 변화되어야 한다.

셋째, 사무 및 관리직에 대한 지나친 선호 경향이다. 사회에서 요구하는 모든 직업이 동등한 개념으로 이해되어야 함에도 불구하고, 육체 노동직보다는 사무 및 관리직에 대한 지나친 선호 사상이나 편견을 갖고 있다. 이는 옷이나 손에 기름칠을 하지 않는 직업이 고급 일자리로 인식되고, 육체노동이나 기술직에 대해서는 천시하는 풍토가 있어 왔기 때문에 생긴 현상이다. 모든 직업적 업무를 사무직이나 관리직으로 전환할 수 없다는 점에서 이러한 직업가치관은 개선되어야 한다.

넷째, 부모가 선호하는 직업선택을 강요하는 경향이다. 자녀의 장래를 결정하는 데 있어서 무엇보다도 우선시해야 하는 것은 자녀들의 의사이다. 그러나 부모들은 흔히 자신들이 풍부한 경험을 갖고 안정된 사고를 할 수 있다고 생각하여 자녀의 장래를 결정하는 데 있어서 자녀의 의사를 따르기보다는 부모의 뜻을 받아들이도록 강요하는 경향이 있다. 이러한 행태는 고쳐져야 한다. 부모의 직업선택이 아니라 자녀의 직업선택이라는 점을 잊어서는 안 되며, 자녀의 직업생활은 자녀 스스로가 누리는 것이지 부모가 대신 생활하는 것이 아님을 명심해야 한다.

3) 바람직한 직업가치관

오늘날 직업은 생계의 수단으로서뿐만 아니라 사회봉사와 자아실현의 수단으로서 더욱 중요하게 인식되고 있다. 직업에 대한 이러한 인식은 불가피하게 받아들이고 발전시켜 나가야 한다. 직업에 대한 가치관은 앞에서도 언급한 바와 같이 시대적 상황이나 여건에 따라 변화되어 왔지만, 각각의 시대마다 시대적 요구에 따라 어느 한 형태의 직업가치관이 한 시대를 지배해 왔다. 그러나 최근 들어 개인의 자각과 인권이 보장됨에 따라 직업관에도 많은 변화가 일어났다. 직업에 대한 인식이 전체주의적 직업관에서 벗어나 자아실현적인 직업관으로 변화되고 있다. 그렇다면 바람직한 직업가치관은 어떤 것일까? 바람직한 직업가치관의 준거는 다음의 여섯 가지로 설명할 수 있다(김충기, 2004).

첫째, 직업의 선택은 자유로워야 한다. 직업은 개인의 자유로운 선택에 의해 이루어져야 하는 것이지, 타인의 강요나 억압을 견디지 못해 선택되어서는 안 된다.

둘째, 일단 선택한 직업에 대해서는 성실한 노력을 하고 그 대가는 생산에 공헌한 것에 비례해서 받아야 할 것이지, 학력이나 면허 소지자에 대한 대가만으로 보상이 결정되어서는 안 된다.

셋째, 취업의 기회는 공평하게 주어져야 하지만 적성, 흥미, 능력, 인성, 희망에 따라 선택되어야 한다. 학연, 혈연, 지연 등 연고 관계로 인한 채용이나 승진 또는 그로 인한 차별대우 등의 풍토는 없어져야 한다.

넷째, 직업에는 귀천이 없다. 직업에는 귀하고 천한 것이 없으며 모두 다 똑같이 사회에 기여하는 소중한 일이다. 직업만으로 그 사람의 귀천이나 선악을 따지는 것은 바람직하지 않다.

다섯째, 직업이 생활의 유지 수단이지만 이를 통해서 자기완성과 행복을 추구할 수 있도록 직무를 다양화함으로써 고차원의 동기유발을 꾀하여야 한다.

여섯째, 일할 의사와 능력이 있는 사람이 직장을 갖지 못하였을 때 이는 실업자로 간주되어야 하고, 국가는 취업 기회를 창출해 주도록 노력하여야 한다.

올바른 직업가치관을 형성하려는 노력은 직업에 대한 의식을 바꾸려고 할 것이 아니라 사회에서 직업을 올바르게 다루는 데서 비롯되어야 할 것이다. 즉, 사회의 발전적 요구에 맞는 직업이 충분한 보상으로 개인의 욕구를 충족하는 방향으로 전개될 때 직업관에 대한 변화가 일어난다. 특히 '직업에 대한 귀천이 없다'는 명제를 받아들이기 위해서는 각계·각층에서의 직업적 역할에 따른 다소의 임금 격차는 있으나, 노력에 대한 충분한 보상이 이루어지는 것을 근로자들이 직접 체험하도록 해야 한다. 이러한 경험과 인식이 직업에 대한 귀천 의식을 갖지 않게 할 것이며 일에 대한 신성함을 몸소 체험하면서 느끼게 될 것이다. 진정한 의미의 올바른 직업관 형성은 이러한 과정에서 만들어진다.

4) 장인 정신의 직업가치관

장인(匠人)이란 자신의 직업에 대해 천직 의식을 갖고 개인보다는 집단의 이익이나 목적에 따라 직업적 가치관을 실천한 대표적인 직업인이다. 장인의 의미를 사전적인 의미에서 찾아보면 '여러 가지 만드는 것을 업(業)으로 삼는 사람'이라는 의미와 함께 '예술가의 창작 활동이 심혈을 기울여 물건을 만드는 것과 같다는 뜻으로, 예술가를 두루 이르는 말'이라고 정의하고 있다. 역사적으로는 고대 및 중세의 신분제사회에서 전쟁에 필요한 무기나 생활용품들을 만들던 전업적(專業的)인 수공업 기술자를 가리켜 장인이라고 불렀다. 이들은 낮은 신분에도 불구하고 자부심과 사명감 그리고 책임감을 지니고 있었는데, 이러한 장인들의 정신을 오늘날 우리는 '장인 정신'이라 하여 특별한 직업가치관을 담은 의미로 사용하고 있다. 이러한 장인 정신은 동서양 모두에서 찾아볼 수 있는데, 이것은 자신의 직업을 사회적 역할 분담이라는 측면에서 받아들여 개인의 필요나 이익보다는 개인이 속한 집단의 목적이나 이익의 관점에서 이해하였던 동서양의 전제적 군주사회나 봉건사회에서 형성된 전통사회의 직업가치관이다. 장인 정신에는 오늘날 우리가 본받을 만한 직업적 정신과 가치관이 담겨 있는데, 그러한 가치관으로는 다음과 같은 것들이 있다.

첫째, 자긍심과 소명의식이다. 장인들은 자신의 일을 천직으로 인식하고 일에 대한 긍지와 자부심을 갖는 소명의식이 있었다.

둘째, 전문성이다. 자신이 맡은 직업이나 일에 있어서는 부단한 기술의 연마와 계발을 통해 전문성을 기르는 데 있어서 게을리하지 않았다.

셋째, 책임감이다. 자신의 일이나 자신이 만든 작품에 대해서는 끝까지 책임을 다하는 자세를 실천하였다. 오늘날의 판매 후 서비스(A/S)가 활성화되었다.

넷째, 봉사 정신이다. 자신의 직업이 단순히 생계를 유지하기 위한 수단이 아니라 전체 사회에 기여하는 봉사임을 인식하는 사회 기여적인 직업관을 가지고 있었다.

이상의 자긍심과 소명의식, 전문성을 기르기 위한 자기계발, 책임감, 봉사 정신은 우리가 장인 정신 하면 떠올리는 가치관이다(임홍순 · 이태하, 2006). 우리가 직업인으로서 가져야 할 직업가치관이 무엇인가라고 할 때 반드시 다시 한번 되뇌어 봐야 할 귀감이 되는 직업가치관이다.

5. 사회변화와 평생교육

우리 사회는 급속하게 변화하고 있고, 정보통신을 비롯한 과학기술의 발전 또한 가속화되고 있는 실정이다. 이러한 변화에 적응하기 위해서는 끊임없는 학습을 통해 적응에 필요한 능력을 기르고 효과적인 대처 방식을 터득해 나가야 하는데, 이러한 요구를 해결해 나가기 위해 등장한 것이 평생교육이다.

평생교육이란 "학교의 정규교육과정을 제외한 학력보완교육, 성인 문자해득교육, 직업능력 향상교육, 인문교양교육, 문화예술교육, 시민참여교육 등을 포함하는 모든 형태의 조직적인 교육활동을 말한다"라고 평생교육법에서 정의하고 있다(평생교육법 제2조).

인간은 태어나서 죽을 때까지 전 생애에 걸쳐 성장하고 발달한다. 그러한 발달과정에서 대부분의 적응력은 학교라고 하는 정규과정의 학습을 통해 익힌다. 그런데 학습이라는 것이 마치 수레에 달린 바퀴가 굴러가는 것처럼 사고와 행동을 멈추지 않게 한다. 따라서 우리가 무엇을 배운다는 것은 단순히 무엇을 익힌다는 의미도 있지만, 학습을 통해 새로운 변화에 적응하고 더 나아가 혁신을 이끌어 갈 수 있다는 순기능까지도 포함하는 것이다. 그런데 이러한 학습이 정규과정인 학교교육을 끝으로 정지된다면 사회에서의 이러한 순기능들이 모두 정지되는 것이나 다름이 없다. 따라서 평생을 살아가는 인간에게는 생을 마치는 순간까지 수레바퀴가 굴러가지 않으면 안 된다. 즉 죽는 순간까지 인간은 사고하고 행동해야만 한다. 그러한 기능을 담당하기 위한 교육활동으로 등장한 것이 평생교육이고 오늘날 우리 주변에는 학교가 아닌 다양한 기관이나 조직에서 교육활동이 활발히 전개되고 있는 모습을 쉽게 찾아볼 수 있다. 이처럼 평생교육이란 학교라는 제한된 기관을 중심으로 이루어지던 교육활동이 급격히 변화하는 현대사회에서 사회의 모든 영역으로 확대되어 가는 교육활동으로 직업세계의 발전은 평생교육 차원의 계속적인 교육을 요구하고 있다.

1) 사회변화와 직업능력 향상

오늘날 전개되고 있는 사회변화를 보면 정보기술의 효율적인 활용이 강조되면서 정보기술에 대한 부가가치가 상승하고 있고, 정보기술과 과학기술의 융합으로 많은 직업이 생성되고 소멸되는 과정을 거치고 있다. 이러한 사회변화는 정보화 물결의 흐름 속에서 더욱 가속화될 것으로 예상되며, 머지않아 디지털 혁명 사회가 올 것으로 예측된다. 즉, 과학, 기술, 문화의 융합으로 보다 섬세한 감상과 상상력, 창의력의 가치가 더욱 높아지는 융합기술의 일상화 시대가 다가올 것이다. 뿐만 아니라 환경문제가 부각되어, 환경친화적인 사회가 될 것이며, 인간적인 삶의 추구와 함께 평생교육이 강화되고 평생직장이 아닌 평생직업이 강조되는 사회로의 전환이 이루어질 것이다. 다가오는 미래에는 우리 사회에서 직업이 차지하는 비중이 그 어느 때보다 높게 차지할 것으로 예상된다. 인간의 삶에서 직업의 가치가 더욱 증대되고 강화될 것이다.

『인간적인 너무나 인간적인』이라는 책의 저자인 철학자 니체(Nietzsche, Friedrich)는 사람들의 직업과 관련하여 "직업은 생활의 등뼈이다"라고 말하였다. 이처럼 직업은 우리 생활에서 중추적인 역할을 할 만큼 중요하다. 직업에 대한 능력과 역량을 통해서 우리는 삶을 영위해 나가며, 뛰어난 직업능력과 역량을 갖추고 있는 사람은 사회로부터 인정과 대우를 보상받지만, 그렇지 못한 사람에게는 응분의 책임과 질책이 따르는 사회변화가 이루어질 것이다.

직업의 중요성이 증대되는 만큼 직업을 유지하고 발전시키기 위한 노력 또한 강화될 것으로 예상된다. 직업능력을 향상시키고 자신만의 직업 브랜드를 갖기 위해서는 다음과 같은 노력과 전략이 필요하다.

첫째, 자기 직업 분야에 관련된 최근의 이슈(Issue)를 학습하라. 우리는 자신의 직업이 어떤 방향으로 변화해 가는지를 알아야 한다. 이슈를 찾아서 그것과 연관된 지식을 심화해서 학습함으로써 항상 자기 직업 분야의 최신 이슈에 대해 이해하고, 변화 방향을 인식해야 한다.

둘째, 신기술에 대한 지식을 실시간으로 학습하라. 자기 직업 분야에 관련된 기술을 제대로 간파하지 못하면 우리는 세상의 수요와 멀어지게 된다. 신기술이 인문학적 기술이든, 예술적 기술이든, 과학적 기술이든 분야를 막론하고 모두 습득하기 위한 도전이 필요하다. 경우에 따라서는 필요한 관련 자격증도 취득하는 것이 바람직하다. 일을 하면서 자격증을 준비하여 취득하는 노력을 경주하다 보면 자신도 모르게 학습하는 습관을 지닌 직업인으로 변모하게 되고, 그러다 보면 자신의 분야에서 누구보다도 뛰어난 전문적 지식을 체득할 수 있게 된다.

셋째, 인류의 삶의 행태 변화와 그 트렌드(Trend)를 학습하라. 트렌드를 파악하면서 새로운 소비자들을 만나고 만남을 통해 소비자들의 변화를 학습하는 것이 중요하다. 인간의 삶의 태도가 변하면 직업능력개발을 위한 노력도 거기에 맞춰 변화해야 하기 때문이다. 이를 위해서는 직업능력개발을 할 수 있는 기회가 오길 기다리기보다는 학습 기회를 창조하는 태도로 일하는 것이 필요하며, 학습은 그 기회가 찾아올 때보다 창조할 때 그 열정이 높게 발휘된다(김준성, 2009).

넷째, 예상할 수 없는 미래를 대비하라. 급속하게 변모하는 지금의 사회 변화를 따라갈 수 있는 방법은 시간의 지체를 지워 버릴 만큼 적응력이 뛰어난 직업능력을 키우는 일이다. 그럼에도 불구하고 사회 변화에 대처하는 것에 어려움이 따르는 것은 가장 중요한 변화는 언제나 전혀 예상하지 못한 곳에서 발생하기 때문이다. 예상할 수 없는 미래의 변화에 대처하고, 미래를 예견할 수 있는 길은 오직 현재의 변화에서 미래의 씨앗을 찾는 것이라는 점을 잊어서는 안 된다.

2) 평생교육의 필요성

평생교육은 삶(life), 평생(lifelong), 통합(integration), 교육(education)의 성격을 공통적으로 담고 있다. 뿐만 아니라 교육에 대한 선택권과 학습에 대한 자율적 수행을 보장하는 학습사회를 지향하는 개념이다. 평생교육은 무덤에서 요람까지의 교육이라고 정의하는바, 모든 장소와 모든 기관에서 이루어지는 교육을 통합한 교육이 곧 평생교육이다. 이러한 평생교육의 필요성을 몇 가지로 요약하여 제시하면 다음과 같다.

첫째, 지식과 정보의 폭발적 증가로 인해 평생교육이 필요하다. 새로운 정보와 지식의 등장과 함께 정보와 기술의 융합을 통한 새로운 지식들이 폭발적으로 증가하고 있다. 이러한 변화 속에서 학교에서 배운 것만으로 일생을 살아간다는 것은 어려운 일이 되었다. 뿐만 아니라 정보 및 과학기술의 발달로 새롭게 등장한 다양한 첨단 기자재에 대한 적응력을 높이기 위해서도 평생교육이 요구된다.

둘째, 사회의 급격한 변화와 직업사회의 다양화에 따른 적응을 위해 평생교육이 필요하다. 과학기술의 끊임없는 발전과 산업화로 직업의 종류, 통신 및 교통수단, 인간관계 등 우리 사회의 전반적인 부분이 지속적으로 빠르게 변화하고 있다. 이러한 변화에 적응하고 다양한 직업적 요구를 수용하기 위해서는 평생교육이 필요하다.

셋째, 여가시간의 증대와 개인적인 욕구충족을 위해 평생교육이 필요하다. 각종 문명이기의 등장과 경제력의 성장으로 인해 노동시간은 점차 감소하고 있고, 여가시간은 증대되는 현상으로 나타나고 있다. 이러한 상황에서 향상된 삶의 욕구를 충족시키기 위한 다양한 교육활동이 요구된다.

넷째, 학교교육의 역기능을 보완해 나가기 위해 평생교육이 필요하다. 지식을 기반으로 한 정보기술의 발달과 함께 학교교육의 한계와 역기능에 대한 비판의식이 고조되고 있다. 그동안 우리 사회에 보여준 학교교육의 경직성과 폐쇄성도 이러한 문제를 야기한 원인으로 지적되고 있다. 따라서 급변하는 사회에 대처하기 위해서는 정규화된 학교교육을 넘어서 개방되고 다양화된 평생교육의 도입이 필요하다.

다섯째, 평균 수명의 연장과 고도 산업화에 따른 인간소외, 비인간화 현상을 방지하기 위해서 평생교육이 필요하다. 과학기술과 의료기술의 발달로 인간의 수명은 연장되고 첨단화된 과학기술의 발달로 인간의 존엄성이 약화되는 현상이 나타나고 있다. 인간의 존엄성은 직업, 경제력, 노소, 성별, 지역 등과 무관하게 존중되어야 함에도 불구하고 인간소외와 비인간화 현상이 보이는 안타까운 일이 발생하고 있다. 이러한 현상을 방지하기 위해서는 인간이 인간답게 살아갈 수 있는 방법의 터득과 모색을 위한 평생교육이 이루어져야 한다. 경제수준의 향상과 생활양식의 변화에 따른 인간관계의 균형을 상실하지 않도록 하는 교육이 이루어져야 한다.

3) 평생교육의 구현

사회적 변화가 완만했던 전통사회에서는 사회적 환경의 변화에 따라 발생하는 문제나 도전이 그리 심각하거나 큰 문제가 되지 않았다. 그렇기 때문에 사회적 문제가 발생하면 전통적 기준과 방법에 따라 해결해 나갔으며, 그런 전통적 기준이나 방법이 문제를 해결해 나가는 데 있어서 별다른 문제가 되지 않았다. 또한 직업선택에 있어서도 전통적인 산업사회에서는 대부분의 직업이 근로자들로 하여금 그 직업의 수행에 필요한 지식과 기술을 취업 전에 미리 습득하도록 요청하였고, 근로자들이 수행하는 기능은 대부분 오랜 시간이 지나도 변화하지 않았다. 그래서 대부분의 교육과 훈련은 근로자가 새로운 직업을 얻으려고 할 때나 행해졌다. 그러나 오늘날과 같이 급변하는 사회 환경 속에서는 전통적 방식이나 기준에 따라 문제를 해결한다는 것은 현실에 대한 적응을 강조하는 것일 뿐이어서, 문제의 본질적인 면을 찾거나 문제를 해결해 나가는 데 별 도움이 되지 않는다. 이를 해결하기 위해서는 사회적 변화만큼 인적자원의 가치관이나 인식 등에 대한 빠른 변화와 혁신이 요구된다. 또한 기업들의 측면에서도 새로운 기술이나 지식을 대학 졸업생이나 사회에 막 진출하는 근로자에게만 의존할 수 없게 되었다. 기업들은 전 생애 주기에 걸쳐서 새로운 지식과 기술을 습득하는 근로자를 필요로 하게 되었다. 그리하여 최근에는 교육을 중심으로 하는 전체 문화의 혁신적인 개조를 주장하는 삶들이 늘어나고 있다. 특히 브라멜드(Brameld)는 "교육은 이제 문화를 재건하는 과업에 있어서 그 중심적인 역할을 담당해야 한다. 왜냐하면 지금의 문화를 그대로 방치해 두면 그것은 그 자체의 혼란과 갈등으로 인하여 자멸하게 될 것이기 때문이다(Brameld, 1961)."라고 주장하였다. 이와 같이 사회적 변화에 따른 혼란과 갈등에 대처해 나가기 위해서는 이에 대한 발 빠른 대처와 대응이 필요하다. 그러기 위해서는 지속적인 교육과 학습이 요구되고, 이것이 바로 사회적 변화에 있어서 평생교육이 필요한 이유라고 볼 수 있다.

오늘날 평생교육에 관한 문제는 점차 확대되어 나갈 뿐만 아니라, 심각하게 고민하고 있는 사회교육의 한 분야이다. 이와 같이 평생교육에 관한 문제를 심각하게 다루고 있는 원인은 무엇인가? 그것은 바로 사회가 급격하게 변화하고 일진월보하는 과학기술의 발달에서 오는 지식의 폭발적인 증가, 생활 현상을 혁혁하게 바꾸어 놓은 과학기술상의 여러 가지 발명, TV 매체의 보편적인 보급과 정보의 급증, 인공지능을 비롯한 최첨단 정보기술의 융합, 민주화를 위한 정치적인 도전, 경제적 수준의 향상과 여가의 증대, 생활양식과 인간관계의 상실 그리고 이데올로기에 있어서의 위기 등 급속하게 변동하는 사회를 맞이하게 됨에 따라, 과거의 단편적인 지식의 결과만으로는 앞으로의 급격한 발전 추세에 적응하기가 어렵다는 것이다. 따라서 학창 시절에 배운 지식이나 기능만으로는 사회에 적응하기가 어렵고, 변화하는 사회 속에서 끊임없이 배우고 학습해야만 삶을 영위할 수 있게 되었다.

이와 같이 급격하게 변화해 가고 있는 현대사회의 여러 가지 문제를 능률적으로 해결해 가는 동시에, 새로운 발전을 계획하고 추진하기 위해서는 사회의 모든 교육 역량을 총동원할 뿐만 아니라 과거의 비능률적인 교육체제를 혁신적으로 개편하지 않으면 안 된다는 것이 평생교육에서 주장하는 바이다(김충기, 2004). 이런 오늘날 사회의 당면한 과제를 해결하기 위해 새로운 방향의 모색으로 1960년대 초반부터 대두되기 시작한 것이 평생학습이며, 그것이 오늘날 평생교육의 모태가 되어 이어져 온 것이다.

1960년대에 들어서서 유네스코를 중심으로 평생학습 이론을 제기하기 시작한 프랑스의 교육학자 랑그랑(Lengrand)은 평생교육을 촉진하는 현대사회의 도전으로 첫째, 현대의 급격한 변화 둘째, 인구의 증가 셋째, 과학적인 지식과 기술의 발달 넷째, 정치적 도전 다섯째, 정보의 급증 여섯째, 여가의 증대 일곱째, 생활양식과 인간관계의 균형 상실 여덟째, 인간의 건강 아홉째, 이데올로기에 있어서의 위기 등을 들었다(Paul Lengrand, 1970).

교육이 본래 생활의 필요로써 삶의 질을 향상시키기 위하여 이루어지는 생의 과정임에도 불구하고, 학교는 지나치게 획일적이고 융통성이 없으며, 지식 위주로 일관되어 있어 끊임없이 변하는 경제, 사회, 문화적 상황에는 물론, 개인적·사회적 요구에도 효과적으로 대응하지 못하고 있다. 실버먼(Silberman)은 오늘날의 학교는 질서와 통제, 강제와 억압 그리고 불신으로 가득 차 있으며, 학생들에게는 순종만을 강요하고 있다고 말했다. 그는 미국 학교교육에서의 정신적 불구화 현상을 지적하면서 학교 교실 안에서는 "자발성과 배우는 즐거움과 창조하는 기쁨과 자기의식이 떡잎처럼 시들어 버렸다. 참으로 미국의 학교는 꿈의 파괴자이다"라고 주장하였다. 평생교육의 등장은 이와 같이 학교교육의 목적 상실과 기능 상실에 따르는 여러 형태의 역기능으로 인한 교육의 위기를 해결하기 위한 필연적인 결과라고 할 수 있다(경기도교육연구원, 1996). 그러므로 평생교육은 기존의 학교를 중심으로 하는 전통적 교육관의 혁신적 변화를 전제로 하는 것이라 할 수 있다.

이제 평생교육은 더 이상 낯선 개념이 아니다. 누구도 직전교육(職前教育)

이나 어린 시절의 학교교육만으로 평생을 지탱할 수 없는 사회가 되었고, 어떤 방식으로든지 평생에 걸쳐서 공부하고 학습해야 한다는 당위에 대해서 이의를 제기하는 사람은 거의 없다. 문제는 평생교육을 어디서, 어떻게 해야 하는가와 관련된 것이다. 평생교육을 위한 다양한 장(場)들이 이미 우리 사회에도 제공되고 있고, 또 많은 사람들이 혜택을 받고 있지만, 이 시점에서 과연 평생교육이 이전의 학교교육과 같은 형태의 고정된 교육 장소를 가져야 하는지에 대해 반성적으로 검토해 볼 필요가 있다(김영인 외, 2008). 또한 평생교육을 통해 직업인들의 관심과 요구에 부응하고 그들의 직업적 능력을 향상시키며, 사회와 국가가 요구하는 인적자원개발을 위해 주력할 수 있는 방안이 무엇인지에 대한 부단한 연구와 노력이 요구된다.

지식기반사회의 등장과 함께 근로자를 고용한 기업이나 회사에서도 근로자의 지속적인 평생교육체제의 실현을 추구하고 있다. 단순히 대학이나 기업에서 익힌 지식이나 기술만으로는 급변하는 지식사회나 새로운 기술의 도입에 적응할 수 없기 때문이다. 따라서 전 생애에 걸친 지식과 기술의 습득을 근로자에게 요구하게 된 것이다. 이러한 근로자들의 요구는 국가의 교육훈련 제도를 변화시켜 놓았으며, 이에 따라 교육훈련 제도도 근로자들로 하여금 전 생애에 걸쳐서 필요한 지식과 기술을 교육시키는 제도로 변환시키지 않으면 안 되게 되었으며, 이러한 변화로 나타난 것이 평생교육이다.

평생교육은 두 가지 측면에서 이해될 수 있다. 하나는 유아기에서부터 은퇴 이후에 이르기까지 전 생애 주기에 걸쳐서 행해지는 교육이며 학습이라는 시간적인 면이다. 다른 하나는 기존의 지식과 기술을 바탕으로 하여 새로운 지식과 기술을 습득하여 지식과 기술의 범위를 넓히는 공간적인 면이 있다. 평생교육은 학교, 훈련센터, 대학교와 같이 정규교육을 포함함은 물론이고, 조직화된 직무상의 훈련과 같은 비정규교육과 가족으로부터의 교육이나 지역공동체의 구성원으로부터 전수된 교육과 같은 비공식교육도 포함한다. 평생교육은 일정한 연령에 도달했기 때문에 받는 교육이 아니고, 사람들이 필요에 따라서 받는 교육이다. 즉, 필요와 요구에 의한 자기계발을 위한 교육이 되어야 한다. 그러므로 전통적인 교육이 교육기관 중심적 교육이라면, 평생교육은 자기계발을 위한 교육으로 수학자 중심적 교육이라고 할 수 있다. 평생교육은 단순한 성인교육과는 다르다. 그렇다고 평생교육은 전혀 새로운 교육도 아니다. 평생교육은 세계화된 지식경제에서 경쟁력을 향상시키기 위해서 필요할 뿐만 아니라, 민주사회 공동체의 구성원으로서 활동하는 데 필요한 정치적, 사회적, 경제적, 문화적 능력을 향상시키기 위해서도 필요하다(박세일 외, 2007).

전통적인 교육에서는 교사가 지식의 유일한 공급처였지만, 지식기반경제에서는 교사나 훈련가는 학습자를 도와주는 도우미에 불과하다. 왜냐하면 지식기반경제에서는 능력이 중요하고 이러한 능력 중 팀워크, 문제해결능력, 자발적이고 독립적인 학습능력, 리더십 등의 핵심 능력은 교사로부터 전수받을 수 없고, 학습자 본인 스스로 경험을 통하여 또 단체 속에서 타인과의 상호 교류 속에서 터득하고 축적해야 하는 것이며, 창조적으로 생각하여 습득해야 하는 것이기 때문이다. 따라서 지식기반사회에서의 평생교육은 연령이나 교사 중심이 아니라, 능력 중심과 학습자 중심의 교육이 되어야 한다(박세일 외, 2007). 따라서 평생교육제도를 활용한 자기계발의 계획을 세우고 선택적으로 활용함으로써 새로운 지식과 기술을 배우고 익히는 일에 게을리해서는 안 된다. 특히 최신 정보의 습득과 적극적인 활용을 위해서는 다양한 정보통신기술(ICTs)과 인공지능(AI)을 활용한 교수방법도 도입하여 자기계발에 활용할 필요가 있다. 컴퓨터 시뮬레이션 등과 같은 다양한 자료를 활용하여 체험을 통한 학습(Learning by Doing)을 적극적으로 도입하여 자기계발에 노력을 경주할 필요가 있다. 정보통신기술의 활용은 정보의 종류를 다양화할 수 있으며, 교사와 학습자 간의 관계를 변화시킬 수 있다.

평생교육은 학습자의 수평적·수직적 이동을 용이하게 할 수 있는 개방적 교육제도로써 직업의 다양성과 유동성의 이해와 효과적 적응을 위한 교육이 가능하다. 또한 평생교육을 통해서 진학 또는 직업진로의 선택 기준이 학력보다 본인의 적성과 능력에 의존하여야 한다는 특성을 살려 자신의 요구와 관심 분야에 대한 자기학습(Self-learning)의 가치와 중요성을 강화할 수 있고 이를 통해 자기계발의 목표를 실현할 수 있다.

평생교육 바우처로 제2의 인생 도전!

3년 넘게 학원 강사로 근무했던 유 모(39·인천) 씨. 그는 학원이 여러 차례 문을 닫고 매출이 하락하면서 울며 겨자 먹기로 퇴사해야만 했다. 경력단절로 어렵게 구했던 직장이었던 만큼 갑작스러운 실직에 좌절했다. 다른 일을 구하는 것조차 쉽지 않았다. 그때 '평생교육 바우처' 사업을 알게 됐고, 평소 관심 있었던 정리수납전문가와 회계업무를 수강할 수 있었다. 실직했지만 오히려 위기가 기회가 됐다고 말문을 연 그녀는 "새로운 분야를 공부하면서 무기력했던 일상에 자신감도 생기고, 잊고 살았던 꿈에 대한 도전 의식도 생겼다"며 "올해는 정리수납 분야로 재취업해 경력을 쌓아 강의도 해보고 싶다"고 당차게 말했다. 이뿐만이 아니다. 평생교육 바우처로 창업의 꿈을 이룬 이도 있다. 전남에 거주하는 김 모(60대) 씨는 아이들이 성장해 취업과 결혼을 시키면서 공허한 마음이 들었다. 그러다 정부에서 지원하는 평생교육 바우처를 활용해 떡제조기능사 국가자격증을 취득했고, 지난해 4월 공방을 열었다. 그는 "평생교육 바우처는 한꺼번에 닥쳐온 공허함에 방황하던 나를 배움의 길로 이끌어주며 인생의 전환점이 됐다"며 "지금은 시니어클럽에서 수업을 하면서 그분들의 멘토가 됐다"고 웃으며 말했다.

누군가의 인생에 전환점을 맞이하게 해준 평생교육 바우처는 어떻게 지원받는 걸까? 교육부가 주관하는 2021 평생교육 이용권 신청은 저소득층 성인을 대상으로 평생교육 바우처 공식 홈페이지(https://www.lllcard.kr/)에서 할 수 있다. 평생교육 이용권은 기초생활수급자·차상위계층 등 저소득층 성인이 평생교육에 참여할 수 있도록 교육비를 지원하는 사업이다. 경제사회적 여건에 따른 평생교육 격차 완화 및 저소득층의 자기계발과 자아실현을 위해 지원이 필요하다는 데에 공감대가 형성되면서 2018년부터 시행됐다. 평생교육 바우처 누리집에 접속해 봤다. 상단에 위치한 사업 안내를 클릭하니 신청 자격과 지원 내용, 신청 절차가 자세히 나와 있었다.

바우처 사용 안내도 클릭해 봤다. 평생교육바우처는 사용 기관으로 등록된 주민센터, 사회복지관, 평생교육시설 등에서 평생교육강좌 수강료 및 수강에 필요한 재료비·교재비로 사용할 수 있다. 홈페이지에서는 미리 바우처 사용 기관도 검색해 볼 수 있었다. 가까운 부산광역시를 검색해 보니 공인중개사, 문화콘텐츠, 바리스타, 미용 등 대학 커리큘럼처럼 다양한 종류의 수강 과목이 온라인, 오프라인으로 나뉘어 총 110건의 검색 결과가 나왔다.

게시판에는 자주 질문하는 내용도 담겨 있었다. 주로 신청 자격과 몇 개의 강좌를 수강 가능한지에 대해 나와 있었다. 특히 올해부터는 이용권 사용의 편의성을 개선하기 위해 '시간제 등록제' 등 대학 내 평생교육 강좌에도 이용권을 사용할 수 있도록 범위를 확대했다고 한다.

출처: 대한민국 정책 브리핑(2021.1.19, https://www.korea.kr/news)에서 재구성함.

참고문헌

강민석(2016). 지역사회 공적 교육공동체로서의 교회를 세우는 기독교 교육. 장로신학대학교 대학원 석사학위논문.
강수철(2006). 사립중등학교 조직 갈등에 관한 연구. 고려대학교 교육대학원 석사학위논문.
강재태 · 배종훈(2008). 진로지도 워크북. 서울: 교육과학사.
강태중(2005). 지식기반사회와 학교교육. 충북교육연구 4. 충청북도교육과학연구원. pp.53-67.
경기도교육연구원(1994). 직업가치관 · 직업윤리. 경기: 세창문화사.
경기도교육연구원(1996). 학교에서의 평생교육. 경기: 세창문화사.
경기도교육정보연구원(1999). 21세기 유망 직업과 진로 정보. 경기: 경기도교육정보연구원.
경기도교육정보연구원(2007). 미래 사회를 지향하는 직업가치관 · 직업윤리. 경기: 세창문화사.
경기도교육청(2004). 진로상담실 운영 편람. 경기: 경기도교육청.
공병호(2008). 미래인재의 조건. 경기: 21세기 북스.
공의석(2018). 4차 산업혁명 시대, 함께 내딛는 장애학생 진로 · 직업교육 한 걸음. 서울교육 60(2). 서울특별시교육청교육연구정보원.
곽동철(2006). 지식정보사회와 정보관리. 서울: 문음사.
권건일 · 송경애(2011). 교육학 개론. 서울: 양서원.
권석만(2008). 인간관계의 심리학. 서울: 학지사.
권정숙 · 김청자 · 서재복 · 이석열 · 이정원 · 장선철(2009). 교육학개론. 서울: 태영출판사.
김경진 · 금진호 · 김유진 · 서순해 · 임영수(2017). 자기개발능력. 경기: 양성원.
김기태(2006). 현대사회와 직업윤리. 서울: 대왕사.
김동기(1997). 신직장인론. 서울: 비·북스.
김영인 · 박병기 · 송대영(2008). 직업과 윤리. 서울: 한국방송통신대학교출판부.
김영한(2008). 내 성공은 내가 디자인 한다 석세스 플랜. 서울: FORBOOK.
김우창(2019). 4차 산업혁명은 있는가?. 이코노미조선 Vol 295 (2019.4.15.).
김운삼(2015). 교육학 개론. 서울: 창지사.
김인수(2022). 인지부조화, “내가 틀렸을 리 없어”. 정신의학신문(2022.11.10.)
김인회(2010). 새 시대를 위한 교육의 이해. 서울: 문음사.
김은경 외(2007). 준비하며 시작하는 대학 1학년. 서울: 문음사.
김은영 · 이규은(2014). 인간관계론. 서울: 동문사.
김재홍(2021). 올바른 마인드가 최고의 자기계발. 데일리 투머로우(2021.10.20).

김종서 · 이영덕 · 정원식(1984). 교육학개론. 서울: 교육과학사.
김준성(2008). 청소년, 직업여행으로 인생을 배운다. 서울: 신아사.
김준성(2009). 경쟁사회에서 생존하기 위한 직업 능력 개발의 의미. 헤럴드 경제, 2009년 8월 7일.
김종표 · 이복희 · 이영희 · 홍성욱(2017). 자기개발능력. 경기: 양성원.
김진표(2011). 지식기반사회의 바람직한 교육정책 방향. 국회의원 김진표의원실.
김창걸 · 이규영 · 이규은(2010). 교육학 개론. 서울: 형설출판사.
김초록(2017). 긍정적 자아개념 형성을 위한 특성화고 퍼스널 아이덴티티(PI) 디자인 수업 모형 개발. 숙명여자대학교 교육대학원 석사학위논문.
김충기(2004). 직업교육과 진로교육. 경기: 한국학술정보(주).
김충기(2005). 진로교육과 진로지도. 경기: 한국학술정보(주).
김충렬(2022). 나이를 거꾸로 먹은 듯 유치한 행동 일삼는 아이들. 크리스천 투데이 (2022.2.2.) (https://www.christiantoday.co.kr/news/345224)
김한영(2002). 지금 당장 시작하라. 서울: 씨앗을 뿌리는 사람.
김현정(2008). 차이의 전략. 서울: 도서출판 아고라.
김혜숙 외(2008). 인간관계론. 경기: 양서원.
동서울대학(2007). 여대생 진로와 직업. 경기: 동서울대학.
마크 데이빗(2007). 자기관리 성공노트. 서울: 중앙경제평론사.
모경환(2016). 다문화 교육 입문(5판). 서울: 아카데미프레스.
문승태 · 박행모 · 장선철(2007). 사회 변화와 직업세계. 서울: 태영출판사.
문재익(2022). 문박사의 생활 속 지혜 : 인간관계. 중앙신문(2022.11.13) (http://www.joongang.tv).
박상준(2022). 코로나 이후 미래교육. 서울: 교육과학사.
박세일 · 김승보 · 박정수(2007). 평생 학습사회 만들기: 교육에서 학습으로. 서울: 한국직업능력개발원 교육개혁포럼.
박순덕(2003). 멋진 세상은 프로가 만든다. 서울: 한솜.
박승배(2000) 열린교육의 등장과 퇴조에 대한 정치 경제 사회 교직 문화적 분석. 교육과정연구, 18(2), 한국교육과정학회. pp. 251-268.
박영숙 · 박세훈(2006). 미래 직업 대예측. 서울: 매일경제신문사.
박윤희(2018). 자기개발능력의 이해와 실습. 서울: 공동체.
박주영 역(2012). 최강의 자기분석. 서울: 알키.
박주현 · 최덕경(2013). 가족과 젠더. 서울: 창지사.
박준화(2022). 멘탈 관리를 잘 하는 사람들의 특징. 채널예스.
박철웅(2012). 미래사회 대비 국가수준 교육과정 방향 탐색 연구-사회(지리). 교육과학기술부.
박효정 외(2006). 다중지능이론과 수업. 경기: 양서원.
박희경(2021). 미래교육 담론 및 시사점. 울산: 울산광역시교육연구정보원.
서재경(2008). 나에 꼭 맞는 직업선택의 기술. 서울: 매일경제신문사.
성영신 · 김철민 · 고동우(1995). 한국인의 경제 가치관에 관한 연구: 조선 중후기 소살을 중심으로. 한국심리학회지, 8(1), 한국심리학회. pp. 103-139.

손용규(2006). 골(Goal) 때리는 자기경영 기법. 석세스칼럼(2006.6.26.)
손준영(2004). 현대사회와 직업윤리. 서울: 대왕사.
송병일·박영주(2007). 직업 진로설계와 취업 전략. 서울: 학지사.
송인섭(2000). 자아개념의 인식적 특성. 아시아교육연구 1(1), pp. 217-247.
신기철(2001). 지식기반사회의 학교교육. 교육연수논총 제6집. 대구광역시교육연수원. pp. 30-48.
신아리(2007). 굿잡-꿈을 이루어주는 잡 플래너. 전북: ㈜바인딩피유알.
신창호(2012). 교육이란 무엇인가?. 서울: 동문사.
안동민(2003). 자기 창조의 기술. 서울: 문예출판사.
양선희(2009). 긍정의 힘. Harvard women's health watch. December, 2009.
오영환(2016). 정보화시대의 인간교육. 대전: 중부매일(2016.6.27.).
오호영 외(2007). KRIVET 직업 전망 지표 개발. 서울: 한국직업능력개발원.
우유선(2019). 시설보호청소년의 긍정적 자아개념 형성을 위한 연극치료 연구. 동덕여자대학교 문화예술치료대학원. 석사학위 논문.
유광찬(2007). 특별활동과 재량활동의 탐구. 서울: 교육과학사.
유승우(2008). HRD 101: 인간자원개발원론. 서울: 문음사.
유현숙(1999). 지식기반사회에서의 한국교육정책 방향과 과제. 한국교육개발원.
유혜자(2003). 10대를 위한 단순하게 살아라. 서울: 김영사.
윤건호·김봉석(2015). 교육학 개론. 서울: 창지사.
윤미연(2006). 인생의 제2막을 열어줄 삶의 열정을 재발견하라. 서울: 부광.
윤선인 역(2020). 스콜라스틱 교육 학교를 변론하다. 서울: 도서출판 살림터.
이경아(2018). 사람혁명: 사람중심의 4차 산업혁명을 위한 미래교육의 방향. 서울: 민주연구원.
이관춘(2008). 직업은 직업이고 윤리는 윤리인가. 서울: 학지사.
이규은(2019). 자기계발과 직업. 서울: 동문사.
이규은·장상필(2021). 성과 결혼. 서울: 도서출판 어우리.
이규은·장상필(2020). 인성과 대학생활. 경기: 도서출판 어우리.
이기대(2004). 스무 살 이제 직업을 생각할 나이. 서울: 미래의 창.
이돈희(2022). 개체의 성장과 자아의 실현. 에듀인뉴스(2022.9.8).
이무근(2006). 직업교육학 원론. 서울: 교육과학사.
이상복(2013). 행복을 부르는 긍정심리학. 경기: 공동체.
이용범(2021). 머릿속 게으름의 고속도로, 익숙함을 버리자. 아시아경제(2021.2.10.).
이용태(1996). 정보 통신 전문가의 직업윤리, 일터에서의 보람과 자아실현. 서울: 한울터.
이재훈 역(2004). 대상관계이론과 정신병리학. 서울: 한국심리치료연구소.
이주완·김남훈·마지황·안혜영·김유진·김동한·김문태·오유진(2017). 4차 산업혁명 시대 : 뜨는 산업, 지는 산업. 서울: KEB 하나은행 하나금융경영연구소.
이진재·이현정(2005). 세상이 무너져도 살아남을 직업 71. 서울: 도서출판 인화.
이창식(2008). 위대한 나. 서울: 세종서적.
이태연·이인수·정기수·최명구(2009). 인간관계의 이해. 서울: 도서출판 신정.

이현림(2007). 진로상담. 경기: 양서원.
이현림·김봉한·김병숙·최웅용(2007). 현대 진로 상담. 서울: 학지사.
이형행·권영성(2010). 교육학 개론. 서울: 공동체.
이화진(2017). 미래사회 변화 대비 정책 어젠다 발굴과 중장기 과제 개발. 한국교육과정평가원.
인제대학교(2005). 진로선택과 자기계발. 인제대학교출판부.
이 훈(2016). 3C 자기계발법의 기본 메커니즘. 금융웹진(Vol 746). (2016.5.)
임광명(2012). 교양 교육학 개론. 서울: 형설출판사.
임경희 외(2015). 자기개발과 진로설계. 서울: 학지사.
임두순(2000). 진로상담과 진로교육. 서울: 원미사.
임영제 외(2003). 21세기 디지털 시대 인간관계의 이해. 경기: 법문사.
임홍순·이태하(2006). 현대인의 직업과 윤리. 서울: 민지사.
장선철(2007). 21세기 현대사회와 정신건강. 서울: 동문사.
장진호(1982). 평생교육과 사회교육. 서울: 대은출판사.
장현오(2005). 직업윤리와 교육. 부산: 부산대학교출판부.
장 훈(2020). 미래사회 인재양성을 위한 기독교학교에서의 공교육 혁신 방안. 장로회신학대학교 일반대학원 박사학위논문.
정병식·이장희(2004). 직업세계의 이해. 서울: 대왕사.
정수경(2011). 커리어 개발과 리더십. 서울: 아그막.
정재걸(2002). 전통교육, 근대교육, 탈근대 교육. 동양사회사상, 6. 동양사회사상학회. pp. 133-168.
정제영(2017). 4차 산업혁명 시대 학교교육의 전망과 과제. 한국교육개발원.
정종진(1990). 공존에의 그리움. 서울: 교육과학사.
정주연(2002). 선진국과 한국의 직업교육: 훈련제도의 특성과 한계. 서울: 집문당.
정효경(2008). 사실은 대단한 나: 인생의 로드맵을 디자인하는 행복한 커리어 혁명. 서울: 홍익출판사.
조남두(2007). 인간관계론. 서울: 동문사.
조남두(2012). 현대인의 직업윤리. 서울: 동문사.
조성연·문미란·송선희(2012). 진로 솔루션 워크북. 서울: 학지사.
조성엽(2018). 칸트 역사철학에서 자연의 계획 개념 검토. 철학사상, 69, pp. 169-197.
조수환(2007). 건전한 삶을 위한 정신건강. 서울: 동문사.
조승제(2019). 교육과 자기개발. 서울: 공동체.
조천제 역(2006). 비전으로 가슴을 뛰게 하라. 서울: 21세기북스.
조휘각·오기성·시옥진(2006). 삶과 직업윤리. 경기: 양서원.
주삼환(2005). 우리의 교육 몸으로 가르치자. 경기: 한국학술정보(주).
중앙경제평론사(2005). 자기관리 성공노트. 서울: 중앙경제평론사.
지용근·김옥희·양종국·김희수(2009). 진로상담의 이해. 서울: 동문사.
직업생활연구회(2007). 정보화사회의 직업윤리와 예절. 서울: 학문사.
차갑부(2007). 평생교육의 이해. 서울: 학지사.

채유경(2006). 진로설계 워크북. 경기: 양서원.
최광표(2020). 동서명장들의 자기계발 전략, 장점강화 단점보완. 시사프라임(2020. 6. 2.)
최승훈(2021). 생애설계와 습관의 힘. 아웃소싱타임스(2021. 2. 16.).
최연구(2016). 사람이 기계보다 잘 하는 것. 행복한 교육 5, pp. 54-55.
최연구(2017). 4차 산업혁명 시대의 미래교육 예측과 전망. Future Horizon, 33, 과학기술정책연구원. p. 34.
최은수·장원섭·손주영(2000). 고학력 실업자 인력개발 정책 한·미 비교 분석. 서울: 교육과학사.
하동석(2010). 이해하기 쉽게 쓴 행정학 용어사전. 서울: 새정보미디어.
한국교육개발원(1997). 열린교육 입문. 서울: 교육과학사.
한국국민윤리학회(2002). 현대사회와 직업윤리. 서울: 형설출판사.
한국인재경영연구회(2007). 자기계발 107의 법칙. 서울: 경영자료사.
한면선(2001). 열린교육 확산과정의 문제점과 개선방안. 열린교육실행연구, 4. 덕성여자대학교 교육대학원 부설 열린교육연구소. pp. 287-302.
한상길(2003). 성인평생교육. 경기: 양서원.
홍경자(2007). 자기 주장과 멋진 대화. 서울: 학지사.
홍경자(2015). 대인관계의 심리학: 친밀한 관계형성의 기술. 서울: 이너스북.
홍종률(2007). 정보사회와 작업윤리. 서울: 형설출판사.
황매향(2007). 진로 및 직업상담. 서울: 학지사.
황매향(2008). 진로탐색과 생애설계. 서울: 학지사.
황안숙(2004). 인적 자원 개발과 관리. 경기: 양서원.
황종건(1983). "평생교육의 원리"평생교육의 기초와 체제. 서울: 유네스코 한국위원회.

Burness E. Moore & Bernard D. Fine(2006). Psychoanalysis: the major concepts:
Cropley, A. J and R. H. Dave(1978). *Life long education and the training of teacher*, Hamburg: UNESCO Institute for education.
Dave, R. H.(1973). *Life long education and school curriculum*, Hamburg: Unesco Institute for education.
Harry F. Silberman(1982). *Education and work*, Chicago: The University of Chlcago Press.
Horwitz, R. A.(1979). Psychological Effects of the Open Classroom, *Review of Education Research, 49*(1), 23-32.
John Meerbach(1978). *The Career resource center*, N.Y.: Human Science Press.
Knapp RG, Rynn M.(2006). Sertraline treatment for generalized anxiety disorder: a randomized, double-blind, placebo-controlled study. *J Clin Psychiatry*.
Mark David(2001). *The Self-Manager Success journal*. The Mark David corporation.
Martha Nussbaum(2011). *Creating Capabilities: The human development approach*. Mass.: Belknap Press of Harvard University Press.
Masschelein, J., Simons, M. (2013). In Denfence of the school, e-publishing: KU-Leuven.
Matthew Kelly(2004). *The rhythm of life*, Sydney: Simon & Schuster. Inc.

Paul Lengrand(1970). *Introduction to Lifelong Education*, Paris: UNESCO.

Silberman, Charles E.(1970). *Crisis in the classroom*, N.Y.: Random House.

Skager R. and R. H. Dave(1978). *Curriculum evaluation for life long education*, Oxford: Pergamon Press.

Talcott Parsons(1967). *The Structure of social action with a new introduction*. Free Publish.

Theodre Brameld(1961). *Education for the Emerging Age*, New York: Harper & Brother.

Thomas A. Harris(1969). *I'm OK-You're OK*, New York: Harper & Row. Publishers, Inc.,

Uwe Hameyer(1979). *School curriculum in the context of life-long learning*, Hamburg, West Germany: UNESCO, Institute for education.

Willa Norris, Raymond N, Hatch, James R. Engelkes, and Bob, B Winborn(1979). *The career information service*, Chicago: Ravd McNally College Publishing.

World Economic Forum(2020). School of the future: Defining new models of education for the fourth industrial revolution.

Zeilin, J. & Trubek, D. M.(2003). *Governing work and welfare in a new economy: European and american experiments*, Oxford University Press.

Zurcher, L, A., Jr. (1977). *The mutable self: A self-concept for social change*. Beverly Hills: Sage.

저자약력

이규은

공주교육대학교 졸업
고려대학교 교육대학원 교육학 석사(교육방법 전공)
인하대학교 대학원 교육학 박사(교육과정 전공)
중국 연변대학교 객원교수
한국학교보건학회 회장
현) 동서울대학교 교양교육센터 교수

장상필

서울교육대학교 졸업
한양대학교 대학원 교육학 석사(교육공학 전공)
한양대학교 대학원 교육학 박사(교육공학 전공)
한림대학교 연구교수
한국학교보건학회 이사
현) 동서울대학교 교양교육센터 교수

이영선

상명대학교 대학원 교육학 박사(교육사회 · 철학 전공)
명지대학교 사회교육대학원 임상교수
강동대학교 겸임교수
계원예술대학교 교수
현) 동서울대학교 교양교육센터 강사

교육과 자기계발

초판 1쇄 인쇄 / 2023년 2월 3일
초판 1쇄 발행 / 2023년 2월 15일

•

공저자 / 이규은 · 장상필 · 이영선
발행인 / 이 중 수
발행처 / 동 문 사

•

서울특별시 서대문구 홍제원 1길 12
(홍제동 137-8)
Tel: 02)736-3718(대), 736-3710, 3720
Fax: 02)736-3719
등록번호: 1974.04.27. 제9-17호
가격: 26,000원

•

ISBN: 979-11-6328-488-8(93370)
E-mail: dong736@naver.com
www.dongmunsa.com